IATF 16949 质量管理体系
五大工具最新版一本通

第 2 版

张智勇　编著

机械工业出版社

为了帮助企业透彻掌握 IATF 16949 五大工具，并且应用到企业的管理实践中，本书详细讲解了 IATF 16949 五大工具。本书包括 6 章，分别为：APQP 产品质量先期策划和控制计划、FMEA 潜在失效模式及后果分析、PPAP 生产件批准程序、过程能力研究、SPC 统计过程控制、MSA 测量系统分析，每章都配有可移植的实用案例。

为了丰富图书内容，提高指导、借鉴作用，本书配备了一张光盘，容纳了第 1 章~第 6 章的附加案例，以及质量成本管理、经营计划管理、零缺陷抽样检验方案与 8D 模式方面的原理、方法与案例。

讲解清晰、便于应用、案例丰富，这是本书的突出特点。本书适合各行业的质量经理、质量工程师、内审员、质量管理体系负责人以及组织里的各级管理人员在工作中阅读使用。

图书在版编目（CIP）数据

IATF 16949 质量管理体系五大工具最新版一本通/张智勇编著. — 2 版. —北京：机械工业出版社，2017.1（2025.11 重印）
ISBN 978-7-111-55967-2

Ⅰ. ①I… Ⅱ. ①张… Ⅲ. ①质量管理体系 Ⅳ. ①F273.2

中国版本图书馆 CIP 数据核字（2017）第 013116 号

机械工业出版社（北京市百万庄大街 22 号　邮政编码 100037）
策划编辑：李万宇　　责任编辑：李万宇
责任校对：张　征　　封面设计：马精明
责任印制：任维东
河北宝昌佳彩印刷有限公司印刷
2025 年 11 月第 2 版第 26 次印刷
169mm×239mm・25 印张・478 千字
标准书号：ISBN 978-7-111-55967-2
　　　　　ISBN 978-7-89386-112-3（光盘）
定价：75.00 元（含 1CD）

电话服务	网络服务	
客服电话：010-88361066	机 工 官 网：	www.cmpbook.com
010-88379833	机 工 官 博：	weibo.com/cmp1952
010-68326294	金 书 网：	www.golden-book.com
封底无防伪标均为盗版	机工教育服务网：	www.cmpedu.com

第 2 版前言

《ISO/TS 16949 五大工具最新版一本通》第 1 版出版后,得到了读者的认可,连续重印多次,被亚马逊网评为专业畅销书。读者在使用本书第 1 版的过程中,也向本作者提出了一些建议,他们尤其希望本作者能够讲一讲用于多品种、小批量生产过程控制的控制图、破坏性试验的测量系统分析以及 MINITAB 软件使用的一些知识。

趁 IATF 16949:2016 推出之际,本作者对《ISO/TS 16949 五大工具最新版一本通》第 1 版做了较大的修改和补充,使其更加全面、实用。同时,为了因应 IATF 16949:2016 取代 ISO/TS 16949:2009 这一变化,特将书名改为《IATF 16949 质量管理体系五大工具最新版一本通》。

与第 1 版相比,第 2 版对下列内容进行了完善、补充:

1) 第 1 章 "APQP 产品质量先期策划和控制计划" 对可靠性、耐久性、维修性指标进行了完善补充;增加了 "产品图样及设计文件的编号" "产品图样及设计文件的更改控制" "工艺文件的编号" "工艺文件的更改控制" 四节内容;对 "控制计划" 一节做了重大改写,使之更加实用。

2) 第 2 章 "FMEA 潜在失效模式及后果分析" 对失效模式、失效后果、失效原因的讲解更全面、更通俗易懂;增加了两个完整的 DFMEA 实例,使读者在进行 DFMEA 时有更好的参照范本。

3) 第 3 章 "PPAP 生产件批准程序" 对提交 PPAP 的时机、标准样品的来源、三色数据的填写进行了完善和补充;增加了聚合物标识的案例。

4) 第 4 章 "过程能力研究" 增加了短期过程能力与长期过程能力的说明;增加了 "设备能力与设备能力指数" 一节;增加了两个详细的使用 MINITAB 软件进行过程能力研究的案例。

5) 第 5 章 "SPC 统计过程控制" 对 "控制图在应用中常见的问题" 这一节进行了改写,为读者准确地使用 SPC 控制图提供详细指南;增加了 "p 控制图应用实例(转换为标准化值 Z)" 这一案例,使 p 控制图应用实例更加全面;增加了 "用于多品种、小批量生产过程控制的控制图"、"预控图" 两节内容;增加了使用 MINITAB 软件运作 SPC 控制图的案例。

6) 第 6 章 "MSA 测量系统分析" 增加了 "测量系统偏倚分析——控制图法"、"破坏性试验的测量系统分析" 两节内容;增加了使用 MINITAB 软件进行 MSA 分析的案例。

IATF 16949 质量管理体系五大工具最新版一本通

  本书可作为企业 IATF 16949 五大工具的培训教材、企业运用五大工具时的必备资料，以及企业面临五大工具疑问时的仲裁工具。

  在写作本书的过程中，参考了一些书籍、论文以及网络上的文章，在此对这些作者表示感谢！

  本书第 2 版不是终结，代表着新的起点，希望本书能不断地修订下去。对本书中的不足之处，请读者不吝赐教！

  笔者新浪博客：http：//blog.sina.com.cn/qiushiguanli。

张智勇

2017 年于深圳

目 录

第 2 版前言

第 1 章 APQP 产品质量先期策划和控制计划 …… 1
  1.1 APQP 概述 …… 1
    1.1.1 制订 APQP 手册的目的 …… 2
    1.1.2 APQP 的特点 …… 2
    1.1.3 进行 APQP 产品质量先期策划的好处 …… 3
    1.1.4 开展 APQP 的组织 …… 3
    1.1.5 何时进行 APQP …… 4
    1.1.6 开展 APQP 的基本要求 …… 4
    1.1.7 APQP 的 5 个阶段 …… 7
  1.2 APQP 各阶段的内容 …… 9
    1.2.1 计划和确定项目阶段 …… 9
    案例 1-1：设计任务书——产品保证计划 …… 21
    1.2.2 产品的设计和开发阶段 …… 22
    1.2.3 过程的设计和开发阶段 …… 36
    1.2.4 产品和过程的确认阶段 …… 49
    1.2.5 反馈、评定和纠正措施阶段 …… 53
  1.3 APQP 实施的几个要点 …… 54
    1.3.1 APQP 工作流程的选择 …… 54
    案例 1-2：自主研发的较为复杂的产品的设计和开发流程 …… 55
    1.3.2 跨功能小组职责的确定 …… 59
    案例 1-3：跨功能小组职责表 …… 59
    案例 1-4：跨功能小组职责矩阵图 …… 59
    1.3.3 各部门在 APQP 中的职责 …… 60
    1.3.4 APQP 计划的制订与跟进 …… 62
    案例 1-5：APQP 工作计划书 …… 62
    案例 1-6：APQP 工作计划跟进表 …… 65
    1.3.5 产品图样及设计文件的编号 …… 66
    案例 1-7：产品图样和技术文件的编号方法 …… 71
    1.3.6 产品图样及设计文件的更改控制 …… 77
    1.3.7 工艺文件的编号 …… 79
    1.3.8 工艺文件的更改控制 …… 81
    1.3.9 APQP 程序文件及记录实例 …… 83

案例1-8：APQP 控制程序（有设计责任） ········· 83
案例1-9：产品质量策划总结和认定表及其填写说明 ········· 94
1.4 控制计划 ········· 96
 1.4.1 控制计划的说明 ········· 96
 1.4.2 控制计划的内容 ········· 96
 1.4.3 制订控制计划的时机 ········· 97
 1.4.4 制订控制计划的程序 ········· 97
 1.4.5 控制计划标准表格的使用 ········· 98
 案例1-10：控制计划（格式） ········· 99
 案例1-11：控制计划检查表 ········· 100

第2章 FMEA 潜在失效模式及后果分析 ········· 105
2.1 FMEA 概述 ········· 105
2.2 DFMEA（设计 FMEA） ········· 105
 2.2.1 DFMEA 的特征 ········· 106
 2.2.2 DFMEA 的用途 ········· 106
 2.2.3 DFMEA 分析的对象 ········· 106
 2.2.4 DFMEA 分析的时机 ········· 106
 2.2.5 DFMEA 分析的过程和方法 ········· 106
 2.2.6 DFMEA 标准表格的使用 ········· 111
 案例2-1：潜在失效模式及后果分析（DFMEA 标准格式） ········· 113
 案例2-2：潜在失效模式及后果分析（DFMEA 实例） ········· 127
2.3 PFMEA（过程 FMEA） ········· 128
 2.3.1 PFMEA 分析的目的 ········· 128
 2.3.2 PFMEA 分析对象 ········· 128
 2.3.3 PFMEA 说明 ········· 128
 2.3.4 PFMEA 分析程序 ········· 130
 2.3.5 PFMEA 标准表格的使用 ········· 132
 案例2-3：潜在失效模式及后果分析（PFMEA 标准格式） ········· 134
 案例2-4：潜在失效模式及后果分析（PFMEA 实例1） ········· 144

第3章 PPAP 生产件批准程序 ········· 147
3.1 PPAP 概述 ········· 147
 3.1.1 PPAP 的作用 ········· 147
 3.1.2 PPAP 的适用范围 ········· 149
 3.1.3 PPAP 中的重要术语 ········· 149
3.2 提交 PPAP 的时机 ········· 152
 3.2.1 需获得顾客批准的原则 ········· 152
 3.2.2 需通知顾客，由顾客决定提交 PPAP 批准的情况 ········· 152
 3.2.3 需提交 PPAP 批准的情况 ········· 153

3.3 PPAP 提交等级及提交所需的实物和资料 ·············· 154
　　3.3.1 提交等级的划分 ·············· 154
　　3.3.2 各等级需提交/保存的实物和资料 ·············· 154
3.4 PPAP 的过程要求 ·············· 155
　　3.4.1 PPAP 生产的要求——有效的生产 ·············· 155
　　3.4.2 PPAP 提交的基本要求 ·············· 155
　　3.4.3 PPAP 提交的项目、记录及其要求 ·············· 156
3.5 零件提交状态（零件提交的处理结果）·············· 166
3.6 PPAP 记录的保存 ·············· 167
　　案例 3-1：顾客生产件批准控制程序（公司作为供货方）·············· 167
　　案例 3-2：零件提交保证书（PSW）及填写说明 ·············· 172
　　案例 3-3：外观批准报告及其填写 ·············· 175

第 4 章　过程能力研究 ·············· 178
4.1 过程控制与过程能力 ·············· 178
　　4.1.1 为什么要研究过程能力 ·············· 178
　　4.1.2 过程能力和过程绩效 ·············· 180
4.2 过程能力指数与过程绩效指数 ·············· 182
　　4.2.1 过程能力指数的计算 ·············· 182
　　4.2.2 过程绩效指数的计算 ·············· 186
　　4.2.3 过程能力指数与过程绩效指数的联合运用 ·············· 186
　　案例 4-1：C_p 与 P_p 的联合运用 ·············· 187
　　4.2.4 过程能力的判断与处置 ·············· 187
4.3 过程能力指数与不合格品率、西格玛水平 ·············· 190
　　4.3.1 用过程能力指数计算不合格品率（p）·············· 190
　　4.3.2 用过程能力指数计算西格玛水平 ·············· 190
4.4 过程能力研究 ·············· 191
　　案例 4-2：过程能力研究实例（P_{pk}）·············· 194
　　案例 4-3：过程能力研究实例（C_{pk}）·············· 196
4.5 过程因素分析 ·············· 200
　　4.5.1 过程因素分析步骤 ·············· 200
　　4.5.2 过程质量的主导因素 ·············· 200
　　4.5.3 提高过程能力指数的途径 ·············· 202
　　4.5.4 过程因素（5M1E）控制 ·············· 203
4.6 设备能力与设备能力指数 ·············· 205

第 5 章　SPC 统计过程控制 ·············· 208
5.1 控制图的原理 ·············· 208
　　5.1.1 过程质量波动的统计规律性 ·············· 208
　　5.1.2 控制图定义与原理 ·············· 209

5.2 控制图的控制对象与应用范围 ………………………………………………………… 211
   5.2.1 控制图的控制对象 …………………………………………………………… 211
   5.2.2 控制图的应用范围 …………………………………………………………… 211
5.3 控制图的种类 ……………………………………………………………………………… 211
   5.3.1 按照用途分 …………………………………………………………………… 211
   5.3.2 按照数据的性质分 …………………………………………………………… 212
5.4 控制图应用的一般程序 ………………………………………………………………… 215
5.5 控制图的判断准则 ……………………………………………………………………… 221
   5.5.1 控制图的分区 ………………………………………………………………… 221
   5.5.2 控制图的判断准则——过程异常的 8 种模式 ……………………………… 221
5.6 控制图的两类错误及检出力 …………………………………………………………… 225
   5.6.1 控制图的两类错误 …………………………………………………………… 225
   5.6.2 检出力 ………………………………………………………………………… 226
5.7 控制图在应用中常见的问题 …………………………………………………………… 227
5.8 过程改进策略 …………………………………………………………………………… 228
5.9 控制图实例（标准值未给定的控制图） ……………………………………………… 230
   5.9.1 $\bar{x} - R$ 控制图应用实例 …………………………………………………………… 230
   案例 5-1：$\bar{x} - R$ 控制图应用实例 …………………………………………………… 230
   5.9.2 $\bar{x} - s$ 控制图应用实例 …………………………………………………………… 235
   案例 5-2：$\bar{x} - s$ 控制图应用实例 …………………………………………………… 235
   5.9.3 $Me - R$（$\tilde{x} - R$）控制图应用实例 ………………………………………… 239
   案例 5-3：$Me - R$（$\tilde{x} - R$）控制图应用实例 …………………………………… 239
   5.9.4 $x - MR$（$x - R_s$）控制图应用实例 …………………………………………… 242
   案例 5-4：$x - MR$（$x - R_s$）控制图应用实例 ………………………………………… 242
   5.9.5 p 不合格品率控制图应用实例 ……………………………………………… 245
   案例 5-5：p 控制图应用实例（子组容量不等，各子组分别计算控制限） …… 245
   案例 5-6：p 控制图（$75\%\bar{n} \leqslant n_i \leqslant 125\%\bar{n}$） ……………………………………………… 248
   案例 5-7：p 控制图应用实例（转换为标准化值 Z） ……………………………… 251
   案例 5-8：p 控制图（子组容量相等） ……………………………………………… 253
   5.9.6 np 不合格品数控制图应用实例 ……………………………………………… 256
   案例 5-9：np 控制图应用实例 ……………………………………………………… 256
   5.9.7 不合格数控制图（c 图）应用实例 …………………………………………… 258
   案例 5-10：不合格数控制图（c 图）应用实例 ……………………………………… 258
   5.9.8 单位不合格数控制图（u 图）应用实例 ……………………………………… 259
   案例 5-11：u 控制图应用实例 ……………………………………………………… 260
5.10 标准值给定的控制图 …………………………………………………………………… 262
   5.10.1 标准值给定的控制图的说明 ………………………………………………… 262
   5.10.2 标准值给定的控制图的应用 ………………………………………………… 263

案例5-12：标准值给定的控制图应用实例 ⋯⋯⋯⋯⋯⋯⋯⋯⋯⋯⋯⋯⋯⋯⋯⋯⋯⋯ 264
5.11 用于多品种、小批量生产过程控制的控制图 ⋯⋯⋯⋯⋯⋯⋯⋯⋯⋯⋯⋯⋯⋯⋯ 265
 5.11.1 相对公差法控制图 ⋯⋯⋯⋯⋯⋯⋯⋯⋯⋯⋯⋯⋯⋯⋯⋯⋯⋯⋯⋯⋯⋯⋯⋯ 266
 5.11.2 标准化控制图（$Z-MR$ 图） ⋯⋯⋯⋯⋯⋯⋯⋯⋯⋯⋯⋯⋯⋯⋯⋯⋯⋯⋯ 270
 5.11.3 固定样本容量法控制图（$\bar{x}_{SV}-R_{SV}$ 图） ⋯⋯⋯⋯⋯⋯⋯⋯⋯⋯⋯⋯⋯ 274
5.12 预控图 ⋯⋯⋯⋯⋯⋯⋯⋯⋯⋯⋯⋯⋯⋯⋯⋯⋯⋯⋯⋯⋯⋯⋯⋯⋯⋯⋯⋯⋯⋯⋯ 277
 5.12.1 预控图说明 ⋯⋯⋯⋯⋯⋯⋯⋯⋯⋯⋯⋯⋯⋯⋯⋯⋯⋯⋯⋯⋯⋯⋯⋯⋯⋯ 277
 5.12.2 预控图应用的先决条件 ⋯⋯⋯⋯⋯⋯⋯⋯⋯⋯⋯⋯⋯⋯⋯⋯⋯⋯⋯⋯⋯ 278
 5.12.3 预控图的设计 ⋯⋯⋯⋯⋯⋯⋯⋯⋯⋯⋯⋯⋯⋯⋯⋯⋯⋯⋯⋯⋯⋯⋯⋯⋯ 278
 5.12.4 预控图的运行 ⋯⋯⋯⋯⋯⋯⋯⋯⋯⋯⋯⋯⋯⋯⋯⋯⋯⋯⋯⋯⋯⋯⋯⋯⋯ 279
 5.12.5 预控图使用中的注意事项 ⋯⋯⋯⋯⋯⋯⋯⋯⋯⋯⋯⋯⋯⋯⋯⋯⋯⋯⋯ 281

第6章 MSA 测量系统分析 283

6.1 测量系统 ⋯⋯⋯⋯⋯⋯⋯⋯⋯⋯⋯⋯⋯⋯⋯⋯⋯⋯⋯⋯⋯⋯⋯⋯⋯⋯⋯⋯⋯⋯ 283
 6.1.1 表征数据质量的统计特征量 ⋯⋯⋯⋯⋯⋯⋯⋯⋯⋯⋯⋯⋯⋯⋯⋯⋯⋯ 283
 6.1.2 测量系统的基本概念 ⋯⋯⋯⋯⋯⋯⋯⋯⋯⋯⋯⋯⋯⋯⋯⋯⋯⋯⋯⋯⋯ 285
 6.1.3 测量系统的变差 ⋯⋯⋯⋯⋯⋯⋯⋯⋯⋯⋯⋯⋯⋯⋯⋯⋯⋯⋯⋯⋯⋯⋯ 285
 6.1.4 测量系统的基本要求 ⋯⋯⋯⋯⋯⋯⋯⋯⋯⋯⋯⋯⋯⋯⋯⋯⋯⋯⋯⋯⋯ 288
6.2 测量系统分析的时机 ⋯⋯⋯⋯⋯⋯⋯⋯⋯⋯⋯⋯⋯⋯⋯⋯⋯⋯⋯⋯⋯⋯⋯⋯⋯ 289
6.3 测量系统分析的流程 ⋯⋯⋯⋯⋯⋯⋯⋯⋯⋯⋯⋯⋯⋯⋯⋯⋯⋯⋯⋯⋯⋯⋯⋯⋯ 290
6.4 测量系统分析的准备与注意事项 ⋯⋯⋯⋯⋯⋯⋯⋯⋯⋯⋯⋯⋯⋯⋯⋯⋯⋯⋯ 291
 6.4.1 MSA 计划的制订 ⋯⋯⋯⋯⋯⋯⋯⋯⋯⋯⋯⋯⋯⋯⋯⋯⋯⋯⋯⋯⋯⋯⋯ 291
 6.4.2 量具的准备 ⋯⋯⋯⋯⋯⋯⋯⋯⋯⋯⋯⋯⋯⋯⋯⋯⋯⋯⋯⋯⋯⋯⋯⋯⋯ 293
 6.4.3 测试操作人员和分析人员的选择 ⋯⋯⋯⋯⋯⋯⋯⋯⋯⋯⋯⋯⋯⋯⋯ 293
 6.4.4 分析用样品的选择 ⋯⋯⋯⋯⋯⋯⋯⋯⋯⋯⋯⋯⋯⋯⋯⋯⋯⋯⋯⋯⋯⋯ 294
 6.4.5 测量系统分析的注意事项 ⋯⋯⋯⋯⋯⋯⋯⋯⋯⋯⋯⋯⋯⋯⋯⋯⋯⋯⋯ 294
6.5 测量系统稳定性分析 ⋯⋯⋯⋯⋯⋯⋯⋯⋯⋯⋯⋯⋯⋯⋯⋯⋯⋯⋯⋯⋯⋯⋯⋯⋯ 294
 案例6-1：测量系统稳定性分析报告 ⋯⋯⋯⋯⋯⋯⋯⋯⋯⋯⋯⋯⋯⋯⋯⋯⋯⋯ 296
6.6 测量系统偏倚分析 ⋯⋯⋯⋯⋯⋯⋯⋯⋯⋯⋯⋯⋯⋯⋯⋯⋯⋯⋯⋯⋯⋯⋯⋯⋯⋯ 298
 6.6.1 测量系统偏倚分析——独立样本法 ⋯⋯⋯⋯⋯⋯⋯⋯⋯⋯⋯⋯⋯⋯ 298
 案例6-2：测量系统偏倚分析报告（独立样本法） ⋯⋯⋯⋯⋯⋯⋯⋯⋯⋯⋯ 300
 6.6.2 测量系统偏倚分析——控制图法 ⋯⋯⋯⋯⋯⋯⋯⋯⋯⋯⋯⋯⋯⋯⋯ 302
6.7 测量系统线性分析 ⋯⋯⋯⋯⋯⋯⋯⋯⋯⋯⋯⋯⋯⋯⋯⋯⋯⋯⋯⋯⋯⋯⋯⋯⋯⋯ 310
 6.7.1 线性概述 ⋯⋯⋯⋯⋯⋯⋯⋯⋯⋯⋯⋯⋯⋯⋯⋯⋯⋯⋯⋯⋯⋯⋯⋯⋯⋯ 310
 6.7.2 线性分析方法 ⋯⋯⋯⋯⋯⋯⋯⋯⋯⋯⋯⋯⋯⋯⋯⋯⋯⋯⋯⋯⋯⋯⋯⋯ 311
 案例6-3：测量系统线性分析 ⋯⋯⋯⋯⋯⋯⋯⋯⋯⋯⋯⋯⋯⋯⋯⋯⋯⋯⋯⋯ 315
6.8 测量系统重复性和再现性分析的原理 ⋯⋯⋯⋯⋯⋯⋯⋯⋯⋯⋯⋯⋯⋯⋯⋯⋯ 318
 6.8.1 重复性分析 ⋯⋯⋯⋯⋯⋯⋯⋯⋯⋯⋯⋯⋯⋯⋯⋯⋯⋯⋯⋯⋯⋯⋯⋯⋯ 318
 6.8.2 再现性分析 ⋯⋯⋯⋯⋯⋯⋯⋯⋯⋯⋯⋯⋯⋯⋯⋯⋯⋯⋯⋯⋯⋯⋯⋯⋯ 321

6.8.3 零件间的变差分析 ·················· 322
6.8.4 测量数据的结构分析 ·················· 324
6.8.5 测量系统的分辨力与分级数 ·················· 326
6.8.6 测量系统重复性和再现性GRR的接受准则 ·················· 327
6.9 计量型测量系统分析——均值和极差法 ·················· 328
6.9.1 数据的收集程序 ·················· 329
6.9.2 收集数据后的计算程序 ·················· 331
6.9.3 数据计算及结果分析说明 ·················· 333
案例6-4：测量系统重复性和再现性分析实例 ·················· 341
6.10 计量型测量系统分析——方差分析法 ·················· 344
6.10.1 数据收集 ·················· 345
6.10.2 平方和的分解与方差分析 ·················· 346
6.10.3 测量系统分析——方差分析法 ·················· 347
6.10.4 交互作用不存在时的方差分析 ·················· 348
案例6-5：测量系统分析（交叉方差分析法） ·················· 349
6.11 计量型测量系统分析——极差法 ·················· 356
6.11.1 极差法简介 ·················· 356
6.11.2 极差法应用程序 ·················· 356
6.12 计数型测量系统分析——小样法 ·················· 357
6.12.1 计数型计量器具简介 ·················· 357
6.12.2 小样法分析程序 ·················· 357
6.13 计数型测量系统分析——假设试验分析法（Kappa） ·················· 359
6.13.1 未知基准值的一致性分析 ·················· 359
6.13.2 已知基准值的一致性分析 ·················· 364
6.14 计数型测量系统分析——信号探测法 ·················· 370
6.15 破坏性试验的测量系统分析 ·················· 372
6.15.1 何为破坏性测量 ·················· 372
6.15.2 破坏性试验的测量系统分析方法——嵌套方差分析法 ·················· 373
案例6-6：破坏性试验测量系统分析 ·················· 377
6.15.3 破坏性试验的测量系统分析方法——三相控制图法 ·················· 381

参考文献 ·················· 385

附录——光盘部分
附录1 第1章案例 ·················· 1
案例附1-1：顾客提供图样的产品设计和开发流程 ·················· 1
案例附1-2：APQP控制程序（按顾客图样生产） ·················· 5
案例附1-3：过程设计和开发阶段总结评审报告 ·················· 12
案例附1-4：小批量试制总结报告 ·················· 13
案例附1-5：设计评审对象及评审内容 ·················· 14

案例附1-6：控制计划（实例） ··· 15
　　案例附1-7：控制计划管理规定 ··· 19
　　案例附1-8：工程更改管理办法 ··· 21
附录2　第2章案例 ··· 23
　　案例附2-1：潜在失效模式及后果分析（PFMEA 实例2） ············· 23
　　案例附2-2：潜在失效模式及后果分析（FMEA）控制程序 ············ 26
　　案例附2-3：潜在失效模式及后果分析（DFMEA 实例2） ············· 31
　　案例附2-4：潜在失效模式及后果分析（DFMEA 实例3） ············· 33
附录3　第3章案例 ··· 36
　　案例附3-1：供应商生产件批准控制程序（公司作为采购方）········· 36
　　案例附3-2：汽车零部件永久性标识规定······································· 41
　　案例附3-3：汽车塑料件、橡胶件和热塑性弹性体件的材料标识与标记······· 52
附录4　第4章案例 ··· 59
　　案例附4-1：过程能力研究作业指导书·· 59
　　案例附4-2：用 MINITAB 进行过程能力研究（C_{pk}） ················ 62
　　案例附4-3：用 MINITAB 进行过程能力研究（P_{pk}） ················ 66
附录5　第5章案例 ··· 71
　　案例附5-1：$\bar{x}-R$ 控制图应用作业指导书 ································ 71
　　案例附5-2：用 MINITAB 制作 $\bar{x}-R$ 控制图 ··························· 74
　　案例附5-3：$\bar{x}-R$ 控制用控制图（规范格式） ······················· 79
　　案例附5-4：用 MINITAB 制作多品种、小批量 Z-MR 控制图 ········ 80
附录6　质量成本管理 ··· 85
　　附6.1　质量体系的财务表现 ··· 85
　　附6.2　质量成本法概论 ··· 86
　　附6.3　质量成本科目 ·· 88
　　附6.4　质量成本的管理分工 ··· 91
　　附6.5　质量成本数据 ·· 96
　　附6.6　质量成本核算 ·· 97
　　附6.7　质量成本分析和报告 ··· 98
　　附6.8　质量成本的计划与控制 ·· 102
　　案例附6-1：质量成本分析报告·· 104
　　案例附6-2：质量成本管理程序·· 106
附录7　经营计划管理 ··· 113
　　附7.1　经营计划管理流程 ·· 113
　　附7.2　经营计划实例 ··· 119
　　案例附7-1：经营计划实例（格式1）·· 119
　　案例附7-2：经营计划案例（格式2）·· 120
附录8　零缺陷抽样检验方案与8D 模式··· 124
　　附8.1　零缺陷抽样方案 ··· 124

案例附8-1：零缺陷（$c = 0$）抽样检查实例 …………………………………… 125
附8.2　8D模式 ………………………………………………………………… 128
案例附8-2：8D报告格式 ……………………………………………………… 132
附录9　测量系统分析MSA案例 ……………………………………………… 136
案例附9-1：线性与偏倚分析 …………………………………………………… 136
案例附9-2：属性一致性分析（计数型测量系统分析） ……………………… 139

第 1 章 APQP 产品质量先期策划和控制计划

所谓 APQP，通俗地讲，就是如何对产品设计和开发进行控制。APQP 模式不仅适合实施 IATF 16949 的企业，其他企业如能按 APQP 的模式进行产品设计和开发，也会大大提高产品设计和开发的进度，更能保证产品设计和开发的质量。

本章将对 APQP 进行详细的讲解，以使读者了解 APQP 的方法和要求，减少读者进行 APQP 时的盲目性和复杂性。

1.1 APQP 概述

企业在进行产品设计和开发工作时，首先要对产品设计和开发工作进行策划。策划的内容包括：

1）确定设计和开发过程的阶段、周期。
2）确定在适当的阶段进行必要的设计和开发评审。
3）确定在适当的阶段开展设计和开发验证、确认。
4）确定设计和开发过程中的职责和权限。
5）确定设计和开发过程所需的内、外部资源。
6）参与人员之间的接口控制。
7）顾客或用户参与设计和开发过程的需求。
8）后续生产和服务提供的要求。
9）顾客和其他相关方对设计和开发过程所期望的控制水平。
10）明确设计和开发过程中应形成的文件信息。

策划的结果应形成文件，后续工作应严格按文件执行，以确保产品从设计到批量生产的整个过程都得到有效的管理和控制。

AIAG（美国汽车工业行动集团）为了使产品设计和开发工作更加规范化和更具可操作性，特以参考手册《产品质量先期策划和控制计划（APQP）》（Advanced Product Quality Planning and Control Plan）的形式对产品设计和开发工作进行了规定。

注意：为了保持和 APQP 手册的一致性，下面的叙述中，将用"产品质量策划"（术语）代替"产品设计和开发策划"（术语）。

1.1.1 制订 APQP 手册的目的

1) 降低产品质量策划工作的复杂性。
2) 方便顾客向组织、组织向供应商正确传达产品质量策划的要求。
3) 用共同的语言探讨产品质量策划的事项。

注意：APQP 手册中，"产品"一词既表示产品，也表示服务。

1.1.2 APQP 的特点

产品设计和开发是一个典型的 PDCA 循环（见图 1-1）。PDCA（计划 Plan——实施 Do——检查 Check——处置 Action）4 个阶段是有序排列的，反映了产品设计和开发的进度。4 个阶段的含义是：

1) 前期策划。循环的前 3 个阶段从计划和确定项目开始，直到产品和过程确认为止。
2) 循环的第 4 个阶段为处置阶段，有两个功能，一是评价顾客是否满意，二是采取措施，持续改进。

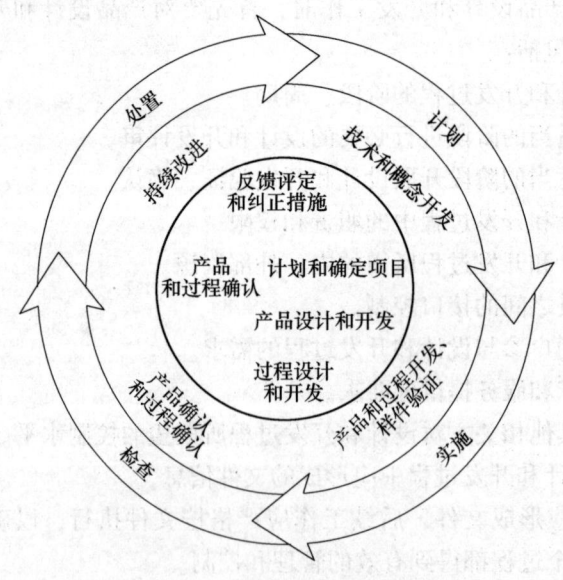

图 1-1 产品设计和开发循环

将产品设计和开发描述为一个循环，意在强调：

1) 持续改进应作为永无止境的追求。

2) 改进是以不断获取经验的方式实现的。在一个项目中获取的经验,可以应用到下一个项目中去。

APQP 手册对 PDCA 循环进一步细化,将产品的设计和开发过程分成 5 个阶段:

1) 计划和确定项目阶段。
2) 产品设计和开发阶段。
3) 过程设计和开发阶段。
4) 产品和过程确认阶段。
5) 反馈、评定和纠正措施阶段。

APQP 手册的最大贡献是为产品设计和开发提供了一种结构化的方法,用来确定和制订确保产品使顾客满意所需的步骤。APQP 产品设计和开发的目标是促进所涉及人员之间的沟通,以确保所有要求的步骤能按时完成。

1.1.3 进行 APQP 产品质量先期策划的好处

进行 APQP 产品质量先期策划的好处有:
1) 合理的配置资源,使顾客满意。
2) 促进所需更改的早期识别。
3) 避免晚期更改。
4) 以最低的成本按时提供优质的产品。

1.1.4 开展 APQP 的组织

组织应建立一个专门的跨职能小组(Cross Functional Team,简称 CFT,又称横向职能小组。在 IATF 16949 中,跨职能小组与多方论证小组是同义词),开展 APQP 工作。

跨职能小组 CFT 是一个跨部门的临时组织,为某一个项目而设立,可包括质量、技术、制造、材料控制、采购、销售、现场服务、供应商和顾客的代表。跨职能小组可跨越职能部门来开展工作以提高效率。

跨职能小组的建立有下列好处:
1) 有利于获取各个方面的经验和知识。
2) 有利于使用多方论证方法。
3) 有利于落实各有关方面的责任。
4) 有利于得出优化而可行的方案等。

跨职能小组的主要活动有:
1) 确定顾客要求、需求及期望。
2) 确定过程所需的工艺文件。

3）产品设计和开发全过程各阶段的工作审查。
4）对所提出来的设计、性能要求和制造过程，评定其可行性。
5）产品开发过程中相关问题的澄清及解决。
6）确定产品成本、设计和开发进度、交付时间及其他必须考虑的限制条件。
7）决定是否需要顾客或供应商协助。
8）特殊特性的开发和确定。
9）开展潜在失效模式及后果分析并评审，包括采取降低潜在风险的措施。
10）控制计划的制订和评审。

注意：所谓"多方论证方法"，就是指就某个议题，由各相关部门、人员进行广泛的辩论，最后得出结论。

1.1.5 何时进行 APQP

1）新产品开发时，应进行 APQP。
2）产品更改时，应进行 APQP。

1.1.6 开展 APQP 的基本要求

开展 APQP 的基本要求包括以下方面。

（1）组织跨职能小组 CFT

APQP 的第一步是指定一个 APQP 项目负责人，并组建一个跨职能小组。跨职能小组是一个跨部门的组织，可包括质量、技术、制造、材料控制、采购、销售、现场服务、供应商和顾客的代表。跨职能小组可跨越职能部门来开展工作以提高效率。

（2）确定范围（明确 APQP 的有关事项）

对跨职能小组 CFT 而言，最重要的是识别顾客的需要、期望和要求。跨职能小组 CFT 至少应做好下列工作：

① 选出项目小组组长，项目小组组长负责管理整个策划过程。
② 确定每一代表方的角色和职责。
③ 明确内部和外部的顾客。
④ 确定顾客的要求。
⑤ 确定小组职能及小组成员。应明确哪些个人或供应商应加入跨职能小组，哪些可以不加入。
⑥ 理解顾客的期望。例如：设计、试验次数。
⑦ 对所提出来的设计、性能要求和制造过程评定其可行性。
⑧ 确定成本、进度和必须考虑的限制条件。
⑨ 确定所需的来自于顾客的帮助。

⑩ 确定文件化的过程和方法。

(3) 加强小组间的联系

应建立 APQP 小组和顾客、供应商的联系渠道，应定期与其他小组/部门举行会议。应对联系的方式、方法进行规定。

(4) 加强培训工作

通过培训，传达满足顾客需要和期望的要求，并提高小组成员的开发技能。

在开展产品质量先期策划工作之前，为确保产品质量先期策划工作的顺利进行，应要求多方论证小组的成员接受有关的培训。培训的内容可包括：APQP、FMEA、PPAP、MSA、SPC 等。

产品设计和开发人员应根据需要，掌握下列工具和技能：

① 几何尺寸和公差（GD&T）。

② 质量功能展开（QFD）。

③ 制造性设计（DFM）/装配性设计（DFA）。

④ 试验设计（DOE）。

⑤ 失效模式及后果分析（DFMEA/PFMEA 等）。

⑥ 计算机辅助设计（CAD）/计算机辅助工程（CAE）。

⑦ 可靠性工程。

(5) 争取顾客的积极参与

组织应争取顾客共同进行 APQP。组织也应要求其供应商开展 APQP 工作。

(6) 运用同步技术

同步技术，又称同步工程、并行工程。

并行工程是对产品设计及其相关过程（包括制造过程和支持过程）进行并行、一体化设计的一种系统化工作模式。这种工作模式力图使开发者从一开始就考虑到产品全生命周期中的所有因素，包括质量、成本、进度及用户需求。

并行工程相对于传统的串行工程（逐级转换工程）而言，可大大缩短产品开发时间，同时质量和成本都得到改善。图 1-2 是串行工程与并行工程的区别。

串行工程一般采用按功能部门划分的组织方式，而并行工程采用跨部门小组的组织方式。

(7) 制订控制计划

APQP 的输出形式中必须有控制计划。

控制计划是控制零件和过程系统的书面描述。其目的是确保产品制造过程处于受控状态。

一般需制订 3 个阶段的控制计划：

① 样件试制控制计划——在样件制造过程中，对尺寸测量和材料与性能试验的描述。

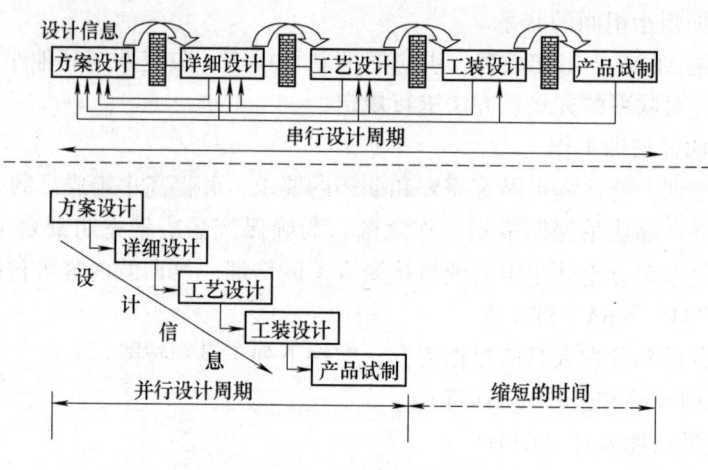

图 1-2 串行工程与并行工程的区别

② 小批量试生产控制计划——在样件试制之后，全面生产之前所进行的尺寸测量和材料与性能试验的描述。

③ 批量生产控制计划——在大批量生产中，为产品/过程特性、过程控制、试验和测量系统的管理提供指导的综合性文件。

（8）解决策划中的问题

对策划过程中遇到的问题，可列出解决问题的责任和时间进度。解决问题时，要多方论证，并使用适当的分析技术，例如因果分析图，试验设计（DOE）等。

（9）要制订开展 APQP 工作的进度计划

要制订开展 APQP 工作的进度计划。进度计划中要列出每项行动的"起始"和"完成"日期。要确保进度计划中的每项行动和时间得到小组成员的一致同意。

制订工作计划时，可以用关键路径法。关键路径法可以采用 PERT 网络图或甘特（Gantt）图。PERT 网络图是 QC 新 7 种工具之一，很少采用。

甘特图可以提供以下有价值的重要信息：

① 各项任务之间的相互关系。

② 对问题的及早预测。

③ 责任的识别。

④ 资源识别、分配和平衡。

图 1-3 给出了产品设计和开发进度图（示意图）。表 1-1 为一产品设计和开发进度表（甘特图）。

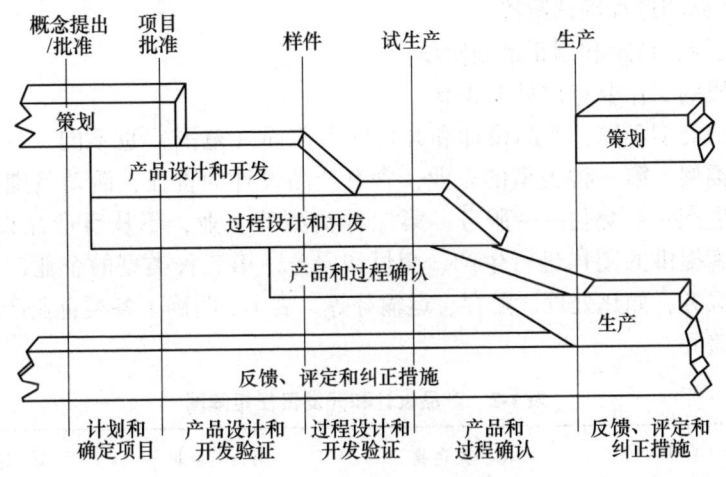

图 1-3 产品设计和开发进度图（示意图）

表 1-1 产品设计和开发进度表（甘特图—示意图）

序号	作业内容	负责人	时间/周									
			15	16	17	18	19	20	21	22	23	24	25
1	计划和确定项目											
2	产品设计和开发											
3	过程设计和开发											
4	产品和过程确认											
5	反馈、评定和纠正措施											

（10）要制订与 APQP 工作进度计划配套的相关计划

要制订与 APQP 工作进度计划配套的相关计划，比如采购计划、样件生产计划、设计验证计划等。制订这些计划时，要考虑将工作的重点放在问题的预防上。要适时修改有关计划，确保满足顾客的进度要求。

1.1.7　APQP 的 5 个阶段

APQP 是一种结构化的方法，包括 5 个阶段 49 个要素。5 个阶段是：

1）计划和确定项目阶段。

2）产品设计和开发阶段。
3）过程设计和开发阶段。
4）产品和过程确认阶段。
5）反馈、评定和纠正措施阶段。

各阶段的工作要点详见 1.2 节。

企业的类型不同，产品设计和开发的覆盖面（范围）也不同。一般将企业分为 3 种类型，第一种类型的企业，含有产品设计的责任，活动范围包含产品设计——生产——交付——服务。第二种类型的企业，不从事产品设计工作，只是按顾客提供的图样进行生产、交付和服务。第三种类型的企业，只向顾客提供某种服务，如热处理、贮存、运输等等。表1-2 明确了各类企业产品设计和开发的覆盖面。

表 1-2　产品设计和开发责任矩阵图

策划内容＼企业类型	第一类企业（有设计责任）	第二类企业（仅限制造）	第三类企业（服务型企业）
确定范围	√	√	√
计划和确定项目（本书第1.2.1节）	√		
产品设计和开发（本书第1.2.2节）	√		
可行性（本书第1.2.2节（13））	√	√	√
过程设计和开发（本书第1.2.3节）	√	√	
产品和过程确认（本书第1.2.4节）	√	√	√
反馈、评定和纠正措施（本书第1.2.5节）	√	√	√
控制计划（本书第1.4节）	√	√	√

注："√"表示与之相关。

APQP 中，上一阶段的输出是下一阶段的输入。5 个阶段及其 49 个要素的关系如图 1-4 所示。

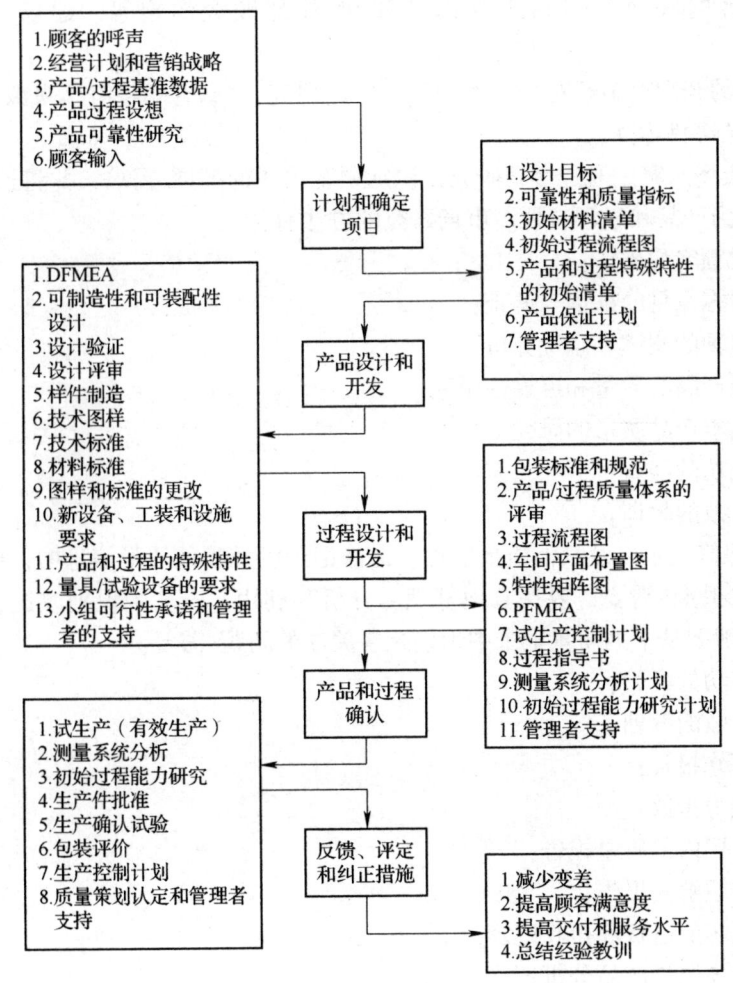

图 1-4　产品设计和开发过程图

1.2　APQP 各阶段的内容

1.2.1　计划和确定项目阶段

这一阶段是了解顾客的需要和期望，决定要开发的产品/项目并确定产品/项目开发计划的阶段。

1. 计划和确定项目阶段的输入

（1）顾客的呼声

"顾客的呼声"包括来自内部和/或外部顾客的抱怨、建议、资料和信息。

产品的开发离不开对"顾客的呼声"的研究，"顾客的呼声"来源于下列一些方法、经验和资料。

1）市场研究。通过市场研究，识别顾客关注的事项/需求，并将这些事项/需求转变为产品和过程特性。市场研究的方法有：

- 对顾客的采访；
- 顾客意见的征询与调查；
- 市场的测试和定位分析；
- 新产品的质量和可靠性研究；
- 竞争产品质量的研究；
- 成功的经验；
- 失败的教训。

2）保修记录以及其他质量信息。保修记录以及其他质量信息中，包含顾客所关注的问题和需要，要认真地整理、分析和利用，以从中识别改进、创新的机会。一般要从下列质量记录中识别顾客关注的问题/需要：

- 成功的经验；
- 失败的教训；
- 保修报告；
- 能力指数；
- 工厂内部质量报告；
- 问题解决报告；
- 顾客的退货和拒收记录；
- 现场退货产品分析。

3）APQP 小组成员的经验。APQP 小组成员的经验、学识有助于识别顾客的问题和需要，要充分地发掘小组成员的经验和学识。经验来源于：

- 来自更高层体系或过去质量功能开发（QFD）项目的输入；
- 媒介的评论和分析，杂志和报刊报告等；
- 顾客的信件和建议；
- 成功的实践；
- 失败的教训；
- 销售商意见；
- 产品使用者的评价；

◆ 售后服务报告；
◆ 代理商的评价；
◆ 道路行驶体验；
◆ 管理者的意见或指示；
◆ 内部顾客提出的问题和建议；
◆ 政府的要求和法规；
◆ 合同评审等。

(2) 经营计划和营销战略

组织针对顾客的经营计划和营销战略是进行 APQP 时的重要输入，为 APQP 设定了框架。经营计划将限制性要求（如产品定位、进度、成本、资源等）施加给 APQP 小组。营销战略所确定的目标顾客、主要的卖点和主要的竞争者有助于 APQP 小组识别顾客最关注的东西。

新产品的设计和开发是组织经营计划中的一个部分。

(3) 产品/过程基准数据

研究竞争者/绩优公司（包括有关的国际、国内标准），找出建立产品/过程能力目标的基准依据（标杆）。在研究这些基准数据的基础上，建立组织自己的产品/过程指标。

Bench marking（水平对比法/标杆管理）应用程序如下：

1) 确定对比的项目。对比项目应是过程及其输出的关键特性，如性能、可靠性、安全性、成本、价格等。过程输出的对比直接与顾客的需要相联系。在确定对比项目时应注意做到"以己之短比他人之长"，要把自己工作中的不足与顾客要求的差距作为对比项目。

2) 确定对比的对象。典型的对比对象可以是直接的竞争对手，也可以不是竞争对手，但其有关的对比项目应是处于公认的领先水平的组织。

3) 收集资料。可以通过直接接触、考察、访问、人员或专家调查以及查阅技术刊物等方式获取有关过程性能和顾客需要的数据。

4) 归纳、整理和分析资料。对收集到的有关资料进行分析整理，制订有关项目的最佳实践目标。对资料进行分类、分层、归纳时，可应用 KJ 法（亲和图）等工具。

5) 进行对比。根据顾客的需要和对比对象的绩效，确定企业的质量改进的内容。在对比时应注意以下几种情况：

① 经分析，如果竞争对手的对比项目的质量水平已超过了顾客的需要，则对比时应把竞争对手的对比项目作为一个最好的直接奋斗目标。

② 经分析，如果竞争对手的对比项目的质量水平没有满足顾客的需要，并且非竞争对手的有关项目的质量水平也没有满足顾客需要，则应重新评价

顾客的需要。重新评价顾客需要时，如果顾客的需要合理，则对比应以顾客需要为准。如果顾客的需要不甚合理，则仍以竞争对手的质量水平作为对比对象。

③ 经分析，如果竞争对手的对比项目的质量水平没有满足顾客的需要，而非竞争对手的有关项目的质量水平却满足了顾客的需要，则对比应以顾客的需要为准。

6）制订改进工作的措施计划并实施。就对比中确定的改进项目，制订改进工作的措施计划，并按 PDCA 循环程序不断地总结提高，真正达到比、学、赶、帮、超的目的。

（4）产品/过程设想

对新产品的开发提出设想，包括产品结构、性能、可靠性，以及应用的新技术、新材料、制造流程等。

（5）产品可靠性研究

可靠性反映产品保持其性能的能力，是质量的时间性要求。此处的可靠性研究，讲的是确定产品的可靠性基准，为建立产品的可靠性目标打下基础。

1）进行可靠性研究时，要考虑在一段规定时间内零件修理和更换的频率，要考虑长期可靠性/耐久性试验的结果。

2）可靠性（Reliability），是指产品在规定的条件下和规定的时间内，完成规定功能的能力。

3）耐久性（Durability），是指产品在规定的使用、储存与维修条件下，达到极限状态之前，完成规定功能的能力，一般用寿命度量。极限状态是指由于耗损（如疲劳、磨损、腐蚀、变质等）使产品从技术上或从经济上考虑，都不宜再继续使用而必须大修或报废的状态。

4）耐久性是可靠性的一种特殊情况，耐久性关心的是耗损性故障（该故障导致大修或报废），以"极限状态（大修或报废状态）"作为判断准则，而可靠性涉及所有的故障形式。

耐久性由大修或报废前的寿命来度量，度量指标有以下几种。

① 首次大修期限（Time To First Overhaul，TTFO）：在规定条件下，产品从开始使用到首次大修的寿命单位数，也称为首次翻修期限。

② 大修间隔期（Time Between Overhauls，TBO）：在规定条件下，产品两次相继大修间的寿命单位数，也称为翻修间隔期。

③ 使用寿命（Service Life）：产品使用到无论从技术上还是经济上考虑都不宜再使用，而必须大修或报废时的寿命单位数。

可靠性一般由故障间隔时间来度量，即产品的寿命与故障次数之比。度量指标有以下几种。

① 平均故障间隔时间（Mean Time Between Failures，MTBF）：可修复产品的一种基本可靠性参数。其度量方法为：在规定的条件下和规定的时间内，产品寿命单位总数与故障总次数之比。

② 平均维修间隔时间（Mean Time Between Maintenance，MTBM）：考虑维修策略的一种可靠性参数。其度量方法为：在规定的条件下和规定的时间内，产品寿命单位总数与该产品计划维修和非计划维修事件总数之比。

③ 故障率（Failure Rate）：产品可靠性的一种基本参数。其度量方法为：在规定的条件下和规定的时间内，产品的故障总数与寿命单位总数之比，有时也称为失效率。

④ 可靠寿命（Reliable Life）：给定的可靠度所对应的寿命单位数。

⑤ 平均不能工作事件间隔时间（Mean Time Between Downing Events，MTBDE）：与产品完好性有关的一种可靠性参数。其度量方法为：在规定的条件下和规定的时间内，产品寿命单位总数与不能工作的事件总数之比。

⑥ 平均故障前时间（Mean Time To Failure，MTTF）：不可修复产品的一种基本可靠性参数。其度量方法为：在规定的条件下和规定的时间内，产品寿命单位总数与故障产品总数之比。

⑦ 平均维修活动间隔时间（Mean Time Between Maintenance Actions，MTBMA）：与维修人力需求有关的一种可靠性参数。其度量方法为：在规定的条件下和规定的时间内，产品寿命单位总数与该产品预防性维修和修复性维修活动总数之比。

5）维修性（Maintainability），是指产品在规定的条件下和规定的时间内，按规定的程序和方法进行维修时，保持或恢复到规定状态的能力。

可靠性是维修性的基础，维修性是可靠性必不可少的补充。

维修性的度量指标有以下几种。

① 平均修复时间（Mean Time To Repair，MTTR）：产品维修性的一种基本参数，它是一种设计参数。其度量方法为：在规定的条件下和规定的时间内，产品在规定的维修级别上，修复性维修总时间与该级别上被修复产品的故障总数之比。

② 维修工时率（Maintenance Ratio，MR）：与维修人力有关的一种维修性参数。其度量方法为：在规定的条件下和规定的时间内，产品直接维修工时总数与该产品寿命单位总数之比。

③ 重要部件更换时间（Major Component Replacement Time）：在规定的条件下，为接近、拆卸和检查重要部件并使其达到可使用状态所需的时间。

④ 后勤保障延误时间：因等待备件、材料、运输等所延误的时间。

⑤ 行政管理延误时间：由于行政管理性质的原因使维修工作不能按时进行而延误的时间。

⑥ 维修停机时间：发生故障所需要的停机修复时间，包括平均修复时间、后勤保障延误时间、行政管理延误时间。

（6）顾客输入

对来自后续顾客的订货及其他方面的信息和资料进行收集、整理、分析，在此基础上提出使顾客满意的产品要求。

顾客输入的信息中可能会包括前面所讲的内容（部分或全部）。

应针对顾客输入、顾客满意度的评价，制定专门的管理措施，确保开发出的产品满足顾客的需要。

2. 计划和确定项目阶段的工作/输出

（1）设计目标

将顾客的呼声转化为可度量的设计目标（产品/过程技术指标）。实际上是将顾客的需求用技术性语言表达出来，比如说，顾客要求小巧玲珑，外形尺寸要小，这是一种通俗感性的说话，不具体，必须用技术语言使其具体化，如外形尺寸＜500mm×140mm×350mm。

确定的设计目标，应能确保"顾客的呼声"不会在以后的设计活动中消失。设计目标一般写在"设计任务书"里面。

确定产品设计目标可使用质量功能展开（QFD）等工具。

表1-3 是一个将顾客要求转化为设计目标的实例。

表1-3　将顾客要求转化为设计目标实例

序　号	顾 客 要 求	设计目标（产品技术指标）	设 计 要 求
1	外形尺寸小	外形尺寸：＜500mm×140mm×350mm	采用××结构
2	速度变化小	速度变化范围：±3%	采用××电机
3	……		

（2）可靠性和质量目标

1）应确定可靠性目标和质量目标。可靠性目标和质量目标一般写在"设计任务书"里面。

2）制订可靠性目标的主要依据：顾客的需要和期望、项目目标、可靠性基准研究。

3）可靠性基准是指竞争对手产品的可靠性水平、顾客的报告和规定时间内的维修频率。

4）质量目标应建立在持续改进的基础上，可以是百万件零件中的缺陷数（PPM）、废品降低率等。

5）常见的可靠性指标有：平均故障间隔时间（可靠性），平均维修时间（维修性），产品的大修期（耐久性），等等。

（3）初始物料清单（BOM）

在产品/过程设想的基础上制订初始物料清单（见表1-4），确定初定的供应商名单。为了识别初始产品/过程特殊特性，有必要事先选定合适的设计和制造过程。

物料清单是指制造产品所需的所有零件/材料的总清单。

表1-4 产品初始物料清单

产品名称				产品型号		
序号	物料编号	物料名称/规格	用量	技术要求	供应商	备注

（4）初始过程流程图

流程图的标识符号，企业可以自行规定，但一般应采用IE（工业工程）技术中的过程符号（见表1-5）。

表1-5 过程符号

序号	符号名称	符号	符号含义
1	操作	○	表示对作业对象进行加工、装配、合成、包装、处理等
2	移动	⇨	表示对作业对象进行搬运、运输、输送等；或作业人员作业位置的变化
3	检验	◇	表示对作业对象进行数量或质量检验，或对某种操作执行情况的检查
4	暂存、停留	D	表示作业对象在工作地附近的临时停放或等待
5	贮存	▽	表示作业对象在保管场地有计划的存放

注：此表仅供参考。

根据初始材料清单和产品/过程设想初步确定过程流程图（见表1-6）来描述预期的制造过程。

表 1-6 初始过程流程图

产品名称			产品型号			
工序	流程图	过程名称	特性			备注
			产品特性	过程特性	特殊特性符号	
		进货检验	外观			
			外径			
			电阻率			
		入库/贮存		环境控制		
		打头	直径			
		辊轧	长度		▽S	
			厚度		▽S	
		退火	硬度			
				温度	★	
				时间	★	
		第一道拉拔	外观			
			弦长		▽S	
			厚度			
		成型拉拔	外观			
			弦长			
			厚度			
		检验	外观			
			弦长			
		入库/贮存		环境控制		

(5) 产品及过程特殊特性的初始清单

根据顾客指定的产品和过程特殊特性以及以往产品和过程的经验,编制产品和过程特殊特性的初始清单。识别产品和过程特殊特性时应考虑:基于顾客需要和期望分析的产品设想;可靠性目标/要求的确定;从预期的制造过程中确定的过程特殊特性;类似零件的失效模式及后果分析(FMEA)。

产品和过程特性分级的目的是为了更好地保证产品质量,对关键特性进行重点控制、重点管理和重点检查。

1) 特殊特性(Special Characteristic)定义:可能影响产品的安全性或法规符合性、配合、功能、性能或其后续过程的产品特性或制造过程参数。

"特殊特性"这一术语在外资企业很流行,实施 IATF 16949 的企业也使用这一术语。

这里所讲的"特殊特性",相当于一般质量管理书籍中所讲的"关键特性"、"重要特性"。

设计文件、工艺文件中,要对特殊特性进行标识,实施重点控制。

一般在下列项目中识别特殊特性:

① 安全、环保要求。
② 性能、结构的使用要求。
③ 可靠性、使用寿命及互换性要求。
④ 材料性能及处理规定。
⑤ 焊接、注塑及铸、锻工艺。
⑥ 尺寸、公差与配合、形状和位置公差及表面粗糙度等要求。
⑦ 外形、外观要求。
⑧ 清洁度要求。
⑨ 涂敷、包装、防护及储运等要求。

2) 产品特性分级的定义及分级标志。

① 产品特性分级的定义。产品特性是指影响产品质量的设计技术参数,如外观、尺寸、强度等。一般分为:

a. 关键特性(A级):如果超出规定的界限就会导致人的生命和财产的损失,或使产品丧失功能,或产生严重污染,或必然引起使用单位投诉。关键产品特性(Key Product Characteristics)的英文缩写是"KPC"。

b. 重要特性(B级):如果超出规定的界限就会导致产品功能失误,或降低原有的使用功能,使用单位可能投诉。

c. 次要特性(C级):即使超出规定的界限,对产品的使用性能也不会产生影响或只产生轻微的影响,不致引起使用单位投诉。

一般将"关键特性"、"重要特性"统称为"特殊特性"。

② 产品特性分级的标志。各公司可根据顾客的要求和自身的特点,对特殊特性及其符号进行规定。表 1-7 中的产品特性分级标志仅供参考。

表 1-7 产品特性分级的标志

特性分级级别	特性分级标志形式					
	第一种形式	第二种形式	第三种形式	第四种形式	第五种形式	第六种形式
关键特性	[1]	⊕	★	Ⓢ	[G]	[A]
重要特性	[2]	⊖	☆	▽	[Z]	[B]
次要特性	[3]	○	不标志	不标志	不标志	[C]

注:此表仅供参考。

3）过程特性分级的定义及分级标志。

① 过程特性分级的定义。过程特性是指影响产品特性的制造过程参数，如热处理过程中的温度、时间等。一般分为：

a. 关键特性（A级）：这种特性在工序中可能偶尔存在着偏离公差的重大波动，并且将产生难以令人接受的过高的长期平均不合格品率或次品率，或这种过程特性直接形成产品安全特性，或对形成产品安全特性起重要的作用。关键（过程）控制特性（Key Control Characteristics）的英文缩写是"KCC"。

b. 重要特性（B级）：这种特性在工序中可能偶尔存在着偏离公差的波动，并且将产生较低的长期不合格品率或次品率，或这种过程特性直接形成产品重要特性，或对形成产品重要特性起重要的作用。

c. 次要特性（C级）：这种特性在工序中可能偶尔存在着偏离公差的波动，但不会产生长期不合格品率或次品率。

一般将"关键特性"、"重要特性"统称为"特殊特性"。

② 过程特性分级的标志。各公司可根据顾客的要求和自身的特点对特殊特性及其符号进行规定。表1-8中的过程特性分级标志仅供参考。

表1-8 过程特性分级的标志

特 性 级 别	特性分级标志形式
关键特性	★
重要特性	☆
次要特性	不标志

注：此表仅供参考。

克莱斯勒、福特和通用汽车公司对产品和过程的特殊特性有特别的定义及符号（见表1-9，请注意跟进其更改）。

表1-9 克莱斯勒、福特和通用汽车公司的特殊特性规定及其符号

公 司 名 称	通用汽车公司北美部	福特汽车公司	克莱斯勒汽车公司
定义：非主要特性	指这种产品特性：在可预料的合理范围内变动，不太可能显著影响产品的安全性、政府法规的符合性、配合/功能	不采用	不采用
专用术语、符号	采用标准规定的术语		

(续)

公司名称	通用汽车公司北美部	福特汽车公司	克莱斯勒汽车公司	
定义：主要特性（与安全或法规无关）	指这种产品特性：在可预料的合理范围内变动，可能显著影响顾客对产品的满意程度（非安全或法规方面），例如配合、功能、安装或外观，或者制造此产品的能力	指那些对顾客满意程度重要的产品、过程和试验要求，其质量策划措施应包括在控制计划之中	指确定过程控制的特定特性。此特性要求用统计过程控制（SPC）监控其稳定性、能力。此特性影响零件寿命	需要强制验证的、但现行过程控制并非自动强制的（生产）零件图样、工具和夹具及工装辅助程序方面的关键特性
专用术语、符号	配合/功能——<F/F> ◇	重要特性——SC 无	菱形——<D> ◇	五边形——<P> ⬠
定义：主要特性（与安全或法规有关）	指这种产品特性：在可预料的合理范围内变动会显著影响产品的安全性或政府法规的符合性（如：易燃性、车内人员保护、转向控制、制动等）、排放、噪声、无线电干扰等	指那些与政府法规符合性或车辆/产品功能安全性有关并包括在控制计划之中需要特定生产者、装配、发运、监控的产品要求（尺寸、规范、试验）或过程参数	安全特性是指工程确定的规范或产品要求，适用于要求用特殊生产控制来保证符合政府车辆安全、排放、噪声或防盗要求的零件、材料和装配作业	
专用术语、符号	安全/符合——<S/C> ⊘	关键特性——CC ▽	盾形——<S> ❀	

表1-10为一初始产品及过程特殊特性清单（最好将产品及过程特殊特性与产品的制造过程联系起来，见前表1-6）。

表1-10 初始产品及过程特殊特性清单

产品名称			产品型号			
序号	产品特性		过程特性		符号	备注
	所在零件	特性描述	所在工序	特性描述		
1		$\phi 51.2mm \pm 0.2mm$			▽S	
2		$\phi 48.5mm \pm 0.2mm$			▽	

（续）

产品名称			产品型号			
序号	产品特性		过程特性		符号	备注
	所在零件	特性描述	所在工序	特性描述		
3		平面度0.05mm			▽	
4				注塑温度	★	
5				注塑时间	☆	

(6) 产品保证计划

"产品保证计划"是"Product Assurance Plan"的直译，实际上译成"产品设计要求说明书"或"产品设计任务书"更符合汉语的表达习惯。在汉语中，"计划"一般都和工作进度联系在一起，如生产计划、销售计划等。

产品设计和开发前，要编制产品保证计划，将设计目标转化为具体的设计要求（设计要求是指为达到设计目标需要在设计中采取的技术措施。设计要求与设计目标可以合为一体，不必分开写）。

产品保证计划可包括但不限于以下内容：

1) 项目要求概述。包括：产品的功能和性能要求，相关的法律和法规的要求，过去类似的设计的有关信息，组织承诺实施的标准或行业规范，顾客的要求（如特殊特性、标识、可追溯性、包装等要求），从有关信息中获得的要求（如竞争对手分析、供方、顾客反馈等），产品的质量、进度和成本的要求，生产率、节拍、过程能力（Cpk、Ppk）的要求，防错技术运用的要求，以及设计和开发所必需的其他基本要求。

2) 符合产品要求的目标，包括防护、可靠性、耐久性、适用性、健康、安全、环境、开发进度和成本。

3) 嵌入式软件要求；使用的新材料；产品搬运及人体工学要求；可替代的设计、制造技术。

4) 风险评估。评定新技术、复杂性、材料、应用、环境、包装、服务和制造要求或其他任何会给项目带来风险的因素。

5) 进行初步的失效模式及影响分析（FMEA）。

6) 制定初始技术标准/要求（可以包含在项目要求概述中，不必单独写）。

产品保证计划一般包含在"设计任务书"中。

"设计任务书"也就是ISO9001、IATF16949中的"设计输入"。

案例1-1为一产品保证计划实例。

案例 1-1：设计任务书——产品保证计划

设计任务书——产品保证计划			
产品型号：		产品名称：	
产品开发周期：	项目负责人：		目标成本：
一、遵循的标准、法律法规及技术协议：			
二、产品功能描述（用途及使用范围）：			
三、技术参数及性能、可靠性指标（含特殊特性）：			
四、产品结构要求：			
五、其他要求（含生产效率、过程能力、质量目标等要求）：			
六、风险评估：			

序号	项目	可能的风险	可考虑的解决办法
1	新技术		
2	复杂性		
3	材料		
4	制造		
5	包装		
6	服务		
7	其他		

七、初步的失效模式分析：

序号	可能发生的失效模式	失效模式起因/机理	可考虑的解决方法

编制/日期：	审核/日期：	批准/日期：

(7) 管理者支持

1) 每一阶段工作结束时，都应对这一阶段的工作进行总结评审。应将评审的结果报告给管理者，以保持其兴趣、承诺和支持。

2) 项目小组可以通过下列工作来保持管理者的支持：

① 日常工作中，适时将最新的情况（尤其是重大成果）报告给管理者，并寻求其帮助。

② 将领导关注的问题列入解决计划并最终解决。

③ 邀请管理者参加有关的会议，尤其是总结评审会议。

1.2.2 产品的设计和开发阶段

这一阶段要完成全部产品图样和设计文件，并通过样件试制和试验，验证产品图样和设计文件的正确性、产品的适用性和可靠性、产品满足顾客要求的程度。这一阶段还要完成初始可行性分析，以评定制造过程中可能发生的潜在问题。

在进行产品设计时，不仅要考虑产品功能、性能方面的要求，还要考虑成本、进度、质量、可靠性、生产节拍等多方面的要求。在设计的适当阶段要进行设计评审。

1. 产品的设计和开发阶段的输入

计划和确定项目阶段的输出是本阶段的输入。

2. 产品的设计和开发阶段的工作/输出

(1) 设计失效模式和后果分析（DFMEA）

设计 FMEA 是在设计过程中采用的一种 FMEA 技术，用以保证已充分地考虑和指明设计中各种潜在的失效模式及其相关的起因/机理，并就此在设计上采取必要的预防措施。

通过 DFMEA，可以对前面确定的初始产品及过程特殊特性进行评审分析，根据分析的结论对初始产品及过程特殊特性进行补充、改变和删减。

按"失效模式及后果分析 FMEA"（见第 2 章）的要求进行 DFMEA。DFMEA 完成后，跨职能小组要用"DFMEA 检查表"（见表 1-11）对 DFMEA 的充分性、完整性和有效性进行检查。

DFMEA 是一个动态文件，随后的新变化、顾客要求的改变、纠正措施等，都将会导致其更新。当 DFMEA 需要更新时，应及时地对其进行修订。

(2) 可制造性和可装配性设计

设计中需考虑同步工程。可制造性和可装配性设计是一种同步工程过程。

可制造性、可装配性强调设计人员在进行设计时一定要考虑在企业现有的生产条件下，产品能否顺利地制造、装配出来，而且还能检测。

第1章 APQP产品质量先期策划和控制计划

表1-11 设计FMEA检查表

产品/零件名称：_____

顾客或厂内产品/零件号：_____

设计FMEA小组名单：_____

设计FMEA编制/修订日期：_____

	问题	是	否	不适用	所要求的意见/措施	负责人	完成日期
1	是否按"潜在失效模式及后果分析"参考手册（见第2章）的要求进行DFMEA？DFMEA时，是否考虑了顾客的特殊要求？						
2	是否对过去发生的事件和保修数据进行了评审？						
3	是否已考虑了类似零件DFMEA的经验和教训？						
4	DFMEA时，是否识别了特殊特性？						
5	DFMEA时，是否考虑了主要由供应商保证的产品特性（此特性称为Pass-through Characteristics，在供应商处形成。组织可能只会不定期地对此特性进行确认）？DFMEA时，是否与供应商一道识别了这类特性？是否对这类特性采取了适当的控制措施？						
6	当顾客或组织的特殊特性与供应商有关时，是否与供应商一道识别了这类特性？是否采取了适当的措施？						
7	是否确定了高风险、最容易失效的设计特性？						
8	对高风险顺序数项目是否确定了适当的纠正措施？						
9	对严重度数高的项目是否确定了适当的纠正措施？						
10	当纠正措施实施完成并经验证后，风险顺序数是否得到了修正？						

检查人：_____ 检查日期：_____

进行产品设计时，需要考虑可制造性（DFM）和可装配性（DFA），主要包括以下项目：

◆ 设计对制造变差的敏感性；
◆ 制造和/或装配过程；
◆ 尺寸公差；
◆ 性能要求；
◆ 零部件数量；
◆ 过程调整；
◆ 材料搬运等。

设计完成后，对设计进行评审时，评审的内容中要有 DFM/DFA 方面的内容。

可制造性（DFM）设计的原则有：

◆ 尽量减少零件的种类和个数，多使用标准件；
◆ 产品中相似的特征尽量设计成统一的尺寸；
◆ 避免内部加工；
◆ 避免使用稀有的紧固件；
◆ 在可能的情况下尽量采用成组设计技术；
◆ 减少零件的搬运次数。

(3) 设计验证

1.2.1 节中讲到了要将顾客要求转化为设计目标和设计要求。这些要求要体现在本节所讲的产品设计中。那如何认定设计中满足了这些要求呢？这就需要进行设计验证。

1) 设计和开发验证的概念。验证是指"通过提供客观证据对规定要求已得到满足的认定"。验证所需的客观证据可以是检验结果或其他形式的测定结果，如：变换方法进行计算或评审文件。设计和开发验证是指：通过一定的方法取得客观证据，确定设计和开发输入所给出的规定要求已得到满足。

2) 设计和开发验证的目的。设计验证的目的是通过认定和提供客观证据，证明设计输出是否满足设计输入的要求。

3) 验证的对象。设计和开发过程中的结果，可以是图样、文件、样机、样件。

4) 设计和开发验证的时机。在设计的适当阶段进行，通常应在设计和开发的结果输出之前进行验证活动。组织应在设计和开发策划的输出文件中规定在什么阶段进行设计和开发验证，由谁进行验证。

5) 设计和开发验证的方法。组织应对设计和开发验证的方法做出专门的规定或在设计和开发的策划中规定。

验证的方法包括下述方法的一种或几种的组合。

① 设计输出文件发布前的校对、审核，或对设计输出全套文件，包括产品零件图、装配图、材料定额表等，进行评审。在这种情况下，设计评审和设计验证可以一起进行。

② 试验和演示，包括模拟试验、型式试验、模型试验等。电子、机械产品的设计验证一般采取产品型式试验的方式进行，通过试验结果证实设计输出满足设计输入的要求。

③ 用其他的方法来计算。如设计师用查表法进行齿轮强度计算，而校对人员用公式进行验算。

④ 将新设计的结果与已证实的类似设计结果进行比较。

6) 验证的人员。通常由设计和开发人员来完成验证，有时可能会有其他辅助人员参加。

7) 设计和开发验证的要求：

① 按设计和开发策划的计划安排进行。必要时，在样件试制前，编制专门的设计验证计划（Design Verification Plan，DVP，通俗地讲，就是产品的试验计划，又称为试验大纲），见表1-12。

② 应将验证的结果及任何必要的措施记录下来。

表1-12 设计验证计划（DVP）

产品名称			产品型号		样本数量		
序 号	验证项目	标准要求	验证依据	试验设备	负 责 人	起 止 时 间	
1	外观检查		Q/HT012—2010				
2	参数测量		Q/HT012—2010				
3	耐电压试验		Q/HT012—2010				
4	防护等级试验		Q/HT012—2010				
5	投切试验		Q/HT005—2010				
6	温升试验		Q/HT005—2010				
其他要求：							

（4）设计评审

1) 设计和开发评审的概念。设计和开发评审是指在设计的适当阶段，对该阶段设计活动的适宜性（设计和开发结果对企业内外部资源的适宜性）、充分性（设计和开发结果满足设计输入要求的充分性）、有效性（设计和开发结果达到设计目标的程度）和效率进行的系统性评价活动，以确保该阶段的活动满足设计和开发输入的要求或阶段性要求。

2) 设计评审的目的：

① 评价现有的设计和开发是否有能力满足设计和开发输入的要求。
② 找出存在的问题并提出解决办法。
③ 设计评审不但是预防问题和误解发生的有效方法，而且还提供了一个监测进度并向管理者报告的机制。

3) 设计评审的对象。阶段性的设计和开发结果，也包括与该结果相关的内容，通常为文件形式。

4) 设计评审的时机：
① 设计评审可以在设计过程的任何阶段进行，通常在已取得阶段性的结果之后，也可在总的设计和开发活动完成时。一般有方案设计评审、样机鉴定评审、工艺方案评审、产品定型鉴定评审等。
② 组织应在设计和开发策划的输出文件中规定在什么阶段进行设计评审。
③ 评审的次数应视具体的产品而定。

5) 设计评审的内容。设计评审的内容因产品的类别不同、评审的阶段不同而不同。组织应对设计评审的内容做出专门的规定或在设计和开发的策划中规定。

设计评审不只是技术检验，它还包括一系列的查证活动。评审的内容至少包括：
① 设计满足设计输入要求的程度。
② 质量风险、成本、提前期、关键路径、进度。对这些内容的评审，在 IATF 16949 中，称为设计监视。
③ 功能和操作要求；产品在工作周期内的有效运行时间。
④ 设计与过程能力（设备、设施、技能、环境等）的匹配；系统、分系统、零部件的匹配。
⑤ 可制造性、可装配性、标准化程度。
⑥ 安全性、可靠性、可维修性要求。
⑦ DFMEA 的正确性。
⑧ 试验设计（Design Of Experiment，DOE，也称为实验设计）、样品试制、小批量试制中的重大问题及解决过程；试验失败情况。
⑨ 设计验证（计算机模拟试验/台架试验/试运行等）进度及结果。
⑩ 部件和总成的产品和过程确认，等等。

以上评审内容，可在多次评审中完成，并不是在某一次评审中完成以上所有评审内容。

6) 参与评审的人员。参与评审的人员应包括与所评审的设计和开发阶段有关的职能部门的代表。包括开发人员、营销人员、产品制造及提供服务的人员，必要时，邀请客户、供应商代表参加。

组织应对参加设计评审人员的职责作出规定。

7）设计评审的方法：

① 传阅会签评审。

② 会议评审等。

8）设计和开发评审的要求：

① 按设计和开发策划的计划安排进行。

② 必要时，考虑在计划外的适当阶段进行评审。

③ 应将评审的结果及任何必要的措施记录下来。

除了设计验证、设计评审，还要进行设计确认。在 APQP 手册中，提供了几种设计确认方式：生产件批准、生产确认试验等。这些内容（包括设计确认的讲解）详见 1.2.4 节。

现在讲一讲设计评审、设计验证、设计确认的区别与联系。

设计评审、验证、确认是有区别的（目的、对象、时机、方法均有区别），但必须指出的是，他们之间有关联，甚至有重叠。表 1-13 总结了设计评审、设计验证、设计确认的区别，图 1-5 表明了设计评审、设计验证、设计确认的关系。

表 1-13 设计评审、设计验证、设计确认的区别

	设计评审	设计验证	设计确认
目的	评价设计结果（包括阶段结果）满足要求的能力	证实设计输出（包括阶段输出）满足设计输入的要求	证实产品/服务满足特定的预期用途或使用要求
对象	阶段的设计结果	设计输出文件、图样、样品等	通常是向顾客提供的产品/服务
时机	在设计的适当阶段	设计输出（包括阶段）前	只要可行，应在产品交付或产品和服务实施之前
方法	会议评审和（或）设计文件传递评审	与成功的类似设计比较；采用可替代的计算方法证实计算结果正确性；对照类似产品进行评价；试验、模拟或试用；设计开发输出放行前审批	模拟使用条件运作予以证实和（或）用户使用认定；鉴定会
实施人员	与该设计阶段有关职能的代表	通常是设计和开发人员，也可以请顾客参加	可行时要有顾客或其代表参与
记录	评审结果及评审后的措施	验证结果及必要的措施	确认结果及必要的措施

根据产品和组织的具体情况，设计评审、设计验证和设计确认可以以单独或任意组合的形式进行。

（5）样件制造控制计划与样件制造

样件制造控制计划是对样件制造过程中尺寸测量、材料及功能试验进行控制的文件。按本书 1.4 节控制计划的要求，做好控制计划的编制。控制计划编

制完成后要进行检查，填写"控制计划检查表"（见本书1.4节）。

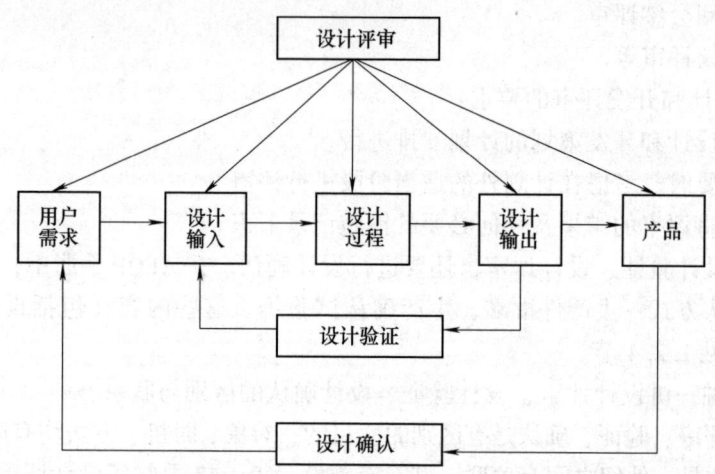

图1-5　设计评审、设计验证、设计确认关系简图

进行样件制造并对样件进行检验。样件制造主要是为了验证产品设计的质量，考核产品结构、性能及主要工艺，验证和修正设计图样，同时也要验证产品结构工艺性，审查主要工艺上存在的问题。

样件制造完成后，要适时进行评审。评审内容一般包括：
1）产品或服务是否符合规定的要求。
2）产品、过程特殊特性的识别与控制是否恰当。
3）是否根据样品试制中的数据和经验确定了初始过程参数和包装要求。
4）是否就有关的问题、偏差、成本情况与顾客进行了沟通。

（6）产品图样及设计文件

1）完成产品图样及设计文件。要在产品图样及设计文件中标出顾客规定的特殊特性以及对安全、生产、正常使用至关重要的特殊特性。特殊特性的定义详见1.2.1节。

2）当产品图样及设计文件是由顾客提供时，组织要对这些产品图样及设计文件进行评审，以确保产品图样及设计文件的正确性、可行性。千万不能因为产品图样及设计文件是顾客提供的，就直接拿来用。

3）当顾客没有指定特殊特性时，组织应根据需要自行确定特殊特性，以便更好地保证产品质量。

4）在图样上，一般应以零件结构基准面作为标注尺寸的基准，同时考虑检验此尺寸的可能性。

5）零件图一般应根据装配时所需要的几何形状、尺寸和表面粗糙度绘制。

6）为便于与顾客沟通，绘图工具、投影法等要与顾客兼容。美国、中国绘图时的投影法是不一样的。

7) 设计和开发过程中每一个阶段结束时都有该阶段所要求的产品图样及设计文件输出。产品图样及设计文件的多与少，视产品的特点而定。

组织应根据产品的特点，对产品图样及设计文件的完整性作出规定。

IATF 16949 对产品图样及设计文件的完整性有规定。产品图样及设计文件应至少包括：

① 设计 FMEA，可靠性结果。

② 产品特殊特性和规范。

③ 适当时，产品的防错，如唯一的装配方式设计。

④ 如适用，可包括产品的三维图、技术数据包、二维图样、产品制造信息、几何尺寸和公差。

⑤ 产品设计评审的结果。

⑥ 适用时，产品的诊断指南，如用户使用说明书等。

⑦ 服务件要求。

⑧ 运输、包装要求。

8) 产品图样及设计文件内容上应：

① 满足设计和开发输入的各项要求。即设计和开发输入的每项要求均已实施并有结果，且结果与要求可以比较和分析。可以提供设计和开发输入与设计和开发输出对照表。

② 能够充分地满足后续的产品和服务提供过程的需要。设计和开发输出的内容可以包括用于采购、生产、安装、检验和服务方面的要求，如原材料、零配件清单及采购规范等，如生产用图样、工艺文件，如服务用的产品使用说明书、安装维修手册等。其中也要包括产品防护方面的具体要求，如对于电子元器件的防静电的具体要求、包装规范、储存要求等。

③ 应包含或引用监视和测量方面的要求，适用时，包含接收准则。如产品的检验标准、服务验收规范。

④ 规定对于产品和服务的预期目的及其安全和正常使用（提供）所必要的产品和服务的特性。如操作、储存、维护、搬运、处置等方面特性。最好用醒目的方式将那些对产品正常使用至关重要的特性和对产品安全性有影响的安全特性标识出来。如机电产品，在图样上用分级标志将重要质量特性标识出来；药品使用说明书中，对药品的禁忌做醒目的说明。

9) 所有产品图样及设计文件在发布之前要得到评审与批准。

(7) 技术标准（工程规范）

编写产品标准。也可直接引用国际标准、国家标准和顾客提供的标准。

产品标准的内容包括技术要求（含外观、结构、功能、可靠性和耐久性等要求)、试验方法、检验规则、标志、包装、运输和贮存等。

产品标准的检验规则里面一般会对抽样的样本容量、抽样频率等做出规定。如果这类规定不明确，则必须在控制计划中明确下来。

产品标准发布前，要得到评审与批准。

(8) 材料、零部件标准

设计输出中不仅包括产品图样、产品标准，还包括材料、零部件标准。应识别材料、零部件标准中涉及物理特性、性能、环境、搬运和贮存要求的特殊特性，并对它们进行重点控制。对这些特殊特性的控制应体现在控制计划中。

材料、零部件标准发布前，要得到评审与批准。

表1-14为一材料——油墨标准。

表1-14 油墨标准

序 号	要求项目	技术要求
1	颜色	与标样相同，符合订单要求
2	着色力	(90~110)%
3	细度	≤30U
4	流动度	$\varphi=33mm\pm5mm$
5	黏度	(5~9) s (4#杯)
6	水洗性	用水冲洗后允许只留痕迹
7	复溶性	印后12h印件水滴不溶颜色

(9) 图样和标准的更改

1) 进行图样和标准的更改时，应保证所有的更改能及时传递到相关部门。

2) 更改的控制：

① 识别。设计和开发的更改通常是针对已完成的设计和开发的输出进行，也可能针对设计和开发某阶段的输出进行，这种阶段性的输出应该是已经过评审和批准的。组织需要根据实际情况准确识别设计和开发的更改。

② 控制。适当时，对设计更改实施评审、验证和确认活动。适当时，需要根据产品特点、更改类型、复杂程度及内容、更改影响大小等，决定采取哪些活动。如简单的更改，可能不需要评审、验证和确认三种活动都有。

③ 影响的评审。对设计和开发更改的评审不但应包括更改部分是否满足相关的设计和开发要求，还应该评审更改对产品其他组成部分的影响和对已交付产品的影响。如对设备中某一部件尺寸的更改，将会导致与之配合的其他部件尺寸的更改，以至于影响到设备性能的改变；同时也可能会影响到已交付的同型号设备对这一部件的互换性。更改的影响可能会涉及合同、工艺、采购、售

后服务，评审时应予以注意。

④ 批准：更改经批准后才能实施。

⑤ 记录：应保持与设计和开发的更改相关的记录。记录中包括更改的原因、更改的内容、更改的评审、采取的预防不利影响的措施、更改的批准人等。

不同阶段中产品设计更改的方式见 1.3.6 节。

（10）新设备、工装和设施要求

1）提出项目开发所需的新设备、设施和工装，编制其采购、设计制造计划，保证在样件或试生产前到位。可用"新设备、工装和试验设备检查表"（见表 1-15）检查新设备、工装的准备情况。

2）在开发进度计划表上，应有新设备、设施和工装的采购、设计制造项目。应跟进新设备、设施和工装的采购、设计、制造进度。

3）在进行 DFMEA、产品保证计划、设计评审这些活动时，都可能提出新设备、新设施的要求。

（11）产品和过程的特殊特性

在计划和确定项目阶段，小组识别了初始产品/过程特殊特性。此时，小组应在初始产品/过程特殊特性清单（见表 1-10）的基础上，最终确定产品和过程的特殊特性，并编制"产品和过程的特殊特性清单"。

这些特殊特性一定要体现在控制计划中。

（12）量具/试验设备要求

1）提出项目开发所需的新量具/试验设备，编制其采购、设计制造计划，保证在样件或试生产前到位。

2）在开发进度计划表上，应有新量具/试验设备的采购、设计制造项目。应跟进新量具/试验设备的采购、设计、制造进度。

（13）小组可行性承诺和管理者的支持

1）APQP 小组对设计的可行性进行评审，确定能否按顾客要求进行量产。当产品设计由顾客自行完成时，组织也要对顾客的设计进行可行性评审。小组必须确保设计的产品能够在顾客可接受的成本下被制造、装配、试验、包装，并能保质保量准时交货。

2）用"设计信息检查表"（见表 1-16）对设计的有效性进行评价。该表还可作为"小组可行性承诺"未决议题的基础。

3）用"小组可行性承诺"（见表 1-17）记录可行性评审的结果并承诺达到规定的要求。所谓承诺，就是保证在规定的成本下，保质保量向顾客发货。

4）可行性意见和所有需要解决的未决问题应形成文件提交管理者并获取其支持。

表1-15 新设备、工装和试验设备检查表

顾客或厂内产品/零件号：_____ 产品/零件名称：_____

	问 题	是	否	不适用	评价/应采取的措施	负责人	完成日期
	（设备/工装）设计是否考虑了以下方面：						
	1) 生产过程中材料的变化（设备/工装的适应性）						
1	2) 快速更换工装						
	3) 产量波动						
	4) 防错						
	是否已就以下内容编制了清单：（含设备供应商）						
2	1) 新设备						
	2) 新工装						
	3) 新试验设备						
	对以下内容的接受标准是否已达成一致意见：						
3	1) 新设备						
	2) 新工装						
	3) 新试验设备						
4	是否在工装和/或设备制造厂进行了初始能力研究						
5	是否已确定试验设备的可行性和准确度						
6	是否有设备和工装的预防性维护计划						
7	新设备和工装的作业指导书是否完善并且清晰易懂						
8	是否具备能在初始过程能力研究的能力的量具						
9	是否将在生产工厂进行了初始过程能力研究						
10	是否已识别影响产品特殊特性的过程特性						
11	在确定（厂内）接受标准时是否使用了产品特殊特性						
12	制造设备能否满足预测的生产量与服务量						
13	是否有足够的试验能力						
14	是否有测量设备校准/验证的记录，证明测量设备的范围、能力符合要求						

编制/修订日期：_____ 检查人：_____

第1章 APQP产品质量先期策划和控制计划

表1-16 设计信息检查表

顾客或厂内产品/零件号：_____ 产品/零件名称：_____

	问题	是	否	不适用	评价/应采取的措施	负责人	完成日期
A.	一般情况						
	设计是否需要：						
	1）新材料						
	2）特殊工装						
	3）新技术或过程						
1							
2	是否已考虑了装配变差的分析						
3	是否已考虑试验设计						
4	是否有样件生产计划和控制计划						
5	是否已完成DFMEA						
6	是否已完成DFMA分析（可制造性、可装配性）						
7	是否已考虑了有关服务和维修性的问题						
8	是否已完成必要的设计验证计划						
9	如果是（指上面的内容），它是由跨职能小组完成的吗						
10	是否对所有规定的试验、方法、设备和接受准则有一个清楚的定义和了解						
11	是否选择特殊特性						
12	是否完成了材料清单						
13	特殊特性是否已正式文件化						

(续)

问题	是	否	不适用	评价/应采取的措施	负责人	完成日期
B. 技术图样						
14 为最大限度减少全尺寸检验时间,是否明确了要检验的尺寸						
15 为功能性量具,是否已明确了足够的控制点和基准平面						
16 公差是否和被接受的制造标准相一致						
17 现有的和可得到的检验技术能否满足产品的测量要求						
18 当顾客对工程更改管理有要求时,是否按顾客的要求执行						
C. 技术性能规范						
19 是否已识别所有的特殊特性						
20 试验条件能否满足生产确认和最终使用的要求						
21 是否按要求对在最小和最大规范下生产的零件进行了试验						
22 所有产品试验是否都在厂内进行						
23 如不是,是否由授权的供应商进行						
24 规定的抽样容量和/或抽样频率是否可行,是否考虑了生产的数量						
25 顾客有要求时,试验要求记录要求是否获得顾客批准						
D. 材料规范						
26 是否明确了材料特殊特性						

第1章 APQP产品质量先期策划和控制计划

序号	项目			
27	在已被明确的环境中,规定的材料、热处理和表面处理是否和耐久性要求相一致			
28	选中的材料供货方是否在顾客批准的名单中(顾客有要求时)			
29	是否对进货质量进行控制			
30	是否已明确要检验哪些材料特性,如果是,则: 1)特性将在厂内进行检验吗 2)工具具备试验设备吗 3)检验人员能力合格吗 会使用外部试验室吗			
31	所有被使用的外部试验室的能力得到了认可吗			
32	是否考虑了与材料有关的以下情况: 1)搬运,含环境方面的要求 2)贮存,含环境方面的要求 3)材质报告是否按顾客规定的要求来编写?如IMDS(国际材料数据系统) 4)是否按顾客要求进行聚合物的标识			

编制/修订日期:_____   检查人:_____

表1-17 小组可行性承诺

顾客：		日期：		
零件编号：		零件名称：		
修订等级：				
可行性评价所考虑的事项： 1）产品质量策划小组已考虑了下面所列出的问题 2）所提供的图样和/或规范已被用来作为分析满足所有规定要求能力的基础。当答案是"否"时，说明有我们需关注的事项或建议的更改。这些关注和更改建议将有助于满足规定的要求				
是	否	问　　题		
		产品是否被完全定义（使用要求等）以便进行可行性评价		
		工程性能规范是否符合书面要求		
		产品能按图样规定的公差生产吗		
		生产产品的过程能力符合要求吗		
		有足够的生产能力生产产品吗		
		设计上允许使用高效的材料搬运技术吗		
		以下几方面不发生异常成本时，产品是否能在正常的成本下制造出来		
		1）主要设备成本		
		2）工装成本		
		3）替代的制造方法		
		是否对产品要求统计过程控制		
		统计过程控制是否用在当前类似的产品上		
		当统计过程控制用在类似的产品上时：		
		1）过程是否处于受控和稳定的状态中		
		2）过程能力是否满足顾客要求		
结论： □可行。产品不做修改就可生产出来 □可行。但建议做出更改（见附件） □不可行。需要更改设计以生产出符合规定要求的产品				
承诺者签名：				
小组成员	职务	日期	小组成员	职务	日期

1.2.3 过程的设计和开发阶段

过程设计和开发，就是我们平常所说的工艺准备。这一阶段的工作是开发一个有效的制造系统，包括编制工艺文件、试生产控制计划等。

IATF 16949对过程设计和开发的输出有明确的规定：制造过程设计输出应以能够对照设计输入进行验证和确认的方式提出。制造过程设计输出应包括但不限于：

1）工艺规范和图样。

2）产品和过程特殊特性。

3）过程的工艺参数。

4）生产和控制用的工装和设备，包括设备的能力要求。

5）制造过程流程图/布局（工艺布置图），包括产品、过程及其相应的工装。

6）过程能力要求，如 Cpk、Ppk 等；产品分析。

7）制造过程 FMEA。

8）控制计划，控制计划是质量计划主要组成部分。

9）作业指导书，如工艺卡、操作要领书、标准操作卡等，用于指导工人生产。

10）设备维护保养规范。

11）过程批准接收准则。

12）有关质量、可靠性、可维修性及可测量性的数据，以便进行检验和试验。

13）适当时，防错活动确认和验证的结果，如带有防错功能的专用工装和检具。

14）产品/制造过程不符合的及时发现和反馈方法。

1. 过程设计和开发阶段的输入

产品设计和开发阶段的输出是本阶段的输入。

2. 过程设计和开发阶段的工作/输出

（1）包装标准和规范

1）如果顾客提供包装标准，那么组织应该以此为基础，制订有关包装规范（包装作业指导书）。

2）如果顾客没有提供包装标准，那么组织就应该制订自己的包装标准及其配套的包装规范。

包装设计应能保证产品完整地到达顾客指定的使用地点。

（2）产品/过程质量系统的检查 用"产品/过程质量检查表"（见表1-18）对现场质量管理系统进行检查，找出存在的问题。对这些问题进行改进，并落实到相关的文件及控制计划之中。

对现场质量管理系统进行的检查为下一步的工作指明了方向，有助于保证过程设计和开发的完整性和有效性。检查中发现的问题，应在过程设计和开发中予以解决。

企业可以在过程设计和开发的前期、中期、后期，适时进行此项工作。

（3）过程流程图

1）用过程流程图描述从进货、生产到出厂的整个生产过程。

2）在初始过程流程图的基础上，绘制正式的过程流程图。绘制方法参见本书1.2.1节表1-6。

3）流程图有助于分析总的过程而不是过程中的单个步骤。当进行 PFMEA 和编制控制计划时，流程图有助于 APQP 小组将注意力集中在过程上。

表1-18 产品/过程质量检查表

顾客或厂内零件编号：

序号	问题	是	否	不适用	评价/应采取的措施	负责人	完成日期
1	控制计划的制订是否需要顾客的帮助和批准						
2	公司是否已确定与顾客的质量联络人						
3	公司是否已确定与供应商的质量联络人						
4	质量管理体系是否按照顾客的要求进行了审核和批准						
5	是否有足够的人员完成下列工作：						
	1）控制计划要求						
	2）全尺寸检验						
	3）工程能力试验						
	4）问题反映和解决分析						
6	是否具有如下内容的文件化培训计划：						
	1）包括所有的雇员						
	2）列出被培训人员名单						
	3）提出培训进度安排						
7	以下方面的培训是否已完成						
	1）统计过程控制						
	2）能力研究						
	3）问题的解决						
	4）防错						
	5）反应计划						
	6）要求的其他培训项目						

第1章 APQP产品质量先期策划和控制计划

8	控制计划中非常关键的操作是否都有过程指导书
9	每一个操作是否都具备标准的操作人员指导书
10	操作指导书是否都包括必要的图片与图表
11	操作员/小组负责人是否参与了操作指导书的制订工作
12	检验指导书是否包括以下内容: 1) 容易理解的工程特性能规范 2) 试验频次 3) 样本容量 4) 反应计划 5) 以上内容是否文件化
13	目测辅具: 1) 是否容易理解,是否清晰 2) 是否适用 3) 是否容易操作 4) 是否被批准 5) 注明校准日期并在有效期内
14	对于统计过程控制,有无失控时的反应计划
15	是否有一包括容易得到最新的根本原因分析解决过程的图样和规范,尤其在检验点上
16	操作人员是否容易得到最新的图样文件化的检验规程并实施
17	是否将顾客要求转化为文件化的检验人员记录检验结果
18	作业点上是否具有下列物品和文件(必要时): 1) 检测量具 2) 量具指导书 3) 参考样品 4) 检验记录

39

（续）

序号	问题	是	否	不适用	评价/应采取的措施	负责人	完成日期
19	量具和试验设备是否定期校准						
20	所要求的测量系统能力研究： 1）是否已完成 2）是否可接收						
21	是否按顾客要求进行了初始过程能力研究						
22	检验设备是否有能力按顾客的要求进行全尺寸检验和性能试验						
23	是否有进货产品控制程序，对下列内容作出了规定： 1）被检验的特性 2）检验频率 3）样本容量 4）合格产品的放置 5）对不合格产品的处理						
24	是否按顾客要求提供生产件样品						
25	是否有识别、隔离和控制不合格产品以防止装运出厂的程序						
26	是否具有返工/返修程序/作业指导书						
27	是否有对返工材料再验证的程序						
28	有要求时，是否将标准样品保留下来作为生产件批准程序的一部分（请读者参照本书第3章来理解）						
29	是否有一个合适的批次追溯性系统						
30	是否计划并实施了对出厂产品的定期审核						
31	是否计划并实施了对质量管理体系的定期评审						
32	顾客是否批准了包装规范						

检查日期：_____　　　　　　　　　　检查人：_____

4）过程流程图绘制完成后，APQP 小组应用"过程流程图检查表"（见表 1-19）对其进行检查，确保过程流程图的完整性和有效性。

表 1-19 过程流程图检查表

顾客或厂内零件编号：　　　　　　　　　　　产品/零件名称：

	问　题	是	否	不适用	评价/应采取的措施	负责人	完成日期
1	流程图是否描述了从进货到发货的所有过程，包括有关的外协、分包、服务过程						
2	流程图绘制过程中，有否利用 DFMEA 来识别关键的特殊特性（适用时）						
3	流程图中的过程描述是否与控制计划、PFMEA 中过程一致						
4	流程图是否描述了怎样移动产品，如辊式输送机、滑动容器等						
5	该过程是否已考虑了拉动生产系统/最优化						
6	返工产品在使用前是否被识别和检验						
7	物料的搬运、贮存过程，包括进货、分包过程是否被确定并得到控制						

检查日期：_____　　　　　检查人：_____

（4）车间平面布置图

1）编制车间平面布置图（见图 1-6），要保证现场的布置符合工艺流程，要保证物料流程与过程流程图和控制计划相协调。

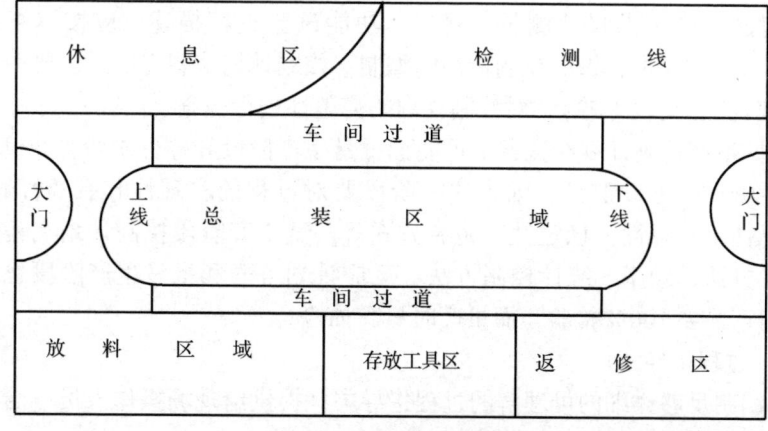

图 1-6　车间平面布置图

车间平面布置图让人一目了然地了解整个车间的布置,从而确定重要控制项目的可接受性。车间平面布置图的开发应该优化材料运输、加工处理、车间空间的增值使用,并且通过进一步的优化改善促进有关工作的同步进行。

2) 在车间平面布置图上,可以绘制出检测点、控制图、目视看板的位置,以及不合格产品贮存区等。

3) APQP 小组要用"车间平面布置图检查表"(见表1-20)对车间平面布置图进行检查,确保车间平面布置的完整性和有效性。

(5) 特性矩阵表

必要时,编制特性矩阵图,显示产品特性与工序过程的对应关系(见表1-21)。便于设置关键工序或特殊工序并对它们进行重点控制。

(6) 过程失效模式及后果分析(PFMEA)

1) 过程 FMEA(PFMEA)是在生产之前采用的一种 FMEA 技术,用以保证已充分地考虑和指明制造和装配过程中各种潜在的失效模式及其相关的起因/机理,并就此采取了必要的预防措施。

2) PFMEA 是对新的/修改的过程的一种规范化的评审与分析,用于预防、解决或监控潜在的过程问题。

3) 按"失效模式及后果分析 FMEA"(见第 2 章)的要求进行 PFMEA。PFMEA 完成后,跨职能小组要用"PFMEA 检查表"(见表1-22)对 PFMEA 的充分性、完整性和有效性进行检查。

4) PFMEA 是一个动态文件,随后的新变化、顾客要求的改变、纠正措施等,都将会导致其更新。当 PFMEA 需要更新时,应及时对其进行修订。

(7) 试生产控制计划

1) 样件试制后批量生产前,要进行小批量试生产,为此要编制试生产控制计划,对试生产中的尺寸测量、材料、功能试验进行描述。应按本书 1.4 节"控制计划"的要求,做好控制计划的编制。控制计划编制完成后,要用"控制计划检查表"(见表1-23),对控制计划的完整性进行检查。

2) 试生产控制计划在流程上可能比批量生产阶段和样件阶段多,例如,增加可靠性测试、振动测试,因为这一阶段要对过程的实现性和有效性做验证,涉及可靠性、一致性、稳定性、包装方式等。试生产阶段控制计划在检验点设置、抽样方法、频率、统计控制方法、反应计划方面和批量生产阶段也有所不同,如对产品要 100% 检验,而量产时只需抽检。

(8) 过程指导书

1) 编制足够详细的可理解的过程指导书,提供给现场操作人员(含质检人员),指导现场操作人员的工作。

第1章 APQP产品质量先期策划和控制计划

表1-20 车间平面布置图检查表

顾客或厂内零件编号：_____ 产品/零件名称：_____

	问　题	是	否	不适用	评价/要求的措施	负责人	完成日期
1	物料流动是否考虑了精益生产的原理						
2	平面布置图是否明确了所有要求的过程和检测点						
3	是否已考虑每一操作中的材料、工装和设备的区域						
4	所有设备是否已分配到足够的空间						
5	过程和检验区域是否具有： 1）足够的面积 2）足够的照明						
6	检验区域是否包含必需的设备和文件存贮区域						
7	是否具有足够的： 1）中间过渡区域 2）贮备区域						
8	为防止误装和误装不合格产品，是否合理布置检测点						
9	区域安排及有关的措施是否有利于减少产品被污染、产品被混淆						
10	是否保护材料使其免受上层空间或处理系统的污染						
11	产品最终检验的设施/区域是否被确定						
12	是否有足够的设施/区域防止不合格进货进入贮存和使用点						

检查日期：_____ 检查人：_____

表 1-21 特性矩阵表

产品型号/名称：　　　　　　　　零件名称：缸体　　　　　　　　零件图号：WB075-01

序号	产品特性	符号	特性规格	过程 10 进货检查	20 库存	30 下料	40 下料检验	50 铣面	60 铣外形	70 缸孔密封槽加工	80 铣平面钻孔	90 螺纹孔加工	100 检查	……	……	150 发货
1	密封槽直径	▽	φ10±0.02	○	○	○	○	○	○	◎			○	……	……	……
2	密封槽宽度		(略)	○	○	○	○	○	○	◎			○	……	……	……
3	缸孔直径	▽		○	○	○	○	○	○	◎			○	……	……	……
4	槽底圆角			○	○	○			○	◎			○	……	……	……
5	表面粗糙度			○	○	○				◎			○	……	……	……
6	钢背客槽尺寸			○	○	○	○			◎			○	……	……	……

注：1. "○" 表示一般相关，"◎" 表示强相关。
　　2. 可用 "▼" 表示与安全有关的特殊特性符号，"▽" 表示与安全无关的特殊特性符号。

第 1 章 APQP 产品质量先期策划和控制计划

表 1-22 PFMEA 检查表

产品/零件名称：_____

顾客或厂内零件编号：_____

	问　题	是	否	不适用	评价/应采取的措施	负责人	完成日期
1	PFMEA 是否由跨功能小组进行？是否考虑了所有的顾客特殊特性？是否按最新版的 FMEA 分析方法开展 PFMEA 工作？						
2	是否考虑了所有的过程，包括转包、外包的过程和服务？						
3	所有影响配合、功能、耐久性、政府法规和安全性的操作是否已被识别并按顺序列出？						
4	是否考虑了类似零件/过程的 FMEA？						
5	是否对已发生事件和保修数据进行了评审？						
6	是否对已识别的失效模式采取了适当控制措施？						
7	当纠正措施完成后，是否对严重度、频度、探测度做出了修改？						
8	对顾客的影响，是否从操作、装配、产品本身这几个方面来考虑？						
9	开展 PFMEA 工作时，是否考虑了顾客生产中出现的问题？						
10	是否将原因描述为能控制的事物？						
11	是否规定只有在（当前）过程失效模式的起因得到控制后，才会进行后续过程或下一过程的分析？						

检查日期：_____　　　　　　　　　　　　检查人：_____

表1-23 控制计划检查表

产品/零件名称：_____

顾客或工厂内产品/零件编号：_____

控制计划编号：_____

	问 题	是	否	不适用	评价/应采取的措施	负 责 人	完成日期
1	控制计划是否根据本书1.4节要求的方法来制订？						
2	PFMEA中识别到的控制措施是否全部包括在控制计划内？						
3	是否将所有产品/过程特殊特性纳入控制计划内？						
4	制订控制计划时，是否采用了DFMEA和PFMEA分析技术？						
5	是否确定了要检验的材料特性及其规格？						
6	控制计划是否明确从进货（材料/零部件）到制造/装配（包括包装）的全过程？						
7	工程性能试验和尺寸要求是否明确？						
8	是否具备控制计划所要求的量具和试验设备？						
9	控制计划是否得到顾客的批准（如需要）？						
10	组织的测量方法是否和顾客要求的一致？						
11	测量系统分析是否根据顾客要求来完成？						
12	样本大小是否根据行业标准、统计抽样计划表，或者其他统计过程控制方法/技术来确定？						

检查日期：_____   检查人：_____

2）依据以下资料制订过程指导书：
- ◆ 失效模式及后果分析（FMEA）；
- ◆ 控制计划；
- ◆ 工程图样、性能规范、材料规范、目视标准和行业标准；
- ◆ 过程流程图；
- ◆ 车间平面布置图；
- ◆ 特性矩阵图；
- ◆ 包装标准；
- ◆ 过程参数；
- ◆ 组织生产者具有的专业技能和知识；
- ◆ 搬运要求；
- ◆ 过程的操作者。

3）过程指导书应予以公布和容易得到。过程指导书应包括诸如机器的速度、进给量、循环时间等设定的参数，这样的过程指导书才具有可操作性。

(9) 测量系统分析计划

制订测量系统分析计划（见表1-24），确定要分析的测量系统、责任人、分析内容（线性、稳定性、偏倚、重复性和再现性等）和完成日期。一般而言，对控制计划中提及的测量系统，应进行 MSA。MSA 的具体实施详见第6章。

表1-24 测量系统分析计划

序号	量具名称	量具编号	使用车间/工序	MSA 内容及方法	分析时间段	测量人	分析人	备注
1	数显卡尺	J811	冲压车间检验工序（工序号：90）	分析稳定性；分析重复性和再现性（均值和极差法）	2011/6/29 ~ 2011/7/7	张三 王二 钱五	李四	
2								
3								

(10) 初始过程能力研究计划

1）编制初始过程能力研究计划（见表1-25）。研究计划包括确定要研究的过程和质量特性、过程能力的计算方法、测量工具、抽样方式、样本大小，责任人、分析日期等。

表1-25 初始过程能力研究计划

序号	工序	对应零件	特性	符号	方法	抽样方法	测量人	分析人	备注
1	车外圆	A80轴	φ120mm±0.02mm	▽	计算Ppk	5h内取100件进行检测	张三	李四	
2	钻孔	B箱体	φ20mm±0.02mm	▼	计算Cpk	每1h收集1组数据（每组5个数据），3d内收集25组共125个数据	王五	赵六	
3	……								

2）控制计划中被标识的特性将作为初始过程能力研究计划的基础。一般而言，所有新的制造过程，都应研究其能力。过程能力研究的方法详见第4章。

3）初始过程研究不仅仅是为了得到一个精确的指数值，更是为了了解过程的变差，所以需要足够多的数据（至少100个）。顾客同意时，可以使用类似过程的长期历史数据。如果数据少于100个，应与顾客协商采用一些适用的措施。

初始过程研究时间很短，可能预测不出时间以及人、材料、方法、设备、测量系统和环境变化的影响。尽管研究时间短，但是利用控制图收集和分析数据仍是十分重要的。

一般采用 $\bar{x} - R$ 控制图（均值-极差控制图）进行过程能力研究。采用 $\bar{x} - R$ 控制图时，要求至少有25个子组，100个数据。经顾客事前批准，可使用其他分析工具来替代，如单值-移动极差图 $x - MR$。

4）如果适用，应该使用过程能力或过程绩效指数对初始过程研究进行总结。对于稳定过程，计算过程能力指数 Cpk；当过程存在已知的可判断的特殊原因，且输出满足规范要求时（此时过程不稳定，但过程的结果满足要求），应该使用过程绩效指数 Ppk。如果过程不稳，又找不到引起过程不稳的特殊原因时，应与顾客协商采用一些适用的措施。

（11）管理者支持

APQP小组在过程设计和开发阶段结束时应安排正式的评审。评审是对该阶段的工作进行总结。评审应有管理者参加并批准评审结论。

APQP小组应随时向公司领导汇报项目的进展情况，以获得其支持并协助解决相关的未决问题。

1.2.4 产品和过程的确认阶段

产品和过程确认的阶段，是通过小批量试生产对制造过程进行确认的工作阶段。

小批量试制的任务是验证工艺（过程流程图、控制计划、过程指导书等）和工装。小批量试制要在正式生产线上进行，要使用设计所要求的各种工装，要采用正常的生产组织和劳动组织。小批量试制的数量，依顾客的要求和企业的情况而定，少则几十台，多则上千台。小批试制前要做好充分准备，小批试制后要做好总结和检查工作。

1. 产品和过程确认阶段的输入

过程设计和开发阶段的输出是本阶段的输入。

2. 产品和过程确认阶段的工作/输出

（1）试生产（有效生产：Significant Production Run）

1）采用正式生产工装、设备、环境、设施和节拍来进行试生产，以验证制造过程的有效性。

2）试生产的数量通常由顾客设定，但可以超过这个数量。

PPAP（见第3章）的生产数量至少为连续的300件（数量至少要满足过程能力的研究），且该过程必须是1~8h的生产。PPAP提交的样品应该从这些生产件中提取。

3）在试生产过程中或试生产后，一般要开展下列工作：

◆ 测量系统分析；
◆ 初始过程能力研究；
◆ 生产节拍证实；
◆ 过程审核；
◆ 生产确认试验；
◆ 生产件批准；
◆ 包装评价；
◆ 首次生产能力（FTC：First Time Capability）认定；
◆ 质量策划认定；
◆ 准备生产件样品；
◆ 准备标准样品（根据需要）。

（2）测量系统评价（MSA）

1）在试生产中或之前，应使用规定的测量设备和方法，依据技术规范，检查控制计划中已识别的特性,并对测量系统进行分析。

2)按前面制订的测量系统分析计划做好 MSA。MSA 的具体实施详见第 6 章。

(3)初始过程能力研究

1)按照初始过程能力研究计划,对与控制计划中被标识的特性有关的过程,进行初始过程能力研究。通过研究,确定过程是否有能力生产出满足顾客技术要求的产品。

2)初始过程能力研究的方法详见第 4 章。初始过程研究的接受准则见表 1-26。

表 1-26　初始过程研究的接受准则

研究结果	判定说明
指数值 > 1.67	该过程目前能够满足要求
1.33 ≤ 指数值 ≤ 1.67	该过程目前可被接受,但是可能会要求进行一些改进。此时需要与顾客联系,对研究结果进行评价
指数值 < 1.33	该过程目前不能接受。此时需要与顾客联系,对研究结果进行评价

注:1. 对于稳定的过程,指数值使用过程能力指数 C_{pk}。
　　2. 对于输出满足规范要求且过程存在的特殊原因可判断的不稳定过程,指数值应使用过程绩效指数 P_{pk}。
　　3. 此接受准则是基于正态分布和双侧规范(目标位于中心)的假设。

(4)生产件批准(PPAP)

1)PPAP 的目的是验证由正式生产状态下的设备、工装、过程、生产节拍所制造出的产品能否符合顾客所要求的技术标准、供货能力并能持续的满足这些要求。

2)应根据顾客的具体要求,组织进行生产件批准。PPAP 的实施详见第 3 章。

(5)生产确认试验

对试生产产品,按照产品标准(产品标准由顾客提供或组织自己制订)规定的试验要求进行确认试验(型式试验),确认产品是否满足产品标准的要求。确认试验的内容至少包括:外观检验、全尺寸检验、性能(功能)试验、可靠性试验等。

生产确认试验是设计确认的一种形式。上面所讲的 PPAP 也是设计确认的一种形式。下面就设计确认做些说明。设计评审、设计验证、设计确认的区别与联系见 1.2.2 节。

1）设计和开发确认的概念。

"确认"是指"通过提供客观证据对特定的预期用途或应用要求已得到满足的认定"。确认所需的客观证据可以是试验结果或其他形式的确定结果，如：变换方法进行计算或文件评审。确认所使用的条件可以是实际的或是模拟的。

设计和开发确认是通过某些手段获取证据，对产品能够满足特定用途或最终使用要求的一种认定。

2）设计确认的目的。

通过检查和提供客观证据，确保产品能够满足预期的或规定的使用要求。使用要求包括已知的顾客和最终用户要求，或者当用于实际情况时是否满足了顾客和最终用户的要求。设计确认的关注点是设计的最终结果能否符合使用要求。

3）确认的对象。

通常是最终产品，也可能是过程中的产品，也可能是模拟的样品、样件等。

4）确认的时机及要求。

① 一般情况下应是在具有一定的使用功能的条件下或在设计开发完成后、批量产品投产或服务正式提供之前进行。

② 如果对设计和开发的确认在交付或实施之前进行是不可行的时，也可以采取在适当阶段进行局部的确认，而后再进行总体确认，如发电机组可以先对部分组件进行确认，待正式安装完成后再整体确认。

③ 针对所确定的预期或规定的使用要求进行有针对性的确认。

④ 设计和开发确认通常在规定的实际使用条件下进行，但有时只能在模拟的使用条件下进行。如一辆汽车的最高和最低的设计环境温度的极限性能，往往就无法或很难在真实的环境中确认。对于这种产品的设计确认可能就需要采取类似模拟条件确认。

⑤ 在某些情况下，只能通过在产品的最初使用阶段对其进行观察的方式进行设计和开发确认。

⑥ 确认的时机通常会在产品的设计和开发策划阶段予以规定。顾客有要求时，应按照顾客要求（包括项目时间进度）进行确认。

5）确认的参加人员。设计和开发人员，营销人员，不一定必须有顾客参加（如自行设计的产品），但必须明确产品的规定的用途或已知的预期用途。如顾客有要求则应有顾客参与。

6) 确认的方法。组织应对设计和开发确认的方法做出专门的规定，或在设计和开发的策划中规定。

确认的方法有下面几种，组织根据具体情况进行选择：

① 用户试用/验收、顾客生产件批准。

② 产品的型式试验、产品的鉴定。

③ 模型和模拟试验。

④ 用户参加的评审（如审批方案设计、会审设计图样等）。

7) 设计和开发确认的要求：

① 按设计和开发策划的计划安排进行。

② 应将确认的结果及任何必要的措施记录下来。

（6）包装评价

1) 进行包装评价以确保产品在正常运输中免受损伤、在不利环境下受到保护。

2) 评价可采用试装运和试验——如台架实验等方法进行。

3) 对顾客规定的包装要求，APQP 小组也要对其进行评价。

4) 生产确认试验中，一般都包含了包装试验，所以一般不需要单独的包装试验（评价）。

（7）生产控制计划

1) 在小批量试制鉴定确认后、批量生产前，要根据试生产的实际情况和生产经验，对试生产控制计划进行修订和扩展，形成生产控制计划，为批量生产中产品和过程的特性、过程控制、测试和测量系统的控制提供指导。

2) 应按本书 1.4 节"控制计划"的要求，做好控制计划的编制。控制计划编制完成后，要用"控制计划检查表"（见表 1-23）对控制计划的完整性进行检查。

（8）质量策划认定和管理者支持

当整个产品质量策划已全面完成时，APQP 小组包括管理人员应对整个产品质量先期策划各阶段工作进行全面的总结和认定。可采用"产品质量策划总结和认定"表格（见本章的案例 1-9）来进行总结和认定。

要保证产品首次发运前，以下项目得到评审：

◆ 是否有完善的过程流程图并得到执行？

◆ 是否建立了完善的控制计划并得到执行？

◆ 过程指导书（工艺规程、作业指导书等）是否包含控制计划中规定的所有产品和过程特殊特性，是否包括 PFMEA 中的建议措施，是否与过程流程图、控制计划相一致？

◆ 控制计划中特别要求的检测设备，其重复性和再现性、使用方法是否得到了分析确认？

◆ 生产过程、设备、人员能否满足产能的需要？

产品质量策划总结和认定一定要有管理者参加，使他们知道 APQP 的状况并取得他们的支持，同时解决有关问题。

完成上述工作以后，就可进行正式的批量生产。

1.2.5 反馈、评定和纠正措施阶段

反馈、评定和纠正措施阶段，是根据生产过程、产品使用、交付服务中得到的信息，改进产品质量策划中的不足，提高顾客满意程度的阶段。

1. 反馈、评定和纠正措施阶段的输入

产品和过程确认阶段的输出是本阶段的输入。

2. 反馈、评定和纠正措施阶段的工作/输出

（1）减少变差

1）在正式生产阶段，应利用控制图和其他统计工具识别过程变差。应组织相关部门对产生变差的原因进行分析，并采取措施减少变差，以持续改进和提高产品质量和过程能力。

2）要做到持续地改进不仅需要关注变差的特殊原因，还要了解变差的普通原因并寻找减少这些变差来源的途径。

3）供顾客评价的项目包括价格、时间进度和预期的改善。

4）通常减少或消除普通原因可降低成本。组织可通过价值分析、减少变差等措施进行改善。

（2）提高顾客满意度

应经常与顾客进行沟通，根据顾客的意见，评估 APQP 的有效性，并做出必要的改进以增强顾客的满意度。

（3）改善交付和服务

1）在交付和服务阶段，与顾客继续合作以持续不断的改进和解决问题，这一阶段的改进，有利于减少不必要的过程、库存和质量成本，并为下一个产品的开发提供经验。

2）给顾客提供维修件、备件等服务时，质量、价格和交付水平不应该降低。

（4）总结经验教训

"没有总结，就没有提高"。要做好经验教训的总结工作。肯定成功的经验，以利于今后更好地开展工作，接受失误的教训，以使今后的工作少走弯路。

经验教训可通过以下途径获得：

1）对运作良好（Things Gone Right）/运作不良（Things Gone Wrong）进行总结评价。

2）分析保修记录及其他数据资料。

3）纠正措施的实施情况。

4）相似产品和过程的经验教训。

5）DFMEA 与 PFMEA。

要把获得的经验和教训用于改进产品的设计和开发。

1.3 APQP 实施的几个要点

1.3.1 APQP 工作流程的选择

APQP 工作流程，也就是产品的设计和开发流程。AIAG（美国汽车工业行动集团）参考手册"产品质量先期策划和控制计划"（APQP——Advanced Product Quality Planning and Control Plan）里面的 5 个阶段 49 个要素，基本上是按产品设计和开发流程的顺序编排的。但既然说是基本上，那就是说明他们的编排不能拿来就作为产品设计和开发的流程。因此各个企业要根据自己的实际情况，在 5 个阶段 49 个要素的基础上增减、调整（包括顺序的调整），制订出本企业的产品设计和开发流程。

需注意的是，有些基本顺序是不能颠倒的。比如说，DFMEA 一定在零件图绘制之前进行；PFMEA 一定在工序卡编制之前进行。很多企业，图样都设计完成了，才进行所谓的 DFMEA，这样子搞 DFMEA，说明对 DFMEA 的作用没有理解，纯粹是自己忽悠自己。

同时还需注意，IATF 16949 明确规定要进行的工作不能删减，例如 FMEA、MSA 等。

下面以几种典型的产品讲述产品设计和开发的流程。

1. 自主研发的较为复杂的产品的设计和开发流程

案例 1-2 是一自主研发的较为复杂的产品的设计和开发流程。因第 5 阶段属于设计改进阶段，所以本案例只讲前面 4 个阶段，即讲到产品可以批量生产为止。

2. 顾客提供图样的产品的设计和开发流程

附录中案例附 1-1 是顾客提供图样、产品也不复杂的产品的设计和开发流程。大部分 IATF 16949 企业属于这种情况。

第1章 APQP产品质量先期策划和控制计划

案例1-2：自主研发的较为复杂的产品的设计和开发流程

自主研发的较为复杂的产品的设计和开发流程

一、计划和确定项目阶段

下达开发指令 → 成立项目小组 → 制订产品设计和开发计划 → 市场调研 / 标杆分析 → 产品的初步构思方案 / 初始物料清单 / 初始过程流程图 / 初始产品及过程特殊特性清单 → 编写产品立项可行性分析报告 → 立项是否通过（NO → 终止；YES → 编制设计任务书并评审（产品保证计划） → 计划和确定项目阶段的总结评审 → A）

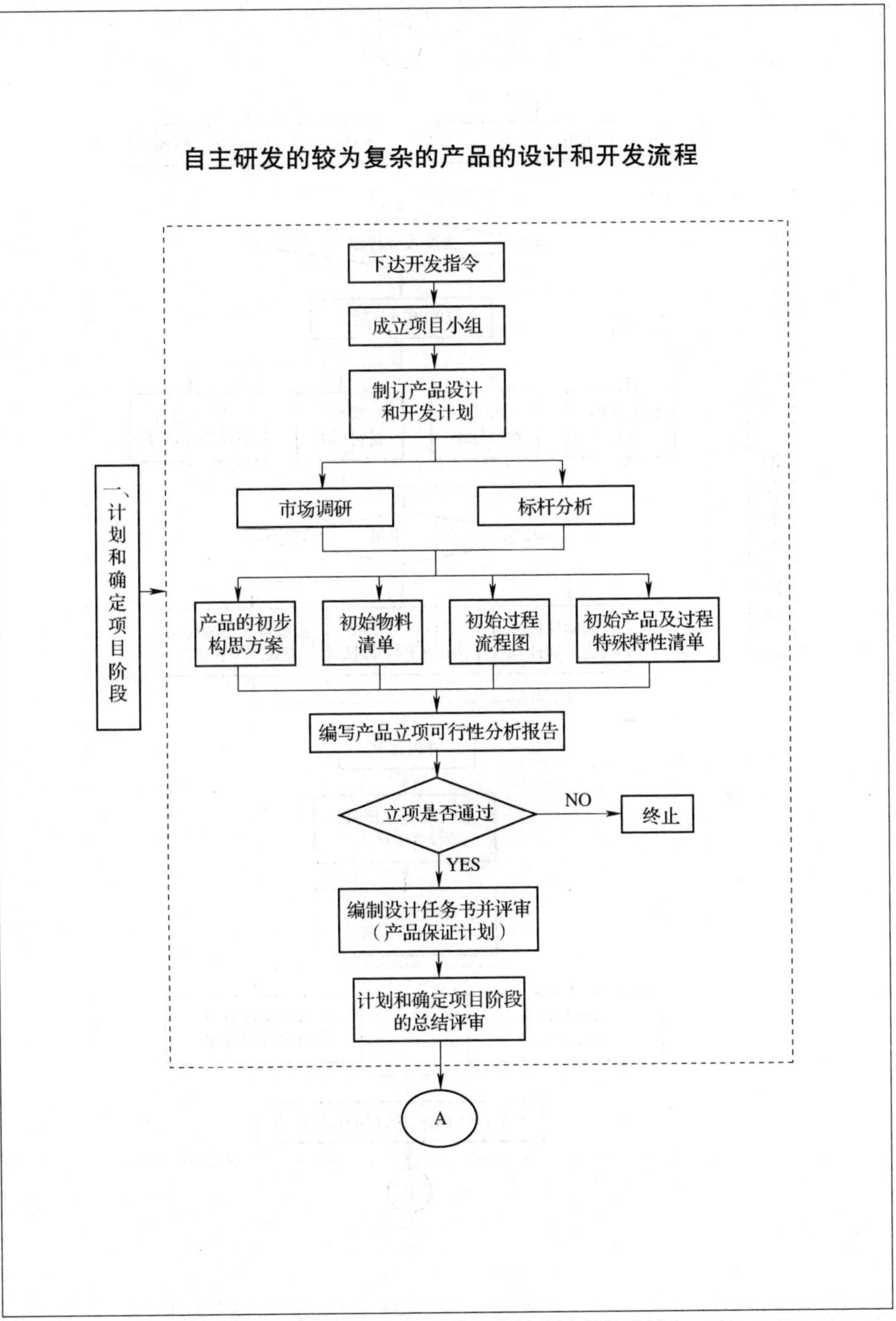

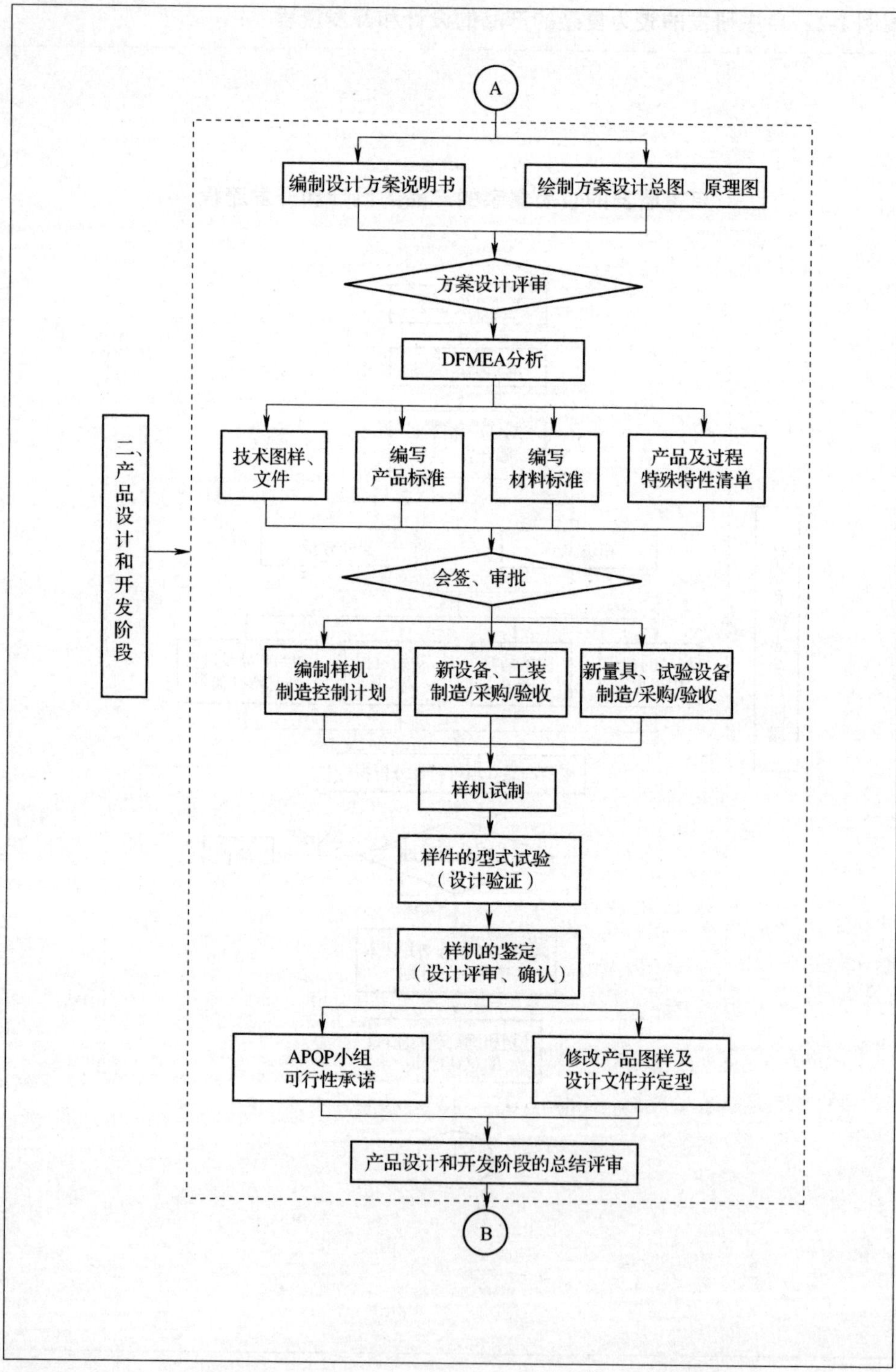

IATF 16949 质量管理体系五大工具最新版一本通

```
                            ┌─ A ─┐
                               │
              ┌────────────────┴────────────────┐
              ▼                                 ▼
      ┌───────────────┐                 ┌───────────────────┐
      │ 编制设计方案说明书 │                 │ 绘制方案设计总图、原理图 │
      └───────┬───────┘                 └─────────┬─────────┘
              └────────────────┬────────────────┘
                               ▼
                        ◇ 方案设计评审 ◇
                               │
                               ▼
                         ┌ DFMEA分析 ┐
                               │
       ┌───────────┬───────────┼───────────┬───────────┐
       ▼           ▼           ▼           ▼
  ┌─────────┐ ┌─────────┐ ┌─────────┐ ┌──────────────┐
  │ 技术图样、 │ │  编写   │ │  编写   │ │   产品及过程   │
  │   文件   │ │ 产品标准 │ │ 材料标准 │ │  特殊特性清单  │
  └─────────┘ └─────────┘ └─────────┘ └──────────────┘
                               │
                               ▼
                        ◇ 会签、审批 ◇
                               │
       ┌───────────────────────┼───────────────────────┐
       ▼                       ▼                       ▼
 ┌──────────┐           ┌──────────┐           ┌──────────────┐
 │ 编制样机   │           │ 新设备、工装 │           │ 新量具、试验设备 │
 │ 制造控制计划│           │ 制造/采购/验收│           │ 制造/采购/验收  │
 └──────────┘           └──────────┘           └──────────────┘
                               │
                               ▼
                          ┌ 样机试制 ┐
                               │
                               ▼
                        ┌ 样件的型式试验 ┐
                        │ （设计验证）   │
                               │
                               ▼
                        ┌ 样机的鉴定     ┐
                        │（设计评审、确认）│
                               │
              ┌────────────────┴────────────────┐
              ▼                                 ▼
      ┌───────────────┐                 ┌───────────────────┐
      │  APQP小组      │                 │  修改产品图样及     │
      │  可行性承诺    │                 │  设计文件并定型    │
      └───────┬───────┘                 └─────────┬─────────┘
              └────────────────┬────────────────┘
                               ▼
                    ┌ 产品设计和开发阶段的总结评审 ┐
                               │
                            ┌─ B ─┐
```

二、产品设计和开发阶段

56

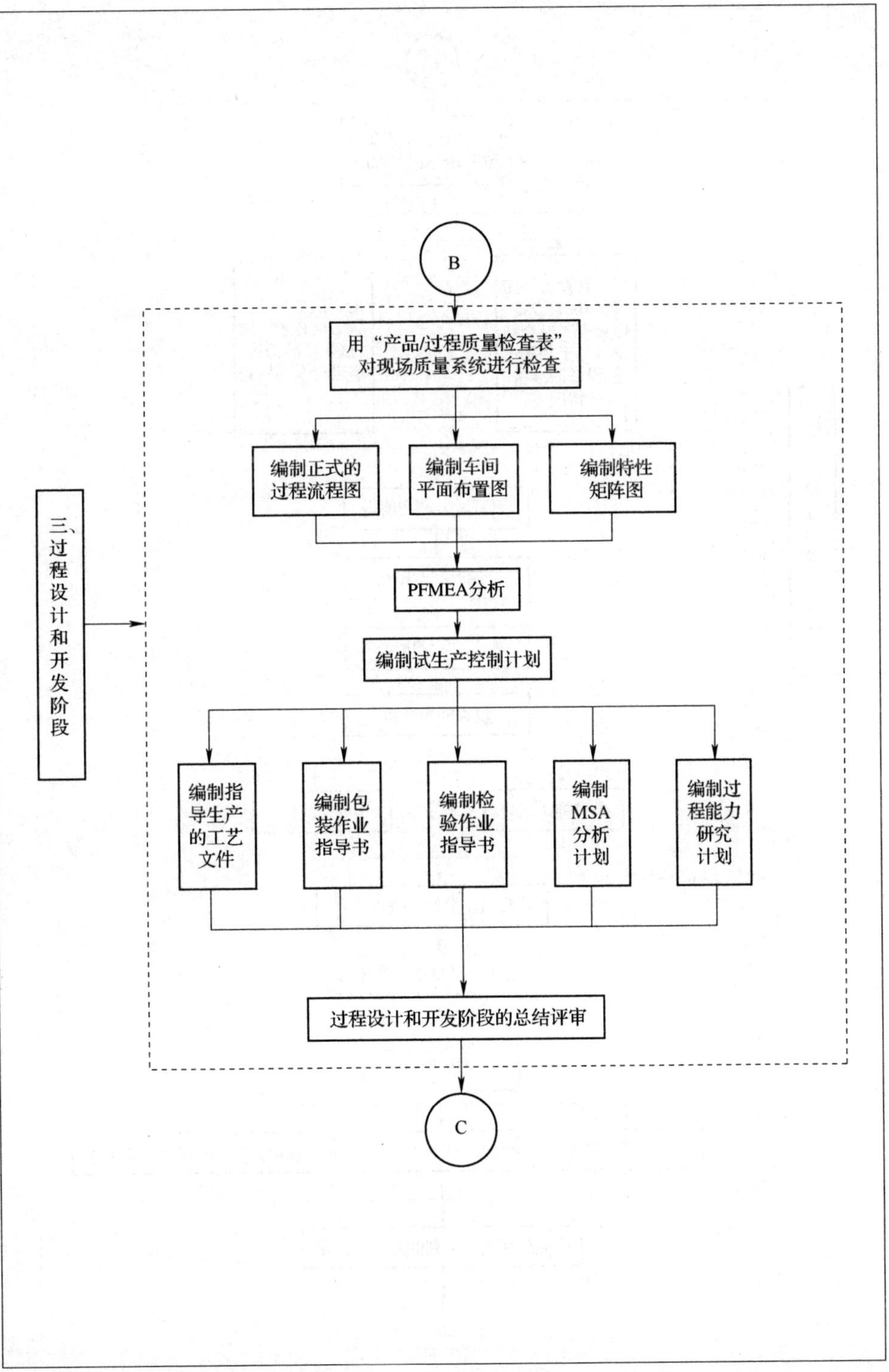

第1章 APQP产品质量先期策划和控制计划

```
                              ( B )
        ┌──────────────────────┴──────────────────────┐
        │   用"产品/过程质量检查表"                    │
        │       对现场质量系统进行检查                 │
        │   ┌──────────┬──────────┬──────────┐        │
        │   │编制正式的│编制车间  │编制特性  │        │
        │   │过程流程图│平面布置图│矩阵图    │        │
        │   └──────────┴────┬─────┴──────────┘        │
三、     │                  ▼                          │
过程 ──▶│              PFMEA分析                      │
设计     │                  ▼                          │
和       │          编制试生产控制计划                 │
开发     │   ┌────┬────┬────┬────┬────┐              │
阶段     │   │编制│编制│编制│编制│编制│              │
         │   │指导│包装│检验│MSA │过程│              │
         │   │生产│作业│作业│分析│能力│              │
         │   │的工│指导│指导│计划│研究│              │
         │   │艺文│书  │书  │    │计划│              │
         │   │件  │    │    │    │    │              │
         │   └────┴────┴──┬─┴────┴────┘              │
         │                ▼                            │
         │   过程设计和开发阶段的总结评审              │
        └──────────────────┬──────────────────────────┘
                           ▼
                         ( C )
```

57

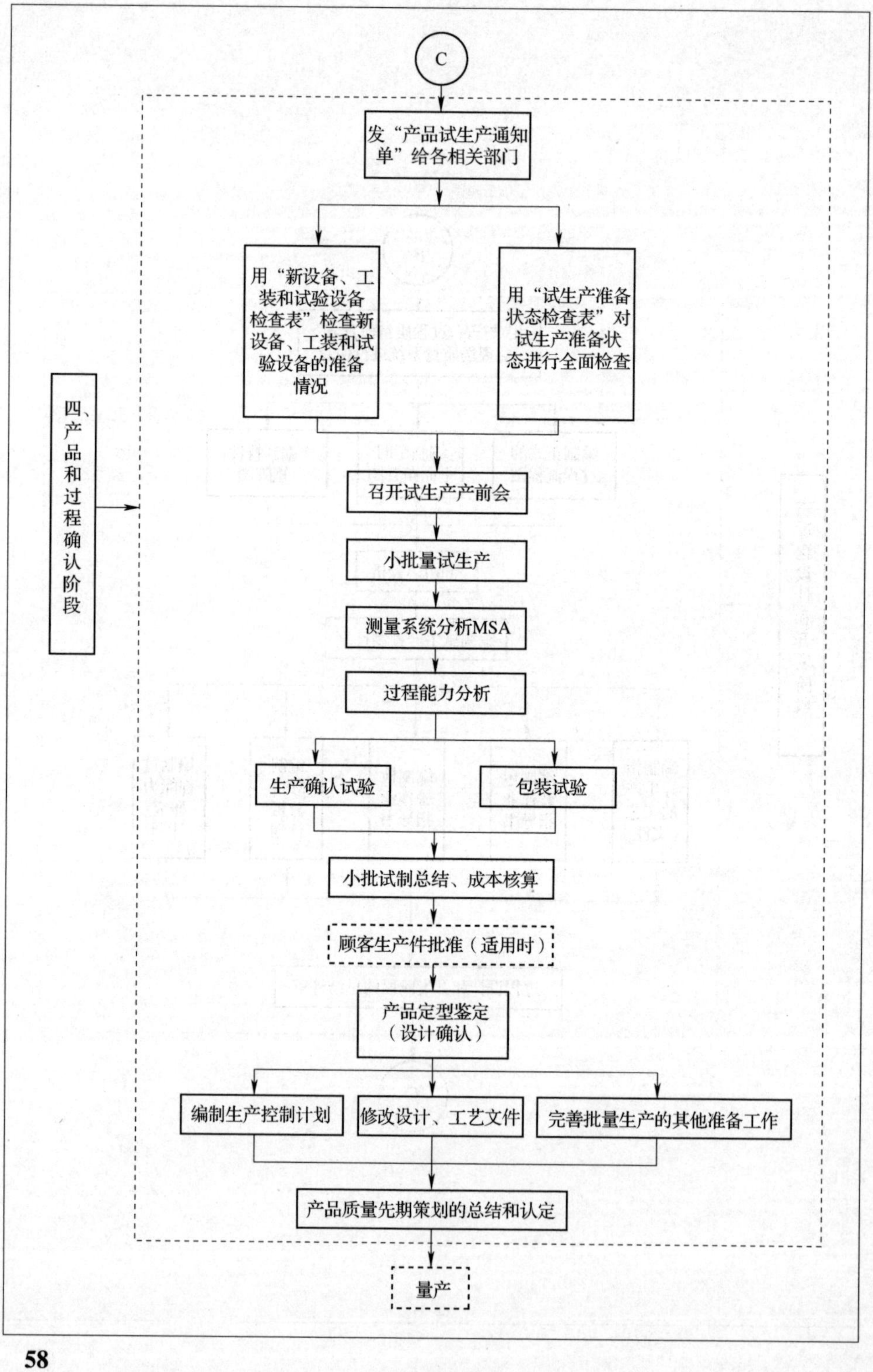

IATF 16949 质量管理体系五大工具最新版一本通

```
                    (C)
                     │
          ┌──────────────────────┐
          │ 发"产品试生产通知     │
          │  单"给各相关部门      │
          └──────────┬───────────┘
                     │
          ┌──────────┴──────────┐
          ▼                     ▼
┌──────────────────┐   ┌──────────────────┐
│用"新设备、工      │   │用"试生产准备     │
│装和试验设备       │   │状态检查表"对      │
│检查表"检查新      │   │试生产准备状       │
│设备、工装和试     │   │态进行全面检查    │
│验设备的准备       │   │                  │
│情况              │   │                  │
└─────────┬────────┘   └─────────┬────────┘
          └──────────┬──────────┘
                     ▼
          ┌──────────────────────┐
          │   召开试生产产前会    │
          └──────────┬───────────┘
                     ▼
          ┌──────────────────────┐
          │     小批量试生产      │
          └──────────┬───────────┘
                     ▼
          ┌──────────────────────┐
          │   测量系统分析MSA     │
          └──────────┬───────────┘
                     ▼
          ┌──────────────────────┐
          │     过程能力分析      │
          └──────────┬───────────┘
          ┌──────────┴──────────┐
          ▼                     ▼
  ┌───────────────┐     ┌───────────────┐
  │  生产确认试验 │     │   包装试验    │
  └───────┬───────┘     └───────┬───────┘
          └──────────┬──────────┘
                     ▼
          ┌──────────────────────┐
          │ 小批试制总结、成本核算│
          └──────────┬───────────┘
                     ▼
          ┌ ─ ─ ─ ─ ─ ─ ─ ─ ─ ─ ─┐
            顾客生产件批准（适用时）
          └ ─ ─ ─ ─ ─ ┬ ─ ─ ─ ─ ─┘
                     ▼
          ┌──────────────────────┐
          │     产品定型鉴定      │
          │     （设计确认）      │
          └──────────┬───────────┘
     ┌───────────────┼───────────────┐
     ▼               ▼               ▼
┌──────────┐  ┌──────────────┐  ┌──────────────┐
│编制生产  │  │修改设计、    │  │完善批量生产的│
│控制计划  │  │工艺文件      │  │其他准备工作  │
└────┬─────┘  └───────┬──────┘  └──────┬───────┘
     └────────────────┼────────────────┘
                      ▼
          ┌──────────────────────┐
          │产品质量先期策划的总结和认定│
          └──────────┬───────────┘
                     ▼
                ┌ ─ ─ ─ ─┐
                  量产
                └ ─ ─ ─ ─┘
```

四、产品和过程确认阶段

1.3.2 跨功能小组职责的确定

有两种形式建立跨功能小组（APQP 小组）的职责。两种形式可以同时使用。

案例 1-3 为跨功能小组职责表。

案例 1-4 为跨功能小组职责矩阵图。

案例 1-3：跨功能小组职责表

跨功能小组职责表				
序 号	姓 名	职 务	组内职务	组内职责
1	曹某	研发部经理	组长	（略）
2	张某	品质部经理	副组长	
3	关某	高级设计师	组员	
4	赵某	高级工艺师	组员	
5	……	……		

案例 1-4：跨功能小组职责矩阵图

跨功能小组职责矩阵图						
阶 段		工 作 内 容	曹某	张某	刘某	……
一、计划和确定项目阶段		1. 市场调研		○	●	
		2. 标杆分析		●		
		3. 产品/过程的构思	●	○	○	
		4. 先行试验与可靠性研究				●
	5. 立项可行性分析	1）编写初始物料清单	●			
		2）编写产品及过程特殊特性初始清单	●	○	○	
		3）绘制初始过程流程图	●	○	○	
		4）编写产品立项可行性分析报告	●	○	○	○
		6. 产品开发立项的评审、批准	○	●	○	○
		7. 设计任务书（产品保证计划）的编制与评审	○	●	○	○
		8. 计划和确定项目阶段的总结	○	●	○	○
……						

注：●表示负责人，○表示配合。

1.3.3　各部门在 APQP 中的职责

1. 公司决策层

1）批准公司产品战略规划。

2）批准项目，签发开发指令，任命产品开发小组组长。

3）批准产品立项可行性分析报告、设计任务书、产品设计和开发计划、方案设计说明书等重要文件。

4）参加重要工作输出和里程碑点的评审，评估风险，决定是否转入下一阶段的工作。

5）批准产品的最终确认。

注意：里程碑——完成阶段性工作的标志，是项目策划和控制的检查点，在此时间点上，对项目涉及的所有领域进行综合评价，以便尽早地识别风险和缺口，必要时建立并执行消除风险和缺口的措施。

2. 营销部

1）负责市场调研，编制项目建议书。

2）参与新产品各里程碑点的评审工作，随时收集产品的市场信息并及时反馈给产品研发小组和产品研发部。

3）负责顾客生产件批准的归口管理，负责联络顾客，向顾客提供生产件批准所需实物和资料，并向相关部门反映生产件批准的情况。

4）负责新产品试销推广期间商品信息、质量信息的反馈与分析，并及时反馈。

3. 产品研发部

1）负责组织项目的可行性研究，负责编制产品设计任务书。

2）负责编制产品设计和开发计划，对项目的进度、成本、质量进行总体控制。

3）负责对项目的目标进行分析和分解，并监督落实。

4）负责图样、技术文件的设计，确保设计目标的实现。负责组织进行 DFMEA 分析。

5）参与确定供方，评价供方的技术能力，与合格供方签订"开发技术协议"，向供应商提供技术支持。控制供方的开发工作，并负责对设计供方的输出进行转化和消化吸收。

6）负责组织各阶段的评审工作；对项目的进展状态进行跟踪监控；在项目开发各阶段结束时，将新的情况向决策层进行报告并取得其支持。

7）负责组织开发各阶段的产品及零部件批准工作，与供方签订"供货技术协议"。

8) 负责组织样件的试制；负责组织对新产品进行最后确认。

9) 组织召开项目例会，负责对项目进行计划、协调、评价、总结、报告。

10) 向决策层报告项目进展情况，评估项目存在的风险，组织制定预防措施。

11) 组织对完成项目的移交工作，负责进行项目总结。

4. 质量管理部

1) 参与项目可行性分析。

2) 组织做好供应商的生产件批准工作。

3) 负责统筹顾客 PPAP 批准所需实物和资料的准备。

4) 负责试生产阶段的过程审核。

5) 负责样件的测试工作。

6) 负责小批试制、量产阶段的质量检验工作。

7) 负责组织进行 MSA 测量系统分析。

8) 负责客户质量投诉的处理及信息反馈。

5. 生产技术部

1) 负责确定零部件、产品的制造路线，负责组织进行 PFMEA 分析，负责编制工艺文件、控制计划。

2) 负责设备、工装和基础设施的生产准备，并组织验收、移交。

3) 参与重大基建、设备、工装的招标。

4) 负责设备、工装的选型及调试验收工作。

5) 负责组织进行过程能力分析。

6) 负责组织过程审核，主导小批量的试制，并做好小批试制的总结工作。

6. 采购部

1) 负责新产品供应商的确定。

2) 审核确认、跟踪供方质量策划，协调各部门对供方进行生产件批准（PPAP）。

3) 组织进行供应商的选择，负责采购中的商务活动，并对供应商进行管理。

4) 跟踪、控制外协件的生产准备过程；组织供应商的试制零件和工装样件的提交。

7. 生产部

1) 负责做好新产品试制中外协外购产品的需求计划。

2) 负责做好试制排产计划，负责组织生产车间进行小批试制工作。

3) 负责设备、工装的日常维护保养。

4) 负责试制过程中的质量自查，及时反映试制过程中的技术问题。

1.3.4　APQP 计划的制订与跟进

案例 1-5 为 APQP 工作计划书。案例 1-6 为计划进度跟进表。

案例 1-5：APQP 工作计划书

APQP 工作计划书									
项目名称：				项目开发周期：					
项目总负责人：				APQP 小组组长：					
修订次数：				编制/修订日期：					
APQP 小组成员名单：								
姓名		职位	姓名		职位	姓名		职位	
项目开发预算：								
资源配置：								
阶段		工作程序及工作内容		责任人	配合人员		起止日期	输出文件
一、计划和确定项目阶段		1. 顾客信息的收集与研究	1）市场调研					
^		^	2）对现有产品的质量信息进行研究					
^		^	3）发掘 APQP 小组成员及其他有关人员的经验					
^		2. 经营计划与营销战略的研究						
^		3. 标杆分析						
^		4. 产品/过程的设想						
^		5. 先行试验与可靠性研究						

(续)

阶段	工作程序及工作内容		责任人	配合人员	起止日期	输出文件
一、计划和确定项目阶段	6. 立项可行性分析	1）编写初始材料（零件）清单				
		2）编写产品及过程特殊特性初始清单				
		3）绘制初始过程流程图				
		4）编写产品立项可行性分析报告				
	7. 产品开发立项的批准					
	8. 设计任务书（产品保证计划）的编制与评审					
	9. 计划和确定项目阶段的总结					
二、产品设计和开发阶段	1. 初步技术设计	1）编制"设计方案说明书"				
		2）进行必要的设计计算				
		3）绘制方案设计总体图、线路图（原理图）				
		4）进行设计失效模式及后果分析（DFMEA）				
		5）绘制主要零部件草图				
	2. 初步技术设计评审					
	3. 工作图设计	1）绘制技术图样、BOM				
		2）编写产品标准（含包装标准）				
		3）编写采购物资技术要求（材料标准）				
		4）编写产品和过程特殊特性清单				
		5）编写包装图样及包装文件				
	4. 编制样件制造控制计划					
	5. 提出所需的新设施、设备和工装					
	6. 提出所需的新量具、试验设备					
	7. 样机试制与样件试验（设计验证）					
	8. 向顾客送样（必要时）					
	9. 样机鉴定（设计评审、确认）					
	10. 产品图样及设计文件的修改					
	11. APQP 小组可行性承诺					

(续)

阶段	工作程序及工作内容		责任人	配合人员	起止日期	输出文件
三、过程设计和开发阶段	1. 产品/过程质量系统的检查					
	2. 编制正式的工艺流程图					
	3. 编制车间平面布置图					
	4. 编制特性矩阵图（必要时）					
	5. PFMEA 分析					
	6. 编制试生产控制计划					
	7. 编制过程指导书	1) 编制生产、工艺管理作业指导书				
		2) 编制包装作业指导书				
		3) 编制检验作业指导书				
	8. 编写测量系统分析（MSA）计划					
	9. 编制初始过程能力研究计划					
	10. 过程设计和开发阶段的总结评审					
四、产品和过程确认阶段	1. 试生产					
	2. 测量系统评价					
	3. 初始过程能力研究					
	4. 进行生产确认试验					
	5. 进行包装评价工作（必要时）					
	6. 组织进行生产件批准（PPAP）（必要时）					
	7. 产品定型鉴定（设计确认）					
	8. 完善设计并做好批量生产的准备工作	1) 修改完善产品图样及设计文件、工艺文件				
		2) 编制生产控制计划				
		3) 完善批量生产的其他准备工作				
	9. 产品质量先期策划的总结和认定					
五、反馈、评定和纠正措施阶段	收集生产、产品使用、交付服务中的信息，以改进产品质量策划中的不足					
备注：						

编制/日期：_____ 审核/日期：_____ 批准/日期：_____

案例1-6：APQP工作计划跟进表

APQP工作计划跟进表

阶段	工作内容		责任人	输出文件	时间进度/周（公司日历）												实际完成时间
					12	13	14	15	16	17	18	19	20	21	22	23	
一、计划和确定项目阶段	1. 市场调研																
	2. 标杆分析																
	3. 产品/过程的构思																
	4. 先行试验与可靠性研究																
	5. 立项可行性分析	1) 编写初始物料清单															
		2) 编写产品及过程特殊特性初始清单															
		3) 绘制初始过程流程图															
		4) 编写产品立项可行性分析报告															
	6. 产品开发立项的评审、批准																
	7. 设计任务书（产品保证计划）的编制与评审																
	8. 计划和确定项目阶段的总结																
	……																

注：▬▬▬▬ 计划； ━━━ 实际。

1.3.5 产品图样及设计文件的编号

1. 产品图样及设计文件编号的一般要求

1）图样和设计文件编号一般可采用下列字符：

① 0~9阿拉伯数字。

② A~Z拉丁字母（O、I除外）。

③ 短横线（-）、圆点（.）、斜线（/）。

2）每个产品、部件、零件的图样和文件均应有独立的代号：

① 采用表格图时，表中每种规格的产品、部件、零件都应标出独立的代号。

② 同一产品、部件、零件的图样用数张图纸绘制时，各张图样标注同一代号。

③ 同一CAD文件使用两种以上的存储介质时，每种存储介质中的CAD文件都应标注同一代号。

④ 企业应规定通用件的编号规则。

⑤ 借用件的编号应采用被借用件的代号。

3）图样和文件的编号应与企业计算机辅助管理分类编号要求相协调。

2. 产品图样编号方式

图样和设计文件的编号方式一般有分类编号和隶属编号两大类。

（1）图样分类编号

分类编号，按对象（产品、零部件）功能、形状等的相似性，采用十进位分类法进行编号。

1）分类编号的代号的基本部分由**分类号**（特征号——可视为产品、零件类别，如线路板、塑胶件、轴、齿轮类）和**顺序号**两部分组成，中间以圆点或短横线分开，圆点在下方，短横线在中间。必要时可以在首部加识别号（如企业代号），尾部加尾注号。

2）十进位分类编号法，是将需要编号的图样、设计文件等，按其特征、结构或用途分为十级（0~9），每级分十类（0~9），每类分十型（0~9），每型分十种（0~9）。级、类、型、种四位数字组成分类号。如四位数字不够时，可增加为级、类、型、种、项五位数字。项即每种十项（0~9）。

3）分类码位的序列及其含义见表1-27。图1-7为分类编号示意图。

表1-27 分类码位表

码位	基本部分										
	1	2	3	4	5	6	7	8	9	10	11	12
含义	企业代号（需要时编入）		产品类型号	部件按特征、结构、用途，零件按规格、形状、尺寸或精度				顺序号			设计文件、产品改进尾注号	

注：此表仅供参考。

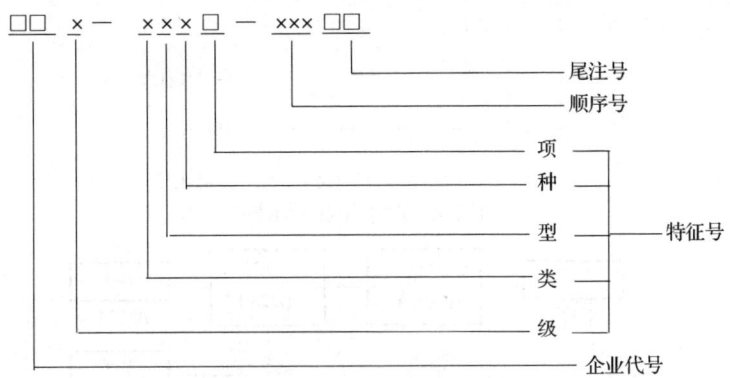

图 1-7 分类编号示意图

4）企业代号由字母组成。

5）特征号一般均由数字组成。

6）设计文件、产品改进用尾注号表示（也就是版本号）。改进的尾注号可用字母 a、b、c……表示。

（2）图样隶属编号

隶属编号，即按产品、部件、零件的隶属关系编号，隶属编号分全隶属和部分隶属两种形式。

1）全隶属代号

① 全隶属代号由产品代号和隶属号组成。中间可用圆点或短横线隔开，必要时可加尾注号。

② 全隶属代号码位表见表 1-28。

表 1-28 隶属码位表

码位	1	2	3	4	5	6	7	8	9	10
			←―――――隶 属 号―――――→							
含义	产品代号码位		各级部件序号码位			零件序号码位			设计文件、产品改进码位	

③ 产品代号由字母和数字组成。

④ 隶属号一般由数字组成，其级数与位数应按产品结构的复杂程度而定。

a）零件的序号，应在其所属产品或部件的范围内编号。

b）部件的序号，应在其所属产品或上一级部件的范围内编号。

⑤ 设计文件、产品改进用尾注号表示。改进的尾注号可用字母 a、b、c……表示，见图 1-8。

全隶属编号示例见图 1-9。

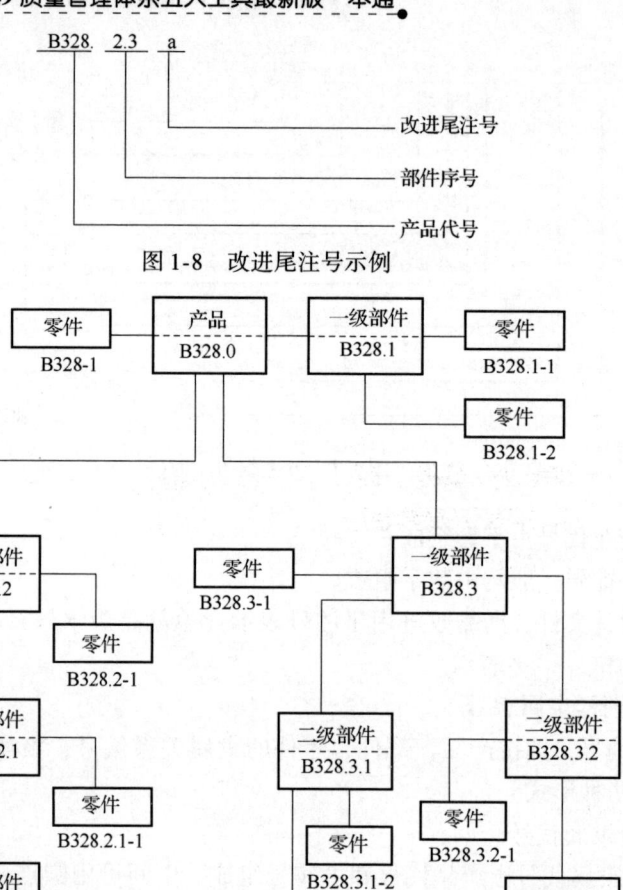

图1-8 改进尾注号示例

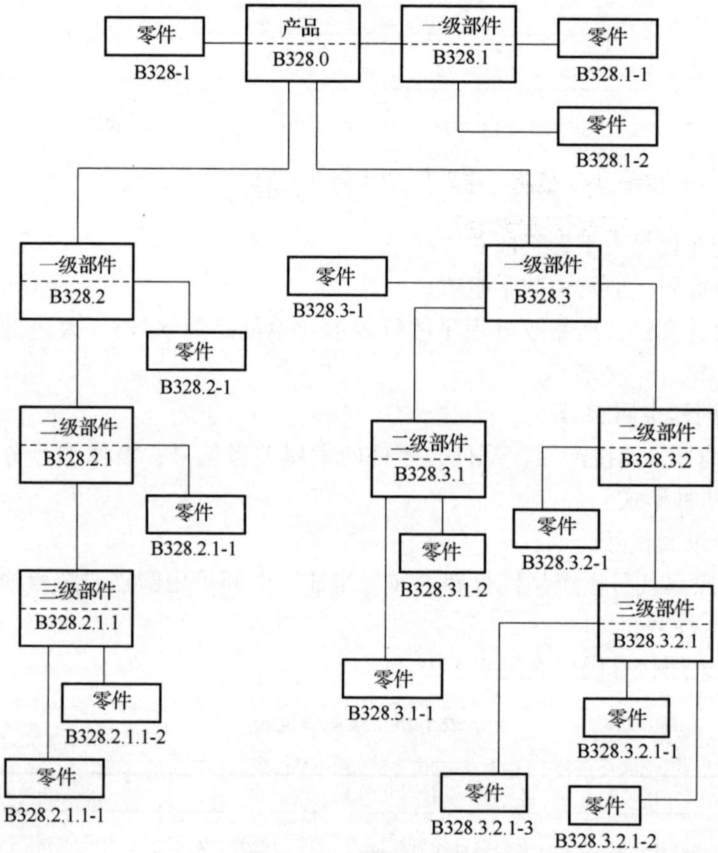

图1-9 全隶属编号示例

2）部分隶属编号

部分隶属编号，由产品代号、隶属号和识别号组成。其隶属号为部件序号，见图1-10，部件序号编到哪一级由企业自行规定。识别号是对一级或二级以下的部件（称分部件）与零件混合编序号（流水号）。分部件、零件序号推荐三种编号方法。必要时尾部可加改进尾注号。

① 零件、分部件序号，规定其中×××-×××（如001-099）为分部件序号，×××-×××（如101-999）为零件序号（参见图1-11）。零件序号也可按材料性质分类编号。

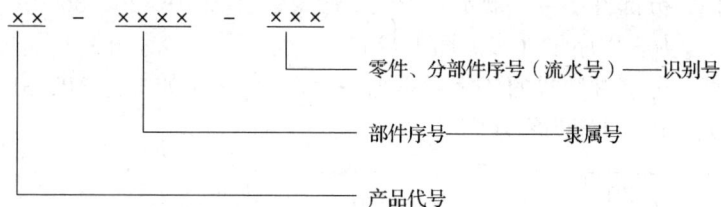

图 1-10　部分隶属编号示意图

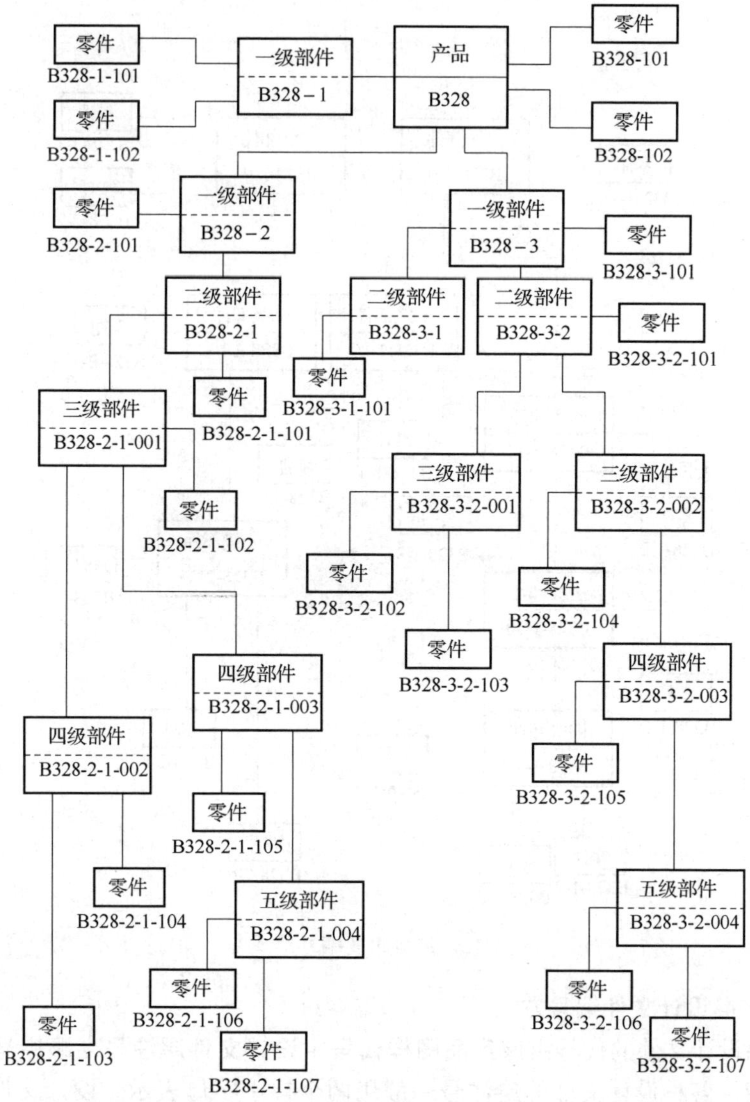

图 1-11　部分隶属编号形式 I

② 零件、分部件序号，规定其中逢十的整数（如10、20、30……）为分部件序号，余者为零件序号（参见图1-12）。

③ 零件、分部件序号的数字后再加一字母P、Z（如1P、2P、3P……）为分部件序号，无字母者为零件序号。

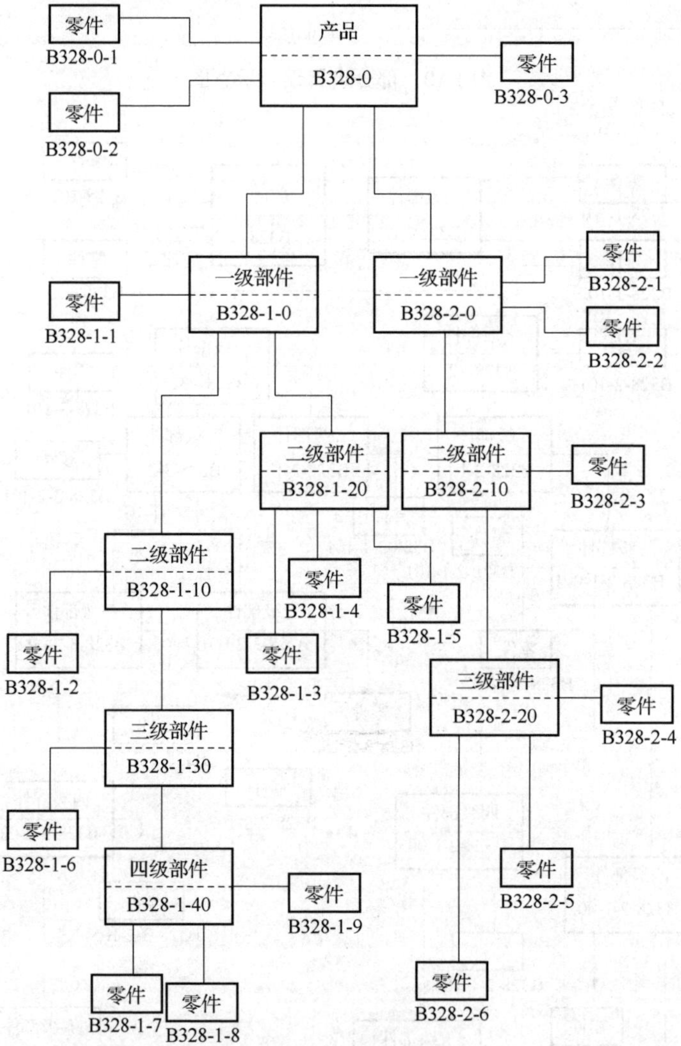

图 1-12 部分隶属编号形式 Ⅱ

3. 产品设计文件编号方式

产品设计文件的代号由该**产品图样代号 + 设计文件尾注号 + 顺序号**（必要时）组成。各种设计文件的尾注号一般用两个拉丁字母表示。设计文件尾注号见表1-29。

表1-29 设计文件尾注号（仅供参考）

序号	尾注号	设计文件名称	字母含义	序号	尾注号	设计文件名称	字母含义
1	SC	市场预测报告	市场	19	WM	文件目录	文目
2	JC	技术调研报告	技查	20	JD	鉴定报告	鉴定
3	KX	可行性分析报告	可行	21	TM	图样目录	图目
4	KP	可行性分析评审报告	可评	22	MX	零部件明细表	明细
5	CJ	新产品开发项目建议书	产建	23	WG	外购件汇总表	外购
6	JX	技术协议书	技协	24	BZ	标准件汇总表	标准
7	JR	技术（设计）任务书	技任	25	JT	技术条件	技条
8	JJ	技术建议书	技建	26	TZ	技术通知	通知
9	SG	试验大纲	试纲	27	GZ	关重件及其项目重要度明细表	关重
10	SB	试验报告	试报	28	TG	图样更改单	图改
11	JS	计算书	计书	29	SP	设计评审报告	设评
12	SS	技术设计说明书	设说	30	SM	使用说明书	说明
13	XS	型式试验报告	型试	31	ZM	合格证（合格说明书）	证明
14	SY	试用（运行）报告	试用	32	ZD	装箱单	装单
15	JF	技术经济分析报告	经分	33	BZ	包装文件	包装
16	BS	标准化审查报告	标审	34	ZG	早期故障分析报告	早故
17	SZ	试验总结	试总	35	YY	用户验收报告	用验
18	SJ	试验鉴定大纲	试鉴	36	YC	试验操作方法	验操

案例1-7：产品图样和技术文件的编号方法

产品图样和技术文件的编号方法

1 范围

本标准规定了打标系列专用设备产品图样和技术文件的基本原则和编号方法。

本标准适用于本公司设计制造的打标系列专用设备图样和技术文件的编号。

2 规范性引用文件

（无）

3 基本原则

3.1 机械部分的产品图样，均采用全隶属编号方式。

3.2 机械部分产品图样代号按其基本装配关系由零件、三级部件、二级部件、一级部件、产品五级组成（见图1-13）。

3.3 产品图样中零件图的编号应尽量连续。

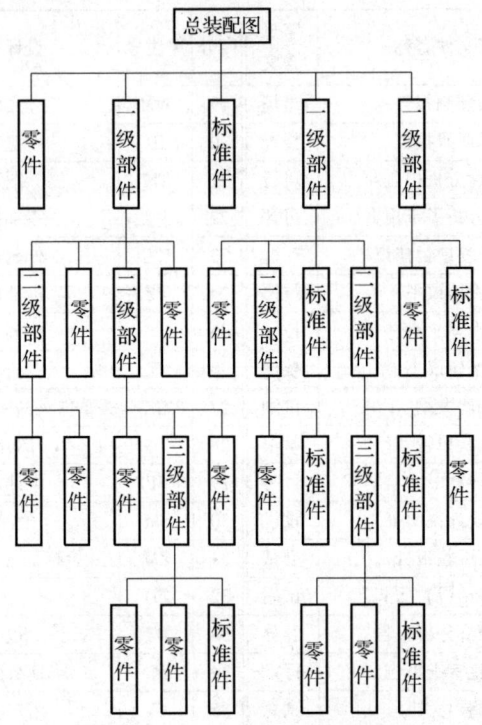

图 1-13　产品装配关系（机械部分）

3.4　产品的每个图样及设计文件应有独立的代号。某一产品图样或设计文件使用过的代号不得再给予另一产品图样或设计文件使用，不允许一件多号。

1）同类产品制成表格图时，对于表格中各种规格的零件要分别编号。

2）对同一产品、部件、零件的产品图样和设计文件，当用数张图纸表达时，均应在每张图纸上标注同一代号，并应编写页次号，产品图样的明细栏和技术要求的表达应在首页上。

3.5　产品图样上不允许出现无图样代号的零、部、组件。

3.6　产品图样中，凡借用其他产品的零部件（指零件、三级部件、二级部件、一级部件）的图样时，不论其借用次数多少，仍保留其原图样的代号，不得更改，并需在明细栏备注项内填写"借用"字样。

3.7　产品中采用外购件（无须出图纸）时，应在图样明细栏代号项中填写该产品规定的代号，并在备注项内填写"外购"字样。

4　机械部分装配图、部件图、零件图编号的方法

4.1　机械部分装配图、部件图、零件图编号编号由七部分组成，见图1-14。

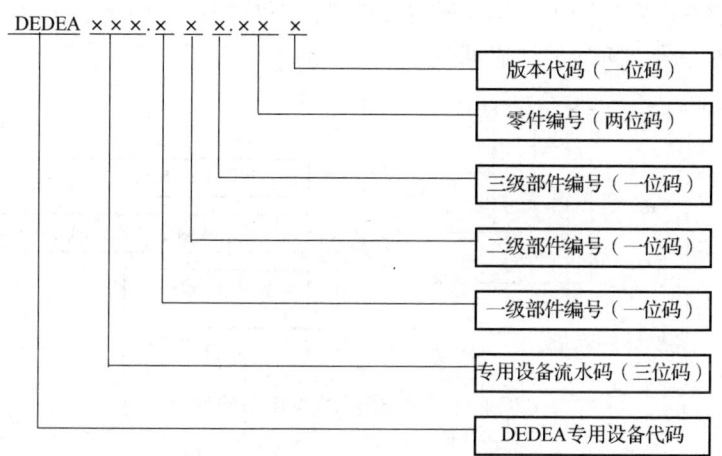

图1-14　装配图、部件图、零件图编号

4.2　机械部分装配图、部件图、零件图编号说明

1）产品、部件、零件图编号均采用0~9阿拉伯数字。

2）一级部件编号：1~8。

3）二级部件编号：1~9。

4）三级部件编号：1~9。

5）零件编号：01~99。

6）版本代码：用a、b、c……表示。

4.3　装配图、部件图、零件图编号举例说明

1）某456号IC双轨半自动打标机装配图编号为：DEDEA456.000.00a。

2）某456号IC双轨半自动打标机一级部件，图号为：DEDEA456.200.00a。

3）某456号IC双轨半自动打标机一级部件中的零件，图号为：DEDEA456.200.09a。

4）某456号IC双轨半自动打标机二级部件，图号为：DEDEA456.210.00a。

5）某456号IC双轨半自动打标机二级部件中的零件，图号为：DEDEA456.210.01a。

6）某456号IC双轨半自动打标机三级部件中的零件，图号为：DEDEA456.211.08a。

5 包装图、安装图的编号方法

包装图、安装图不采用隶属关系编号,而是按图样的类别,以流水号的方式进行编号。编号的组成见图1-15:

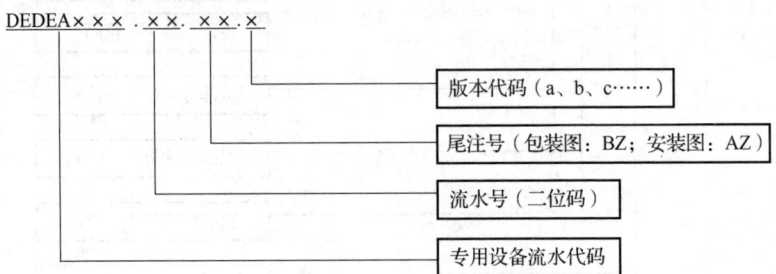

图1-15 包装图、安装图的编号

举例说明:
1)某456号IC双轨半自动打标机第2张包装图编号为:DEDEA456.02.BZ.a。
2)某456号IC双轨半自动打标机第1张安装图编号为:DEDEA456.01.AZ.a。

6 电气类图样的编号方法

电气类图样指:原理图(电路图)、丝印图、铜箔图、接线图、方框图、逻辑图、信息处理流程图、线缆连接图等。

电气类图样不采用隶属关系编号,编号时也不细分类别,按统一的流水号方式进行编号。

电气类图样的编号组成见图1-16。

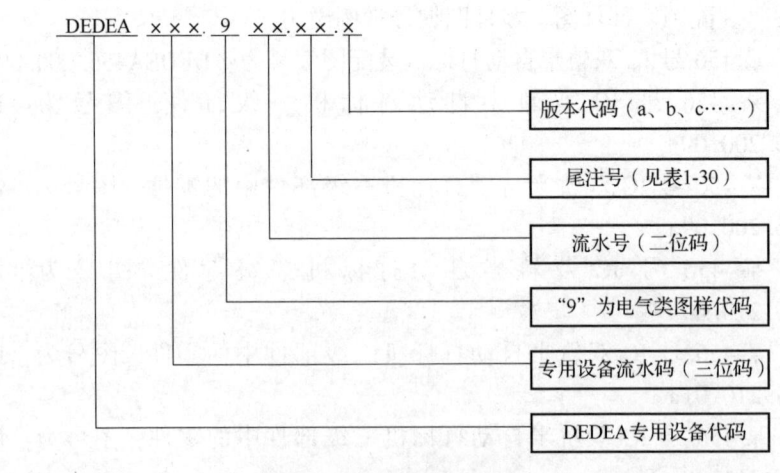

图1-16 电气类图样编号

表1-30为电气类图样的尾注号。

表1-30　电气类图样的尾注号

序号	尾注号	设计文件名称	字母含义	序号	尾注号	设计文件名称	字母含义
1	DL	原理图（电路图）	电路	5	FK	方框图	方框
2	SY	丝印图	丝印	6	LJ	逻辑图	逻辑
3	TB	铜箔图	铜箔	7	LC	信息处理流程图	流程
4	JX	接线图	接线	8	XL	线缆连接图	线缆

举例说明：

1）某456号IC双轨半自动打标机第1份电气类图样是电路图，图号为：DEDEA456.901.DL.a。

2）某456号IC双轨半自动打标机第2份电气类图样是电路图，图号为：DEDEA456.902.DL.a。

3）某456号IC双轨半自动打标机第3份电气类图样是丝印图，图号为：DEDEA456.903.SY.a。

4）某456号IC双轨半自动打标机第4份电气类图样是铜箔图，图号为：DEDEA456.904.TB.a。

5）某456号IC双轨半自动打标机第5份电气类图样是接线图，图号为：DEDEA456.905.JX.a。

7　技术文件编号方法

7.1　针对整机而言

按技术文件的类别，以流水号的方式进行编号。编号的组成见图1-17。

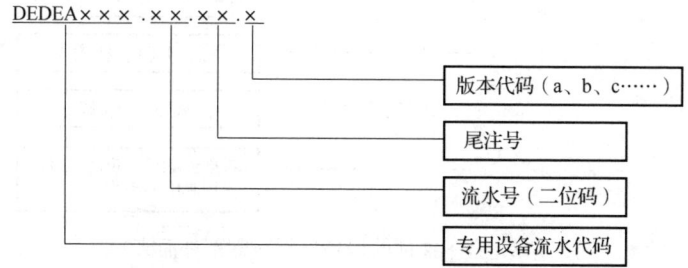

图1-17　技术文件的编号（针对整机而言）

尾注号一般用两个拉丁字母表示，见表1-31。

表 1-31 技术文件的尾注号

序号	尾注号	设计文件名称	字母含义	序号	尾注号	设计文件名称	字母含义
1	JY	项目开发建议书	建议	14	HZ	汇总表（BOM）	汇总
2	XY	技术协议书	协议	15	JL	试制过程记录表	记录
3	JH	产品设计开发计划书	计划	16	ZJ	试制总结	总结
4	SR	设计任务书	设任	17	FZ	专用设备生产总结报告	非总
5	FA	设计方案	方案	18	YJ	样机鉴定报告	样鉴
6	PS	设计评审报告	评审	19	CJ	产品鉴定报告	产鉴
7	JS	设计计算书	计算	20	SQ	设计更改申请表	申请
8	JT	技术条件	技条	21	TZ	图样及技术文件更改通知单	通知
9	SM	技术说明书	说明	22	ZX	装箱清单	装箱
10	BC	编程说明书	编程	23	GY	工艺文件	工艺
11	TS	调试说明书	调试	24	TY	产品图样及文件移交清单	图移
12	CZ	操作说明书	操作	25	BM	文件归档编目清单	编目
13	MX	明细表	明细				

举例说明：

1) 某 456 号 IC 双轨半自动打标机第 1 份设计方案编号为：DEDEA456.01.FA.a。

2) 某 456 号 IC 双轨半自动打标机第 2 份设计方案编号为：DEDEA456.02.FA.a。

3) 某 456 号 IC 双轨半自动打标机操作说明书编号为：DEDEA456.01.CZ.a。

4) 某 456 号 IC 双轨半自动打标机产品鉴定报告编号为：DEDEA456.01.CJ.a。

5) 某 456 号 IC 双轨半自动打标机第 2 份装箱清单编号为：DEDEA456.02.ZX.a。

7.2 针对零部件而言

按技术文件的类别，以流水号的方式进行编号。编号的组成见图 1-18。

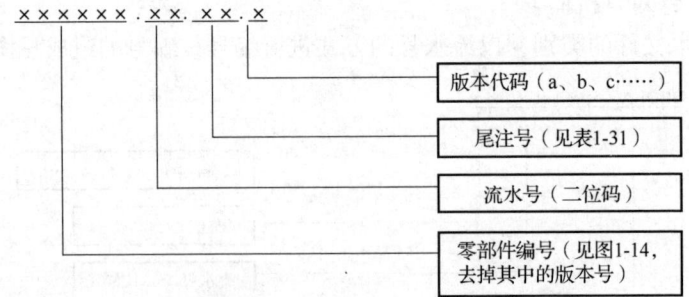

图 1-18 技术文件的编号（针对零部件而言）

举例说明：

1) 某 456 号 IC 双轨半自动打标机一级部件第 1 份明细表，其编号为：DEDEA456.200.00.01.MX.a。

2）某 456 号 IC 双轨半自动打标机二级部件明细表，编号为：DEDEA456.210.00.01.MX.a。

8　电脑中电子文档名称

8.1　图样和技术文件电子文档名称

图样和技术文件电子文档名称为：图样和技术文件编号+图样和技术文件名称。

举例说明：

1）某编号为"DEDEA667.600.03a"的"翻板安装座"的电子文档名称为：DEDEA667.600.03a 翻板安装座。

2）某编号为"DEDEA456.02.FA.a"的"设计方案"的电子文档名称为：DEDEA456.02.FA.a 设计方案。

8.2　文件夹名称

如将整机或部件的图样及技术文件放在 1 个文件夹里，文件夹的名称为：整机或部件的编号（去掉版本代码）+整机或部件的名称。

举例说明：部件"翻转下料机构"（其部件装配图编号为"DEDEA667.600.00a"）包括很多张图样，为这些图样建一个文件夹，文件夹的名称为：DEDEA667.600.00 翻转下料机构。

1.3.6　产品图样及设计文件的更改控制

1. 产品图样及设计文件更改控制的基本要求

在产品生产过程中，往往由于各种原因引起对产品设计的更改。企业必须对产品设计更改实施有效的控制。

企业应针对产品图样及设计文件的更改制定管理制度。

产品设计更改控制的基本要求是：

1）产品设计更改不得降低产品质量和背离用户的质量要求，不得违反必须贯彻的有关标准和安全、环境保护等政府法令与条例。

2）只允许指定的产品设计负责人对其负责的产品图样及设计文件进行更改。

3）正式生产的产品设计更改必须开具更改单作为更改凭证，经工艺及有关部门会签、标准化部门审查及主管部门审核批准（确认）后才能生效。

4）明确更改对象的代号及名称，更改前后的内容说明，更改实施日期要求，具体实施更改方式的要求（如底图划改或刮改、生产用复印图划改、重新描制底图、换发复印图等），对采购在途品、在制零部件、已完工入库零部件、成品以及已交付产品的处置意见，更改单发放部门及份数，编制、会签、审核和批准签署及日期等。

5）应规定试制及正式生产时产品设计更改的程序、正式生产时特急设计更改的方法与步骤。

6）对产品通用零部件的设计更改方法和步骤应做出专门的规定。

7）凡属于影响互换性的设计更改，必须附加或变更零部件编号（图号）的修改识别码，以利于技术状态管理和生产管理，保持正常生产秩序。

8）产品图样及设计文件更改时必须注意有关联的设计文件、工艺文件的同步修改，以及工装的改进。

9）当产品设计做重大更改或更改部位较多、对产品质量有较大影响时，应再次进行设计评审、设计验证和设计确认。

10）发放新版产品图样及设计文件时，应及时从现场收回旧版图样及文件。如因为需要暂不收回时，要在旧版图样及文件上做好相应标识，比如盖上"作废保留"印章。

11）对于某些企业，比如实施 IATF 16949 的企业，可能有一些特别要求。如：①对有专有权的设计，如更改后对外形、配合、功能（包括性能和耐久性）有影响时，应与顾客共同进行评审，确保所有的影响在更改实施前都经过适当的评价；②当顾客要求时，设计和开发的更改应满足附加的验证和标识的要求；③任何影响顾客要求的更改都必须通知顾客，并征得顾客同意，并按要求进行 PPAP 生产件批准。

2. 不同阶段中产品设计更改的方式

（1）产品设计时的更改方式

产品设计时的更改是指从设计开始至产品图样和设计文件复印图发放前这一期间的设计更改，可允许设计人员不开具更改单，可在原设计图样和文件上直接进行修改。

（2）新产品试制（样机试制）时的设计更改方式

新产品试制是指样机试制，目的是验证设计结构、性能、参数是否符合设计预定的质量目标要求。因此，在试制过程中，如发现设计问题造成无法继续加工或装配时，为确保试制工作正常进行，经设计人员分析研究后，确认属于设计因素造成的且更改后不影响产品质量时，可允许设计人员在生产现场使用的图样上及相关部门使用的图样上直接进行划改，并注明更改日期和签署姓名。此时，设计人员可不开具更改单。但是设计人员必须将现场直接更改的内容做好详细记录，以便当试制结束后在完善图样和设计文件时，对图样及设计文件集中进行更改。

（3）产品正式生产时的设计更改方式

此时产品生产已进入正规的管理渠道，如需做设计更改时，必须严格按程序规定履行设计更改手续。

1) 常规的设计更改方式。应由设计人员按程序规定填写设计更改单,经审核、会签、标准化审查和授权人员批准后,方能实施具体的更改工作。

2) 特急的设计更改方法。可允许设计人员先在生产现场加工装配的图样上应急直接进行划改,其后再补办开具设计更改单的手续,并在更改单上醒目的部位注明"急"字标志,以便加快更改单流转和实施具体的更改工作。

3. 设计更改的方法

企业可以参照 SJ/T 207.5《设计文件管理制度 第 5 部分:设计文件的更改》(电子行业)、JB/T 5054.6《产品图样及设计文件 更改办法》(机械行业)等标准,制定本企业的设计更改方法。

1.3.7 工艺文件的编号

1. 工艺文件编号基本要求

1) 正式工艺文件都应具有独立的编号。同一编号只能授予一份工艺文件。

2) 同一文件由数页组成时,每页都应填写同一编号。

2. 工艺文件编号的组成

1) 工艺文件编号一般由产品代号、工艺文件分类代号、顺序号和版次号组成,各部分之间用"-"隔开(见图 1-19)。

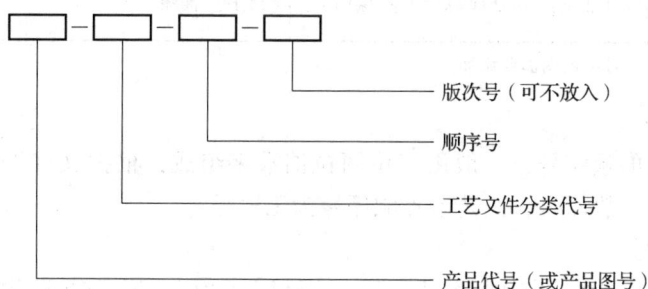

图 1-19 工艺文件编号组成

2) 工艺文件分类编号。

工艺文件的分类代号由类代号和组代号组成。表 1-32 是某企业的工艺文件分类分组代号表。

表 1-32 工艺文件分类分组代号表

类代号	组 代 号									
	0	1	2	3	4	5	6	7	8	9
0 明细表		铸件明细表			锻件明细表	热处理件明细表	零部件明细表	工装明细表	材料消耗明细表	
1 工艺图样		铸件毛坯图			锻件毛坯图	半成品图	等级成品图	工艺平面布置图		

（续）

类代号	组 代 号									
	0	1	2	3	4	5	6	7	8	9
2 冷加工工艺	工艺守则	加工工艺过程卡片	加工工艺卡片	加工工序卡片	组装工艺过程卡片	组装工序过程卡片			检验文件检查卡片	试验卡片
3 热加工工艺	工艺守则	铸钢件工艺卡片	铸铁件工艺卡片	有色金属件工艺卡片	锻件工艺卡片	热处理件工艺卡片			检验文件检查卡片	试验卡片
4 铆焊工艺	工艺守则		焊接工艺卡片		氩弧焊工艺卡片	钎焊工艺卡片	下料冲压工艺过程卡片	下料冲压工艺卡片	检验文件检查卡片	试验卡片
5 电子工艺	工艺守则	工艺过程卡片	工艺卡片		组装工艺过程卡片	组装工序过程卡片	下料工艺过程卡片	下料工艺卡片	检验文件检查卡片	试验卡片
6 设备检修工艺		加工件检修工艺规程	焊接件检修工艺规程	组装检修工艺规程	检修拆卸卡片	钳工刮研卡片	加工卡片	组装卡片	检验文件检查卡片	
7 检修工艺	检修工艺规程						检修记录簿	工艺指导说明书		
8										
9 其他工艺	工艺守则	木工工艺	表面处理	除锈工艺	探伤工艺	电镀工艺	油漆工艺			其他

注：工艺分类空号可根据需要添加。

3）顺序号。

工艺文件的顺序号，一般由三位阿拉伯数字组成，根据文件编制的先后顺序流水编号。一般而言，工艺卡片顺序号为工序号。

4）版次号。

修订后的工艺文件应加版次号，第一次修订用"1"，第二次修订用"2"，其余依次类推。版次号也可使用字母 a，b，c… 版次号可以不放入工艺文件编号里面。

3. 工艺文件编号举例

工艺文件编号举例见图 1-20。

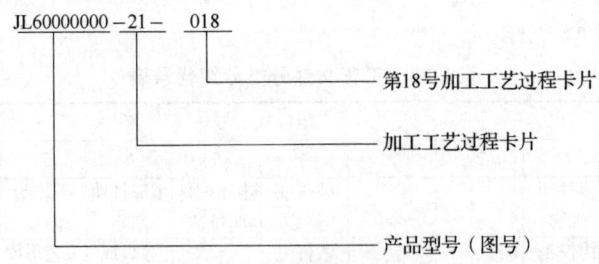

图 1-20　工艺文件编号举例

1.3.8　工艺文件的更改控制

1. 工艺文件更改控制的基本要求

工艺文件更改控制的基本要求是：

1）工艺文件的更改，不应降低产品质量，不应违背有关标准和规定。

2）工艺文件更改不得无故降低生产能力或增加成本。

3）工艺文件的更改涉及其他文件时，与其相关的文件应同时更改，以保证更改后的工艺文件正确、统一和完整。**工艺文件更改时，还要考虑是不是应该改进与之相关的工装、模具等。**

4）正式生产时，应凭审批过的工艺更改通知单对工艺文件进行更改。

5）工艺文件更改通知单下发后，需要更改的工艺文件应在规定日期内更改完成。

6）更改工艺文件时，对于具有同一代号不同存储介质、媒体介质的工艺文件，均应进行相应的更改。

7）更改通知单应编号，其原件或复制件应存档备查。

8）执行临时工艺通知单时，不应更改正式的工艺文件。

9）只允许指定的工艺人员对其负责的工艺文件进行更改。

10）应规定试制及正式生产时工艺文件更改的程序、正式生产时特急工艺文件更改的方法与步骤。

11）当工艺方法做重大更改，对产品质量有较大影响时，应进行工艺验证。

12）发放新版文件时，应及时从现场收回旧版文件。如因为需要暂不收回时，要在旧版文件上做好相应标识，比如盖上"作废保留"印章。

2. 不同阶段中工艺文件更改的方式

（1）新产品试制时的更改方式

在试制过程中如发现工艺文件有错时，可允许工艺人员在生产现场使用的工艺文件上直接进行划改，并注明更改日期和签署姓名。此时，工艺人员可不开具更改单。但是工艺人员必须将现场直接更改的内容做好详细记录，以便当试制结束后在完善工艺文件时，对工艺文件集中进行更改。

（2）产品正式生产时的更改方式

由于此时产品生产已进入正规的管理渠道，如需做工艺文件更改时，必须严格按程序规定履行工艺文件更改手续。

1）常规的更改方式。应由工艺人员按程序规定填写工艺文件更改通知单，经审核、标准化审查、会签和授权人员批准后，方能实施具体的更改工作。

2）特急的更改方法。可允许工艺人员先在生产现场工艺文件上应急直接进行划改，其后再补办开具工艺文件更改通知单的手续，并在更改单上醒目的部位注明"急"字标志，以便加快更改单流转和实施具体的更改工作。

3. 工艺文件更改的方法与流程

企业可以参照 SJ/T 10531《工艺文件的更改》（电子行业）、JB/T 9169.8《工艺管理导则 工艺文件修改》（机械行业）等标准，制定本企业的工艺文件更改方法、工艺文件更改流程（见图1-21）。

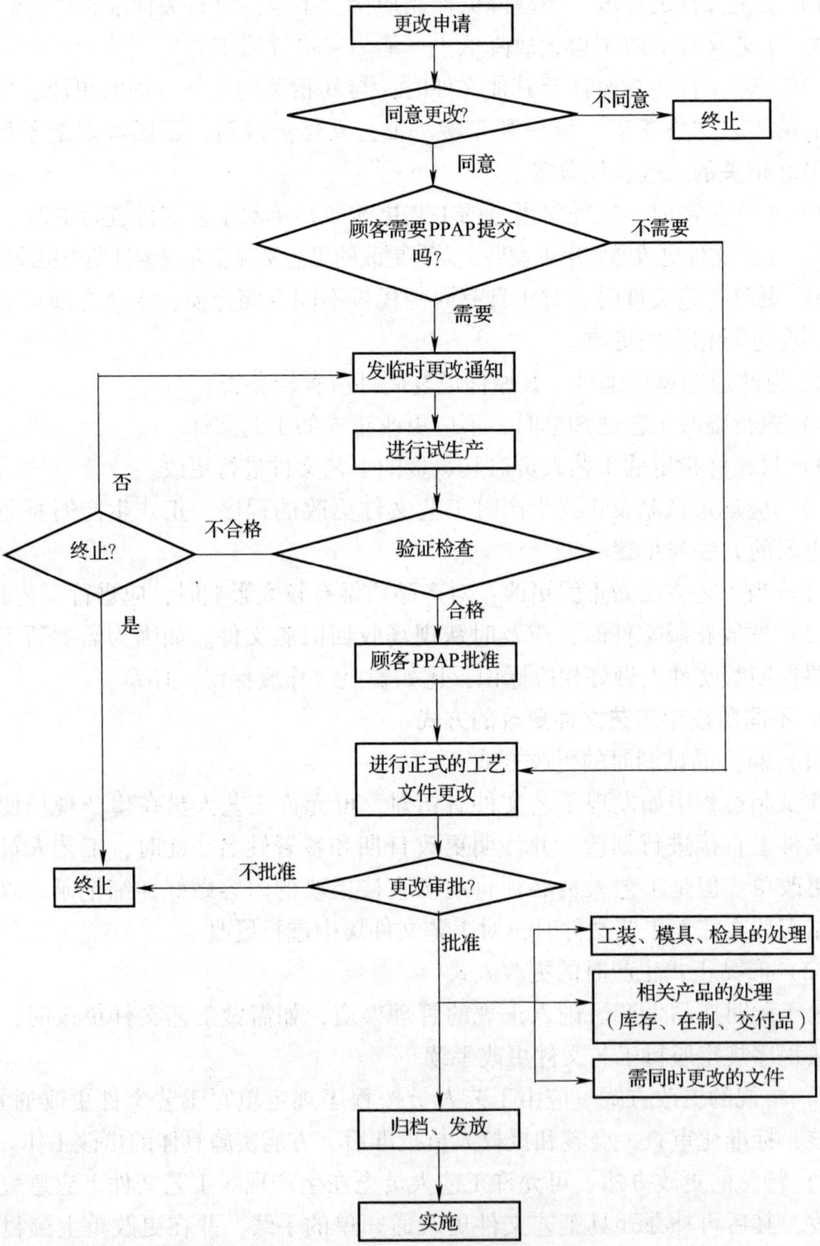

图1-21 工艺文件更改流程

1.3.9 APQP 程序文件及记录实例

案例 1-8 为 APQP 控制程序，案例 1-9 为产品质量策划总结和认定表。

案例 1-8：APQP 控制程序（有设计责任）

APQP 控制程序

1 目的

对 APQP 进行规范化管理，确保生产出使顾客满意的产品。

2 适用范围

适用于公司新产品的设计和开发工作。

3 术语和定义

3.1 新产品

稳定批量生产前的产品统一界定为新产品。

3.2 方案设计

主要活动内容包括：对结构系统、电气系统等进行定性设计；对主要设计参数进行计算和确定；绘制总图草稿、外观效果图；对材料成本及模具设备投资进行预算等。

3.3 图样及技术设计

以方案设计结果为依据，完成全部技术参数计算和确定，绘制全套技术文件与图样。

3.4 样机试制

为了验证产品的结构、电气等性能是否满足策划要求，以及验证新增工装模具开发质量，而进行的 3~8 台样机的试制、测试验证及评价过程。

3.5 小批试产

指为了验证新产品的物料组织能力、生产工艺性、质量和工艺过程控制能力、操作指导书等是否满足批量生产要求，由生产部组织，采购部、质量部、产品研发部、生产技术部提供支持而进行的 100~300 台小批量产品的生产、测试及评审过程。

4 职责

详见本案例第 5 部分"责任部门/人"一栏。

5 作业程序与控制要求

5.1 计划和项目的确定阶段

程　　序	工 作 内 容	输 出 文 件	责任部门/人
5.1.1 市场调研	搜集市场信息，识别潜在市场需求，提出新产品构思	市场分析报告、行业技术分析报告、竞争对手分析报告	营销部、产品研发部

（续）

程　序	工作内容	输出文件	责任部门/人
5.1.2　立项可行性分析	对市场分析报告中提出的新产品构思进行可行性分析，提出"产品立项可行性分析报告" "产品立项可行性分析报告"的内容一般包括： 1）产品的设计目标（产品的外观、性能、结构要求等） 2）产品的可靠性和质量目标（如可靠性目标：平均无故障时间8000h，质量目标：产品检验一次通过率99%等） 3）提出攻关项目并分析其实现的可能性 4）技术可行性分析（技术先进性，结构、零部件的继承性分析，国内外同类产品水平分析） 5）产品经济寿命期分析 6）分析提出产品设计周期和生产周期 7）企业生产能力的分析 8）经济效果分析（产品成本预测与利润预测）	产品立项可行性分析报告	营销部、产品研发部
	编写"初始材料（零件）清单"、"产品及过程特殊特性初始清单"，绘制初始过程流程图	初始材料（零件）清单、产品及过程特殊特性初始清单、初始过程流程图	产品研发部、生产技术部
5.1.3　立项的评审与批准	常务副总经理组织有关人员对"产品立项可行性分析报告"、"初始材料（零件）清单"、"产品及过程特殊特性初始清单"、初始过程流程图等文件进行评审，在评审的基础上得出是否同意产品立项的结论。产品立项的结论应报总经理批准	批准后的"产品立项可行性分析报告"	常务副总经理、总经理、相关人员
5.1.4　成立APQP小组	常务副总经理组织成立APQP小组，编写"APQP小组职责表"。小组成员来自产品研发部、生产技术部、品管部、采购部和营销部，必要时可邀请顾客及供应商代表参加	APQP小组职责表	常务副总经理

（续）

程　序	工作内容	输出文件	责任部门/人
5.1.5　编制产品保证计划——设计任务书	APQP小组组长根据"产品立项可行性分析报告"等资料编制"产品保证计划——设计任务书"。"产品保证计划——设计任务书"应明确规定设计的目标和要求	产品保证计划——设计任务书	APQP小组组长
5.1.6　对产品保证计划——设计任务书进行评审	APQP小组组长组织有关人员对"产品保证计划——设计任务书"进行评审。对其中不完善、含糊或矛盾的要求予以解决。评审采取会签形式进行。评审后应将"产品保证计划——设计任务书"及相关背景资料提供给相关设计人员	会签的"产品保证计划——设计任务书"	APQP小组组长、相关部门
5.1.7　编制APQP工作计划书	APQP小组组长组织编写"APQP工作计划书"，经APQP小组成员讨论后，送常务副总经理批准。批准后的"APQP工作计划书"下发有关部门实施 "APQP工作计划书"应随着设计和开发的进展适时进行修订	APQP工作计划书	APQP小组
5.1.8　计划和确定项目阶段的总结评审	APQP小组在计划和确定项目阶段的工作结束时，应召开小组会议进行这一阶段工作的总结评审。总结评审时应邀请常务副总经理等管理人员参加，以获得其支持并协助解决相关未决问题。总结评审的结论记录在"计划与确定项目阶段总结评审报告"中	计划与确定项目阶段总结评审报告	APQP小组组长、常务副总经理、相关部门负责人

5.2　产品设计和开发阶段

程　序	工作内容	输出文件	责任部门/人
5.2.1　方案设计	对结构系统、电气系统等进行定性设计，对主要设计参数进行计算和确定，对材料成本及模具设备投资进行预算	设计方案说明书	产品研发部
	绘制总布置草图、原理草图、外观效果图等	总布置草图、原理草图、外观效果图	产品研发部
5.2.2　方案设计评审	方案设计完成后，APQP小组组长应组织有关的职能部门进行方案设计评审	方案设计评审报告	APQP小组组长、有关部门

（续）

程　序	工作内容		输出文件	责任部门/人
5.2.3 DFMEA	在正式设计产品的零部件之前，产品研发部应牵头成立 DFMEA（设计 FMEA）小组，进行设计失效模式及后果分析（DFMEA）。具体内容详见"潜在失效模式及后果分析（FMEA）控制程序"		DFMEA 报告	产品研发部
	DFMEA 完成后，APQP 小组应用"DFMEA 检查表"对 DFMEA 的完整性、有效性进行检查		DFMEA 检查表	APQP 小组
5.2.4 图样及技术设计	结构、性能设计	根据结构、性能设计要求绘制总图、部件图、零件图（三维或二维图），编制总明细表	总图、零部件图样、电控图样、包装图样、零部件明细表 BOM、产品标准、包装标准、材料标准、产品和过程特殊特性清单等，详见"产品图样及设计文件完整性规定"（略）	产品研发部、生产技术部
	电控、电器设计	软、硬件设计；绘制电控图样，编制明细表。电机、电器件等技术设计及图样绘制，确定电器结构、型号及指标要求		
	包装设计	根据产品的装箱、贮存、搬运等操作条件要求，设计包装纸箱和 EPS 泡沫等包装部件，并绘制图样		
	技术文件	编写产品标准、包装标准、材料标准、产品和过程特殊特性清单等设计文件		
	特别说明	1）设计时，要考虑产品的可制造性（DFM）和可装配性（DFA） 2）应将特殊特性标识在相关图样及设计文件中		
5.2.5 图样、技术文件下发	全套图样及设计文件经过会签、审批后下发		受控文件发放回收记录	文控中心
5.2.6 编制样件制造控制计划	产品研发部按"控制计划管理程序"的要求，编制"样件制造控制计划"，对样件制造过程中尺寸测量和材料与性能试验等进行描述。"样件制造控制计划"编写完成后，APQP 小组用"控制计划检查表"对"样件制造控制计划"的完整性进行检查		样件制造控制计划、控制计划检查表	产品研发部、APQP 小组

(续)

程　序	工作内容	输出文件	责任部门/人
5.2.7 提出所需的新设施、设备和工装	生产技术部提出产品开发所需的新设施、设备和工装，编制"新增设施、设备和工装的制造、采购计划"，保证在样件试制或小批量试生产前到位。"新增设施、设备和工装的制造、采购计划"由 APQP 小组组长审核，常务副总经理批准	新增设施、设备和工装的制造、采购计划	生产技术部、APQP 小组、常务副总经理
5.2.8 提出所需的新量具、试验设备	品管部提出产品开发所需的新量具、试验设备，编制"新增量具/试验设备采购计划"，保证在样件试制或小批量试生产前到位。"新增量具/试验设备采购计划"由 APQP 小组组长审核，常务副总经理批准	新增量具/试验设备采购计划	品管部、APQP 小组、常务副总经理
5.2.9 编制产品试验计划（DVP）	必要时，品管部编制"产品试验计划"，对产品的试验做出安排	产品试验计划	品管部
5.2.10 样机试制	产品研发部样机组根据产品图样、设计文件、"样件制造控制计划"制作样机，编写"样机试制报告"	样机试制报告	产品研发部
5.2.11 样机测试（设计验证）	样机送品管部进行测试，测试后出具样机"测试报告"	（样机）测试报告	品管部
5.2.12 样机鉴定	产品研发部按照试制、测试所提出的改进意见，对图样、设计文件等进行修改补充后，适时召开样机鉴定会样机定型鉴定会由 APQP 小组组长组织，常务副总经理主持，APQP 小组、营销部、品质部等部门参加	（样机）鉴定报告	APQP 小组组长、常务副总经理、APQP 小组等相关部门
5.2.13 设计改进	根据样机试制、测试、鉴定中所提出的改进意见，对产品图样及设计文件进行必要的修改。修改参照"产品图样及设计文件更改办法"执行	修改后的图样、设计文件	产品研发部
5.2.14 APQP 小组可行性承诺	APQP 小组在产品的设计和开发阶段的工作结束时，要用"设计信息检查清单"对设计的有效性做出评价。并用"小组可行性承诺"的方式承诺达到规定的要求。"设计信息检查清单"及"小组可行性承诺"应呈送有关管理人员以获得其支持	设计信息检查清单、小组可行性承诺	APQP 小组

5.3 过程设计和开发阶段

程　序	工作内容	输出文件	责任部门/人
5.3.1 产品/过程质量系统检查	过程设计和开发一开始，APQP 小组就要用"产品/过程质量检查表"对现场质量管理系统进行检查，找出存在的问题。APQP 小组应对这些问题进行改进，并落实到相关的文件及控制计划之中	产品/过程质量检查表	APQP 小组
5.3.2 编制正式的工艺流程图	生产技术部工程师对计划和确定项目阶段的初始工艺流程图进行进一步修正和完善，编制出正式的工艺流程图。编制完成后，APQP 小组应用"过程流程图检查表"对工艺流程图进行评价	工艺流程图、过程流程图检查表	生产技术部、APQP 小组
5.3.3 编制车间平面布置图	生产技术部工程师编制车间平面布置图，车间平面配置图上有修理区及不合格品的贮存区等。编制完成后，APQP 小组用"车间平面布置检查表"对车间平面布置图进行检查，以确保车间平面布置图与工艺流程图、控制计划相协调	车间平面布置图、车间平面布置检查表	生产技术部、APQP 小组
5.3.4 编制特性矩阵图（必要时）	生产技术部工程师要编制特性矩阵图，显示产品特性与工艺过程的对应关系	特性矩阵图	生产技术部
5.3.5 PFMEA	在工装准备之前，在工艺文件（作业指导书）最终定稿之前，生产技术部牵头成立 PFMEA 小组，进行过程失效模式及后果分析（PFMEA）。详见"潜在失效模式及后果分析（FMEA）控制程序"	PFMEA 报告	生产技术部
	PFMEA 完成后，APQP 小组应用"PFMEA 检查表"对 PFMEA 的完整性进行检查	PFMEA 检查表	APQP 小组
5.3.6 编制试生产控制计划	生产技术部工程师按"控制计划管理程序"的要求，编制"试生产控制计划"，对试生产中尺寸测量和材料与性能试验等进行描述。控制计划中应对产品及过程特殊特性进行标识	试生产控制计划	生产技术部
	"试生产控制计划"编写完成后，APQP 小组用"控制计划检查表"对"试生产控制计划"的完整性进行检查	控制计划检查表	APQP 小组

(续)

程　序	工作内容	输出文件	责任部门/人
5.3.7 编制过程指导书	生产技术部工程师根据控制计划、FMEA、工艺流程图及相关图样和标准，编写指导工人操作和用于生产、工艺管理的工艺文件，包括工艺卡、工序卡、作业指导书、材料定额、工时定额等	工艺卡、工序卡、作业指导书、材料定额、工时定额	生产技术部
	生产技术部生产技术部工程师编制供包装工人使用的包装作业指导书	包装作业指导书	生产技术部
	品管部编制检验作业指导书	检验作业指导书	品管部
5.3.8 编写测量系统分析（MSA）计划	品管部编写测量系统分析（MSA）计划，确定相关的职责人、内容、方法和完成时间等。与控制计划中规定的特殊特性有关的测量系统，应进行MSA	测量系统分析（MSA）计划	品管部
5.3.9 编制初始过程能力研究计划	生产技术部编写初始过程能力研究计划，确定相关的职责人、内容、方法和完成时间等。与控制计划中被标识的特殊特性有关的过程，应研究其能力	初始过程能力研究计划	生产技术部
5.3.10 工艺文件下发	全套工艺文件经过会签、审批后下发	受控文件发放回收记录	文控中心
5.3.11 过程设计和开发阶段的总结评审	APQP小组应随时向公司领导汇报项目的进展情况，以获得其支持并协助解决相关的未解决问题 APQP小组在过程设计和开发阶段结束时应安排正式的总结评审。评审应有管理者参加。应将总结评审的结论形成"过程设计和开发阶段总结评审报告"	过程设计和开发阶段总结评审报告	APQP小组、常务副总经理

5.4 产品和过程确认阶段

程　序	工作内容	输出文件	责任部门/人
5.4.1 做好试生产的准备工作	APQP小组发"产品试制通知单"给相关部门。小批量试制的数量依顾客要求而定。顾客未做规定时，小批量试制数量为300~500件	产品试制通知单	APQP小组
	确定试制工艺文件已经下发到试制现场与相关部门		APQP小组

(续)

程　序	工作内容	输出文件	责任部门/人
5.4.1 做好试生产的准备工作	APQP小组用"新设备、工装和试验设备检查表"检查新设备、工装和试验设备的准备情况，确保新设备、工装和试验设备在试生产前到位	新设备、工装和试验设备检查表	APQP小组
	生产部计划科做好车间试制计划并统筹试制物料的采购、生产，确保试制物料按时到位	试制排产计划	生产部
	用"试生产准备状态检查表"对试生产准备状态进行全面检查	试生产准备状态检查表	APQP小组
5.4.2 试生产	试制前三天，由APQP小组组长主持召开产前会，落实试制准备情况并明确各部门在试制中的作用。同时由生产技术部工程师讲解试制过程中的检验和生产要点		APQP小组组长
	生产技术部工程师指导车间根据工艺设计提出的工艺文件进行试制工作。试制中，品管部等部门应做好配合。试制中发现的问题应及时以"信息联络单"的形式向APQP小组反映	信息联络单	生产技术部
5.4.3 测量系统分析MSA	在试生产过程中，品管部按"测量系统分析计划"的要求进行测量系统分析。测量系统分析的方法详见"测量系统分析控制程序" 试生产结束后，品管部要出具"MSA测量系统分析报告"。通过MSA分析，要确保所有的测量系统都达到要求	MSA测量系统分析报告	品管部
5.4.4 初始过程能力研究	在试生产过程中，生产技术部按"初始过程能力研究计划"的要求进行初始过程能力研究。初始过程能力研究的方法详见"过程能力研究控制程序" 试生产结束后，生产技术部要出具"初始过程能力研究报告"。通过初始过程能力研究，要确保所有的过程能力都达到要求（一般都要求 Ppk 或 $Cpk \geq 1.33$ 或达到顾客要求）	初始过程能力研究报告	生产技术部

(续)

程　序	工 作 内 容	输 出 文 件	责任部门/人
5.4.5　进行生产确认试验（设计验证、确认）	品管部对所有试生产的产品进行常规检测，出具相应的检测报告。并抽1～3台（顾客有要求时，抽取顾客要求的数量）进行型式试验（按产品标准或产品技术要求进行的全面检验），出具型式试验报告	型式试验报告	品管部
5.4.6　进行包装评价工作	品管部从试生产的产品中抽出规定数量的产品，采用试运装和台架试验的方式对产品包装进行试验，出具"包装试验报告" 注意：型式试验中一般都包含有包装试验，所以，一般不需要进行单独的包装试验	包装试验报告	品管部
5.4.7　组织进行生产件批准（必要时）	顾客要求进行生产件批准时，营销部根据顾客要求，按照"生产件批准控制程序"的规定组织进行生产件批准 顾客未要求进行生产件批准时，营销部可按顾客规定的其他方式组织送样工作	—	营销部
5.4.8　小批试制总结	试制结束后，生产技术部应对试制情况进行总结，编写"产品小批试制总结报告"（含工艺、工装验证）	产品小批试制总结报告	生产技术部
5.4.9　图样、技术文件改进	产品研发部、生产技术部按照试制、检测、生产件批准中所提出的改进意见对图样、设计文件、工艺文件等进行修改	修改后的图样、技术文件	产品研发部、生产技术部
5.4.10　产品定型鉴定（设计确认）	1）产品定型鉴定会由APQP小组组织，由APQP小组组长主持召开 2）产品定型鉴定会召开时，APQP小组应准备鉴定资料，包括产品保证计划——设计任务书、评审验证记录、测试报告、产品小批试制总结报告、顾客试用报告、顾客批准通知等 3）与会代表对这些鉴定材料进行审查，提出对产品图样、技术文件、产品检测、生产条件等方面的意见，在此基础上得出鉴定结论，并据此提出批量生产的建议 4）APQP小组整理出"产品鉴定报告"，"产品鉴定报告"应记录鉴定的结论及应采取的改进措施。"产品鉴定报告"经常务副总经理批准后下发相关部门	产品鉴定报告	APQP小组、常务副总经理

(续)

程 序	工作内容	输出文件	责任部门/人
5.4.11 图样及设计文件、工艺文件改进	根据产品定型鉴定中所提出的改进意见对产品图样、设计文件、工艺文件进行修改。修改参照"产品图样及设计文件更改办法"执行	修改后的图样、设计文件、工艺文件	产品研发部、生产技术部
5.4.12 完善批量投产前的准备工作	编制生产控制计划	对"试生产控制计划"进行修订和扩展,形成"生产控制计划"。"生产控制计划"编写完成后,APQP小组用"控制计划检查表"对"生产控制计划"的完整性进行检查	生产控制计划、控制计划检查表	生产技术部
	完善批量生产前的其他准备工作	APQP小组对工艺文件、工艺装备、设备、检测仪器、生产能力、外购能力进行再确认,确保满足批量生产要求	批量投产确认报告	APQP小组
5.4.13 图样与技术文件移交	APQP小组将正式批量生产的图样、设计文件、工艺文件移交给文控中心,同时收回所有的试制用图样、设计文件、工艺文件	产品图样及技术文件移交清单	APQP小组、文控中心
5.4.14 产品质量先期策划的总结和认定	当整个产品设计和开发工作全面完成后,APQP小组、公司管理人员要用"产品质量策划总结和认定表"对整个产品设计和开发各阶段的工作进行全面的总结和认定。认定完成以后,即可进行正式的批量生产	产品质量策划总结和认定表	APQP小组、总经理
5.4.15 进入正式批量生产	整个产品设计和开发工作的总结和认定通过后,就可以进行正式的批量生产	—	生产部、生产技术部等

5.5 反馈、评定和纠正措施阶段

程 序	工作内容	输出文件	责任部门/人
5.5.1 反馈、评定和纠正措施	APQP小组应根据生产、产品使用、交付服务中得到的信息改进产品设计和开发中的不足,以不断提高产品质量,增强顾客的满意度	—	APQP小组

6 过程绩效的监视

目标名称	计算公式（计算方法）	目标值	监视时机	监视单位
6.1 产品鉴定一次通过率	产品鉴定一次通过率 = $\dfrac{\text{产品鉴定一次通过总数}}{\text{产品鉴定总数}} \times 100\%$	100%	每年12月底进行统计分析	常务副总经理
6.2 设计和开发输出资料的差错率	设计和开发输出资料的差错率 = $\dfrac{\text{缺少和出错的设计输出资料数量}}{\text{应输出的设计资料总数量}} \times 100\%$	≤5%	每次进行设计资料移交时进行统计分析	标准化工程师
6.3 研发延长的时间不超过研发计划总时间的百分数	研发延长的时间不超过研发计划总时间的百分数 = $\dfrac{\text{产品研发延期的天数}}{\text{产品研发计划的天数}} \times 100\%$	≤5%	每次产品鉴定通过后3天内进行统计分析	常务副总经理

7 过程中的风险和机遇的控制（风险应对计划）

风险	应对措施	其他事项	执行时间	负责人	监视方法
7.1 设计输入不完整导致开发出来的产品不符合顾客要求	"产品保证计划——设计任务书"必须经过提出部门评审、签字		每次设计时都要严格执行	研发总监	设计任务书下发前，常务副总经理要检查是否有提出部门评审、签字

8 支持性文件

（略）

9 记录

详见本案例第5部分"输出文件"一栏。

案例1-9：产品质量策划总结和认定表及其填写说明

产品质量策划总结和认定表

日期：

产品名称：		零件编号：	
顾客：		制造厂：	

1. 初始过程能力研究

Ppk——特殊特性	数量		
	要求	可接受	未定

2. 控制计划批准（如要求） 被批准：□是　□否　　　　批准日期：

3. 初始生产样品特性类别

特性类别	数量			
	样品	样品特性	可接受	未定
尺寸				
外观				
试验				
性能				

4. 量具和试验设备——测量系统分析

特殊特性	数量		
	要求	可接受	未定

5. 过程监视

项目	数量		
	要求	可接受	未定
过程监控指导书			
过程检验单			
目视辅具			

6. 包装/发运

项目	数量		
	要求	可接受	未定
包装批准			
装运试验			

7. 认定

小组成员	职务	日期	小组成员	职务	日期

注：对于"未定"情况，需制订改进措施计划并跟进完成。

"产品质量策划总结和认定"填写说明

1. 条款1填写说明

在"要求"一栏要指明所要求的数量。

在"可接受"一栏中,要指明按顾客要求可接受的数量。

在"未定"一栏中,要指明不能接受的数量,并为不能接受的项目附上措施计划。

2. 条款2填写说明

在是或否上前面的方框□中打"√"以指明控制计划是否已被顾客批准(如果必要的话),如果是,指明批准日期,如果否,则附上措施计划。

3. 条款3填写说明

在"样品"一栏中指明对每一项目的检测样品数。

在"样品特性"一栏中,要指明每一类别的每一样品的被检测特性数。

在"可接受"栏中,对每一项目都要指明所有样品可接受的特性数量。

在"未定"一栏中,对每一项目都要指明不可接受的特性数量,附上每一项目的措施计划。

4. 条款4填写说明

在"要求"一栏中,指明所要求的测量系统数量。

在"可接受"一栏中,指明可接受的测量系统数量。

在"未定"一栏中,指明不能接受的测量系统数量,并为不能接受的项目附上措施计划。

5. 条款5填写说明

在"要求"一栏中对每一项目指明所要求的数量。

有"可接受"一栏中,对每一项目指明被接受的数量。

在"未定"一栏中,对每一项目指明不能接受的数量。对不能接受的项目附上措施计划。

6. 条款6填写说明

在"要求"一栏中,对每一项目指明是或否,以明确该项目是否需要。

在"可接受"一栏中,对每一项目指明是或否,以明确接受与否。

在"未定"一栏,如果"可接受"一栏中的答案为否定,则附上措施计划。

7. 条款7填写说明

每一小组成员应在表格上签名并注明职务和签名日期。

1.4 控制计划

1.4.1 控制计划的说明

1）控制计划是对控制产品和过程的系统的书面描述。其目的是确保产品制造过程处于受控状态。

控制计划描述了从进货、生产到出厂的各个阶段所需的控制措施。控制的重点是产品/过程的重要特性。

2）控制计划协助企业按顾客要求制造出优质产品，它是以提供结构性的途径来达到这一目标的。

3）控制计划不能代替作业指导书。控制计划主要是给工程师使用的，一般不能直接指导生产，因此要根据控制计划中要控制的项目和要求，编制一系列作业指导书，供现场的具体操作人员使用。

4）一个单一的控制计划可以适用于以相同过程、相同原料生产出来的同一个系列的产品。

5）为了有助于说明，必要时可为控制计划附上简图。

6）控制计划是一动态文件，应随着测量系统和控制方法的改进而更新。当有下面5种情况发生时，必须适当评审和更新控制计划：①产品更改时；②过程更改时；③过程不稳定时；④过程能力不足时；⑤检验方法、频次修订时。

7）控制计划中要求针对避免不合格产品或操作失控，制订反应计划。

8）控制计划必须通过跨功能小组采用多方论证的方法制订并评审。当顾客要求时，控制计划需提交顾客评审与批准。

1.4.2 控制计划的内容

控制计划的内容至少包括5个方面：

1）基本数据。包括：控制计划编号、顾客信息、零件名称、过程名称、项目小组人员等信息。

2）产品控制。包括：与产品有关的特殊特性、规范/公差等内容。

3）过程控制。包括：过程参数、与过程有关的特殊特性、机器、夹具、固定装置、制造工具等。

4）控制措施。包括：监测/测量技术、防错、样本容量及抽样频率、控制方法等。

5）反应计划。包括：针对不合格品和操作失控所采取的纠偏措施等。

1.4.3 制订控制计划的时机

一般需制订3个阶段的控制计划：

(1) 样件试制控制计划

在样件试制前，要制订样件试制控制计划。样件制造控制计划是描述样件制造过程中对产品的检验和试验（尺寸测量、材料及性能试验）进行控制的文件。

样件制造流程虽然在一定程度上和试生产、批量生产相同，但所用到的检验手段、确认手段、控制严格度、抽样方法、频率都有差别，例如此阶段可能要用三坐标测量仪来检测尺寸是否达到设计要求，而试产或批量生产就不可能采用三坐标测量仪来检测尺寸，那样效率就太低了，此时一般用专用卡尺检测尺寸。

样件阶段的流程是初始流程，与后续流程可能存在不同，除了检测点要规定以外，其他制造和装配过程未正式确定，因此可以是空白项，甚至没有。

(2) 小批量试生产控制计划

在小批量试生产前，要制订小批量试生产控制计划。小批量试生产控制计划是描述小批量试生产中对产品的检验和试验（尺寸测量、材料及性能试验）进行控制的文件。

试生产控制计划在流程上可能比批量生产阶段和样件阶段多，例如，增加可靠性测试、振动测试，因为这一阶段要对过程的实现性和有效性做验证，涉及可靠性、一致性、稳定性、包装方式等。试生产阶段控制计划在检验点设置、抽样方法、频率、统计控制方法、反应计划方面和批量生产阶段也有所不同，如对产品要100%检验，而量产时只需抽检。

(3) 批量生产控制计划

在小批量试制鉴定后，批量生产前，要根据试生产的实际情况和生产经验，对试生产控制计划进行修订和扩展，形成生产控制计划，为批量生产中产品和过程的特性、过程控制、测试和测量系统的控制提供指导。

3个不同阶段的控制计划，其阐述的重点不同，前两者以尺寸测量、材料和性能试验为核心，而后者面向整个的生产作业系统。

3个不同阶段的控制计划，其制订的时机必须服从产品设计和开发程序的需要，详见1.3.1节。

1.4.4 制订控制计划的程序

1) 确定过程。绘制过程流程图或工艺过程卡，确定每个过程的内容、工艺要求（5M1E），包括产品/过程特性参数、工序生产应达到的质量要求等。

2) 确定每一过程需控制的产品/过程特性，尤其是特殊特性。

在确定产品和过程的特殊特性时，要充分利用下列信息：

◆ 过程流程图。

◆ 系统/设计/过程 FMEA。

◆ 相似产品的经验。

◆ 设计评审。

◆ APQP 小组（产品开发小组）成员的经验。

◆ 优化方法（如 QFD、DOE），等等。

3）针对需控制的产品/过程特性，确定控制措施。

控制措施中必须有对产品和过程的特殊特性、产品的检验和试验进行控制的描述，有监控频率、监控使用的记录的描述。

4）确定针对不合格品或操作失控所采取的纠偏措施（即制订反应计划）。

5）填写标准的"控制计划"表格（见案例1-10）。

6）用"控制计划检查表"对控制计划的完整性、正确性进行检查（见案例1-11）。

7）做好控制计划的跟踪管理。

控制计划是一动态文件，当测量系统和控制方法改进时，要及时更新控制计划。

图1-22为一控制计划管理流程。

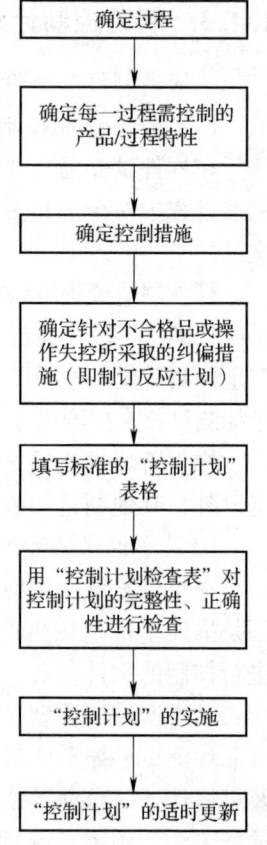

图1-22　控制计划管理流程

1.4.5　控制计划标准表格的使用

控制计划没有统一的格式要求，各公司可以根据其实际情况进行设计。

美国汽车工业行动集团（AIAG）从标准化的角度考虑，设计了一种控制计划标准表格（见案例1-10）。下面就控制计划标准表格各栏目的填写要求做一详细说明。

（1）样件、试生产、生产　（（1）为标准表格中的序号，以下类推）

选择控制计划的类别，在其前面的方框内打上"×"符号。

（2）控制计划编号

填入控制计划的编号，以便查询。

（3）零件编号/更新更改等级

填入被控制的系统、子系统或零部件编号。必要时填入图样的最新版本和/或发布日期。

第1章 APQP产品质量先期策划和控制计划

案例1-10：控制计划（格式）

控制计划（格式）

□样件 □试生产 □生产（1）　　　　　　　　　　　　　　　　　　第 ___ 页，共 ___ 页

控制计划编号：(2)	主要联系人/电话：(7)	日期(编制)：(10)	日期(修订)：(11)
零件编号/更新更改等级：(3)	核心小组：(8)	顾客工程批准/日期（如需要）：(12)	
零件名称/描述：(4)	组织/工厂批准/日期：(9)	顾客质量批准/日期（如需要）：(13)	
组织/工厂：(5)	组织代码：(6)	其他批准/日期（如需要）：(14)	其他批准/日期（如需要）：(14)

零件/过程编号(15)	过程名称/操作描述(16)	机器、装置、夹具、工装(17)	特性			特殊特性分类(21)	产品/过程规范/公差(22)	控制措施				反应计划(26)
			编号(18)	产品(19)	过程(20)			监控/测量技术(23)	监控/检查(24)		控制方法/记录(25)	
									样本容量	频率		

99

案例 1-11：控制计划检查表

控制计划检查表

顾客或厂内产品/零件编号：_____　　产品/零件名称：_____

控制计划编号：_____

	问题	是	否	不适用	所要求的意见措施	负责人	完成日期
1	控制计划是否是根据本书1.4节要求的方法来制订？						
2	PFMEA中识别到的控制措施是否全部包括在控制计划内？						
3	是否将所有产品/过程特殊特性纳入控制计划内？						
4	制订控制计划时，是否采用了DFMEA和PFMEA分析技术？						
5	是否确定了要求检验的材料特性及其规格？						
6	控制计划是否明确从进货（材料/零部件）到制造/装配（包括包装）的全过程？						
7	工程性试验和尺寸要求是否明确？						
8	是否具备控制计划所要求的量具和试验设备？						
9	控制计划是否得到顾客的批准（如需要）？						
10	组织的测量方法是否和顾客要求的一致？						
11	测量系统分析是否根据顾客要求来完成？						
12	样本大小是否根据行业标准、统计抽样计划表，或者其他统计过程控制方法/技术来确定？						

检查日期：_____　　检查人：_____

(4) 零件名称/描述

填入被控制的产品/过程的名称。

(5) 组织/工厂

填入制订控制计划的公司和适当的分公司/工厂/部门名称。

(6) 组织代码

填写顾客给组织的识别码。如顾客没有给定，则不填。

(7) 主要联系人/电话

填写负责控制计划的主要联系人姓名和电话号码。

(8) 核心小组

填入制订控制计划最终版本的人员的姓名、部门、电话（建议将所有人员的姓名、部门、电话、地址等记录在一张附表上）。

(9) 组织/工厂批准/日期

填入组织里批准控制计划的负责人姓名和批准日期。必要时，要获得负责实施本控制计划的制造厂的批准，在此填入批准人的姓名和批准日期。

(10) 日期（编制）

填入首次编制控制计划的日期。

(11) 日期（修订）

填入最近修订控制计划的日期。

(12) 顾客工程批准/日期

顾客有要求时，要获得顾客技术部门的批准。由顾客技术部门将批准填入。

(13) 顾客质量批准/日期

顾客有要求时，要获得顾客质量代表的批准。由顾客质量代表将批准填入。

(14) 其他批准/日期

如需其他有关人员批准，则由其他人员将批准填入。

(15) 零件/过程编号

填入过程编号。该编号通常参照于过程流程图。如果有多零件编号存在（例如：组件），那么应相应地列出单个零件编号和它们的过程编号。

(16) 过程名称/操作描述

填入过程流程图中所描述的过程/操作名称。

(17) 机器、装置、夹具、工装（生产用）

适当时，填入每一过程/操作用的加工装备，如机器、装置、夹具或其他工具的型号/名称。

(18) 编号（特性）

如需要，可对每一过程中的产品特性和过程特性进行编号，这个编号可与其他图样、文件共同分享。比如，某个产品特性在控制计划中被编为12号，那么在其他文件、图样中，凡是有此特性的地方，该特性都编为 12 号。这样的唯一性对日常工作很有好处。

(19) 产品（特性）

在此填入需控制的产品特性（尤其是特殊特性）。这些产品特性在图样或其他技术文件中有规定。

在图样或其他技术文件中所描述的部件、零件或总成的特点或性能称为产品特性。

核心小组应识别出产品的特殊特性（见本书 1.2.1 节），要保证所有的特殊特性都列入控制计划中。此外还可将在正常操作中进行过程常规控制的其他产品特性列入控制计划。

(20) 过程（特性）

在此填入需控制的过程特性（尤其是特殊特性）。这些过程特性在相应的技术文件中有规定。生产过程中不仅要控制产品特性，也要控制过程特性。

过程特性是指影响产品特性的过程参数（可以是人 Man、机 Machine、料 Material、法 Method、测 Measure、环 Environment 等方面的一个或几个要素），与产品特性具有因果关系。过程特性仅能在其发生时才能测量。核心小组应识别和控制过程特性的变差以最大限度地减少产品变差。

对于每一个产品特性，可能有一个或更多的过程特性影响它。同样，在某些过程中，一个过程特性可能影响数个产品特性。

对过程质量起支配作用的主导因素（过程特性）的控制措施见表 1-33。

表 1-33　过程质量主导因素的控制措施

过程支配因素	说明及操作示例	典型控制措施示例
定位装置	孔加工、注塑成型、五金冲压	首件检查、控制图、巡检、末件检验、日常点检、定期更换、防错技术
机器、测量设备	自动切割、保温箱、重量充填、电阻焊	$\bar{x} - R$ 图、日常点检、日常保养、定期保养、定期校准、运行检查、巡检、自动记录
操作人员	电弧焊、人工研磨、轧钢、喷漆、电子调谐、维修调整、凭单填写	操作合格证、工艺纪律检查、巡查
原材料、部件	机电设备、仪器仪表的装配，化工产品的合成，食品配制	PPAP、进料检验、合同、定期评价供应商
工艺方法	工艺方法对过程质量的影响，主要来自两个方面：一是制定的加工方法、选择的工艺参数和工艺装备等的正确性和合理性；二是贯彻、执行工艺方法的严肃性	工艺验证、工艺纪律检查、巡查、过程审核

第1章 APQP产品质量先期策划和控制计划

(续)

过程支配因素	说明及操作示例	典型控制措施示例
环境	所谓环境，一般指生产现场的温度、湿度、噪声干扰、振动、照明、室内净化和现场污染程度等	定期、定时检查、$\bar{x} - R$ 图
信息	酿酒、造纸、冶金（钢水成分）	在线检验

（21）特殊特性分类

这一栏用来填入特殊特性的类型（见本书1.2.1节），或者空着。特殊特性的类型一般用符号标识。

顾客对特殊特性标识符号有规定时，对外的控制计划按顾客规定的符号进行标识；对内的控制计划，一般使用公司内部的特殊特性标识符号。为此要建立公司标识符号与顾客标识符号的对照表。当然，可同时使用顾客规定的特殊特性符号和公司规定的特殊特性符号，即对顾客指定的特殊特性，使用顾客规定的特殊特性符号；对公司自己开发的特殊特性，使用公司规定的特殊特性符号。

产品项目工程师在相关的文件（如流程图、控制计划、作业指导书、FMEA、图样等）中要对特殊特性进行标识。除了要标识顾客指定的产品和过程特殊特性外，还应标识本公司开发的产品和过程的特殊特性。

产品和过程特性分级的目的是为了更好地保证产品质量，对关键特性进行重点控制和重点管理。

（22）产品/过程规范/公差

填入产品/过程的规范要求/公差。

（23）监控/测量技术

填入所使用的监控/测量技术，包括用量具、检具、试验装置等进行检验、试验，用样板进行比对，用目测的方式进行检查，对设备进行日常保养，定期更换工装上的易损件、在线自动检验等。在使用测量系统前，应根据需要对测量系统的线性、稳定性、准确度、再现性、重复性进行分析，并做出相应的改进。

（24）监控/检查的样本容量、频率

在此填入监控/检查的频率。监控/检查过程中，需要取样时，在此填入样本容量。

（25）控制方法/记录

填入控制方法（监控/测量技术）实施时留下的记录，这些记录证实了控制方法的实施。可采用SPC控制图、过程记录表单（如入库单、产品检验记录、日常保养记录等）、防错技术（自动/非自动控制）验收报告等记录证实控制方法已实施。如需引用其他的控制文件,则应在该栏填写该控制文件的编号和/或名称。

当有重大变更时(如过程能力变更),应适时评审现有控制方法并根据需要进行修订。

(26) 反应计划

填入针对不合格产品或操作失控所采取的纠偏措施(也即异常处理措施)。纠偏措施包括:将偏离的过程参数调回到正常状态;对不合格品进行标识、隔离和处理(如返工、报废、再加工、回用等)。这些纠偏措施通常由最接近该过程的人员(操作者、检验人员或主管)实施。必要时,应将反应计划的负责人填入此栏。如需引用其他的专用反应计划,则应在该栏填写该反应计划的编号和/或名称。

对可疑或不合格产品,反应计划指定的负责人应进行清晰地标识、隔离和处理。

本书所附光盘中的案例附1-6为一控制计划实例、案例附1-7是一控制计划管理规定。

第 2 章 FMEA 潜在失效模式及后果分析

2.1 FMEA 概述

潜在失效模式及后果分析（Potential Failure Mode and Effect Analysis，FMEA）是一门事前预防的定性分析技术，自设计阶段开始，就通过分析，预测设计、过程中潜在的失效，研究失效的原因及其后果，并采取必要的预防措施，以避免或减少这些潜在的失效，从而提高产品、过程的可靠性。

FMEA，是从可靠性的角度对所做的设计、过程进行详细评价。

AIAG（美国汽车工业行动集团）的《潜在失效模式及后果分析》手册主要从设计 FMEA（DFMEA）和过程 FMEA（PFMEA）两个方面讲述 FMEA。

注意：

1) 失效（Failure）：指产品丧失规定功能的状态，又译为故障。

2) 失效模式（Failure Mode）：产品失效的表现形式。例如，线路短路等。

3) 潜在失效模式（Potential Failure Mode）：指可能发生，但不一定非得发生的失效模式，也即平常所说的"可能存在的隐患"。

4) 潜在失效后果（Potential Effect of Failure）：指潜在失效模式会给顾客（含外部顾客、内部顾客）带来的后果。

通俗地讲，失效模式是指没有达到设计要求的不良现象，失效后果是指影响顾客的不良现象。某些情况下，失效后果就是失效模式本身。

5) 后果分析（Effect Analysis）：研究潜在失效模式发生后给顾客带来的危害性有多大。危害性可用三个方面来衡量：失效模式所产生后果的严重度、失效模式起因发生的频度、失效模式起因不可探测的程度。

6) 后果（Effect）：又译为"影响"。所以"失效模式及后果分析"又称为"故障模式及影响分析"。

2.2 DFMEA（设计 FMEA）

设计 FMEA 是在设计过程中采用的一种 FMEA 技术，用以保证已充分地考虑和指明设计中各种潜在的失效模式及其相关的起因/机理，并就此在设计上采取必要的预防措施。

2.2.1 DFMEA 的特征

1) 以产品的元件或系统为分析对象,用表格的形式,从低层次开始逐步向高层次分析。

2) 原则上是全面分析。然而,全面详细分析所需工作量很大,因此对已有使用经验表明效果好的部分,可免于分析或者提高分析级别;反之,对新产品或研制内容较多的部分,则应详细分析。

3) DFMEA 由产品设计人员主持,生产、品管、使用等技术人员参与。DFMEA 小组一般由 5~7 人组成。

4) DFMEA 是一个动态性文件,应根据设计变化或获得的新信息及时改进 DFMEA。应定期对 DFMEA 进行评审,重点放在发生频度和探测度的排序上,产品改进、设计控制改善以及问题发生时,排序都可能变化。

5) 应将 DFMEA 分析到的特殊特性、预防措施等体现在后续的产品设计、工艺文件中,如产品图样、控制计划、作业指导书中。

2.2.2 DFMEA 的用途

1) 识别需采取预防措施的设计缺陷。
2) 为制订或修改特殊特性清单提供依据。
3) 为评价产品设计的可靠性及优化设计方案提供依据。
4) 为制订产品试验计划,确定产品、过程的质量控制方案提供信息。
5) 为故障诊断、制订维修方案提供信息。
6) 为维修性分析、安全性及危险源分析、故障源分析等提供依据。

2.2.3 DFMEA 分析的对象

1) 新设计的产品、部件、系统。
2) 环境有变化的沿用零件。
3) 发生了变化的材料和零件。
4) 有重大设计更改的部件、系统。

2.2.4 DFMEA 分析的时机

DFMEA 应在设计意图(设计意图中包含对产品功能、性能等方面的要求)最终形成之时开始,并贯穿在设计工作的全过程之中。在正式的产品图样完成之时或之前,DFMEA 应全部结束。

2.2.5 DFMEA 分析的过程和方法

1. 定义产品

确定产品的要求,包括产品的功能、用途、性能、使用条件等。

2. 明确分析对象

（1）明确分析对象

明确分析对象，即定义约定层次。

系统（产品）可逐级分解直到最基本的零件、构件，如图 2-1 所示。如果要对各层次都进行 DFMEA，工作将非常的繁杂。DFMEA 的工作程度是随层次级数的增加呈几何级数增长的，因此约定 DFMEA 分析到哪一层次是非常必要的。

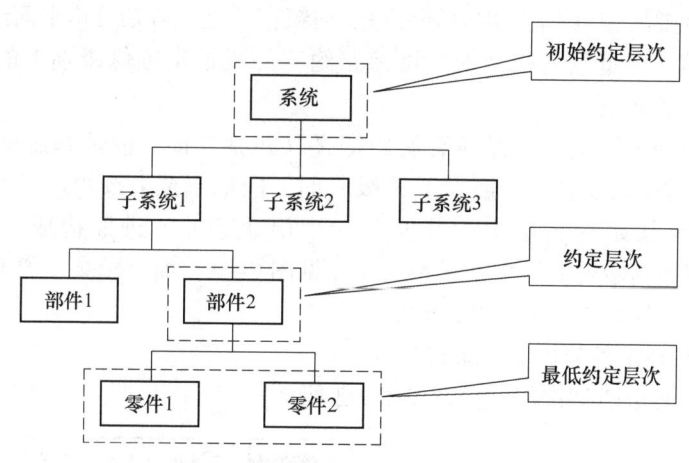

图 2-1　系统（产品）组成结构图

1）约定层次（Indenture Levels）：根据 DFMEA 的需要，按产品的功能关系或组成特点进行 DFMEA 的产品所在的功能层次或结构层次。一般是从复杂到简单依次进行划分。

2）初始约定层次（Initial Indenture Level）：要进行 DFMEA 时，总的、完整的产品所在的约定层次中的最高层次。它是 DFMEA 最终影响的对象。

3）其他约定层次（Other Indenture Levels）：相继的约定层次（第二、第三、第四等），这些层次表明了直至较简单的组成部分的有顺序的排列。

4）最低约定层次（Lowest Indenture Level）：约定层次中最底层的产品所在的层次。它决定了 DFMEA 工作深入、细致的程度。

如果企业的产品很复杂，定义约定层次是非常必要的，但很多企业只是配套给别的企业生产一些零件，例如齿轮、垫片等，此时不存在什么层次不层次，就一个层次而已。

对于组装厂而言，零部件都是从供应商处购买的，零部件的 DFMEA 可以由供应商进行，组装厂只需要确认而已。

（2）划分约定层次需注意的事项

1）在 DFMEA 中的约定层次，划分为"初始约定层次"、"约定层次"和"最低约定层次"。见图 2-1。

2）当分析复杂产品时，应按装备研制的总体单位和配套单位的技术责任关系明确各自开展 DFMEA 的产品范围。装备总体单位首先应将研制的装备定义为初始约定层次，并对其他配套研制单位提出最低约定层次的划分原则。约定层次划分得越多越细，DFMEA 的工作量就越大。

3）对于采用了成熟设计、继承性较好且经过了可靠性、维修性和安全性等良好验证的产品，其约定层次可划分得少而粗；反之，可划分得多而细。

4）在确定最低约定层次时，可参照约定的或预定维修级别上的产品层次（如维修可更换单元）。

5）每个约定层次的产品应有明确定义（包括功能，故障判定的依据等），当约定层次的级数较多（一般大于 3 级）时，应从下至上按约定层次的级别不断分析，直至初始约定层次相邻的下一个层次为止，进而构成完整产品的 DFMEA。例如初始约定层次是子系统 1（见图 2-1），那么就要对部件 1、部件 2、零件 1、零件 2 进行 DFMEA 分析。

（3）DFMEA 各分析层次间的关系

DFMEA 各分析层次间的关系如图 2-2 所示。

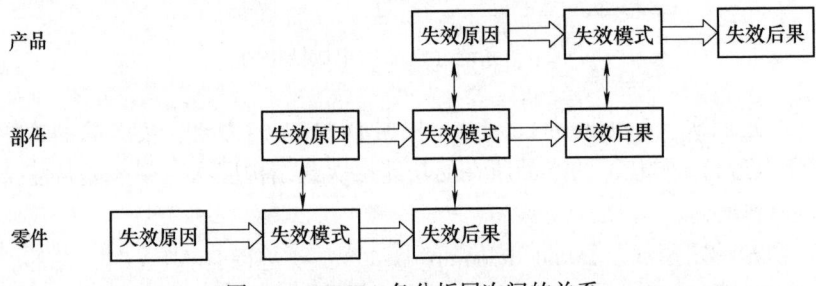

图 2-2　DFMEA 各分析层次间的关系

在最低的分析层级上，列出该级所有可能出现的各种失效模式，以及每种失效模式发生的起因、对应的潜在失效后果。在一个更高层级上考虑潜在失效后果时，前述失效后果又被解释为一个失效模式，连续迭代直至系统最高层级上的失效后果。

3. 绘制方框图

描述产品的功能可以采用功能框图方法。它不同于产品的原理图、结构图、信号流图，而是表示产品各组成部分所承担的任务或功能间的相互关系，以及产品每个约定层次间的功能逻辑顺序、数据（信息）流、接口的一种功能模型。例如，表 2-1 和图 2-3 分别表示高压空气压缩机的组成和功能框图。

有了功能框图，就知道了各组成部分之间的相互关系，一旦某部分发生了故障，其产生的后果可能影响到其他部分。从这个意义上讲，功能框图为探寻故障的后果指明了方向。

表 2-1 高压空气压缩机的组成及其功能

序号	编码	名称	功能	输入	输出
1	10	电动机	产生力矩	电源（三相）	输出力矩
2	20	仪表和监测器	控制温度和压力及显示	压力	温度和压力读数 温度和压力传感器输入
3	30	冷却和潮气分离装置	提供干冷却气	淡水、动力	向50提供干冷空气 向40提供冷却水
4	40	润滑装置	提供润滑剂	淡水、动力、冷却水	向50提供润滑油
5	50	压缩机	提供高压空气	干冷空气、动力、润滑油	高压空气

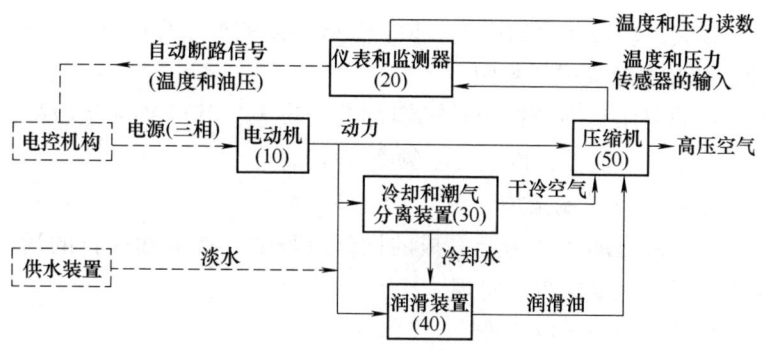

图 2-3 高压空气压缩机功能框图

注：图中虚线部分表示接口设备。

功能框图也可按图 2-4 的方式绘制。可以用文字描述双方之间的关系，比如说 A 与 B 通过螺栓固定在一起。

4. 列出分析对象的功能

用尽可能简明的文字来说明被分析对象满足设计意图的功能。例如，上面所说的高压空气压缩机中电动机的功能是产生转矩；润滑装置的功能是提供润滑剂。

5. 确定分析对象的潜在失效模式

每项功能会对应一种或一种以上的失效模式，填写失效模式要遵循"破坏功能"的原则，即尽量列出破坏该功能的所有可能的模式。失效模式大部分源于失效模式库，还有一部分是新出现的失效模式以及小组分析的结果。

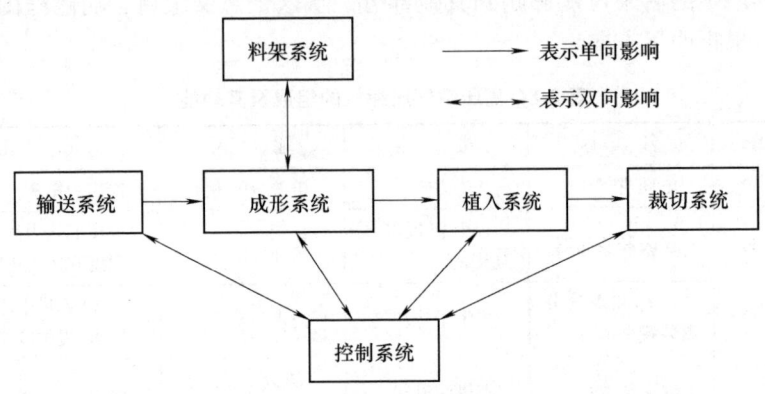

图 2-4　某自动机的功能框图

6. 确定潜在失效后果

每种故障模式都会有相应的故障后果；分析故障后果时，应尽可能分析出故障的最终影响，即最严重的影响。根据失效后果的严重程度确定严重度（S）。

7. 确定潜在失效模式的起因

所谓失效的潜在起因是指设计薄弱部分的迹象，其结果就是故障模式。根据失效原因发生的可能性，确定发生频度（O）。

8. 列出现行设计控制措施

现行设计控制是那些作为已完成的设计过程的一部分而执行的活动，将确保设计功能和可靠性要求得以实现。

有两类设计控制应予以考虑。

1）预防：消除（预防）失效的机理/要因或失效模式的发生，或降低发生频度。

2）探测：在产品放行到生产前，通过评审、验证、试验等分析方法或物理方法识别出（探测出）失效的要因/机理或失效模式的存在。

根据失效模式/失效原因被识别出的可能性，确定探测度（D）。

9. 进行风险分析

按失效影响的严重程度（严重度 S）、发生的频繁程度（频度 O）、发现的难易程度（探测度 D）估计风险顺序数。

严重度 S、频度 O、发现难度 D 均利用数字 1 到 10 来判断其程度高低。

各项数字的连乘积称为风险顺序数 RPN（RPN = S × O × D）。风险顺序数 RPN 越高，表示风险越大。根据各失效模式的风险顺序数，即可突出那些必须改进的关键方面。

10. 提出改进措施

对那些风险顺序数较高的项目，应提出改进措施并实施。对于无法消除的故障，应分配给高的可靠性指标，必要时增加报警、监测、防护等措施。

11. 跟踪改进措施的落实

对 DFMEA 分析中提出的改进措施进行跟踪并对其效果进行评审（采取改进措施后，重新计算风险顺序数 RPN）。

负责设计的工程师应负责保证所有的建议措施已被实施或已妥善地落实。

12. 填写 DFMEA 分析表格

将以上工作记录在标准的 DFMEA 分析表格中（标准化表格见案例 2-1）。

图 2-5 为 DFMEA 流程。

2.2.6 DFMEA 标准表格的使用

1. DFMEA 表格说明

在 DFMEA 分析中，需要使用 DFMEA 分析表格，这类表格没有统一的格式要求，各公司可以根据其实际情况进行设计。

AIAG（美国汽车工业行动集团）从标准化的角度考虑，设计了一种 DFMEA 标准表格。本书根据企业实际，对这个表格稍微进行了一些改进，使之更加实用。

下面就 DFMEA 标准表格的使用作一详细说明。

2. DFMEA 标准表格各栏目的填写要求

DFMEA 标准表格见案例 2-1。此处对 AIAG（美国汽车工业行动集团）的标准表格做了一点小小的改进，改进后更加明确。

（1）FMEA 编号（（1）也为案例 2-1 中的序号，以下类推）

填入 FMEA 文件编号，以便查询。

（2）零件编号/名称

注明适当的分析级别并填入所分析系统、子系统或零部件的名称、编号。

各企业设计 DFMEA 分析表格时，可以改变此栏目的项目（顾客要求的除外）。

（3）设计责任

填入负责设计的厂家、部门和小组。

（4）编制者

填入负责 FMEA 工作的工程师的姓名、电话。

（5）产品年度/型号

填入将使用和/或正被分析的设计所影响的预期产品年度及型号（如果已知的话）。

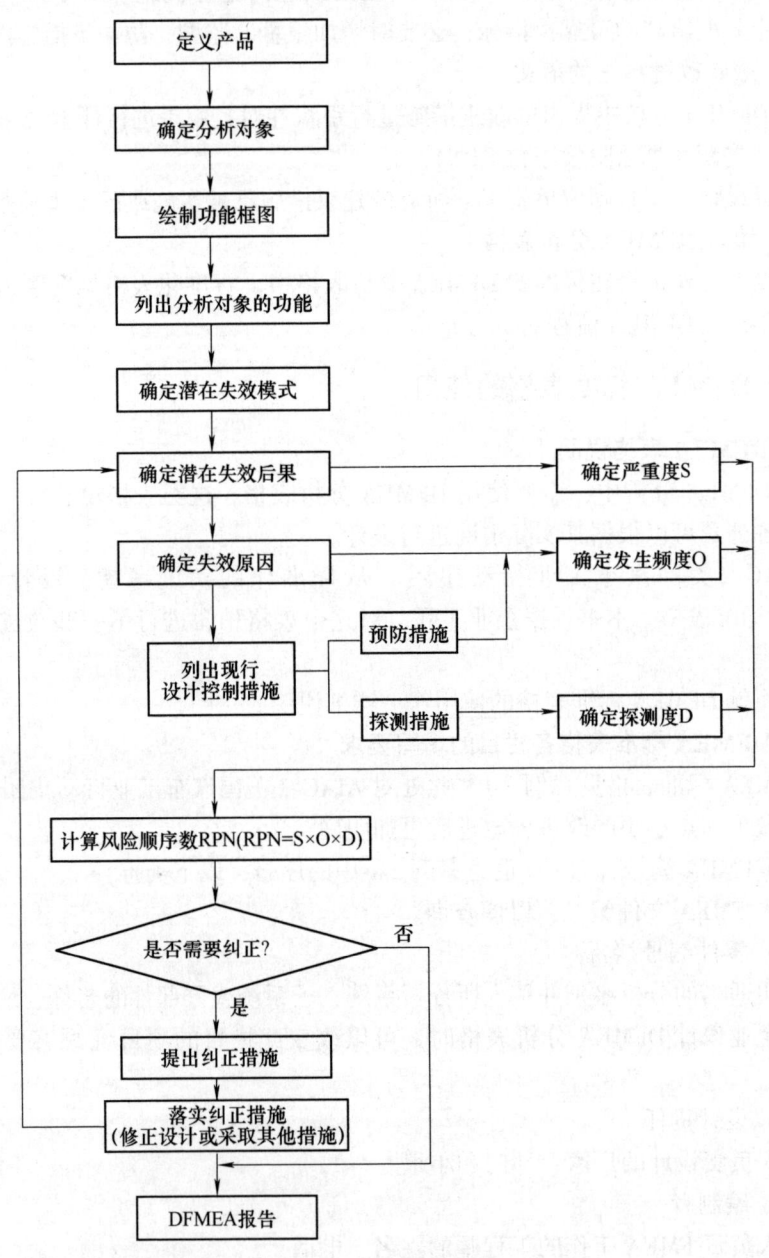

图 2-5 DFMEA 流程

第 2 章　FMEA 潜在失效模式及后果分析

案例 2-1：潜在失效模式及后果分析（DFMEA 标准格式）

潜在失效模式及后果分析（DFMEA 标准格式）

系统编号/名称：_____　　　　设计责任：_____(3)_____　　　FMEA 编号：_____(1)_____
子系统编号/名称：____(2)____　　　关键日期：_____(6)_____　　　页码：_____(4)_____
零件编号/名称：_____　　　　　　　　　　　　　　　　　编制者：_____
产品年度/型号：____(5)____　　　　　　　　　　　　　　　　　　　FMEA 日期：____(7)____
核心小组：_____(8)_____

项目 (9)	功能/要求 (10)	潜在失效模式 (11)	潜在失效后果 (12)	严重度(S) (13)	分类 (14)	潜在失效的起因/机理 (15)	现行设计控制		探测度(D) (18)	风险顺序数(RPN) (19)	建议措施 (20)	责任人/完成日期 (21)	采取的措施 (22)	措施结果			
							预防 (17)	发生频度(O) (16) 探测 (17)						严重度(S) (23)	发生频度(O) (23)	探测度(D) (23)	措施后的RPN (23)

各企业设计 DFMEA 分析表格时,产品年度可以不要(顾客要求的除外)。

(6)关键日期

填写 FMEA 初次预定完成的日期,该日期不应超过计划的正式设计完成的日期。也就是不应超过设计图样完成的日期。

很多企业,图样都设计完成了才开始做 DFMEA。这样的 DFMEA 是自己欺骗自己。

(7)FMEA 日期

填入编制 FMEA 原始稿的日期及最新修订的日期。

(8)核心小组

列出参与 FMEA 工作的部门人员名单,例如,曹×(研发部)、刘×(质量管理部),等等。这些人员被授权确定和/或执行与 FMEA 有关的工作任务。

建议将所有参加人员的姓名、部门、电话、地址等都记录在一张分发表上。

(9)项目

填入被分析项目(零件/部件/子系统/系统)的名称和编号。

(10)功能/要求

说明被分析项目的功能。如果该项目有多种功能,且有不同的失效模式,应把所有功能都单独列出。此处的"要求"是对功能做出的详细的解释与说明(见表2-2)。二者可以写在一起,不必分开写。

表 2-2 功能与要求

项目	功能	要求
盘式制动器系统	按要求停止车辆行驶(考虑环境情况如湿度、干燥等)	在干燥的沥青公路上用规定的力量在规定的距离内停止车辆行驶
……		

(11)潜在失效模式

失效模式是失效的表现形式,如短路、开路、断裂、过度损耗等。

列出分析对象可能发生的失效模式,即没有达到设计的意图和要求功能所表现出的现象(注:某一级系统的失效模式可能是更高一级子系统、系统的潜在失效模式的起因,也可能是比它低一级的零部件潜在失效模式的后果)。

潜在失效模式是通过分析,预测有可能发生的,但并非必然发生的失效模式。一般可通过同类型产品、元件的可靠性、耐用性的试验报告,寻找失效模式。

判定失效时，要依据一定的标准（简称故障判据或失效判据）。这些判定失效的标准包括：

1）产品在规定条件下，不能完成其规定的功能。

2）产品在规定条件下，一个或几个性能参数不能保持在规定的范围内。

3）产品在规定的应力范围内工作时，导致产品不能满足其规定要求的破裂、卡死等损坏状态。

4）技术合同中订购方规定的其他故障判据等。

在进行失效模式分析时，要注意以下事项：

1）应区分显性（功能）故障（失效）和隐性故障（失效）。显性故障是指产品或产品的一部分不能完成规定功能的事件或状态；隐性故障是指产品或产品的一部分将不能完成规定功能的可鉴别的状态，它是指示显性故障将要发生的一种可鉴别（人工观察或仪器检测）的状态。例如，轮胎磨损到一定程度（可鉴别的状态，属隐性故障）将发生爆胎故障（属显性故障）。图 2-6 中给出了某金属材料件的显性故障与隐性故障的示例。

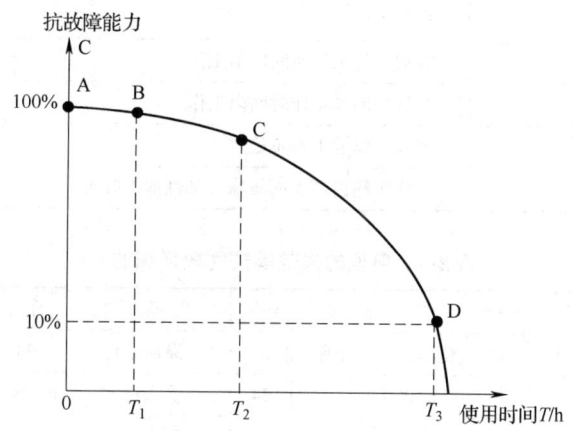

注：A—无故障；B—初始裂纹，不可见；C—隐性故障，裂纹可见；D—显性故障，断裂

图 2-6　显性故障（失效）和隐性故障的关系

2）产品具有多种功能时，应找出该产品每个功能的全部可能的失效模式。

3）复杂产品一般具有多种任务功能，应找出该产品在每一个任务剖面下每一个任务阶段可能的故障模式。

表 2-3 是一潜在失效模式的例子。表 2-4 ~ 表 2-6 是一些常见的潜在失效模式。表 2-4 内容较粗，它适用于产品设计初期的故障模式分析；表 2-5 内容较细，基本概括了大多数产品可能发生的故障模式，适用于产品详细设计的故障模式分析。

表 2-3 潜在失效模式例子

项目	功能	要求	失效模式
盘式制动器系统	按要求停止车辆行驶（考虑环境情况如湿度、干燥等）	在干燥的沥青公路上用规定的力量在规定的距离内停止车辆行驶	车辆不能停止
			车辆在超过规定的距离外停止
			车辆在超过双倍的制动力下停止
		允许未受制动的车辆在没有系统要求下继续行驶	没有行驶要求下活动或汽车行驶部分受阻
			没有行驶需要下活动，汽车不能行驶
制动器转轴	允许传动力从制动器片到轮轴	必须传递规定转矩抗力到轮轴	未能有效传递转矩抗力

表 2-4 典型的失效模式（简约的）

序号	故障模式
1	提前工作
2	在规定的工作时间内不工作
3	在规定的非工作时间内工作
4	间歇工作或工作不稳定
5	工作中输出消失或故障（如性能下降等）

表 2-5 典型的失效模式（较详细的）

序号	故障模式	序号	故障模式	序号	故障模式	序号	故障模式
1	结构故障（破损）	12	超出允差（下限）	23	滞后运行	34	折断
2	捆结或卡死	13	意外运行	24	输入过大	35	动作不到位
3	共振	14	间歇性工作	25	输入过小	36	动作过位
4	不能保持正常位置	15	漂移性工作	26	输出过大	37	不匹配
5	打不开	16	错误指示	27	输出过小	38	晃动
6	并不上	17	流动不畅	28	无输入	39	松动
7	误开	18	错误动作	29	无输出	40	脱落
8	误关	19	不能关机	30	（电的）短路	41	弯曲变形
9	内部泄漏	20	不能开机	31	（电的）开路	42	扭转变形
10	外部泄漏	21	不能切换	32	（电的）参数漂移	43	拉伸变形
11	超出允差（上限）	22	提前运行	33	裂纹	44	压缩变形

表 2-6 软件故障模式类别及其典型示例

序号	类别	软件故障模式示例		
1	软件的通用故障模式	1）运行时不符合要求		
		2）输入不符合要求		
		3）输出不符合要求		
2	软件的详细故障模式	输入故障	1）未收到输入	输出故障	1）输出结果错误（如输出项缺损或多余等）
			2）收到错误输入		2）输出数据精度轻微超差
			3）收到数据轻微超差		3）输出数据精度中度超差
			4）收到数据中度超差		4）输出数据精度严重超差
			5）收到数据严重超差		5）输出参数不完全或遗漏
			6）收到参数不完全或遗漏		6）输出格式错误
			7）其他		7）输出打印字符不符合要求
		程序故障	1）程序无法启动		8）输出拼写错误/语法错误
			2）程序运行中非正常中断		9）其他
			3）程序运行不能终止		
			4）程序不能退出	未满足功能及性能要求故障	1）未达到功能性能的要求
			5）程序运行陷入死循环		2）不能满足用户对运行时间的要求
			6）程序运行对其他单元或环境产生有害影响		3）不能满足用户对数据处理量的要求
			7）程序运行轻微超时		4）多用户系统不能满足用户数的要求
			8）程序运行明显超时		5）其他
			9）程序运行严重超时		
			10）其他		
		其他	1）程序运行改变了系统配置要求		6）人为操作错误
			2）程序运行改变了其他程序的数据		7）接口故障
			3）操作系统错误		8）I/O 定时不准确导致数据丢失
			4）硬件错误		9）维护不合理/错误
			5）整个系统错误		10）其他

（12）潜在失效后果

失效后果，也就是故障影响，是指"失效模式对产品的使用、功能或状态所导致的结果"。这些结果是指对产品与人的安全、使用、任务功能、环境、经济等各方面的综合后果。如果故障影响涉及用户申诉、索赔、违背有关标准或法规要求，应明确指出。

应该从受影响的顾客（外部顾客、内部顾客）的角度描述失效后果。失效后果包括局部效应（对所分析的子系统造成的影响）、最终效应（对最终产品（系统）造成的影响）。一般使用"三级故障影响"：局部影响、高一层次影响和最终影响，见表2-7。

表2-7 按约定层次划分故障影响分级表

影响分级	定 义	特 点	提 示	实 例
局部影响	某产品的故障模式对该产品自身或所在约定层次产品的使用、功能或状态的影响	1）是描述故障模式对被分析产品局部产生的后果 2）是对故障后果的最基本、最简单的判断	局部影响可能就是故障模式本身	某电路模块中某电阻"开路"，其局部影响就是"电流不能通过该电阻"
高一层次影响	某产品的故障模式对该产品所在约定层次的紧邻上一层次产品的使用、功能或状态的影响	是描述被分析产品故障模式对紧邻上一层次产品的影响	高一层次影响指被分析产品对紧邻上一约定层次的影响	如上例，电阻"开路"对高一层次影响，就是该"模块无输出"
最终影响	某产品的故障模式对初始约定层次产品的使用、功能或状态的影响	1）是描述被分析产品故障模式对"初始约定层次"产品的影响 2）是故障影响逻辑分析的终点 3）是设计、使用、决策者关注的重要内容 4）是划分严重度、确定设计改进与使用补偿措施的依据	最终影响指被分析产品对"初始约定层次"的影响	如上例，该电路模块装在某装备上，电阻"开路"的最终影响就是对该装备的影响

典型的失效后果（失效效应）有：噪声、工作不正常、不良外观、不稳定、运行中断、粗糙、不起作用、异味、工作减弱、污染、运行间断、装置失控、不安全、操作力过大、运行障碍等。

要根据顾客可能发现或经历的情况来描述失效的后果。

表2-8为一个潜在失效后果的例子。

表2-8 潜在失效后果的例子

项 目	失 效 模 式	后 果
盘式制动器系统	车辆不能停止	车辆控制减弱，与法规不符
	汽车在超过规定的距离后停止	车辆控制减弱，与法规不符
	车辆在双倍制动力下停止	与法规不符
	在没有要求下活动；车辆行驶部分受阻	减短制动器片寿命，降低汽车控制
	在没有需求下，车辆不能行驶	顾客不能驾驶车辆

第2章 FMEA 潜在失效模式及后果分析

（13）严重度（S）

严重度表征失效后果的严重性。一般只有通过设计更改才能改善严重度。汽车行业的 DFMEA 分析用严重度数可按表 2-9 选用。

各企业应根据其产品的特点，确定其产品 DFMEA 分析用严重度数（S）。

表 2-9 DFMEA 分析用严重度数（S）

后果	判定准则：对产品影响的严重度（对顾客的影响）	级别
不符合安全和/或法规要求	潜在失效后果影响车辆安全行驶和/或不符合政府法规，失效发生时无预警	10
	潜在失效后果影响车辆安全行驶和/或不符合政府法规，失效发生时有预警	9
基本功能丧失或降低	基本功能损失（车辆不能运转，但不影响安全）	8
	基本功能降级（车辆可运转，但性能降低）	7
次要功能丧失或降低	次要功能损失（车辆可运转，但舒适性/便利性方面性能丧失）	6
	次要功能减弱（车辆可运转，但舒适性/便利性方面性能降低）	5
令人不舒服	外观或噪声不符合要求，汽车可行驶，大多数顾客（>75%）会注意到	4
	外观或噪声不符合要求，汽车可行驶，很多顾客（50%）会注意到	3
	外观或噪声不符合要求，汽车可行驶，有识别能力的顾客（<25%）会注意到	2
没有影响	没有可辨识的影响	1

图 2-7 为一个严重度判别流程。

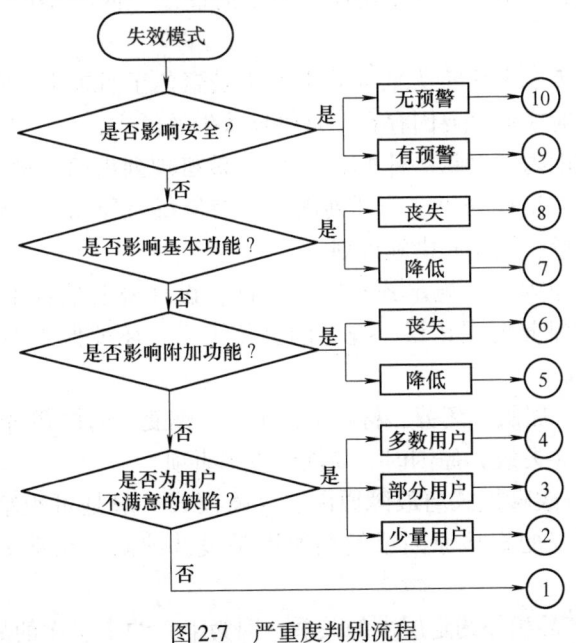

图 2-7 严重度判别流程

(14) 分类

与失效模式对应的产品特性的分类。如果是特殊特性，则应填上相应的符号（符号可以是顾客规定的，也可以是组织自己制订的，见表1-7）。

特殊特性失效造成的后果是很严重的。可以根据潜在失效后果的严重度判断该失效模式对应的产品特性是不是特殊特性。

如果在 DFMEA 中，没有识别出与设计文件中指定的特殊特性有关的失效模式，那么可以说设计过程有问题。

对于顾客指定的特殊特性，DFMEA 时应优先考虑。

(15) 潜在失效的起因/机理（失效的原因）

失效的原因是指"引起失效的设计、制造、使用和维修等有关因素"。失效的原因分为由产品本身的物理、化学特性这些内在因素引起的直接原因，以及设计、制造、运输、使用、环境等外在因素引起的间接原因。

对每一失效模式，都应分析并列出造成失效模式的原因。有些故障原因是多层次的或者几个原因相关联的，此时应结合应用故障树分析法（FTA）找到引起故障的主要原因或直接原因。列出的原因应尽可能地完整和简明，以便能采取有针对性的纠正和预防措施。

失效的潜在要因应按设计过程如何让一种失效发生来定义，用可纠正或可控的情形来描述。失效要因是设计弱点的体现，其后果就是失效模式。

在识别失效的潜在要因时，对失效的特定要因的描述要简单明确，如：不按规定对螺钉进行电镀。不要使用像"不足的设计"或"不恰当的设计"这样不明确的语言。

要因的调查需要聚焦于失效模式上而不是聚焦于后果上。在确定要因的过程中，小组讨论时应假设要因存在，且将导致失效模式。

在可能的范围内，对每一种失效模式/失效机理列出每一种潜在要因。要因应尽可能简明和完整地列出。分开列出要因会使每一种要因得到聚焦分析，可能产生不同的测量、控制和措施计划。

典型失效的原因有：规定的材料不正确，设计寿命估计不足，压力过大，润滑不足，维修保养说明错误，规定的公差不当，环境保护不够，计算错误，滥用或误操作等。

失效机理有：屈服、疲劳、材料不稳定性、蠕变、磨损和腐蚀。

在分析故障（失效）原因时，应注意以下事项：

1）正确区分故障模式与故障原因。故障模式一般是可观察到的故障表现形式，而故障模式的直接原因或间接原因是设计缺陷、制造缺陷或外部因素所致。

2）应考虑产品相邻约定层次的关系。因为下一约定层次的故障模式往往是上一约定层次的故障原因。

3）当某个故障模式存在两个以上故障原因时，在 FMEA 表"故障原因"栏中均应逐一注明。

表 2-10 为一潜在失效原因的例子。

表 2-10 潜在失效原因的例子

失效模式	机理	要因
车辆不能停止	从制动器板到制动器片没有传递制动力	由于不适当的防腐蚀，机械连接破裂
		由于密封设计不当，主要的气缸真空空间被锁住
		由于不正确的连接器转矩规范，来自于松动的水压线的水压流损失
		由于水压线褶皱/被压缩，水压流损失；使用了不恰当的水管材料
车辆在超出规定距离外停止	减低了从制动器板到制动器片的制动力	由于不恰当的润滑规范，机械连接僵硬
		由于不适当的防腐蚀，机械连接被腐蚀
		由于水压线褶皱，或使用了不适当的水管材料，造成水压流部分损失
车辆在多于双倍的制动力下停止行驶	超过/快速传递了从制动器板到制动器片的制动力	由于密封设计不当，主气缸内压力累积
在没有需要下活动，车辆行驶受阻	制动器片没有弹起来	轨道上有污物；制动片腐蚀损坏
在没有需要下活动，车辆不能行驶	水压没有恢复	由于密封设计失误，主气缸真空锁住

（16）发生频度（O）——发生概率（Occurrence）

频度用来表征失效原因发生的可能性。

通过设计更改来消除或控制一个或更多的失效起因/机理是降低频度数的一个可能途径。汽车行业 DFMEA 用频度数见表 2-11。

各企业应根据其产品的特点，确定其产品 DFMEA 用频度数（O）。

表 2-11 DFMEA 用频度数（O）

失效可能性	评价准则：原因发生频度——DFMEA（项目/车辆的设计寿命/可靠性）	评价准则：原因发生频度——DFMEA（每个项目/车辆的事故数）	级别
非常高	没有历史信息的新技术/新设计	≥100 件/1000 辆车（或项目）≥1/10（100000ppm）	10
高	失效不可避免（新设计、新应用，或工作周期/使用条件发生变化）	50 件/1000 辆车（或项目）1/20（50000ppm）	9

（续）

失效可能性	评价准则：原因发生频度——DFMEA（项目/车辆的设计寿命/可靠性）	评价准则：原因发生频度——DFMEA（每个项目/车辆的事故数）	级别
高	失效很可能发生（新设计、新应用，或工作周期/使用条件发生变化）	20件/1000辆车（或项目）1/50（20000ppm）	8
	不能确定失效是否发生（新设计、新应用，或工作周期/使用条件发生变化）	10件/1000辆车（或项目）1/100（10000ppm）	7
中等	在类似的设计中或在设计模拟和试验中，失效频繁发生	2件/1000辆车（或项目）1/500（2000ppm）	6
	在类似的设计中或在设计模拟和试验中，失效偶尔发生	0.5件/1000辆车（或项目）1/2000（500ppm）	5
	在类似的设计中或在设计模拟和试验中，发生孤立的失效	0.1件/1000辆车（或项目）1/10000（100ppm）	4
低	在几乎相同的设计中或在设计模拟和试验中，仅发生个别孤立的失效	0.01件/1000辆车（或项目）1/100000（10ppm）	3
	在几乎相同的设计中或在设计模拟和试验中，没有观察到失效	≤0.001件/1000辆车（或项目）≤1/1000000（1ppm）	2
非常低	通过预防控制，消除了失效	通过预防控制，消除了失效	1

在确定发生频度时，应考虑：

1）类似零部件或子系统的维修档案及维修服务经验。
2）零部件是否为以前使用的零部件或子系统，还是与其相似。
3）相对先前水平的零部件或子系统所做的变化有多显著。
4）零部件是否与原来的有根本不同。
5）零部件是否是全新的。
6）零部件的用途有无变化。
7）有哪些环境改变。
8）针对该用途，是否作了工程分析来估计其预期的可比较的发生频度。
9）是否提出要有适当的预防措施。

(17) 现行设计控制

现行设计控制是那些作为已完成的设计过程的一部分而执行的活动，将确保设计功能和可靠性要求得以实现。

有两类设计控制应予以考虑：

预防：消除（预防）失效的机理/要因或失效模式的发生，或降低发生频度。

探测：在产品放行到生产前，通过评审、验证、试验等分析方法或物理方法识别出（探测出）失效的要因/机理或失效模式的存在。根据失效模式/失效原因被识别出的可能性，确定探测度（D）。

如果可能的话，更建议使用预防控制方法。发生频度与预防控制有关。

探测控制应象探测要因一样探测失效模式。

小组应考虑分析、试验、评价和其他活动以确保设计充分，如：

1）预防控制：
- ◆ 基准研究；
- ◆ 自动防故障装置设计；
- ◆ 设计和材料标准（内部的和外部的）；
- ◆ 类似设计中最好实践的记录、以往的教训等；
- ◆ 模拟研究——确定设计要求的概念分析；
- ◆ 先行试验；
- ◆ 防错。

2）探测控制：
- ◆ 设计评审；
- ◆ 原型试验；
- ◆ 验证试验；
- ◆ 模拟研究——设计验证；
- ◆ 设计试验，包括可靠性试验；
- ◆ 使用类似零部件的模型。

表2-12为一预防、探测设计控制的例子。

表 2-12 预防、探测设计控制的例子

失效模式	要因	预防控制	探测控制
车辆不能停止	由于不充分的防腐蚀，机械联接破坏	按材料标准 MS-845 设计	03-9963 外界应力试验
	由于密封设计不当，主气缸锁住	在同样使用周期要求下的冗余设计	压力可变性能力试验——系统级
	由于不正确的联接器转矩规范，从松动的水压线而来的水压流损失	按 3993 转矩规范设计	振动压力试验 18-1950
	由于水压线褶皱/被压缩，不正确的材料规定，导致水压流损失	按 MS-1178 材料标准设计	试验设计——管子弹性

（18）探测度（D）

探测度表征对失效模式以及失效的潜在原因的可知程度。

探测度是在现有设计控制探测栏中列出的最好的探测控制的对应等级。当识别出一种以上控制时,建议对每种控制进行探测度排序,并作为控制描述的一部分包含在内。将最低排序值记录在探测度栏。

现有设计控制探测度的判别方法是:假设失效已经发生,然后评价现有设计控制探测失效模式的能力。

为了使探测度值变小,一般需要改善设计控制(分析或验证活动)。

各企业应根据其产品的特点,确定其 DFMEA 分析用探测度(D),见表2-13。

表2-13 DFMEA 分析用探测度(D)

探测的时机	评价准则: 通过设计控制探测到的可能性	级别	探测的可能性
没有探测的可能	不存在具有探测能力的设计控制;不能探测或没有分析	10	几乎不可能
在任何阶段都不容易探测	设计分析/探测控制有微弱的探测能力;虚拟分析(如:CAE 计算机辅助工程、FEA 有限元分析)与预期的实际操作条件没有关联	9	非常微弱
设计定稿后和正式投产前	在设计定稿后和正式投产前,通过 Pass/Fail 试验(即对产品进行检验,判定其合格或者不合格)对产品(系统或子系统)进行验证/确认。Pass/Fail 试验标准仅包含乘坐、操作、出货检查等要求	8	微弱
	在设计定稿后和正式投产前,通过 Test to Failure 试验(如对产品进行试验,直到故障发生,或进行系统交互作用试验)对产品(系统或子系统)进行验证/确认	7	非常低
	在设计定稿后和正式投产前,通过 Degradation Testing 试验(老化试验)对产品(系统或子系统)进行验证/确认。例如在耐久性试验后,对产品的功能进行检查	6	低
设计定稿前	在设计定稿前,通过 Pass/Fail 试验(即对产品进行检验,判定其合格或者不合格)对产品进行确认;Pass/Fail 试验(例如可靠性试验、型式试验等)的标准,应包含产品功能、性能等方面的要求	5	中等
	在设计定稿前,通过 Test to Failure 试验(可靠性试验、型式试验等,直到产品产生泄漏、变形、开裂等现象)对产品进行确认	4	中等偏高
	在设计定稿前,通过 Degradation Testing 试验(老化试验)对产品进行确认 在进行可靠性试验、型式试验等试验的过程中,做好对试验数据的趋势分析,以及试验前后的对比	3	高
进行高度相关的虚拟分析	设计分析/探测控制有很强的探测能力;在设计定稿前进行的虚拟分析(如:CAE 计算机辅助工程、FEA 有限元分析)与预期的实际操作条件高度相关	2	非常高
无须探测,失效预防	通过设计控制措施(如:采纳已证实的设计标准,吸取最佳的设计实践经验,采用常用的材料等)做好预防工作,使失效原因或失效模式不会发生	1	几乎可以确定

(19) 风险顺序数 (RPN)

风险顺序数是严重度 (S)、频度 (O)、探测度 (D) 的乘积:

$$RPN = S \times O \times D$$

RPN 是对设计风险的度量, 用于对设计中的那些担心事项进行排序。

RPN = 1~1000, RPN 越大, 越应优先采取预防措施。

除非顾客有要求, 一般不规定 RPN 大于等于某个值时才采取措施, 而是应用优先原则, 采取持续改进的方式不断提升。

一般实践中, 不管 RPN 大小如何, 当严重度 (S) 等级为 9 或 10 时, 小组必须强制确保风险通过存在的设计控制或建议措施来控制 (在 FMEA 中予以文件化)。对于严重度等级为 8 或 8 以下的失效模式, 小组应考虑解决最高发生频度或探测度的要因。

(20) 建议措施

应简要地列出所建议的纠正措施。任何建议措施的目的都是为了减少频度、严重度及探测度三者中的任何一个或所有数值。

RPN 排出次序后, 应首先对级数最高和最关键的项目采取纠正措施。

1) 降低严重度 S 等级: 只有通过设计更改才能降低严重度等级。

2) 降低发生频度 O 等级: 通过设计更改来预防或控制该失效的起因是降低频度数级别的可能的途径。以下措施应予以考虑, 但不限于这些:

◆ 为消除失效模式的防错设计;

◆ 修改设计几何尺寸和公差;

◆ 修改设计以降低压力或替代不耐用 (高失效可能性) 零部件;

◆ 增加冗余;

◆ 修改材料规范。

3) 降低探测度 D 等级: 推荐方法是使用防错装置。设计确认/验证措施的增加仅仅导致探测度级别的降低。在一些案例中, 为增加探测的可能性 (也就是降低探测度级别), 特定零部件的设计更改是必需的。此外, 以下措施应予以考虑:

◆ 试验设计 (特别是多种或相互作用的要因存在时);

◆ 修改试验计划。

如果对某一特定的原因没有建议措施, 则在此栏内填写"无"。

表 2-14 是一要因、现行设计控制、建议措施的例子。

(21) 责任人/完成日期

把负责建议措施执行的组织和个人及预计完成的日期填写在本栏中。

(22) 采取的措施

当实施一项措施后,要简要记录具体的措施和生效日期。

(23) 措施后的 RPN

当明确了纠正措施后,应估算并记录下措施后的严重度、频度及发现难度数值,计算并记录 RPN 的结果。如没有采取什么纠正措施,则将"措施后的 RPN"栏及对应的取值栏空白即可。

表 2-14 要因、现行设计控制、建议措施

项目	失效模式	要因	现行预防控制	现行探测控制	建议措施
盘式制动器系统	车辆不能停止	由于不充分的防腐蚀,机械连接损坏	按材料标准 MS-845 设计	外界应力试验 03-9963	把材料改为不锈钢
		由于密封设计不当,主气缸真空锁住	在同样生命周期要求下进行冗余设计	压力可变性能力试验——系统级	使用冗余密封设计
		由于不正确的连接器转矩规范,从松动的水压线出来的水压流损失	按 3993 转矩规范设计	振动、压力试验	把连接器从螺钉联接修正为快速连接
		由于水压线褶皱/被压迫,规定了不适当的水管材料,导致水压流损失	按材料规范 MS-1178 设计	试验设计——管子弹性	修正软管设计从 MS-1178 到 MS-2025 以增加强度

应评审所有更改后的 RPN。如认为有必要采取进一步措施的话,则应重复这些步骤。

负责设计的工程师应确保所有的建议措施得到落实,这些措施应体现在相关的图样、设计文件和工艺文件中。

DFMEA 是一个动态文件,它不仅应体现最新的设计水平,还应体现最新的有关纠正措施,包括产品正式投产后发生的设计更改和措施。所以要适时对 DFMEA 进行修改。

应定期对 DFMEA 进行评审,重点放在发生频度和探测度的排序上,产品改进、设计控制改善以及问题发生时,排序都可能变化。

DFMEA 分析实例:A 公司为一汽车总装厂生产后悬置软垫总成,双方约定由 A 公司对后悬置软垫总成进行 DFMEA 分析。分析结果见案例 2-2。

第2章 FMEA 潜在失效模式及后果分析

案例 2-2：潜在失效模式及后果分析（DFMEA 实例）

系统编号/名称：_____
子系统编号/名称：_____
零件/部件名称：后悬置总成
零件/部件型号：HT018
核心小组：_____

设计责任：_____
关键日期：_____

FMEA 编号：_____
页码：_____
编制者：_____
FMEA 日期：_____

潜在失效模式及后果分析（DFMEA 实例）

零件/部件型号/名称	功能/要求	潜在失效模式	潜在失效后果	严重度(S)	分类	潜在失效的起因/机理	现有设计控制 预防	发生频度(O)	现有设计控制 探测	探测度(D)	风险顺序数 RPN	建议措施	责任人/完成日期	措施结果 采取的措施	严重度(S)	发生频度(O)	探测度(D)	措施后的 RPN
HT018 后悬置总成	减少车架和动力总成之间的振动的噪声传递，约束动力总成位移	橡胶和加强钢板硫化层开裂	减振性能下降不能约束动力的位移	9	★	硫化层疲劳强度不够	计算分析、设计要求(SJYQ-02)	8	换一种方法进行计算分析	6	432	增大硫化层外表面的过度圆角，减少应力集中，增加疲劳寿命	张某 2011-7-26	过度表面圆角增加到 R30 (7/20)	9	1	6	54
		固定钢板开裂	同上	3		载荷大于材料的强度极限	计算分析	8	整车场地试验	4	288	测试悬置支臂冲击载荷	关某 2011-7-26	经测试载荷在允许范围内 (7/20)	9	1	1	9
						钢板强度极限	材料供方提供钢板材质报告	8	整车外场试验	6	144	增加钢板厚度	关某 2011-7-26	增加钢板厚度 2mm (7/20)	3	2	6	36
……	……																	

★：特殊特性。

2.3 PFMEA（过程 FMEA）

过程 FMEA（PFMEA）是在产品的制造和装配过程中采用的一种 FMEA 技术，用以保证已充分地考虑和指明制造和装配过程中各种潜在的失效模式及其相关的起因/机理，并就此采取必要的预防措施。

2.3.1 PFMEA 分析的目的

1）确定与产品相关的过程潜在失效模式。
2）评价失效对顾客的潜在影响。
3）确定潜在制造或装配过程失效的起因。
4）确定减少失效发生或找出失效条件的过程控制变量。
5）编制潜在失效模式风险分级表，然后建立考虑纠正措施的优先体系。
6）将控制制造或装配过程的措施编制成文件。

2.3.2 PFMEA 分析对象

1）新的过程/工序（如采用新工艺）。
2）更改的过程/工序。
3）应用或环境有变化的原有过程/工序（设备改造等）。

2.3.3 PFMEA 说明

1）过程 FMEA 是在假定所设计的产品会满足设计要求的基础上进行的。设计缺陷造成的影响及其避免措施由设计 FMEA 来解决。

2）PFMEA 应在制造可行性分析阶段、生产工装准备及过程设计确定之前开始，并贯穿整个过程设计过程，在正式的工艺文件和工装确定之前完成。

3）PFMEA 是一个动态文件。产品、过程更改时，应及时改进 PFMEA。应定期对 PFMEA 进行评审，重点放在发生频度和探测度的排序上，产品改进、过程改进、过程控制改善以及问题发生时，排序都可能变化。

4）应考虑从单个零件到总成的所有制造工序（过程）。

5）PFMEA 须发挥集体的努力，相关部门之间的沟通、合作是必不可少的。PFMEA 由工艺技术人员主持，设计、生产、品管等有关人员参与。PFMEA 小组一般由 5~7 人组成。

表 2-15、表 2-16、图 2-8 说明了 DFMEA、PFMEA 之间的区别与联系。

表 2-15 DFMEA、PFMEA 在输入、输出、应用范围之间的区别

	DFMEA	PFMEA
输入	设计目标、质量目标、可靠性和性能目标	产品/过程特殊特性
	顾客要求、相关法律法规及标准的要求	特性矩阵分析结果；过程流程图、现场平面布置图
	材料初始清单、产品/过程特殊特性初始清单	以往的 5M1H 方面的 SPC（统计分析）记录
	企业资源的优势与约束因素、管理者支持	企业现有 5M1H 保障能力，管理者支持
	可维修性、保修信息、顾客使用报告及其抱怨、退货资料	保修记录、顾客抱怨和产品退回数据资料
	企业的生产制造过程中出现的设计问题、纠正预防措施、持续改进措施与能力	纠正或预防措施
	类似产品的设计 FMEA	系统或/和设计 FMEA；类似产品和过程的 PFMEA
输出	产品系统/部件/零件 DFMEA 分析表及数据信息库	过程/子过程/工序 PFMEA 分析表及数据信息库
	潜在设计失效模式	潜在过程失效模式
	潜在关键设计要求	潜在关键特性和重要特性
	暴露的设计问题（受到制造和装配作业影响的）	消除或减少产品失效模式出现频次的过程改进措施
	寻求到的新设计方法与要求（建议措施）	全面的过程控制方案、措施
	设计验证计划和报告	MSA、SPC 分析计划及报告
	改进设计或更改原有设计	调整过程设计
应用	应用于产品图样、技术规范及其更改、新工装、设备设施要求、量具及试验设备要求的编制，以及对关键产品和过程特性的认可	应用于控制计划、SPC 与 MSA 研究计划、作业（含检验）指导书的编制、制造过程的持续改进计划与实施、产品和过程特殊特性的最终确定等

表 2-16 DFMEA、PFMEA 在失效模式等描述上的区别

	DFMEA	PFMEA
失效模式	裂纹、变形、松动、泄漏、断裂、疲劳、振动、磨损、发热、剥落	弯曲、脏污、飞边、运转损坏、断裂、变形、开路、漏孔、尺寸超差
失效后果	异响、噪声、工作不正常、运转中断、不符合标准要求、顾客投诉	对后续工序：无法定位、尺寸无法加工、零件无法装配、危害操作者、损坏设备；对最终产品：噪声、工作不正常、不稳定、外观不良
失效原因	材料选择不当、设计寿命估计不足、计算错误、润滑不足、应力过大、维修保养说明有误、表面粗糙度规定不当、公差规定不当、材料不稳定等	转矩过大或过小、焊接参数确定不准确、测量不精确、热处理参数有误、润滑不当、零件漏装或误装

(续)

	DFMEA	PFMEA
现行控制措施	设计确认/验证，如路试、设计评审、强度校核计算、台架试验、样件试验、可行性评估、材料试验、采用设计标准软件	类似过程或已知的经采用的过程控制方法、统计过程控制方法（SPC）、过程评价
建议措施	运用试验设计（DOE）、修改试验内容、更改设计、改变材料要求、增加检测、测试方法	防错装置、统计试验设计（DOE）、调整工艺参数、修改过程设计、统计过程分析、提高检测仪器精度、对员工培训

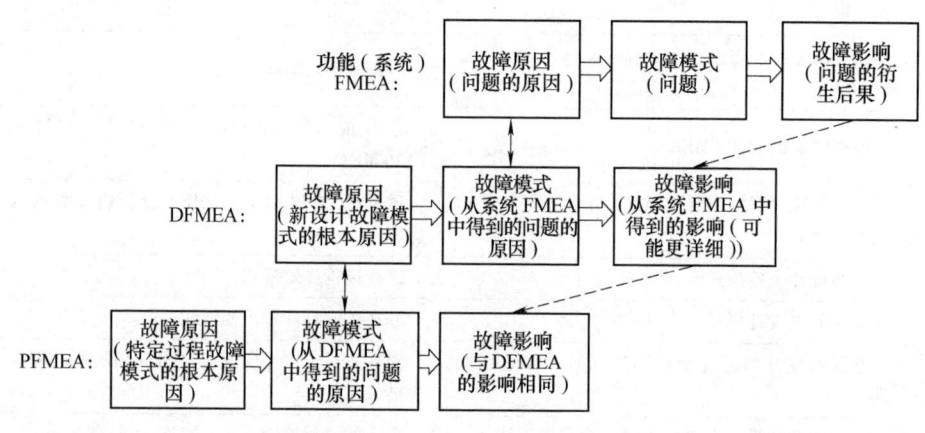

图 2-8　DFMEA、PFMEA 关系图

2.3.4　PFMEA 分析程序

1. 确定过程

绘制过程流程图或工艺过程卡确定每个工序的内容、工艺要求（5M1E），包括产品/过程特性参数、工序生产应达到的质量要求等。

2. 确定过程的潜在失效模式

确定每一过程的潜在失效模式。

1）所谓潜在失效模式是指过程有可能不能满足过程功能/要求栏中所描述的过程要求和/或设计意图。它是对该特定工序上的不符合的描述，它可能是下一（下游）工序的某个潜在失效模式的一个相关起因，或者是前一（上游）工序的某个潜在失效模式的一个相关后果。

2）不合格品产生的原因是应该考虑的潜在失效模式。

3）需注意的是，在进行 PFMEA 时，应假定所接收的零件/材料是正确的。

4）每个过程都可能有一个或多个可能的失效模式，列出所有可能的失效模式，而不只是已经发生过的失效模式。

3. 确定潜在失效后果

为每个列出的失效模式确定潜在的失效后果,潜在的失效后果指失效后顾客(含下一工序)可能注意到或经历到的后果,它可以通过问"如果失效模式发生,客户将受到什么影响"来确定。

根据失效后果的严重程度确定严重度(S)。

4. 确定潜在失效模式的起因

为列出的每个失效后果或失效模式确定潜在原因,它描述了每个失效是怎么发生的。描述原因要详细,后面提出过程改进措施建议时要依赖这些原因。每个后果可能有好几个潜在的原因,尽可能多地列出潜在原因,确保没有遗漏。

根据失效原因发生的可能性,确定发生频度(O)。

5. 列出现行过程控制措施

尽可能详细地列出当前的预防或探测失效模式或原因的控制措施。

预防:消除(预防)失效的机理/要因或失效模式的发生,或降低发生频度。

探测:探测出失效的起因/机理或失效模式的存在,以便引导采取纠正措施和预防措施。

根据失效模式/失效原因被识别出的可能性,确定探测度(D)。

6. 进行风险分析

按失效影响的严重程度(严重度S)、发生的频繁程度(频度O)、发现的难易程度(探测度D)估计风险顺序数。

严重度S、频度O、探测度D均利用数字1到10来判断其程度高低(见2.3.5节)。

各项数字的连乘积称为风险顺序数RPN(RPN = S × O × D)。风险顺序数RPN越高,表示风险越大。根据各失效模式的风险顺序数,即可突出那些必须改进的关键方面。

7. 提出改进措施

对那些风险顺序数较高的项目,应提出改进措施并实施。对于无法消除的故障,应增加报警、监测、防护等措施。

8. 跟踪改进措施的落实

对PFMEA分析中提出的改进措施进行跟踪并对其效果进行评审(采取改进措施后,重新计算风险顺序数RPN)。

负责过程的工程师应负责保证所有的建议措施已被实施或已妥善地落实。

9. 填写PFMEA分析表格

将以上工作记录在标准的PFMEA分析表格中(标准化表格见2.3.5节案例2-3)。

图 2-9 为 PFMEA 流程。

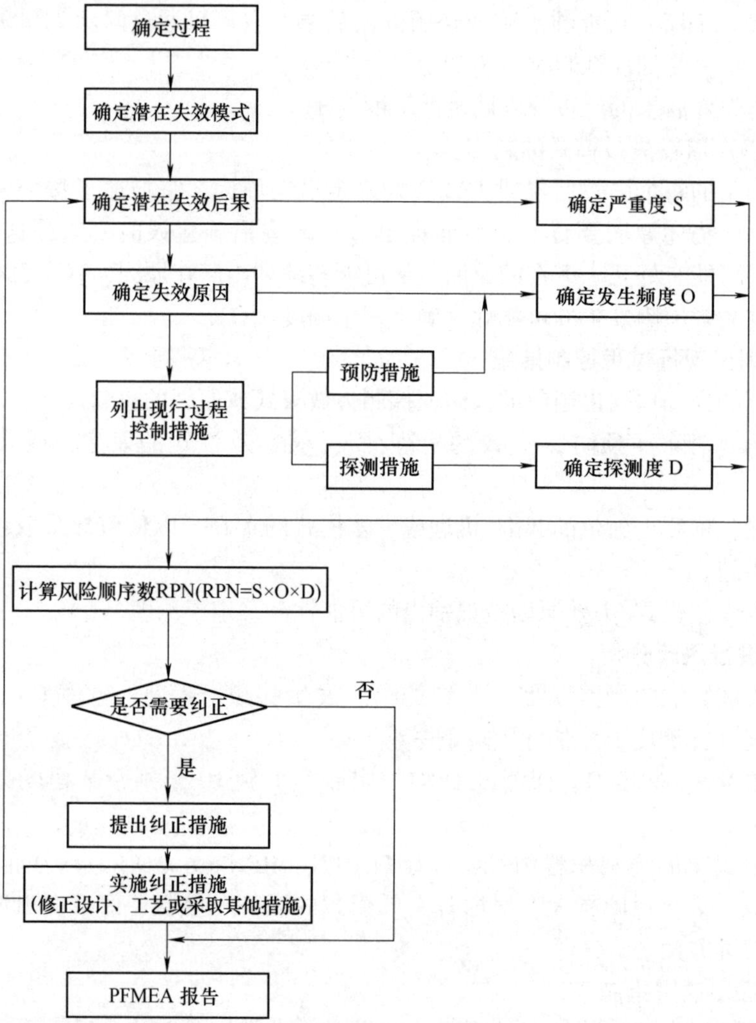

图 2-9　PFMEA 流程

2.3.5　PFMEA 标准表格的使用

1. PFMEA 表格说明

在 PFMEA 分析中，需要使用 PFMEA 分析表格，这类表格没有统一的格式要求，各公司可以根据其实际情况进行设计。

AIAG（美国汽车工业行动集团）从标准化的角度考虑，设计了一种 PFMEA 标准表格。本书根据企业实际，对这个表格稍微进行了一些改进，使之更加实用。

下面就 PFMEA 标准表格的使用作一详细说明。

2. PFMEA 标准表格各栏目的填写要求

PFMEA 标准表格见案例 2-3。

（1）FMEA 编号（（1）为案例 2-3 表格中的序号，以下类推）

填入 FMEA 文件编号，以便查询。

（2）项目名称

填入所分析过程的系统、子系统或零件的名称、编号。

（3）过程设计部门

填入负责过程设计的部门和小组。

（4）编制者

填入负责 PFMEA 工作的工程师的姓名、电话。

（5）产品年度/型号

填入将使用和/或正被分析的过程所影响的预期产品年度及型号（如果已知的话）。

各企业设计 PFMEA 分析表格时，产品年度可以不要（顾客要求的除外）。

（6）关键日期

填入初次 FMEA 预定完成的日期，该日期不应超过计划开始生产的日期。如果顾客要求 PPAP（生产件批准），则该日期不应超过顾客要求的 PPAP 提交日期。

（7）FMEA 日期

填入编制 FMEA 原始稿的日期及最新修订的日期。

（8）核心小组

填入承担 PFMEA 开发职责的小组成员名单（建议将所有参加人员的姓名、部门、电话、地址等都记录在一张分发表上）。

（9）过程

填入被分析的过程名称和编号。

（10）功能/要求

说明被分析的过程或工序的作用（功能）。

列出被分析的过程或工序的每一个作用。这些作用对符合设计意图或顾客要求至关重要。如果被分析的过程或工序有多种作用，且有不同的失效模式时，应把所有的作用都单独列出。

此处的"要求"是对过程或工序的作用做出的详细解释与说明。二者可以写在一起，不必分开写。

案例 2-3：潜在失效模式及后果分析（PFMEA 标准格式）

潜在失效模式及后果分析（PFMEA 标准格式）

项目名称：___(2)___ FMEA 编号：___(1)___
产品年度/型号：___(5)___ 过程设计部门：___(3)___ 编制者：___(4)___
核心小组：___(8)___ 关键日期：___(6)___ FMEA 日期：___(7)___

过程 (9)	功能/ 要求 (10)	潜在 失效 模式 (11)	潜在 失效后果 (12)	严重 度 (S) (13)	分类 (14)	潜在失效 起因/ 机理 (15)	现有过程控制		探测度 (D) (18)	风险顺 序数 (RPN) (19)	建议 措施 (20)	责任 人/完 成日期 (21)	采取的 措施 (22)	措施结果			
							预防 (17)	发生频 度 (O) (16) 探测 (17)						严重度 (S) (23)	发生 频度 (O) (23)	探测度 (D) (23)	措施 后的 RPN (23)

第 2 章　FMEA 潜在失效模式及后果分析

（11）潜在失效模式

所谓潜在失效模式是指过程可能发生的不能满足过程要求和/或设计意图的形式，是对某具体工序不符合要求的描述。它可能是引起下一道（下游）工序的潜在失效模式的起因，也可能是上一道（上游）工序潜在失效的后果。需注意的是，在 FMEA 准备中，应假定提供的零件/材料是合格的。

根据零件、子系统、系统或过程特性，对特定的工序，列出每一个潜在失效模式。前提是假设这种失效可能发生，但不一定必然发生。过程工程师/小组应能提出并回答下列问题：

◆ 过程/零件为什么不能满足规范？

◆ 无论工程规范如何，顾客（最终使用者、后续工序或服务）会提出什么异议？

在确定潜在失效模式时，建议把对相似过程的比较和顾客（最终用户和后续工序）对类似零件的索赔情况的研究作为出发点。此外，对设计目的的了解也很必要。

表 2-17 是一些常见的工艺失效模式。表 2-18 是一个潜在失效模式的例子。

表 2-17　常见的工艺失效模式

(1)	弯曲	(7)	尺寸超差	(13)	表面太光滑
(2)	变形	(8)	位置超差	(14)	未贴标签
(3)	裂纹	(9)	形状超差	(15)	错贴标签
(4)	断裂	(10)	（电的）开路	(16)	搬运损坏
(5)	飞边	(11)	（电的）短路	(17)	脏污
(6)	漏孔	(12)	表面太粗糙	(18)	遗留多余物

注：工艺故障模式应采用物理的、专业性的术语，而不要采用所见的故障现象进行故障模式的描述。

表 2-18　过程、功能/要求与潜在失效模式例子

过程步骤/功能	要　　求	潜在失效模式
操作 20：用扭矩扳手把座位垫固定在位置上	4 个螺钉	少于 4 个螺钉
	规定的螺钉	使用错误的螺钉（直径偏大）
	安装顺序：右前方洞装第一个螺钉	螺钉装了其他的洞上
	螺钉完全固定	螺钉没有完全固定
	达到要求的扭矩	扭矩太高
		扭矩太低

（12）潜在失效后果

主要描述失效模式一旦发生后对顾客所造成的影响。顾客可以是下一道工序、后续工序、代理商和客户。

对最终使用者来说,失效的后果应用产品或系统的性能缺陷来描述。

对下一道工序或后续工序来说,失效的后果应用过程/工序性能缺陷来描述。

表2-19、表2-20是一些常见的工艺失效后果。表2-21是一个失效后果例子。

表2-19　常见的工艺失效后果（对下道工序/后续工序而言）

(1)	无法取出	(6)	无法配合
(2)	无法钻孔/攻螺纹	(7)	无法加工表面
(3)	不匹配	(8)	导致工具过度磨损
(4)	无法安装	(9)	损坏设备
(5)	无法连接	(10)	危害操作者

表2-20　常见的工艺失效后果（对最终使用者而言）

(1)	噪声过大	(9)	工作性能不稳定
(2)	振动过大	(10)	损耗过大
(3)	阻力过大	(11)	漏水
(4)	操作费力	(12)	漏油
(5)	散发讨厌的气味	(13)	表面缺陷
(6)	作业不正常	(14)	尺寸、位置、形状超差
(7)	间歇性作业	(15)	非计划维修
(8)	不工作	(16)	废弃

表2-21　失效后果例子

要　　求	失效模式	后　　果
4个螺钉	少于4个螺钉	最终使用者:坐垫松动和噪声 制造和装配:停止出货,返工
规定的螺钉	使用错误的螺钉(直径偏大)	制造和装配:螺钉装不上
安装顺序:右前边洞装第一个螺钉	把螺钉装在其他洞上	制造和装配:难以安装螺钉在原来的位置
螺钉完全得到固定	螺钉没有完全固定	最终使用者:坐垫松动和噪声 制造和装配:对有影响部分挑选和返工
扭矩符合要求	扭矩太高	最终使用者:由于螺钉破裂,坐垫松动和噪声 制造和装配:对有影响部分挑选和返工
	扭矩太低	最终使用者:由于螺钉逐步松动,坐垫松动和噪声 制造和装配:对有影响部分进行挑选和返工

（13）严重度（S）

严重度是评价潜在失效模式对顾客的影响后果的严重程度的指标。严重度仅适用于失效的后果。严重度只能通过设计和过程更改来解决。

汽车行业的PFMEA分析用严重度数可按表2-22选用。

第2章 FMEA 潜在失效模式及后果分析

表 2-22 PFMEA 分析用严重度数（S）

后果	判定准则：对产品影响的严重度（对顾客的影响）	级别	后果	判断准则：对过程影响的严重度（对制造、装配的影响）
不符合安全和/或法规要求	潜在失效后果影响车辆安全行驶和/或不符合政府法规，失效发生时无预警	10	不符合安全和/或法规要求	可能危及操作者（机器或装配），失效发生时无预警
不符合安全和/或法规要求	潜在失效后果影响车辆安全行驶和/或不符合政府法规，失效发生时有预警	9	不符合安全和/或法规要求	可能危及操作者（机器或装配），失效发生时有预警
基本功能丧失或降低	基本功能丧失（车辆不能运转，但不影响安全）	8	大规模中断	100%的产品须报废。生产线停止或停止发货
基本功能丧失或降低	基本功能降低（车辆可运转，但性能降低）	7	显著中断	生产过程中可能产生部分废品。生产过程偏离原来的要求，包括生产线速度降低以及需增加人力
次要功能丧失或降低	次要功能丧失（车辆可运转，但舒适性/便利性方面功能丧失）	6	中等中断	100%的产品须离线返工后再被接受
次要功能丧失或降低	次要功能降低（车辆可运转，但舒适性/便利性方面功能降低）	5	中等中断	部分产品须离线返工后再被接受
令人不舒服	外观或噪声不符合要求，汽车可行驶，大多数顾客（>75%）会注意到	4	中等中断	100%的产品在后工序加工前需要在线返工
令人不舒服	外观或噪声不符合要求，汽车可行驶，许多顾客（50%）会注意到	3	中等中断	部分产品在后工序加工前需要在线返工
令人不舒服	外观或噪声不符合要求，汽车可行驶，有识别能力的顾客（<25%）会注意到	2	轻微中断	给过程、加工，操作者带来轻微不便
没有影响	没有可辨识的影响	1	没有影响	没有可辨识的影响

各企业应根据其产品的特点，确定其 PFMEA 分析用严重度数（S）。

(14) 分类

与失效模式对应的产品/过程特性的分类。如果是特殊特性，则应填上相应的符号（符号可以是顾客规定的，也可以是组织自己制订的，见表 1-7、表 1-8）。

特殊特性失效造成的后果是很严重的。可以根据潜在失效后果的严重度判断该失效模式对应的产品/过程特性是不是特殊特性。

对于顾客指定的特殊特性，PFMEA 时应优先考虑。

如果在 PFMEA 中发现了严重度≥9 所对应的特殊特性，则应通知负责设计的工程师，因为它可能会影响有关的设计、工艺文件。

(15) 潜在失效起因/机理

潜在失效起因是指失效模式是怎么发生的，要用可纠正或可控的情形来描述。失效要因是设计或过程弱点的体现，其后果就是失效模式。

在识别失效的潜在要因时，对失效的特定要因要简单明确地描述。

在可能的范围内，对每一种失效模式/失效机理列出每一种潜在要因。要因应尽可能简明和完整的列出。分开列出要因会使每一种要因得到聚焦分析，可能产生不同的测量、控制和措施计划。

表 2-23 是一些常见的工艺失效原因。

表 2-23　工艺失效原因

(1)	转矩过大、过小	(11)	工具磨损
(2)	焊接电流、功率、电压不正确	(12)	零件漏装
(3)	虚焊	(13)	零件错装
(4)	铸造浇口/通气口不正确	(14)	安装不当
(5)	粘接不牢	(15)	定位器磨损
(6)	热处理时间、温度、介质不正确	(16)	定位器上有碎屑
(7)	量具不精确	(17)	破孔
(8)	润滑不当	(18)	机器设置不正确
(9)	工件内应力过大	(19)	程序设计不正确
(10)	无润滑	(20)	工装或夹具不正确

(16) 发生频度（O）——发生概率

频度用来表征失效起因/机理发生的可能性（频率）。

频度的分级重在其含义而不是具体数值。通过设计、工艺措施可以降低频度数。汽车行业 PFMEA 用频度数见表 2-24。

第2章 FMEA 潜在失效模式及后果分析

表 2-24 PFMEA 用频度数（O）

失效可能性	评价准则：原因的发生频度——PFMEA （每个项目/车辆的事故数）	级别
很高	≥100 件/1000 辆车（或项目） ≥1/10（100000ppm）	10
高	50 件/1000 辆车（或项目） 1/20（50000ppm）	9
高	20 件/1000 辆车（或项目） 1/50（20000ppm）	8
高	10 件/1000 辆车（或项目） 1/100（10000ppm）	7
中等	2 件/1000 辆车（或项目） 1/500（2000ppm）	6
中等	0.5 件/1000 辆车（或项目） 1/2000（500ppm）	5
中等	0.1 件/1000 辆车（或项目） 1/10000（100ppm）	4
低	0.01 件/1000 辆车（或项目） 1/100000（10ppm）	3
低	≤0.001 件/1000 辆车（或项目） ≤1/1000000（1ppm）	2
很低	通过预防控制，消除了失效	1

各企业应根据其产品的特点，确定其 PFMEA 用频度数（O）。

（17）现行过程控制

尽可能详细地列出当前的预防或探测失效模式或原因的控制措施。这些控制措施可以是诸如防失误/防错、统计过程控制（SPC）或过程后的评价等。评价可以在目标工序或后续工序中进行。

有两类过程控制可以考虑：

预防：消除（预防）失效的机理/要因或失效模式的发生，或降低发生频度。

探测：探测出失效的起因/机理或失效模式的存在，以便引导采取纠正措施和预防措施。

如果可能，最好的途径是先采用预防控制。假如预防性控制被融入过程意图并成为其中一部分，它可能会影响最初的频度定级。探测度的最初定级将以探测失效起因/机理或探测失效模式的过程控制为基础。

对于过程控制，一般情形的 PFMEA 表中设有两栏（即单独的预防控制栏和探测控制栏），以帮助小组清楚地区分这两种类型的过程控制。这便于迅速而直观地确定这两种过程控制均已得到考虑。最好采用这样的两栏表格。

过程控制如果使用单栏表格，应使用下列前缀。在所列每一个预防控制前加上一个字母"P"。在所列的每一个探测控制前加上一个字母"D"。

一旦确定了过程控制，评审所有的预防措施以决定是否有需要更改的频度数。

表2-25是一个要因与控制措施的例子。

表2-25 要因与控制措施的例子

要 求	失效模式	要 因	预防控制	探测控制
螺钉得到固定	螺钉没有固定	螺钉倾斜	培训操作者	用螺钉定向器检查螺钉是否倾斜
扭矩符合要求	扭矩太大	扭矩被人为设置太大	建立密码，只有授权人员才能设置扭矩	检查扭矩设置
		设置人员能力不够	对设置人员进行培训	
			编写扭矩设置指导书	
	扭矩太小	扭矩被人为设置太小	建立密码，只有授权人员才能设置扭矩	检查扭矩设置
		设置人员能力不够	对设置人员进行培训	
			编写扭矩设置指导书	

（18）探测度（D）

探测度是与过程控制栏中所列的最佳探测控制相关联的定级数。探测度是一个在某一FMEA范围内的相对级别。为了获得一个较低的定级，通常计划的过程控制必须予以改进。

假定失效模式已经发生，然后，评价所有的"现行过程"的能力，以防止具有此种失效模式或缺陷的零件被发运出去。不要因为频度低就自动地假定探测度值也低（如当使用控制图时）。但是，一定要评定探测发生频度低的失效模式的过程控制能力或者是防止它们在过程中进一步发展的过程控制的能力。

随机的质量抽查不可能探测出一个孤立的缺陷的存在并且不应该影响探测度数值的大小。在统计学基础上的抽样是一种有效的探测控制。

过程FMEA分析用探测度见表2-26。各企业应根据其产品的特点，确定其PFMEA分析用探测度（D）。

表 2-26 过程 FMEA 分析用探测度（D）

探测的时机	评价准则： 通过过程控制探测到的可能性	级别	探测的可能性
没有探测的可能	不存在具有探测能力的过程控制；不能探测或没有分析	10	几乎不可能
在任何阶段都不容易探测	失效模式和/或错误（原因）不容易探测（如：只进行随机审核）	9	很微小
在后工序能探测问题	在后工序（或本工序完工后），操作者依靠视觉/触觉/听觉探测失效模式	8	很小
在来源处探测问题	在问题来源处（本工序加工过程中），操作者依靠视觉/触觉/听觉探测失效模式 在后工序（或本工序完工后），操作者通过计数型量具（如通止规、塞规、扭矩检测仪、扭矩扳手等）探测失效模式	7	很低
在后工序能探测问题	在后工序（或本工序完工后），操作者依靠计量型量具探测失效模式 在问题来源处（本工序加工过程中），操作者通过计数型量具（如通止规、塞规、扭矩检测仪、扭矩扳手等）探测失效模式	6	低
在来源处探测问题	在问题来源处（本工序加工过程中），操作者通过计量型量具探测失效模式或错误（原因） 通过自控装置探测出有差异的零件并提醒操作者（例如：用蜂鸣器报警） 在设定的质量控制点，用计量型量具进行检查，以及用计量型量具进行首件检查	5	中等
在后工序能探测问题	在后工序（或本工序完工后），用自控装置探测出有差异的零件并将其锁定，避免进一步的加工	4	中等偏高
在来源处探测问题	在问题来源处（本工序加工过程中），用自控装置探测出有差异的零件并将其锁定在本工序，避免进一步的加工和流出	3	高
错误探测和/或问题预防	在本工序加工过程中，自控装置能探测出错误的原因，防止生产出有差异的零件	2	很高
错误得到预防，无须探测	通过夹具设计、机器设计或零件设计预防错误（原因）出现。 在产品/过程设计时采用防错技术，确保不生产出有差异的零件	1	几乎可以确定

（19）风险顺序数（RPN）

风险顺序数是严重度（S）、频度（O）、探测度（D）的乘积：

$$RPN = S \times O \times D$$

RPN是对过程风险的度量，用于对过程中那些让人担心的事项进行排序。

一般实践中，不管RPN大小如何，当严重度（S）等级为9或10时，小组必须强制确保风险通过存在的设计控制或建议措施来控制（在FMEA中予以文件化）。对于严重度等级为8或8以下的失效模式，小组应考虑解决最高发生频度或探测度的要因。

除非顾客有要求，一般不规定RPN大于等于某个值时才采取措施，而是应用优先原则，采取持续改进的方式不断提升。

(20) 建议措施

应简要地列出所建议的纠正措施。任何建议措施的目的都是为了减少频度、严重度及探测度三者中的任何一个或所有数值。

RPN排出次序后，应首先对级数最高和最关键的项目采取纠正措施。

一般来讲，预防措施（也就是降低发生率）比探测措施更可取。

应考虑但不限于以下措施：

1）降低严重度S等级：只有通过设计更改、过程更改才能降低严重度等级。

2）降低发生频度O等级：通过设计更改、过程更改来预防或控制该失效的起因是降低频度数级别的可能的途径。

可以用SPC统计过程控制研究过程的变异，进而采取措施降低发生频度。

3）降低探测度D等级：要降低探测度级别最好采用防失误/防错的方法。一般情况下，改进探测控制对于质量改进而言既成本高昂，又收效甚微。增加质量控制检验频度不是一个有效的预防/纠正措施，只能做暂时的手段，而我们所需要的是永久性的预防/纠正措施。在有些情况下，为了有助于（对失效的）探测可能需要对某一个零件进行设计更改。为了增加这种可能性，可能需要改变现行的控制系统。但是，重点应放在预防缺陷上（也就是降低频度上），而不是缺陷探测上。采用统计过程控制（SPC）和改进过程的方法，而不采用随机质量检查或相关的检验就是这样一个例子。

如果对某一特定的原因没有建议措施，则在此栏内填写"无"。

表2-27为一个要因、现行过程控制措施、建议措施的例子。

(21) 责任人/完成日期

把负责建议措施执行的组织和个人及预计完成的日期填写在本栏中。

(22) 采取的措施

当实施一项措施后，要简要记录具体的措施和生效日期。

(23) 措施后的RPN

当明确了纠正措施后，应估算并记录下措施后的严重度、频度及探测度数值，计算并记录RPN的结果。如没有采取什么纠正措施，则将"措施后的RPN"栏及对应的取值栏空白即可。

表 2-27　要因、现行过程控制措施、建议措施

过程步骤/功能	要求	失效模式	要因	现行预防措施	现行探测措施	建议措施
工序 20：用扭矩扳手把座位固定	使用 4 个螺钉	少于 4 个螺钉	安装不注意	技术训练	视觉检查	设立自动检测装置，少于 4 个螺钉自动停止作业
	用规定型号、规格的螺钉	用了不同型号、规格的螺钉	作业位置上有很多相似的螺钉	技术训练	视觉检查	1）将不同型号、规格的螺钉放在不同颜色的盒子中 2）4 个位置使用同一型号、规格的螺钉
	安装顺序：右前方装第 1 个螺钉	第 1 个螺钉不是安装在右前方	右前方位置不明确	技术训练	视觉检查	1）将右前方的孔位设计成与其他 3 个孔位不同的形状 2）设立自动检测装置，第 1 个螺钉装错位置后，自动停止作业

应评审所有更改后的 RPN。如认为有必要采取进一步措施的话，则应重复这些步骤。

PFMEA 是一个动态文件。产品、过程更改时，应及时改进 PFMEA。应定期对 PFMEA 进行评审，重点放在发生频度和探测度的排序上，产品改进、过程改进、过程控制改善以及问题发生时，排序都可能变化。

B 公司生产引线框架，其生产技术部对引线框架的生产过程进行了 PFMEA 分析，分析结果见案例 2-4。

案例 2-4：潜在失效模式及后果分析（PFMEA 实例 1）

潜在失效模式及后果分析（PFMEA 实例 1）

项目名称：HT921 引线框架　　　过程设计部门：_____　　　FMEA 编号：_____
产品年度/型号：_____　　　关键日期：_____　　　页码：_____
核心小组：_____　　　　　　　　　　　　　　　　　编制者：_____
　　　　　　　　　　　　　　　　　　　　　　　　　　FMEA 日期：_____

过程	功能/要求	潜在失效模式	潜在失效后果	严重度(S)	分类	潜在失效起因/机理	现有过程控制 预防	发生频度(O)	现有过程控制 探测	探测度(D)	风险顺序数(RPN)	建议措施	责任人/完成日期	采取的措施	措施结果 严重度(S)	措施结果 发生频度(O)	措施结果 探测度(D)	措施后的RPN
原材料入厂	达到原材料标准	进料批次没有材质报告	1) 检查延误 2) 记录不全	4		供应商没有提供材质报告，或设备误放置	在采购合同中要求	4	检查确认	2	32	无						
		原材料损伤、变形	不合格材料发放生产，影响产品质量	7		没有发现，进料环节，运输过程中碰撞及不合理装卸	按包装规范包装	2	检查	2	28	无						
原材料贮存	按仓库管理规定执行	氧化	焊锡稳定性变差，影响框架焊接	5		贮存环境不合理，湿度过高，材料贮存周期过长	先进先出，温湿度控制，库存量控制	2	每日监控温湿度表，原材料领用时进行外观检验	2	20	无						

144

第 2 章 FMEA 潜在失效模式及后果分析

（续）

过程	功能/要求	潜在失效模式	潜在失效后果	严重度(S)	分类	潜在失效起因/机理	现有过程控制 预防	发生频度(O)	现有过程控制 探测	探测度(D)	风险顺序数(RPN)	建议措施	责任人/完成日期	采取的措施	措施结果 严重度(S)	发生频度(O)	探测度(D)	措施后的RPN
原材料贮存	按仓库管理规定执行	原材料碰伤	影响生产、产品质量	4		原材料摆放不合理、搬运不当	按仓库规定作业	2	生产工人在线检验	2	16	无						
冲压前材料整平	执行材料整平作业指导书	卷弯/扭曲	产品变形，影响客户封装	7		整平机压力不当	冲压前调整平机的压力	2	产品在线检验、质检员抽检	4	56	无						
						原材料内应力不均匀	供应商提供材质报告	3		4	84	改变平整方法：（略）	曹某 2012-7-26	制订了新的平整作业指导书并实施(2012-7-25)	7	3	3	63
……																		
冲压	（略）	定位孔离铜厚边尺寸超出上限	影响产品使用	7		模具设计未考虑冲剪飞边及冲头的正常磨损		5	产品在线检验、质检员抽检	3	105	重新制作分切刀，凸模块，对模具制做了改进	张某 2012-8-10	制作了新的分切凹、凸模块(2012-7-26)；模具制作规范做了改进(2012-8-3)	7	2	3	42

145

(续)

过程	功能/要求	潜在失效模式	潜在失效后果	严重度(S)	分类	潜在失效起因/机理	现有过程控制 预防	现有过程控制 探测	发生频度(O)	探测度(D)	风险顺序数(RPN)	建议措施	责任人/完成日期	措施结果 采取的措施	严重度(S)	发生频度(O)	探测度(D)	措施后的RPN
……																		
烘干	(略)	产品氧化	影响焊接	9	★	烘干温度异常		产品在线检验、质检员抽检	4	3	108	优化烘干温度	赵某 2012-8-10	烘干温度变为120~180℃ (2012-8-3)	3	4	3	36
出货	(略)	(略)	(略)															

注：
★：通过分析，决定将以前没考虑到的烘干温度作为过程特殊特性，应将此情况体现在相关的作业指导书中。特殊特性。

PPAP 生产件批准程序

我们经常碰到这样的情况,供应商送来的样品合格,送来的小批量试用品也合格,可是一到批量供货,质量问题就层出不穷。原因很简单,供应商送来的样品、小批量试用品是经过特别生产、检查的,而批量生产状态下却很难持续地满足质量要求。

那么如何保证供应商批量生产后能持续地满足质量要求呢?比较有效的手段是:在工装样件通过之后,正式批量生产供货之前,要求供应商用正式批量状态下的设备、工装、工艺进行 PPAP 小批量生产(PPAP 称为有效生产:Significant Production Run),在 PPAP 小批量生产前或生产中对供应商进行过程审核,并要求供应商在 PPAP 小批量生产中准备有关的资料和实物样品,这些资料和实物样品应提交给公司,只有公司确认批准后,供应商才能批量供货。

那么,供应商 PPAP 小批量生产中要注意哪些事项呢?供应商应向公司提交哪些资料呢?这类工作有没有规范可依呢?回答是肯定的。生产件批准程序 PPAP (Production Part Approval Process) 讲的就是如何对这类工作进行规范化管理。

PPAP 不仅适用于供应商向公司提供生产件批准资料和实物的管理,也适用于公司向顾客提供生产件批准资料和实物的管理。需注意的是,本章中的"公司"一词,对应 ISO 9001(或 IATF 16949)中所讲的"组织";"供应商"一词,对应 ISO 9001(或 IATF 16949)中的"供方"。

3.1 PPAP 概述

3.1.1 PPAP 的作用

生产件批准程序 PPAP 是样件试验完成通过之后,正式批量投产供货之前的一个环节。其目的是验证由正式生产状态下的设备、工装、过程所制造出的产品能否符合顾客所需的技术标准、供货能力并具有持续满足这些要求的潜在能力。PPAP 对外证实能力,对内寻求持续改进的机会。

PPAP 就组织向顾客提供样品和资料给出了规范性指南,规定了零部件、服务产品(如维修件等)和散装材料的顾客批准的过程和要求(图 3-1 是 PPAP 过程流程图示例)。

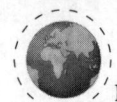

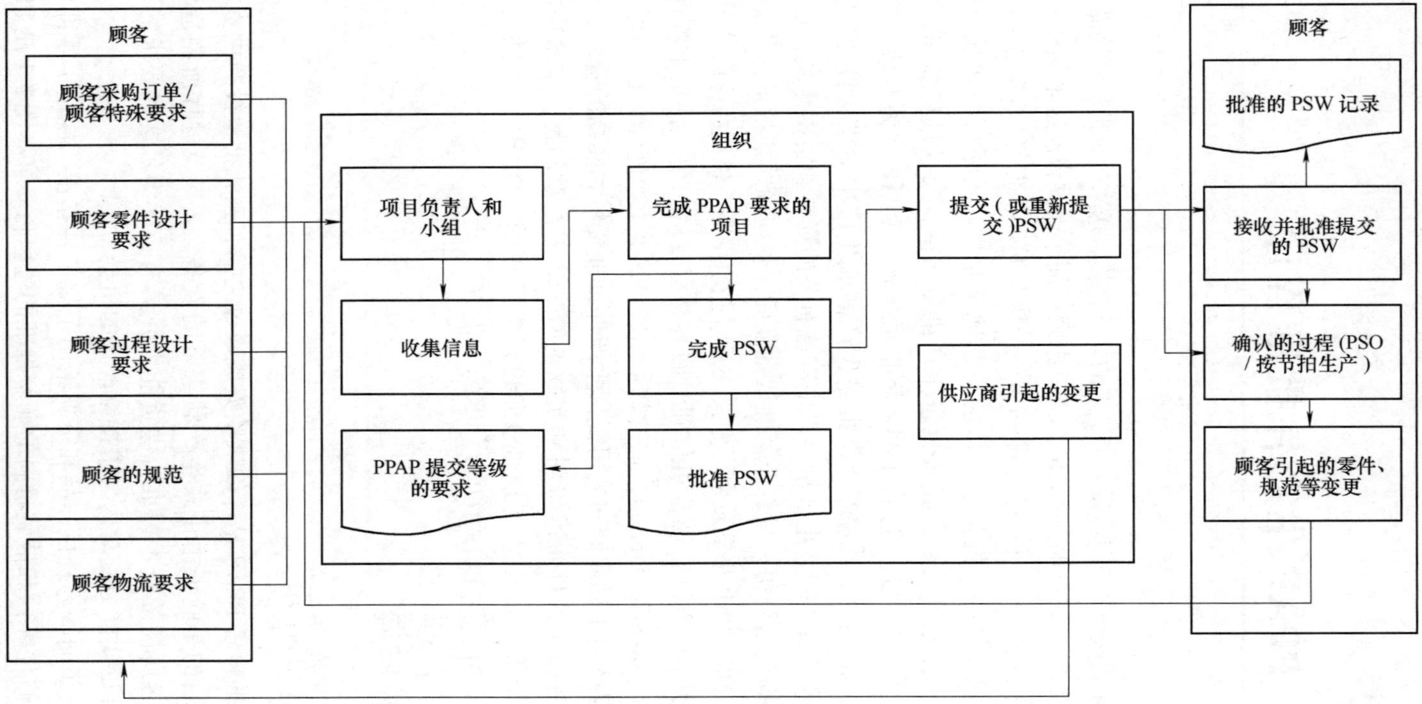

注：1. 所有活动不是每次都出现。
2. 记录可以以各种载体形式，保存在不同的地点。

图 3-1　PPAP 过程流程图示例

PPAP可以帮助公司：
1）正确地理解顾客的工程设计文件和规范的要求。
2）按顾客规定的生产节拍进行生产，持续满足顾客的需要。

3.1.2　PPAP的适用范围

PPAP适用于提供生产件、服务件、生产原料或散装材料的组织的内、外部现场（一般而言，内部现场指组织中生产零部件的车间，外部现场指提供零部件的供应商）。散装材料一般不需要PPAP，除非顾客要求。

是否实施PPAP，由组织的顾客和/或组织自己决定。不过从确保供应商供货的质量出发，组织最好要求其供应商实施PPAP。

一般情况下，向汽车整车厂、知名外资企业提供散装材料、生产材料、生产件或维修件的组织及其供应商，一般要实施PPAP。

3.1.3　PPAP中的重要术语

（1）生产件（Production Part）

在生产现场，使用正式工装、量具、过程、材料、操作者、环境和过程参数制造的零部件。

（2）散装材料（Bulk Material）

诸如粘合剂、密封剂、化学品、涂料、纤维和润滑剂等物质（如：不成型的固体、液体和气体）。如果顾客给其一个顾客生产件编号，那么这种散装材料就成为生产材料。

（3）生产材料（Production Material）

由顾客给定一个生产件编号，且直接运给顾客的材料。

（4）生产件样品（Sample Product）

取自于一个有效的生产量，用正规生产工艺制造的有代表性的生产件。其目的是验证工艺、工装等所有生产过程要素是否满足正式生产的要求。

（5）实验室

指进行原材料的化学分析、机械性能、金相及产品的各种功能、性能试验和试验确认在内的检验、试验和校准的设施。

（6）标准样品（Master Sample）

由供需双方批准的并作标识的样品。

（7）原型样品（Prototype Part）

原型样品是指按图样、样板、模样或其他设计文件，使用指定的材料制造的样品。原型样品制造过程中可以不使用正规生产要求的方法。

原型样品主要用来验证设计的质量，考核产品的结构、工艺性和性能。

(8) 工装样品（OTS）

工装样品是指采用正式生产用工装（模具、夹具等）制造的零部件。在生产工装样品的过程中，可以采用模拟生产工艺，不需要采用正式生产的工艺、设备以及生产节拍。工装样品主要用来验证工装是否符合要求。

(9) 限度样本

限度样本是指当产品特征难以在图样上表述时（如外观质量等）的实物样件。批准的样件用作供需双方之间规定项目的质量标准。

(10) 在用零件（Active Part）

在用零件是指当前正在提供给顾客用于其产品或维修用途的零件。该零件只有在顾客有关部门授权工装报废后才放弃。对于用非顾客拥有的工装加工的同种零件或同一工装加工的其他零件，要求有顾客采购部门的书面确认，方可放弃。

对于散装材料，"在用零件"指合同约定的散装材料，而不是该材料随后生产出的零件。

以上说法很拗口，是从外文翻译过来的，大家都这样讲。我在这里通俗解释一下：所谓在用零件，就是说在制造这种零部件的工装被批准报废前，用这个工装制造出来的零部件，就叫在用零件。

(11) 外观项目（Appearance Item）

外观项目是指在产品完工后即可见的零部件，也就是构成产品外露部分的零部件。

一般来说，顾客会在工程图样上标注外观项目。对于外观项目，要求在生产零件提交前，对外观（颜色、纹理和织物）进行专门的批准。

(12) 批准（Approved）

在PPAP中，指零件、材料和/或有关文件，满足顾客的所有要求。在得到顾客批准或临时批准后，组织就可以按照顾客的要求给顾客供货。

(13) 黑盒子件（Black Box）

指一个部件（例如，一个组件、电子装置、机械装置或控制模块），其设计职责属于组织或供方。黑盒子件的要求通常受到顾客接口连接要求和功能验证要求的限制。"O. D. D"（外部的设计和开发，Outside Design and Development）具有相同的意思。

一般而言，黑盒子件由客户自己负责布置及外形的周边条件设计，并提出产品的功能要求和技术状态描述。由供应商承担内部结构设计、并对产品设计结果负责。黑盒子件的3D数模、2D图纸、产品标准或技术规范要求、试验要求、功能要求等技术资料一般需得到客户的书面确认。供应商负责黑盒子件生产所需的工装模具、检具及其他生产和物流器具的开发，并提供最终的符合要求的产品。

(14)能力（Capability）

是指一个稳定过程中固有变差的总范围（$6\sigma_c$）。

(15)顾客（Customer）

组织或供方的产品或服务的接受者。

(16)易损工装（Perishable Tools）

指钻头、切削刀具、镶嵌刀片等，用于生产产品，并在过程中消耗。

(17)生产件批准提交（Production Part Approval Submission）

对于提交给顾客进行生产件批准的零件或材料，组织要进行验证，确保他们满足设计记录（设计文件）上的所有要求。这些零件或材料必须来自有效的生产（Significant Production Run），该生产过程必需使用正式的工装、工艺并按正式生产的节拍来进行。

(18)生产节拍（Production Rate）

在一定的时间内生产出规定数量的零件，用以满足顾客量产的需要。通常在采购协议上规定生产节拍。

(19)特殊特性（Special Characteristics）

指影响产品的安全、法规符合性、装配、功能、性能和后续加工的产品特性或制造过程参数，可参考 1.2.1 节。

(20)规范（Specifications）

表明要求的文件。

注：对于 PPAP，由工程规范确定的产品特性必须得到满足。需注意的是，规范不应该与代表"过程声音"的 SPC 控制限相混淆。

(21)稳定过程（Stable Processes）

也就是受控过程。在稳定过程中输出的变差只来自普通原因。受控过程的概念，请读者参看第 5 章。

(22)统计控制（Statistical Control）

是一个过程的状态，变差的所有特殊原因已消除，仅存在普通原因，此时过程受控。

(23)确认（Validation）

通过提供客观证据，确认某一特定预期用途的要求已经被满足。

(24)验证（Verification）

通过提供客观证据，确认规定的要求已经被满足。

(25)工艺验证（PSO）

客户对供应商/代工厂的生产工艺进行的审核。

(26)Run at Rate

按节拍生产，此节拍要反映正常的生产能力。

3.2 提交PPAP的时机

3.2.1 需获得顾客批准的原则

除非出现3.2.2节、3.2.3节所描述的顾客放弃PPAP批准的情况,否则,在下列情况下,组织必须获得顾客的批准:

1) 一种新的零件或产品(即:从前未曾提供给顾客的某种零件、材料或颜色)。
2) 对以前所提交不符合零件的纠正。
3) 由于设计记录、规范或材料方面的工程更改从而引起了产品的改变。

3.2.2 需通知顾客,由顾客决定提交PPAP批准的情况

在出现表3-1中的设计和过程更改时,组织必须通知顾客,由顾客决定是否需要提交PPAP批准。

需注意的是,不论顾客是否要求正式提交PPAP,组织都必须根据生产过程的实际情况,评审和更新PPAP文件,以反映生产过程的实际情况。

表3-1 需通知顾客的情况

通知顾客的情况	说明或举例
1. 和以前批准了的零件或产品相比,使用了不同的加工方法或材料	例如,设计文件中作为注解包括进去的加工方法发生了改变,或者产品的公差要求发生了改变,但这些改变又没有出现在表3-2第3条所描述的工程更改中
2. 使用新的或改进的工装(不包括易损工装)、模具、成型模、模型等,包括补充或替换用的工装	本要求只适用于其独特的形状或功能,可能影响到最终产品完整性的工装。不适用于标准工装(新的或维修过的),例如标准测量装置、电动工具等
3. 在对现有的工装或设备进行升级或重新布置之后进行生产	升级:指为了增加产量、提高性能,对工装或设备进行改造和/或变更,或改变它现有的功能。不要和正常的维护、修理或设备零件更换等工作相混淆。正常的维护、修理或设备零件更换是不会影响产品性能的,并且这些工作完成后要进行验收,验收合格才能运行 重新布置:指改变了过程流程图中规定的生产/过程顺序(包括新过程的加入) 可能要求对生产设备进行微小调整以满足安全要求,如安装防护罩、消除潜在的ESD(静电)风险等
4. 工装和设备转移到不同的工厂,或在一个新增的厂址进行生产的	生产过程工装和/或设备,在一个或多个场地中的建筑或设施间转移
5. (分)供方的零件、材料或服务(如热处理、电镀)发生了变化,从而可能影响到顾客产品的装配、成型、功能、耐久性或性能的要求	组织负责对(分)供方提供的材料和服务进行批准

（续）

通知顾客的情况	说明或举例
6. 工装停止批量生产达到或超过 12 个月以后重新启用进行生产	如果零件一直没有采购订单且生产工装已经停止批量生产达到或超过 12 个月，若要重新启用这些工装进行生产，则需要通知顾客 唯一一种例外是当该零件是以小批量方式生产的，如维修件或专用车零件。需注意的是，顾客可能对维修零件规定特殊的 PPAP 要求
7. 内部制造或由（分）供方制造的产品配套零部件及其制造过程发生了变更	任何影响顾客要求的装配性、成型、功能、性能和/或耐久性的更改均要求通知顾客
8. 试验/检验方法的更改——新技术的采用（不影响接收准则）	对于试验方法的变更，组织应该有证据表明，新方法具有和老方法相同的测量能力
另外，针对散装材料： 9. 新的或现有的（分）供方提供的原材料的货源发生了变化 10. 产品外观属性发生了变化	通常这些更改对产品的性能有影响

3.2.3 需提交 PPAP 批准的情况

在表 3-2 所列的情况下，组织必须在首批产品发运给顾客前提交 PPAP 批准，除非顾客放弃了该要求（此时，供方必须取得顾客放弃批准的书面授权，授权书上应该有顾客代表的姓名、签署日期，此授权书是 PPAP 文件的一部分）。

表 3-2　要求提交 PPAP 的情况

要求提交 PPAP 的情况	说明或举例
1. 新的零件或产品（如：以前未曾提供给顾客的某种零件、材料或颜色）	一个新产品投产时，或者一个以前批准的、但又指定了一个新的或修改的产品/零件编号的零件投产时，要求提交 新增加到一个产品系列的零件/产品或材料，可以使用以前的在相同产品系列中获批准的适当的 PPAP 文件
2. 对以前提交的不符合零件进行了纠正	对以前提交的不符合零件进行了纠正后，要重新提交 "不符合"包括以下内容： ● 产品性能不同于顾客的要求 ● 尺寸或能力问题 ● （分）供方问题 ● 零件的批准替代零件的临时批准 ● 试验问题，包括材料、性能、工程确认问题
3. 与顾客给定了编号的产品、零件有关的设计文件、技术规范或材料发生了变化	与顾客给定了编号的产品、零件有关的设计文件、技术规范或材料有变化时，都要求提交
另外，只针对散装材料： 4. 组织在产品上采用了以前未曾用过的新的过程技术	—

需注意的是，不论顾客是否要求正式提交 PPAP，组织都必须根据生产过程的实际情况，及时评审和更新 PPAP 文件，以反映生产过程的实际情况。

3.3 PPAP 提交等级及提交所需的实物和资料

组织应按顾客要求的等级，提交该等级规定的实物和资料。

3.3.1 提交等级的划分

PPAP 提交等级见表 3-3。每一等级的详细要求见 3.3.2 节表 3-4。

表 3-3 PPAP 提交等级

等　　级	提交项目或/和记录
等级 1	仅向顾客提交保证书（对指定的外观项目，提供一份外观批准报告）
等级 2	向顾客提交保证书和产品样品及有限的支持数据
等级 3	向顾客提交保证书和产品样品及完整的支持数据
等级 4	提交保证书和顾客规定的其他要求
等级 5	保证书、产品样品以及全部的支持数据都保留在组织的制造现场，供审查时使用

如果顾客无特别规定，则用等级 3 作为默认等级，按等级 3 提交。

散装材料的提交要求至少包含"PSW 零件提交保证书"和"散装材料要求检查表"。

3.3.2 各等级需提交/保存的实物和资料

各等级需提交/保存的 19 项实物和资料见表 3-4。各等级根据需要从 19 项实物和资料中选取全部或部分实物和资料提交/保存。

表 3-4 PPAP 提交等级以及各等级需提交/保存的实物和资料

需提交/保存的实物和资料	提交等级				
	等级 1	等级 2	等级 3	等级 4	等级 5
1. 可销售产品的设计记录	R	S	S	*	R
——对于专利零部件/详细资料	R	R	R	*	R
——对于所有其他零部件/详细资料	R	S	S	*	R
2. 工程更改文件，如果有	R	S	S	*	R
3. 顾客工程批准，如果要求	R	R	S	*	R
4. 设计 FMEA（如果组织负责设计）	R	R	S	*	R
5. 过程流程图	R	R	S	*	R
6. 过程 FMEA	R	R	S	*	R
7. 控制计划	R	R	S	*	R

(续)

需提交/保存的实物和资料	提交等级				
	等级1	等级2	等级3	等级4	等级5
8. 测量系统分析研究	R	R	S	*	R
9. 全尺寸测量结果	R	S	S	*	R
10. 材料、性能试验结果	R	S	S	*	R
11. 初始过程研究	R	R	S	*	R
12. 合格实验室的证明文件	R	S	S	*	R
13. 外观批准报告（AAR），如果适用	S	S	S	*	R
14. 生产件样品	R	S	S	*	R
15. 标准样品	R	R	R	*	R
16. 检查辅具	R	R	R	*	R
17. 符合顾客特殊要求的记录	R	R	S	*	R
18. 零件提交保证书（PSW）	S	S	S	S	R
散装材料要求检查表（仅适用于散装材料的PPAP）	S	S	S	S	R

注：S——组织必须向顾客提交，并在适当的场所保留一份记录或文件的副本。

R——组织必须在适当的场所保存，并在顾客有要求时易于得到。

*——组织必须在适当的场所保存，并在有要求时向顾客提交。

3.4 PPAP的过程要求

3.4.1 PPAP生产的要求——有效的生产

除非顾客另有要求，否则组织PPAP的生产应满足以下要求：

1) PPAP生产过程必须使用正式的过程、工装、量具、原材料、操作者、生产场地、环境以及生产工艺参数。

2) PPAP的生产数量至少为连续的300件（数量至少要满足过程能力的研究），且该过程必须是1~8h的生产。PPAP提交的样品应该从这些生产件中提取。

3) 对每个生产过程的零部件，如用多腔冲模、铸模、工具生产的零部件，都应进行测量，并对代表性零件进行试验。

4) 对于散装材料，没有具体数量的要求，如果要求提交其样品，那么样品必须出自"稳定的"加工过程。

3.4.2 PPAP提交的基本要求

1) 在满足3.4.3节所列的PPAP提交要求的同时，还应满足顾客规定的其他PPAP要求。

2）生产件必须符合所有顾客工程设计记录和工程规范的要求（包括安全性和法规的要求）。若未达到规范要求，组织必须书面记录解决问题的方案，并联系经授权的顾客代表，以决定采取适当的纠正措施。

3）3.4.3节中的所有项目或记录，并不一定适用于每个供方的每个零件。例如：有些零件没有外观要求，有的没有颜色要求，塑料件可能有聚合物标识的要求。为了确定必须包括哪些项目，应该参考设计记录，例如：零件图样、相关的工程文件或技术规范，还可咨询顾客代表。

3.4.3　PPAP提交的项目、记录及其要求

适用时，组织PPAP提交的项目和记录，应满足下列要求。

（1）设计记录

1）设计记录（Design Record）指的是零件图样、规范和/或电子（CAD）数据，用来传送生产一个产品必需的信息。即我们平常所说的图样及设计文件。

2）组织必须具备所有的可销售产品/零件的设计记录，包括：组件的设计记录或可销售产品/零件的详细信息。

3）如果设计记录是以电子档案形式存在的，则组织必须制作出一份书面文件类的资料（如带有图例、几何尺寸与公差（GD&T）的表格、图样），在其上面标识出需要测量的项目。

4）无论设计责任者是谁，设计记录都应该是唯一的。

5）对于黑盒子零件（见3.1.3节术语），设计记录要规定和其他件的配合关系和性能要求。

6）对于标准目录零件（即标准件，如螺钉、螺栓等），设计记录可能只包含功能规格或者认可的行业标准的参考要求。

7）对于散装材料，设计记录可以包括：原材料的标识、配方、加工步骤和参数，以及最终的产品规范和接受准则。

8）零件材质报告：组织必须提供零件材质报告以证明零件的材质符合顾客的要求。零件材质报告可按IMDS（国际材料数据系统）的要求编写，也可按顾客规定的要求编写。表3-5是某公司的铸件材质报告。

表3-5　铸件材质报告

供应商名称		原始报告号		
材料牌号		材料标准		
合同号		提供试棒	是（　）	否（　）
零件名称		型号规格	该批数量	

(续)

化学成分(%)	标准	碳 C	硅 Si	锰 Mn	磷 P	硫 S	铬 Cr	镍 Ni	钼 Mo	铜 Cu	钛 Ti	钒 V	氮 N
	实测												
力学性能	标准	屈服强度 R_p/MPa ≥		抗拉强度 R_m/MPa ≥		伸长率 A(%)(5d) ≥		收缩率 Z(%) ≥		吸收能量 A_{kv}/J ≥		硬度 HBW ≤	
	实测												
金相分析	一般疏松			中心疏松			偏析			晶粒度		脱碳层	
无损检测	超声波 UT			磁粉 MT			渗透 PT			射线 RT			
热处理	方式	保温温度/℃			保温时间/h			冷却方式			炉设备		
	淬火												
	正火												
	回火												
	退火												
检测结论					检验员								
检测单位					检测时间				年		月		日

IMDS（国际材料数据系统，International Material Data System）是一个第三方服务平台，其网站是：www.mdsystem.com。IMDS 供汽车制造商和零部件供应商等上传材料数据。企业可通过 IMDS 向客户提供零件材质报告。

与之对应的是中国汽车材料数据系统 CAMDS（China Automotive Material Data System），其网站是：www.camds.org。

9）聚合物的标识：适当时，组织需按 ISO 标准的要求标识聚合物。比如，根据需要，在塑胶件上做标识。

聚合物，是指高分子化合物（Macro Molecular Compound），所谓高分子化合物，是指那些由众多原子或原子团主要以共价键结合而成的相对分子量在一万以上的化合物。按性质和用途，可将聚合物分为橡胶、化学纤维、塑料、胶粘剂和涂料。

ISO 11469《塑料的鉴别和塑料产品的标识》、ISO 1629《橡胶和网状物——专业用语》等标准对标识的要求有规定。比如，按下列重量准则确定是否需要标识：

① 塑料件重量≥100g，按 ISO 11469/1043-1 的要求标识。

② 合成像胶件的重量≥200g，按 ISO 11469/1629 的要求标识。

对应的国家、行业标准有 GB/T 16288《塑料制品的标志》、QC/T 797《汽车塑料件、橡胶件和热塑性弹性体件的材料标识和标记》。

为了规范聚合物的标识，企业应制定相应的作业指导书。光盘中案例附3-2是某企业编制的"汽车零部件永久性标识规定"；案例附3-3是某企业编制的"汽车塑料件、橡胶件和热塑性弹性体件的材料标识与标记"。

(2) 授权的工程更改文件

对于任何尚未录入设计记录中，但已在产品、零件或工装上呈现出来的工程更改，组织必须有该工程更改的授权文件。

在这种情况下，供方需把最新的工程更改的授权文件附在 PPAP 提交的文件中。

这类情况在企业经常出现：试制过程中发现设计问题造成无法继续加工或装配时，为确保试制工作正常进行，可授权技术人员在生产现场使用的图样上及相关部门使用的图样上直接进行划改（顾客负责设计时，可能需要顾客授权），并注明更改日期和签署姓名。此时，技术人员可不开具更改单，也不在原图上更改。但是技术人员必须将现场直接更改的内容做好详细记录，以便当试制结束后在完善图样和设计文件时，对图样及设计文件集中进行更改（如是顾客负责设计，则可能由顾客进行此项工作）。

如果集中更改完成前就要进行 PPAP 提交，此时原图来不及更改，那就要按本条款的要求，将现场划改过的图样连同顾客的授权书一起附在 PPAP 提交的文件中。

我们大多数企业做的是顾客的成熟产品，所以 PPAP 中一般不存在这一项。

(3) 顾客工程批准

顾客要求时，组织必须具有顾客工程批准的证据。

比如，当工艺流程图上的内容与当前顾客已批准的不同时，就应根据顾客的要求，将工艺流程图送顾客批准签字。

(4) 设计失效模式及后果分析（DFMEA）

有产品设计职责的组织，必须按照顾客要求做好 DFMEA。同一份 DFMEA 可以适用于相似零件或材料族系。

(5) 过程流程图

组织必须使用组织规定的格式绘制过程流程图，清楚地描述生产过程的步骤和流程，同时应适当地满足顾客规定的需要、要求和期望。

如果组织对新零件的共同性进行了评审，同一份过程流程图可适用于相似零件家族的生产过程。

（6）过程失效模式及后果分析（PFMEA）

组织必须按照顾客的要求，进行相应的 PFMEA 开发。

如果新零件的共同性已经过组织的评审，那么同一份 PFMEA 可适用于相似零件或材料族系的生产过程。

（7）控制计划

组织必须制订控制计划，在控制计划中，要明确用于过程控制的方法。控制计划的制订要符合顾客的要求，请参考 1.4 节。

如果新零件的共同性已经过组织的评审，那么相似零件可以用同一个控制计划——"零件家族"控制计划。

顾客有要求时，控制计划要送顾客批准。

（8）测量系统分析研究

组织必须对所有新的或改进后的量具、测量和试验设备进行测量系统分析研究，如量具的重复性与再现性、偏移、线性和稳定性研究，请参见第 6 章。

（9）全尺寸测量结果

1）组织必须按设计记录和控制计划的要求，提供尺寸验证已经完成的证据，且测量结果符合规定的要求。

2）对于每个独立的加工过程（如生产单元或生产线）和所有的多型腔、成型模、模样或冲模，组织都必须有全尺寸测量结果。例如，一个塑料模具有 4 个多型腔，那么对其生产出来的 4 个产品都要进行全尺寸测量。

3）组织必须对设计记录和控制计划中注明的所有尺寸（参考尺寸除外）、特性和规格等项目进行测量，并记录测量结果。

4）组织必须标明设计记录的日期、变更版本，以及任何尚未包括在设计记录中，但已经过授权而且纳入生产的工程变更文件。组织必须在所有辅助文件（例如：补充的全尺寸结果表、示意图、复印图、剖视图、CMM 三坐标测量仪检查点结果、几何尺寸和公差图或其他的与零件图相关的辅助图）上记录变更的版本、绘图日期、组织名称和零件编号。根据保留/提交要求表，这些辅助文件的副本也必须与尺寸测量结果一起提交。使用光学比较仪等仪器进行检验时，检测中输出的图样、数据也必须提交。

5）组织必须确定其中一个被测零件为标准样件。

6）尺寸检查结果可记录在"尺寸检查结果表"中，也可以在零件图上清楚地标注测量结果，包括剖视图、复印图或示意图等。

表 3-6 是一尺寸检验报告。

表 3-6 生产件批准——尺寸检验报告

公司名称：				检验单位名称：		
零件编号（含版本号、发布日期）：				零件名称：		
抽样时间：				样品数量：		
样品说明：						
序号	检验项目	标准要求	检验结果	检 验 结 论		
				合格	不合格	
检验人签字：			检验人职务：		检验日期：	

（10）材料/性能试验结果的记录

1）对于设计记录或控制计划中规定的试验和/或性能试验，组织必须有试验结果的记录。

2）材料试验结果：当设计记录或控制计划中对材料的试验（化学、物理或金相试验）有要求时，组织必须做好这些试验。

材料试验结果必须说明以下内容：

① 试验零件的设计更改等级。

② 任何尚未纳入设计记录，但经过授权的工程更改文件。

③ 材料检验/试验依据的标准的编号、发布日期和变更等级（版本）。一般而言，标准中包括了发布日期、版本等信息，如 GB/T 6394—2002《金属平均晶粒度测定法》。

④ 进行试验的日期。

⑤ 试验零件的数量。

⑥ 实际试验结果。

⑦ 材料供方的名称，当顾客要求时，注明顾客指定的供方/供货商代码。

材料试验结果应记录在合适的表格中。表 3-7 是一材料检验报告。

表 3-7 生产件批准——材料检验报告

公司名称：	零件编号（含版本号、发布日期）/名称：
实验室名称：	材料型号/名称：
材料批号：	材料供应商：
抽样时间：	样品数量：

(续)

序号	检验项目	检验标准编号及名称	标准要求	检验结果	检验结论	
					合格	不合格

检验人签字：　　　　　　检验人职务：　　　　　　检验日期：

3）性能试验结果：当设计记录或控制计划对零件的性能或功能有试验要求时，组织必须做好这些试验。

性能试验报告必须包括以下内容：

① 试验零件的设计更改等级。

② 任何尚未纳入设计记录，但经过授权的工程变更文件。

③ 零件检验/试验依据的标准的编号、发布日期和变更等级（版本）。一般而言，标准中包括了发布日期、版本等信息，如 GB 7000.1—2007《灯具 第1部分：一般要求与试验》。

④ 进行试验的日期。

⑤ 试验零件的数量。

⑥ 实际试验结果。

试验结果应记录在合适的表格中。表3-8 是一性能检验报告（型式检验报告）。

表3-8　生产件批准——性能检验报告（型式检验报告）

公司名称：						
检验机构名称：			零件编号（含版本号、发布日期）：			
生产时间：			零件名称：			
抽样地点：			抽样时间：			
样品说明：			样品数量：			
检验标准编号（含版本号、发布日期）/名称：						
检验条件要求：						
序号	检验项目	检验标准条款	标准要求	检验结果	检验结论	
					合格	不合格
检验人签字：　　　　　　检验人职务：　　　　　　检验日期：						

（11）初始过程研究

1）初始过程研究（也就是对过程进行初次研究）的目的是确定过程是否有能力生产出满足顾客技术要求的产品。至少要对每项特殊特性要求进行初始过程能力研究，并且其结果必须是顾客可以接受的。如果没有规定特殊特性，顾客有权要求对其他特性进行初始过程能力研究。

2）初始过程能力研究关注的是计量型而不是计数型数据。用计数型数据对特性实施监测，需要相当长的时间收集更多的数据。计数型数据不适用于 PPAP 提交，除非顾客代表批准。

3）初始过程研究不仅仅是为了得到一个精确的指数值，更是为了了解过程的变差，所以需要足够多的数据（至少 100 个）。顾客同意时，可以使用类似过程的长期历史数据。如果数据少于 100 个，应与顾客协商采用一些适用的措施。

初始过程研究时间很短，可能预测不出时间以及人、材料、方法、设备、测量系统和环境变化的影响。尽管研究时间短，但是利用控制图收集和分析数据仍是十分重要的。

有些人认为，PPAP 提交时只需计算 P_{pk}。这一看法是片面的。只要时间、条件允许，应尽量计算 C_{pk}。

一般采用 $\bar{x} - R$ 控制图（均值-极差控制图）进行过程能力研究。采用 $\bar{x} - R$ 控制图时，要求至少有 25 个子组，100 个数据。经顾客事前批准，可使用其他分析工具来替代，如单值 – 移动极差图 ($x - MR$)。

4）如果适用，应该使用过程能力或过程绩效指数对初始过程研究进行总结。对于稳定过程，计算过程能力指数 C_{pk}；当过程存在已知的可判断的特殊原因，且输出满足规范要求时（此时过程不稳定，但过程的结果满足要求），应该使用过程绩效指数 P_{pk}。如果过程不稳，又找不到引起过程不稳的特殊原因时，应与顾客协商采取一些适用的措施。

初始过程研究的接受准则见表 3-9。

表 3-9 初始过程研究的接受准则

研 究 结 果	判 定 说 明
指数值 > 1.67	该过程目前能够满足要求
1.33 ≤ 指数值 ≤ 1.67	该过程目前可被接受，但是可能会要求进行一些改进。此时需要与顾客联系，对研究结果进行评价
指数值 < 1.33	该过程目前不能接受。此时需要与顾客联系，对研究结果进行评价

注：1. 对于稳定的过程，指数值使用过程能力指数 C_{pk}。
    2. 对于输出满足规范要求且过程存在的特殊原因可判断的不稳定过程，指数值应使用过程绩效指数 P_{pk}。
    3. 此接受准则是基于正态分布和双侧规范（目标位于中心）的假设。

当过程在 PPAP 提交允许的日期之前不能满足接受准则时,组织必须与顾客联系,向顾客提交一份纠正措施计划和一份已修改的、包含100%检验的控制计划,供顾客批准。

组织必须进行持续的改进,减少变差直到满足接收准则或者得到顾客批准。

5) 根据不稳定的性质,一个不稳定的过程可能不能满足顾客的要求。组织在提交 PPAP 之前,必须识别、评价变差的特殊原因,并在可能的情况下消除特殊原因。组织必须将存在的任何不稳定过程通报给顾客,且在任何提交之前,必须向顾客提交纠正措施计划。

6) 对于单边公差或非正态分布的过程,组织必须与顾客联系,确定一个替代的过程能力接受准则。

(12) 合格实验室的证明文件

PPAP 的检验和试验应由有资格的实验室完成。组织必须提供实验室范围和证明实验室具备资格的文件。

若使用外部/商业实验室,实施结果必须记录在有信头的实验室报告纸或标准的试验报告上(见图 3-2)。注明实验室名称、试验日期和使用的检验标准。

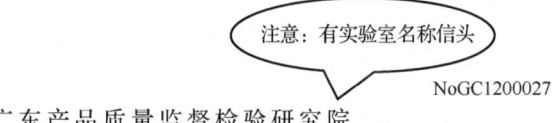

图 3-2 合格实验室检验报告式样

(13) 外观批准报告 (AAR)(见案例 3-3)

1) 如果产品/零件设计记录(文件)上有外观项目要求,则必须完成该产品/零件的外观批准报告(AAR)。典型的 AAR 通常只适用于带有颜色、表面纹路或表面外观要求的零件。

2) 在最终的 PPAP 提交前,可能需要先提交 AAR 和有代表性的产品/零件。在最终的 PPAP 提交时,AAR(填入零件接受情况和顾客代表签名)必须与

PSW（零件提交保证书）一起提交。

（14）生产件样品

组织必须按顾客的规定向顾客提供生产件样品。

生产件样品的生产过程，必须使用正式生产状态下的设备、工装与工艺，总之生产条件与正式生产完全相同。

生产过程一般要持续1~8h，要连续生产至少300件产品（或顾客要求的数量），生产件样品就从这些产品中抽取。生产件样品的数量按顾客的要求执行。

在发运时，为了避免与其他零件混淆，最好在装运生产件样品的货盘或集装箱的外侧贴上有"PPAP生产件样品"字样的标签。

根据需要，可为每个生产件样品贴上标签。标签的内容一般包括：客户名称、样件型号、名称、生产依据的图样号（含版本号）、样品编号/批号、生产日期、供应商名称等。

（15）标准样品

1）标准样品的作用是为了帮助确定生产标准，特别适用于数据含糊的情况，或当缺乏充分的细节来完全再现初始批准状态下的零件时。

2）公司必须保存1件标准样品，保存时间遵循下列规定：

① 与生产件批准记录的保存时间相同（即该零部件在用时间再加一个日历年）。或

② 直到顾客批准而生产出一个用相同顾客零件编号的新标准样品为止。或

③ 在设计记录、控制计划或检验准则要求有标准样品的地方，存放标准样品，作为一个基准或标准使用（也就是该有标准样品的地方，必须时时保存有标准样品）。

3）要对标准样品进行标识，要标识出顾客批准的日期。图3-3为一标准样品标签。标准样品标签可以直接贴在样品上，也可以贴在放置样品的容器上。要确保样品与标签一一对应。

4）在多模腔、成型模、工装或样板模，或生产过程的每一个位置，组织必须各保留一件标准样品，除非顾客另有规定。

5）当标准样品因尺寸、体积等原因难以贮存时，经授权的顾客代表的书面许可，可以改变或放弃对样品的保留要求。

标准样品
顾客名称：
零件编号：
型号/名称：
图样编号及版本号（更新等级）：
模具编号/模腔编号：
顾客批准日期：
顾客批准人：
本公司确认人：
其他事项：

图3-3 标准样品标签

6）标准样品的来源。一般从生产件样品中提取标准样品。从实际操作来看，一般有3种方式：

① 将检查合格的生产件样品提交给顾客，顾客检查批准后，会返回其中的部分生产件样品。可从这些返回的生产件样品中确定标准样品。

② 很多时候，顾客不返回生产件样品。碰到这种情况时，组织最好在向顾客提交生产件样品的同时，留下一件或几件同一批次的生产件样品作为标准样品。待顾客批准后，将顾客批准的日期填写在标准样品标识卡上。企业碰到的基本上是这种情况。

③ 还有一种确定标准样品的方式：在 PPAP 之前，顾客可能要求送样（PPAP 小批量试生产以前，一般还会进行样品试制，此时顾客可能要求送样）。顾客对这些样品检查合格后，将这些样品返回给组织作为标准样品。PPAP 小批量试生产时，顾客不再要求确定标准样品。严格来讲，这种情况是不规范的。

（16）检查辅具

1）在顾客有要求时，公司在提交 PPAP 时，应同时提交/保存相关的特殊装配辅具或部件检查辅具的实物和资料。

2）组织必须证明检查辅具的所有内容与零件尺寸要求一致。提交时，组织必须将和检查辅具相关的工程设计更改形成文件。组织必须在零件寿命期内（见 3.1.3 节术语——"在用零件"）对检查辅具提供预防性维护。

3）必须按照顾客的要求对检具进行测量系统分析研究，如：重复性与再现性、准确度、偏倚、线性和稳定性研究。

4）检查辅具包括特别针对提交产品的夹具、计量型和计数型量具、模具、样板和透明胶片。

5）在 PPAP 提交时，与检具相关文件可包括：检具清单、检具总图、相关重要零件图、检具认可报告、检具测量计划、检具测量报告、检具操作指导书、R&R 分析报告等。至于需提交哪些文件，组织应根据顾客的要求办理。

6）顾客可能要求提交检具清单、检具图样、检具验收报告、MSA 测量系统分析报告。顾客验厂审核时，可能会检查检具是否定期校准、检具的使用者是否按要求操作、检具是否得到妥善维护、是否按计划对检具进行 MSA 测量系统分析等。

（17）顾客的特殊要求

组织必须有与所有适用的顾客特殊要求相符合的记录。

（18）零件提交保证书（PSW）（见案例 3-2）

1）在完成所有的测量和试验后，组织要完成零件提交保证书（PSW）。PSW 应由组织授权的代表进行签署。

PSW 是说明提交理由、提交等级和提交结果的文件。

2）对于每一个顾客给定了编号的零件，都必须完成一份单独的 PSW，除非经授权的顾客代表同意其他形式。

3) 如果生产零件是采用一个以上的多模腔、成型模、工具、冲模或样板模型，或采用如生产线或生产单元之类的生产过程加工出来的，则组织必须对来自每一处的每一个零件进行全尺寸测量评价。这时，必须在 PSW 或 PSW 附件中的"成型模/多模腔/生产过程"一栏中填上特定的多模腔、成型模、生产线，等等。

4) 组织必须验证所有测量和试验结果符合顾客要求，并且可随时得到所要求的所有文件，对于等级 2、3 和 4，有些文件已包含在提交的资料中。经授权的组织代表必须签署该 PSW，并注明联系信息。

5) 零件提交保证书（PSW）实际上是对各类文件化变更的汇总，应按顾客要求的时间提交。

6) 组织必须在 PSW 上记录要发运的零件重量，除非顾客另有规定，否则其单位一律用千克（kg）表示，并精确到小数点后 4 位（0.0000）。

零件重量不可以包括运输时的保护装置、装配辅具或包装材料。为了确定零件重量，组织必须随机选择 10 个零件分别称重，然后计算并报告平均重量。用于实际生产的每个多模腔、工装、生产线或过程都必须至少选取一个零件进行称重。

在没有要求至少 10 件零件的生产或服务情况下，组织应该用要求的数量进行平均零件重量的计算。

（19）散装材料要求检查表（仅适用于散装材料）

组织按与顾客达成一致的要求填写散装材料要求检查表。

3.5 零件提交状态（零件提交的处理结果）

对提交的处理结果，顾客要通知供货的公司。

零件提交的处理结果可以是：批准、临时批准或拒收。

(1) 批准

批准是指零件或材料满足顾客所有的规范和要求。此时供货的组织可按顾客要求的批量向顾客发货。

(2) 临时批准

临时批准是指在有限的时间或零件数量的前提下，允许发运顾客生产所需的零件。若要获得"批准"，需要再次提交 PPAP。

只有在组织（供货的公司）满足下列情况时，才被给予临时批准：

1) 已明确了解影响批准的不合格的根本原因；并且

2) 已准备了一份顾客同意的纠正措施计划。

在临时批准期间，组织有责任实施遏制措施，以确保只有可接受的材料发运至顾客处。组织必须明白："临时批准"的零件不能视作"批准"。

组织若不遵守纠正措施计划,即使按截止日期或规定的数量交运,这些临时批准文件内所包括的材料、零件仍会被拒收。如果顾客没有同意延长临时批准,那么临时批准到期后不允许再交货。

有些顾客会对临时批准的情况进行详细规定。如某顾客规定在下列情况下可给予临时批准:

1)零件使用100%正式工装生产,满足设计要求,但没有满足所有的PPAP要求,如:

- 在少于300件的情况下进行能力研究;
- 文件不完善,需要改进;
- 试验未完成,但不会引起客户不满。

2)零件使用100%正式工装生产,但必须全部返工才能满足设计要求。

3)零件不是使用100%正式工装生产,但能满足设计要求。例如:

- 零件使用临时或非专用工装生产;
- 零件不在完全相同的场地和环境下生产;
- 使用的工装与正式生产时的工装不一样。

4)零件不能满足设计要求,但不影响装配或顾客满意度。

(3)拒收

是指提交的样品、文件不符合顾客要求。因此在解决所有问题之前,不得按批量发运。

此时,组织必须采取改进措施,再次提交。在量产交运之前,提交必须被批准。

3.6 PPAP 记录的保存

PPAP 记录的保存期为该零部件的在用期再加一个日历年。即在生产该零件的工装报废后,PPAP 记录还要再保存一个日历年。

组织必须确保在新零件的 PPAP 文件中,已包括或引用了替代零件的 PPAP 文件中适用的记录。例如,在新零件和旧零件相比只有一个尺寸变更的情况下,一个从原材料供方所取得的材料证明便可延用。这种情况下,应该在旧零件和新零件之间进行一次 PPAP "差距分析",以确认旧零件中的哪些 PPAP 记录可以延用。

案例 3-1:顾客生产件批准控制程序 (公司作为供货方)

顾客生产件批准控制程序
1 目的 为顾客生产件的批准提供程序准则,确保生产件的批准符合顾客的要求。

2 适用范围

适用于对顾客要求的生产件批准的控制。对没有生产件批准要求的顾客，可以不实施 PPAP 程序，只需按顾客的要求提交样品和有关文件。

3 职责

3.1 营销部负责生产件批准的归口管理，负责联络顾客，向顾客提供生产件批准所需的实物和资料，并向相关部门反映生产件批准的情况。

3.2 质量管理部负责统筹 PPAP 批准所需实物和资料的准备。

3.3 相关部门负责准备相关实物和资料并交给质量管理部汇总。

4 定义

4.1 生产件：指在正式的生产现场，使用正式生产工装、量检具、工艺过程、材料、操作者、环境和过程参数制造出来的零部件。

4.2 生产件样品：取自于一个有效的生产量，用正规生产工艺制造的有代表性的生产件。

4.3 标准样品：由本公司和顾客双方批准的并作标识的样品。

5 工作程序

5.1 向顾客提交 PPAP 批准的时机。

5.1.1 PPAP 的提交分下列几种情况：

（1）必须提交 PPAP 批准的情况。

在下列的情况下，公司必须在首批产品发运给顾客前按照顾客的 PPAP 提交计划的要求提交 PPAP 批准，除非顾客负责 PPAP 批准的部门放弃了该要求。

1）新的零件或产品。

2）对以前提交的不符合零件进行纠正之后。

3）设计文件、技术规范或材料规范的改变引起了产品的改变。

（2）需通知顾客，由顾客决定提交 PPAP 批准的情况。

公司必须将下列设计和过程更改情况通知顾客 PPAP 批准部门（何时通知，按顾客的《供应商管理手册》的要求进行），由顾客决定是否需提交 PPAP 批准。

1）已批准的零件使用了其他不同的加工方法或材料。

2）使用了新的或改进的工装（不包括易损工装）、模具、铸模、模样等，包括备用的工装。

3）在对现有的工装或设备进行翻新或重新布置之后进行生产。

4）生产是在工装和设备转移到不同的工厂（车间）或在一个新增的厂址进行的。

5）本公司分包出去的零件、材料或服务（如热处理、电镀）发生了变化。

6）在工装停止批量生产达到或超过 12 个月以后重新启用。

7）组成产品的零部件（可能由本公司制造，也可能由本公司的供应商制造）及其制造过程发生了变化。

8）试验和检验的方法发生了变化。

5.1.2 在出现 5.1.1 中所列出的情况时，营销部必须在首批产品发运给顾客的前 2 周，用顾客规定格式的通知单就 PPAP 批准事宜与顾客联系。

5.1.3 当顾客有 PPAP 提交要求时，营销部应通知质量管理部。质量管理部要做好 PPAP 提交的策划工作，并填写"顾客 PPAP 要求单"，通知各部门进行 PPAP 的提交工作。

5.1.4 如果顾客放弃 PPAP 批准，则必须取得同意本次放弃的顾客 PPAP 批准部门负责人的书面授权（书面授权中应有顾客 PPAP 批准部门负责人的签名和日期）。

5.1.5 无论顾客是否放弃 PPAP 批准，PPAP 批准所涉及的资料均需按实际情况进行收集和修订。

5.2 PPAP 提交过程的控制

5.2.1 PPAP 提交等级以及各等级需提交/保存的实物和资料见表 3-10。

表 3-10　PPAP 提交等级以及各等级需提交/保存的实物和资料

需提交/保存的实物和资料	提交等级					负责部门
	等级 1	等级 2	等级 3	等级 4	等级 5	
1. 设计记录	R	S	S	*	R	产品研发部
2. 工程更改文件，如果有	R	S	S	*	R	产品研发部
3. 顾客工程批准，如果要求	R	R	S	*	R	产品研发部
4. 设计 FMEA（如果本公司负责设计）	R	R	S	*	R	产品研发部
5. 过程流程图	R	R	S	*	R	工艺技术部
6. 过程 FMEA	R	R	S	*	R	工艺技术部
7. 控制计划	R	R	S	*	R	工艺技术部
8. 测量系统分析研究	R	R	S	*	R	质量管理部
9. 全尺寸测量结果	R	S	S	*	R	质量管理部
10. 材料、性能试验结果	R	S	S	*	R	质量管理部
11. 初始过程研究	R	R	S	*	R	质量管理部
12. 合格实验室的证明文件	R	S	S	*	R	质量管理部
13. 外观批准报告（AAR），如果适用	S	S	S	*	R	质量管理部
14. 生产件样品	R	S	S	*	R	质量管理部
15. 标准样品	R	R	R	*	R	质量管理部
16. 检查辅具	R	R	R	*	R	质量管理部

（续）

需提交/保存的实物和资料	提交等级					负责部门
	等级1	等级2	等级3	等级4	等级5	
17. 符合顾客特殊要求的记录	R	R	S	*	R	质量管理部
18. 零件提交保证书（PSW）	S	S	S	S	R	质量管理部准备，生产副总经理签发

注：S：公司必须向顾客提交，并在适当的场所保留一份记录或文件的副本。

R：公司必须在适当的场所保存，并在顾客有要求时易于得到。

*：公司必须在适当的场所保存，并在顾客有要求时向顾客提交。

5.2.2 如顾客无提交等级的要求，则按等级3进行提交。

5.2.3 质量管理部按顾客要求的等级，组织并协调相关部门准备PPAP所需的实物和资料（见表3-10）。PPAP所需的实物和资料，应在产品质量先期策划、样品试制、试生产等活动中做好。

5.2.4 在准备PPAP所需的实物和资料时需注意：

1）按顾客的《供应商管理手册》的要求，做好PPAP提交所需的实物和资料的准备工作。

2）如果生产件采用多腔模具或工具加工，则对每一腔模具生产的零件均需进行全尺寸检查，并且必须在"零件提交保证书"或附件中的"成型模/多型腔/生产过程"一栏中，注明所提交的零件的型腔/生产线的编号/名称。

3）除非顾客有其他规定，否则应提交至少一个生产件样品给顾客。并在装运样品的包装箱或集装箱的外侧贴上"PPAP样品零件"标签（顾客有要求时，按顾客要求执行），以免与其他零件混淆。

4）在向顾客提交生产件样品的同时，根据需要，留下一件或几件同一批次的生产件样品作为标准样品。待顾客批准后，将顾客批准的日期填写在标准样品标识卡上。

5）生产件的生产应是有效的生产（Significant Production Run）。生产中要使用正式的工装、量具、过程、材料、操作者、环境和过程参数。生产过程必须是1~8h的量产，生产数量至少为300件连续生产的零件（顾客另有规定的按顾客的规定执行）。

6）公司在规定的场所保留标准样品，保存时间与生产件批准文件的保存时间相同（见5.4.3），或直到顾客批准而生产出一个相同零件编号的新标准样品为止。

5.2.5 各相关部门按表3-10的要求完成PPAP应提交的实物和资料后，交由质量管理部汇总。质量管理部确认无误后，交营销部向顾客提交。

5.3 生产件批准状态

5.3.1 顾客的批准。

批准是指零部件满足顾客所有的规范和要求。此时公司可按顾客要求的节拍批量生产并向顾客发货。

5.3.2 顾客的临时批准。

临时批准是指在有限的时间或数量的前提下，发运顾客生产所需的零部件。若要获得"批准"，需要再次提交。

在 PPAP 临时批准的情况下，本公司要准备一份纠正措施计划提交给顾客 PPAP 批准部门。

5.3.3 顾客的拒收。

提交的样品、文件资料不符合顾客要求。此时，公司要采取改进措施，再次提交。

5.4 PPAP 资料的归档

5.4.1 质量管理部应为提交给顾客的每一份资料做好完整的备份。各相关部门应按《质量记录保存单位及其保存期》的规定保存好相应的 PPAP 资料备份。

5.4.2 质量管理部应对每一生产件批准的全套资料进行整理、归档并保存。归档时应注意进行明确的标识，标明其归档日期、顾客批准情况等，以保证文件的完整和保持最新的更改水平。

5.4.3 PPAP 记录的保存期为该零部件的在用期再加一个日历年。即在生产该零件的工装报废后，PPAP 记录还要再保存一个日历年。

6 支持性文件

6.1 顾客的《供应商管理手册》

……

7 记录

7.1 顾客 PPAP 要求单

7.2 合格实验室的证明文件

7.3 零件提交保证书

7.4 外观件批准报告

7.5 生产件批准——尺寸检验结果

7.6 生产件批准——材料试验结果

7.7 生产件批准——性能试验结果

7.8 潜在失效模式及后果分析报告

7.9 MSA 测量系统分析报告

7.10 初始过程能力研究报告

7.11 控制计划

案例 3-2：零件提交保证书（PSW）及填写说明

```
                           零件提交保证书
零件名称 _____①_____            零件号 _____②a_____
图样编号 _____③_____     组织零件编号 _____②b_____
工程图样变更等级 _____④_____                日期 _____
附加工程变更 _____⑤_____                日期 _____
安全和/或政府法规 □是⑥ □否  采购订单编号 __⑦__  零件重量 __⑧__ kg
检查辅具编号 ___⑨___    检查辅具工程变更等级 __⑩__   日期 _____

组织制造厂信息                    提交顾客的信息
_____          _____
组织名称和供方/供货商代码          顾客名称/部门
      ⑪                                ⑬
_____          _____
街道地址                          采购人员姓名/代码
      ⑫                                ⑭
城市   地区   邮编   国家                适用范围

材料报告                                 ⑮
  顾客要求的受关注物质信息是否已报告？  ⑯ □是        □否
  通过 IMDS 报告或用顾客规定的其他表格报告：_____
  塑胶件是否已按 ISO 的要求标识：  ⑰ □是    □否    □n/a

提交原因（至少选一项） ⑱
□首次提交                        □改为其他选用的结构或材料
□工程变更                        □供方或材料来源变更
□工装：转移、更换、整修或添加    □零件加工过程变更
□不符合的纠正                    □在其他地方生产零件
□工装停止使用期超过一年          □其他（请说明）

要求的提交等级（选择一项） ⑲
□等级 1——只向顾客提交保证书（若指定为外观项目，还应该提交外观件批准报告）
□等级 2——向顾客提交保证书及产品样品以及有限的支持数据
□等级 3——向顾客提交保证书及产品样品以及全部的支持数据
□等级 4——提交保证书以及顾客规定的其他要求
□等级 5——保证书、产品样品以及全部的支持数据都保留在组织制造现场，供审查时使用

提交结果 ⑳
结果：□尺寸测量     □材料和性能试验     □外观准则     □统计过程数据
这些结果满足所有设计记录要求：□是  □否（如果选择"否"应解释）㉑
成型模/多型腔/生产过程 _____㉒_____

声明
  我声明，本次提交所使用的样品是出自我们生产过程的、具有代表性的零件，且已符合××公司供应
商生产件批准程序的所有要求；我进一步保证这些样品是以 ㉓ 件/ ㉔ 个小时的生产速率制造的。
同时我保证所有符合性证明文件都已归档备妥，以供评审。此外，我还在下面说明了与此声明有差异的地方。
```

```
解释/说明：_____(25)_____
每种顾客的工具是否都已适当地加标识和编号？  □是    □否   (26)
经授权的组织代表签名_____(27)_____  日期_____
印刷体姓名_____  电话号码_____  传真号码_____
职务_____   E-mail_____

─────────────────────────────────────────
                仅供顾客使用（若适用）
PPAP 保证书处理意见：□批准    □拒收    □其他_____
顾客签字_____  日期_____
印刷体姓名_____  顾客跟踪编号（可选项）_____
```

零件提交保证书的填写说明：

零件信息

1. 零件名称及 2a 顾客零件号：填入客户技术部门签发的最终零件名称和编号。

2b. 组织零件编号：若零件编号是由组织制定的，填入组织规定的零件编号。

3. 图样编号：与提交的零件对应的设计文件/图样的编号。设计文件/图样上面对零件编号进行了规定。

4. 工程图样变更等级和批准日期：说明变更的版本和批准日期。

5. 附加工程变更和日期：列出所有没有纳入设计记录的，但已在该零件上体现并已批准的工程变更。

6. 安全和/或政府法规：如设计文件上注明为安全和/或政府法规项的，则选择"是"，反之选"否"。

7. 采购订单编号：依据合同/采购订单填入本编号。

8. 零件重量：填入以千克为单位的零件实际重量，精确到小数点后四位，除非顾客另行规定。

9/10. 检查辅具编号，变更等级和日期：如顾客有要求，填入检具编号、变更等级和日期。

组织制造厂信息

11. 组织名称和供方/供货商代码：按采购订单或合同上规定的制造厂的名称和代码填写。

12. 街道地址，城市，地区，邮编，国家：填入零件生产地完整的地址。

提交顾客的信息

13. 顾客名称/部门：填入顾客公司名称和部门或组织。

14. 采购人员姓名/代码：填入采购人员姓名和代码。

15. 适用范围：填入产品型号、名称。

材料报告
16. 客户（含 OEM 客户及其他客户）要求的相关物质的信息是否已报告：填入"是"或"否"。

通过 IMDS 报告或用客户规定的其他表格报告：圈出"IMDS"，或"客户规定的其他表格"。如果是通过 IMDS 提交的，需填写 IMDS 上的编号（称为模块编号），版本号和发给顾客的日期以及顾客要求的其他信息。如果是用顾客规定的其他表格提交的，需填入顾客签收日期。

17. 塑胶件是否已按 ISO 的要求标识：填入"是"、"否"或"n/a"。

提交原因
18. 选择合适的项目。对于散装材料，除了要选合适的项目，还要选"其他"栏，并在空格处填上"散装材料"。

提交等级
19. 提交等级：标明由顾客要求的提交等级。

提交结果
20. 选择合适的项目，并在相应方框上划"√"，包括尺寸、材料试验、外观评价和统计数据。

21. 选择合适的项目，并在相应方框上划"√"。如果是"否"，应在下面"说明"栏中进行解释。

22. 成型模/多模腔/生产过程（参见 3.4.3 节（18））。

声明
23. 填入有效生产过程产出的零件数量。

24. 填入该有效生产过程运行的时间（以小时为单位）。

25. 解释/说明，填写任何和提交结果有关的解释内容或任何有违声明的事项，可加附页说明详细内容。

26. 顾客工具的标识和编号：顾客所属的工具，是否根据××标准的要求或顾客特殊要求进行了标识，回答"是"或"否"。这一条可能不适用于 OEM 的内部供方。

27. 经授权的组织代表签名：组织责任人在确认所有结果都符合顾客要求并且所有相关文件都备妥后，必须在声明上签字，并填上自己的职务、电话号码、传真号码和 E-mail 地址。

仅供顾客使用
此处由顾客填写。

第 3 章　PPAP 生产件批准程序

案例 3-3：外观批准报告及其填写

外观批准报告

零件编号：(1)		图样编号：(2)		适用范围：(3)	
零件名称：(4)	采购人员（买方）代码：(5)			工程更改等级：(6)	日期：(7)
组织名称：(8)	制造厂地址：(9)			供方/供货商代码：(10)	
提交原因 (11)： □零件提交保证书　□特殊样品　□再提交　□纹理加工前　□第一批发运　□工程更改　□其他：					

组织表面加工信息 (12)

纹理加工前评价 (13) □纠正，但可进行进一步加工 □纠正后再提交 □合格，准予进行纹理加工	顾客代表批准签字/日期

颜色评价

颜色标识 (14)	三色数据 (15)				标准样品编号 (16)	标准样品批准日期 (17)	材料类型 (18)	材料来源 (19)	色彩 (20)				色调			色品度		亮度		金属光泽度		颜色供货标志 (21)	零件处理意见 (22)
	DL*	Da*	Db*	DE* CMC					红	黄	绿	蓝	淡	深	灰	清晰	色品度	高	低	高	低		

说明：(23)

组织签名：(24)	顾客代表签字：(25)
电话：　　　　　日期：	日期：

注：粗线内区域仅供顾客使用。

外观批准报告的填写：

（1）顾客零件编号：顾客技术部门给定的顾客零件编号。

（2）图样编号：如果与零件编号不同，应填写绘有该零件的图样编号。

（3）适用范围：填入使用该零件的产品型号或其他项目名称。

（4）零件名称：填上零件图上的完工零件名称。

（5）采购人员（买方）代码：填入具体购买此零件的采购人员代码。

（6）、（7）E/C等级和日期：本次提交的工程更改等级和日期。

（8）组织名称：负责提交的组织（包括适用的供方）。

（9）制造厂地址：零件制造和装配的地址。

（10）供方/供货商代码：顾客为生产或组装零件的组织场所指定的代码。

（11）提交原因：选择合适项目解释本次提交的原因，在相应的方框上划"√"。

（12）组织表面加工信息：列出所有第一层表面加工工具、磨料来源、磨粒类型，以及零件纹理和光泽度检查用的标准样品。

（13）纹理加工前评价：由经授权的顾客代表完成。

（14）颜色标识：填入表示颜色的字母或数字。

（15）三色数据：列出提交零件与顾客授权的标准样品相比较的色差（色差计）数字。

1) DL^*：色度计中表示色彩差异的参数。DL^*大（+）表示偏白，DL^*小（-）表示偏黑。

2) Da^*：色度计中表示色彩差异的参数。Da^*大（+）表示偏红，Da^*小（-）表示偏绿。

3) Db^*：色度计中表示色彩差异的参数。Db^*大（+）表示偏黄，Db^*小（-）表示偏蓝。

4) DE^*：色度计中表示色彩差异的参数。DE^*表示总色差的大小。

5) CMC："外观批准报告"中的CMC，是指按英国染色家协会（SDC，the Society of Dyers and Colourists）颜色测量委员会（CMC，the Society's Color Measurement Committee）推荐的CMC（1：c）色差公式计算出的色差。

（16）标准样品编号：填写字母和数字混合式的标准样品识别号。

（17）标准样品批准日期：填入标准样品批准日期。

（18）材料类型：标明第一层表面处理和基底底材（如：油漆/ABS）。

（19）材料来源：标明第一层表面和底材的供应商。

（20）颜色评价中的色彩等：色彩、色调、色品度、亮度、金属光泽度，由顾客目测。

（21）颜色供货标志：彩色零件号尾标或色号。

（22）零件处理意见：由顾客决定（批准/拒收）。

（23）说明：公司或顾客的一般说明（可选项）。

（24）组织签名、电话号码和日期：组织对文件资料齐备，且满足所有规定要求的证明。

（25）顾客代表签字和日期：顾客批准签字。

第4章 过程能力研究

4.1 过程控制与过程能力

4.1.1 为什么要研究过程能力

影响过程质量的因素根据来源不同,可以分为人(Man)、机(Machine)、料(Material)、法(Method)、环(Environment)等多个方面,但从对质量影响的大小来看,可分为普通因素和特殊因素。

普通因素(Common Cause)在生产过程中始终存在,人们无法控制或难以控制,如机器开动时的轻微振动。在普通因素的作用下,过程质量会产生经常性的波动,这种波动不可能从根本上消除,但波动的幅度往往比较小,对质量的影响很轻微,一般可以把这种正常波动看作背景噪声而听之任之。我们经常所说的"公差"就是承认这种波动的产物。从这种意义上讲,普通因素是过程的固有因素(也称随机因素、偶然因素)。

当一个过程只有普通因素时,过程输出的结果将呈现统计规律性并可预测,我们称这个过程处于统计控制状态(Statistically in Control),也即受控状态(统计稳态)。处于统计控制状态的过程称为受控过程(Process in Control)或稳定过程(Stable Process)。

特殊因素(Special Cause)不是过程固有的,有时存在,有时不存在,一旦出现,过程输出结果的规律性将被破坏,从而使过程失控,因此特殊因素又称异常因素(也称系统因素、可查明因素),如机器设备带病运转、操作者违章操作,车刀磨损等。特殊因素对质量影响大,但不难去除,如图4-1所示。

$$\begin{cases} 普通因素 \Rightarrow 正常波动 \begin{cases} 过程固有 \\ 对质量影响小 \\ 难以除去 \end{cases} \Rightarrow 一般可以听之任之 \\ 特殊因素 \Rightarrow 异常波动 \begin{cases} 非过程固有 \\ 对质量影响大 \\ 不难除去 \end{cases} \Rightarrow 过程注意的对象(控制图检出) \end{cases}$$

图4-1 普通因素与特殊因素

当我们说过程处于统计控制状态时，是指过程不存在特殊因素。图 4-2 展示了普通因素、特殊因素与过程控制的关系。

可以用控制图的控制界限来判断过程是否处于统计稳态（见第 5 章）。换言之，判断过程是否达到统计稳态依据的是控制界限。

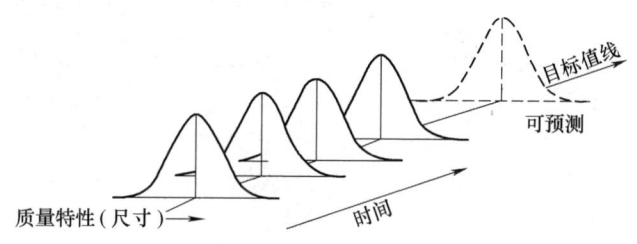

a) 如果仅存在变差的普通原因，随着时间的推移，过程的输出形成一个稳定的分布并可预测

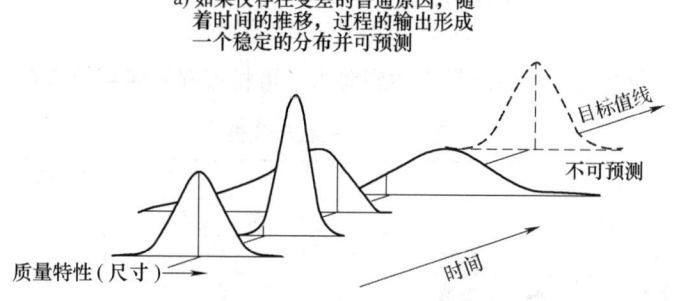

b) 如果存在变差的特殊原因，随着时间的推移，过程的输出不稳定

图 4-2 普通因素、特殊因素与过程控制的关系

过程受控，并不意味着过程产出的产品就能满足技术要求，如图 4-3 所示。出现过程受控而产品不能满足技术要求的情况是因为过程的均值过度偏离目标值，或者是因为过程的波动过大。

过程只有达到技术稳态，才能生产出满足要求的产品。所谓技术稳态是指过程满足技术标准、技术要求的能力，判断过程是否达到技术稳态依据的是规格界限（需注意的是，判断过程是否达到统计稳态依据的是控制界限。所以利用控制界限来判断过程是否处于统计稳态，利用规格界限来判断技术稳态。请注意二者的区别）。衡量技术稳态的常用指标是过程能力指数（Process Capability Index，PCI）。

从图 4-3 可以看出，技术稳态受普通因素波动情况的影响，提高技术稳态，需要通过减少普通因素的波动来实现。控制图（见第 5 章）不是控制普通因素的工具，因而控制图对提高过程技术稳态没有帮助。所以在研究控制图（统计稳态）的同时，还需进行过程能力研究（技术稳态）。

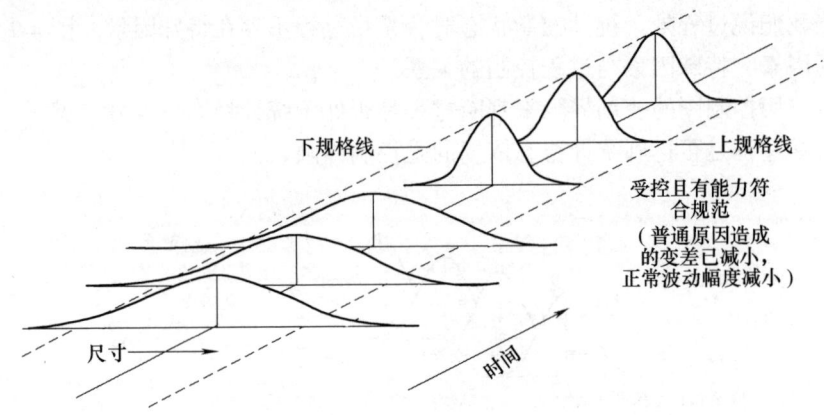

图 4-3 过程控制与过程能力

根据统计稳态与技术稳态是否达到要求，可将过程分成 4 种状态（表 4-1）。

表 4-1 过程状态分类

过程能力 （技术稳态）		受控状态（统计稳态）	
		受 控	不 受 控
	充分	Ⅰ	Ⅲ
	不足	Ⅱ	Ⅳ

1) 状态Ⅰ：过程受控且能力充分，最理想。
2) 状态Ⅱ：过程受控但能力不足。
3) 状态Ⅲ：过程失控，但能力充足。
4) 状态Ⅳ：过程失控，能力也不充足，最不理想。

状态Ⅳ是最不理想的，需要加以调整，使之逐步达到状态Ⅰ。调整的过程即质量改进的过程。

从状态Ⅳ达到状态Ⅰ的途径有二：状态Ⅳ→状态Ⅱ→状态Ⅰ或状态Ⅳ→状态Ⅲ→状态Ⅰ。究竟通过哪条途径应由具体的技术经济分析来决定。有时，为了更加经济，宁可保持在状态Ⅲ。

4.1.2 过程能力和过程绩效

1. 过程固有变差与过程总变差

（1）过程固有变差

过程固有变差是指仅由普通因素产生的那部分过程变差。当过程受控时，可以用子组内变差 σ_c 来估计。σ_c 的值可以从控制图上通过 R/d_2（针对 $\bar{x} - R$ 控制图）或 $\bar{s}/c_4$（针对 $\bar{x}-s$ 控制图）来计算（控制图见第5章）。

注意：

1）变差：变异的程度，波动的范围，可用标准差来表示。

2）子组内变差 σ_c：仅仅由于子组内数据的波动引起的变差。如果过程处于统计受控状态，该变差就是对过程固有变差的一个好的估计。

3）子组间变差：由于组间的波动产生的变差。如果过程处于统计受控状态，该变差应该为0。

(2) 过程总变差（σ_p）

过程总变差是指由子组内和子组间两种波动所引起的变差。如果过程处于不受控状态，过程总变差将包括特殊因素和普通因素的影响。该变差可以采用控制图，或者根据过程研究中的所有读数，通过样本的标准差 s 来估计，列于下式。

$$\sigma_p = s = \sqrt{\frac{\sum_{i=1}^{n}(x_i-\mu)^2}{n-1}}$$

式中　x_i——单值读数；

　　　μ——所有读数的均值；

　　　n——样本的总个数。

2. 过程能力与过程绩效

(1) 过程能力

过程能力（Process Capability，PC）是过程在受控状态下的加工能力，也就是过程在控制状态下所表现出来的保证过程质量的能力。过程能力反映的是过程的固有属性。

从定量的角度看，过程能力就是在诸因素处于控制状态下，过程所加工产品的质量特性值的波动幅度（分散性）。

研究表明，当过程处于统计控制状态，过程特性值服从正态分布 $N(\mu,\sigma^2)$ 时，将有99.73%的过程特性值落在 $\mu\pm3\sigma$ 的范围内，其中：μ 为过程特性值的总体均值，σ 为过程特性值的总体标准差（受控状态下，等于过程固有变差 σ_c），也即有99.73%的过程特性观测值落在上述 6σ 范围内，这几乎包括了全部观测值。故通常用统计控制状态下的6倍标准差 6σ 表示过程能力。显然，它的数值越小越好。

过程能力是过程固有变差 σ_c 的6倍，即 PC = $6\sigma_c$。σ_c 的值可以从控制图上通过 $\bar{R}/d_2$（针对 $\bar{x}-R$ 控制图）或 $\bar{s}/c_4$（针对 $\bar{x}-s$ 控制图）来计算（控制图见第5章）。过程能力反映了子组内变差。

(2) 过程绩效

过程绩效（Process Performance，PP）是从过程总波动的角度反映过程的实际加工能力,此时不需要考虑过程是否受控,也不要求过程输出的质量特性一定要服从某个正态分布。

如果说过程能力反映的是过程的固有属性,那么过程绩效反映的就是过程的实际属性。

过程绩效是过程总变差(包括组内变差与组间变差)σ_p 的 6 倍,即 PP = $6\sigma_p$。σ_p 通常用所有测量值计算出来的标准差 s 来估计。

(3) 同时研究过程能力与过程绩效的必要性

为什么在研究过程能力的同时,还要研究过程绩效呢?因为过程能力必须在受控状态下才能计算,这样就给很多场合下的过程能力研究带来不便,例如 PPAP 中的初始过程能力研究以及第二方审核时的过程能力研究。因为在这些场合,往往有两个问题,第一,过程不一定是稳态;第二,时间比较短,没有时间等过程调整到稳态(特别是在第二方审核时)。在这种情况下要对过程能力进行评价,就只有采用过程绩效方面的指标了。

对于输出满足规范的要求且呈可预测的波形的长期不稳定过程,也只能对其进行过程绩效研究。

还需说明的是,同时研究过程能力与过程绩效,将两者比较,可以从中发现影响过程稳定的特殊因素。当过程处于受控状态,过程能力将非常接近过程绩效。当过程能力和过程绩效之间存在较大差别时,表明有特殊因素存在。这也说明,同时研究过程能力与过程绩效,有助于判定变差的来源。

衡量过程能力/过程绩效是否充足,需要计算过程能力指数与过程绩效指数(见4.2节)。

(4) 关于短期过程能力与长期过程能力

有些专家将过程能力(Process Capability,PC)称为短期过程能力,将过程绩效(Process Performance,PP)称为长期过程能力;而另一些专家恰恰相反,他们将过程能力(Process Capability,PC)称为长期过程能力,将过程绩效(Process Performance,PP)称为短期过程能力。关于这一争论,美国质量专家库拜尔克在其著作《注册六西格玛黑带手册》中有详细论述(中译本第 134 页。中译本由中国标准出版社出版)。

我认为,讨论短期过程能力与长期过程能力没有太多意义。至于如何进行过程能力与过程绩效的研究,按上述(3)的叙述办理即可。

4.2 过程能力指数与过程绩效指数

4.2.1 过程能力指数的计算

过程能力指数(Process Capability Index,PCI)是表示过程能力满足容差

(公差）范围要求程度的量值。它是容差范围和过程能力的比值。一般用符号 Cp 表示。

$$Cp = \frac{容差范围}{过程能力} = \frac{T}{PC} = \frac{T}{6\sigma}$$

式中　T——容差范围（顾客要求，规格要求）；

σ——受控状态下的过程特性值的标准差，可通过组内变差 σ_c 来进行估计，由 $\bar{R}/d_2$（针对 $\bar{x} - R$ 控制图）或 $\bar{s}/c_4$（针对 $\bar{x} - s$ 控制图）给出。

在这个定义中，容差是顾客要求，一般不会轻易改变。所以 Cp 与 σ 成反比，σ 是越小越好，所以 Cp 是越大越好的指数。

下面分几种情况讨论 Cp 值的计算。

（1）过程无偏时双向公差（即无偏移的情况，$\mu = M$），如图 4-4 所示

此时过程能力指数用 Cp 表示，Cp 计算不受过程位置的影响。

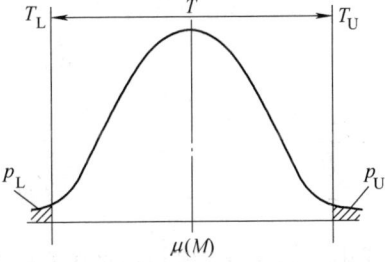

图 4-4　分布中心与规格中心重合

$$Cp = \frac{T}{6\sigma} = \frac{USL - LSL}{6\sigma_c}$$

式中和图中　T——容差范围（公差）（$T = USL - LSL$）；

T_U——规格上限（USL）；

T_L——规格下限（LSL）；

μ——分布中心，过程均值，$\mu = \bar{\bar{x}}$（针对 $\bar{x} - R$ 控制图）；

M——规格中心（$M = \dfrac{USL + LSL}{2}$）；

p_U——超上差时的不合格品率；

p_L——超下差时的不合格品率；

σ——受控状态下的过程特性值的标准差，可通过组内变差 σ_c 来进行估计；

σ_c——子组内变差，由 $\bar{R}/d_2$（针对 $\bar{x} - R$ 控制图）或 $\bar{s}/c_4$（针对 $\bar{x} - s$ 控制图）给出。

（2）过程有偏时双向公差（即有偏移的情况，$M \neq \mu$），如图 4-5 所示

此时过程能力指数用 Cpk 表示，它考虑了过程的位置。

引入偏移量 ε 和偏移系数 k，令

$$\varepsilon = |M - \mu|$$

$$k = \frac{\varepsilon}{T/2} = \frac{2\varepsilon}{T}$$

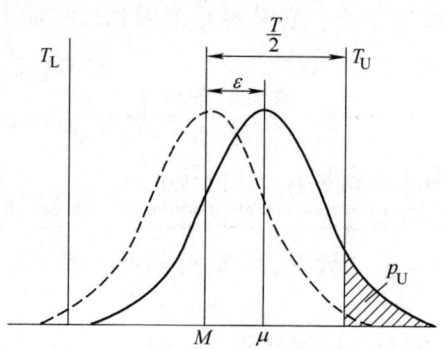

图 4-5 分布中心与规格中心不重合

则有：

$$Cpk = (1-k)Cp = \frac{T-2\varepsilon}{6\sigma_c}$$

式中　ε——均值与规格中心的绝对偏移量（简称偏移量）；

　　　k——均值与规格中心的相对偏移度（也称偏移度或偏移系数）。

一般情况有：$|\varepsilon| \leq T/2$；$k \leq 1$；$Cpk \leq Cp$。当 Cpk 近似等于 Cp 时，说明过程已很好地趋中。

Cpk 也可以按下式计算，其结果和上述公式一样：

$$Cpk = \text{MIN}(C_{PU}, C_{PL}) = \text{MIN}\left(\frac{\text{USL}-\mu}{3\sigma_c}, \frac{\mu-\text{LSL}}{3\sigma_c}\right)$$

即过程能力指数取单侧上限过程能力指数 C_{PU} 与单侧下限过程能力指数 C_{PL} 之中的最小值，其中

$$C_{PU} = \frac{\text{USL}-\mu}{3\sigma_c}; \quad C_{PL} = \frac{\mu-\text{LSL}}{3\sigma_c}$$

（3）单向公差，只有上限要求

清洁度、噪声等是仅需控制上限的单向公差，其下限视为零。这时过程能力指数用单侧上限过程能力指数 C_{PU} 表示，计算如下：

$$C_{PU} = \frac{\text{USL}-\mu}{3\sigma_c}$$

（4）单向公差，只有下限要求

零件的寿命等是仅需控制下限的单向公差，其上限可以看作无限大。这时过程能力指数用单侧下限过程能力指数 C_{PL} 表示，计算如下：

$$C_{\text{PL}} = \frac{\mu - \text{LSL}}{3\sigma_c}$$

表 4-2 说明了如何利用各类计量值控制图数据计算 Cp、Cpk。
表 4-2 中的控制图系数,可在表 4-3 中查找。

表 4-2　利用计量值控制图计算 Cp、Cpk

		控制图类型			
		$\bar{x}-R$ 图	$\bar{x}-s$ 图	$\tilde{x}-R$ 图	$x-R_s$ 图
过程标准差 σ		$\sigma = \dfrac{\bar{R}}{d_2}$	$\sigma = \dfrac{\bar{s}}{c_4}$	$\sigma = \dfrac{\bar{R}}{d_2}$	$\sigma = \dfrac{\bar{R_s}}{1.128}$
控制对象有上、下限	$\varepsilon = 0$	$Cp = \dfrac{T}{6\bar{R}}d_2$	$Cp = \dfrac{T}{6\bar{s}}c_4$	$Cp = \dfrac{T}{6\bar{R}}d_2$	$Cp = \dfrac{T}{5.32\bar{R_s}}$
	$\varepsilon \neq 0$	$Cpk = (T-2\varepsilon)\dfrac{d_2}{6\bar{R}}$ $\varepsilon = |\bar{\bar{x}} - M|$	$Cpk = (T-2\varepsilon)\dfrac{c_4}{6\bar{s}}$ $\varepsilon = |\bar{\bar{x}} - M|$	$Cpk = (T-2\varepsilon)\dfrac{d_2}{6\bar{R}}$ $\varepsilon = |\bar{\tilde{x}} - M|$	$Cpk = \dfrac{T-2\varepsilon}{5.32\bar{R_s}}$ $\varepsilon = |\bar{x} - M|$
控制对象只有上限		$C_{\text{PU}} = \dfrac{(\text{USL}-\bar{\bar{x}})d_2}{3\bar{R}}$	$C_{\text{PU}} = \dfrac{(\text{USL}-\bar{\bar{x}})c_4}{3\bar{s}}$	$C_{\text{PU}} = \dfrac{(\text{USL}-\bar{\tilde{x}})d_2}{3\bar{R}}$	$C_{\text{PU}} = \dfrac{(\text{USL}-\bar{x})}{2.66\bar{R_s}}$
控制对象只有下限		$C_{\text{PL}} = \dfrac{(\bar{\bar{x}}-\text{LSL})d_2}{3\bar{R}}$	$C_{\text{PL}} = \dfrac{(\bar{\bar{x}}-\text{LSL})c_4}{3\bar{s}}$	$C_{\text{PL}} = \dfrac{(\bar{\tilde{x}}-\text{LSL})d_2}{3\bar{R}}$	$C_{\text{PL}} = \dfrac{(\bar{x}-\text{LSL})}{2.66\bar{R_s}}$

注:T——公差(规格范围),USL——规格上限(T_U),LSL——规格下限(T_L);
M——规格中心,$M = \dfrac{\text{USL}+\text{LSL}}{2}$;$\varepsilon$——偏移量;$k$——偏移系数,$k = \dfrac{\varepsilon}{T/2}$;$Cpk = (1-k)Cp$。

表 4-3　控制图系数表

子组容量 n	控制限系数										中心线系数	
	A	A_2	A_3	m_3A_2 (A_4)	B_3	B_4	B_5	B_6	D_1	D_2	D_3	D_4	c_4	d_2
2	2.121	1.880	2.659	1.880	0.000	3.267	0.000	2.606	0.000	3.686	0.000	3.267	0.7979	1.128
3	1.732	1.023	1.954	1.187	0.000	2.568	0.000	2.276	0.000	4.358	0.000	2.574	0.8862	1.693
4	1.500	0.729	1.628	0.796	0.000	2.266	0.000	2.088	0.000	4.698	0.000	2.282	0.9213	2.059
5	1.342	0.577	1.427	0.691	0.000	2.089	0.000	1.964	0.000	4.918	0.000	2.114	0.9400	2.326
6	1.225	0.483	1.287	0.549	0.030	1.970	0.029	1.874	0.000	5.078	0.000	2.004	0.9515	2.534
7	1.134	0.419	1.182	0.509	0.118	1.882	0.113	1.806	0.204	5.204	0.076	1.924	0.9594	2.704
8	1.061	0.373	1.099	0.432	0.185	1.815	0.179	1.751	0.388	5.306	0.136	1.864	0.9650	2.847
9	1.000	0.337	1.032	0.412	0.239	1.761	0.232	1.707	0.547	5.393	0.184	1.816	0.9693	2.970
10	0.949	0.308	0.975	0.363	0.284	1.716	0.276	1.669	0.687	5.469	0.223	1.777	0.9727	3.078

注:$A = A_2 d_2 = A_3 c_4$;$B_5 = B_3 c_4$;$B_6 = B_4 c_4$;$D_1 = D_3 d_2$;$D_2 = D_4 d_2$。

4.2.2 过程绩效指数的计算

（1）过程绩效指数 Pp（过程无偏时双向公差）

$$Pp = \frac{\text{USL} - \text{LSL}}{6\sigma_p}$$

式中　σ_p——过程总变差，用所有测量值的标准差 s 来估计，$s = \sqrt{\dfrac{\sum_{i=1}^{n}(x_i - \mu)^2}{n-1}}$；

μ——所有测量值的均值。

（2）过程绩效指数 Ppk（过程有偏时双向公差）

$$Ppk = \text{MIN}\left(\frac{\text{USL} - \mu}{3\sigma_p}, \frac{\mu - \text{LSL}}{3\sigma_p}\right)$$

Cp 与 Pp 相差很小时（或 Cpk 与 Ppk 相差很小时），说明子组间变差很小；Cp 与 Pp 相差很大时（或 Cpk 与 Ppk 相差很大时），说明子组间变差很大。

当 Cpk 与 Cp 相差很小时（或 Ppk 与 Pp 相差很小时），说明过程已很好地趋中。

（3）单向公差，只有上限要求

清洁度、噪声等是仅需控制上限的单向公差，其下限视为零。这时过程绩效指数用单侧上限过程绩效指数 P_{PU} 表示，计算如下：

$$P_{\text{PU}} = \frac{\text{USL} - \mu}{3\sigma_p}$$

（4）单向公差，只有下限要求

零件的寿命等是仅需控制下限的单向公差，其上限可以看作无限大。这时过程绩效指数用单侧下限过程绩效指数 P_{PL} 表示，计算如下：

$$P_{\text{PL}} = \frac{\mu - \text{LSL}}{3\sigma_p}$$

4.2.3 过程能力指数与过程绩效指数的联合运用

一般情况下，$Ppk \leqslant Cpk$。但如果 Ppk 远远小于 Cpk 时，说明实际的过程能力低于过程固有的能力，过程没有达到稳态，过程中存在异常坏的特殊因素，应该马上寻找原因，加以消除，把过程绩效指数提高到过程能力指数的水平。

当 Ppk 远远大于 Cpk 时，说明实际的过程能力高于过程的固有能力，说明有异常好的特殊因素存在。应该将这种异常好的特殊因素找到，并将它纳入作业指导书，以大幅度提高过程能力指数，达到一种新的更高水平的状态。

一般用过程相对稳定系数 St 评价过程的实际能力与固有能力的差距，并据此初步判断过程的稳定情况。如需进一步判定过程的稳定情况，需运用控制图（见第 5 章）。

过程相对稳定系数 St 按如下公式计算：

$$St = \frac{|Cp - Pp|}{Cp}$$

计算出 St 后，可以根据表 4-4 对过程的稳定状态进行初步判断。

表 4-4　利用 St 对过程进行初步稳态判断的准则

St 值	初步稳态判定	备　注
$St < 10\%$	过程接近稳态	
$10\% \leqslant St < 20\%$	过程不太稳定	
$20\% \leqslant St < 50\%$	过程不稳定	
$St \geqslant 50\%$	过程很不稳定	

案例 4-1：Cp 与 Pp 的联合运用

> **Cp 与 Pp 的联合运用**
>
> 某企业将齿轮轴发外加工，齿轮轴的直径为 $\phi 10 \pm 0.08$mm，要求加工时过程能力指数 $Cp \geqslant 1$。
>
> 公司按计划对供应商进行定期现场审核。由于时间有限，决定只进行过程绩效指数计算。通过计算得知：样本标准差 $s = 0.04$，$Pp = T/6s = 0.67$。于是计算出过程相对稳定系数 St：
>
> $$St = \frac{|Cp - Pp|}{Cp} = \frac{|1 - 0.67|}{1} = 33\%$$
>
> 利用表 4-4 的初步稳态判断准则可知：过程不稳定，而且过程能力也达不到设计要求，会有较多的不合格品产生，此时应要求供应商停产查找原因，并对过程进行整改。

4.2.4　过程能力的判断与处置

（1）过程能力判断准则

过程能力判断是对过程能力能否满足容差（公差）要求作出判断，以衡量生产过程的质量水平。为了便于分析，可以根据过程能力指数的大小给出过程能力判断标准，见表 4-5。表 4-5 同样适用于 Cpk、C_{PL}、C_{PU}、Pp、Ppk、P_{PL}、P_{PU}。为了说明偏离系数 k 的影响，列出表 4-6 以供分布中心值不易调整的工序作为参考。

表 4-5　过程能力判断准则（仅供参考）

	项　目			
	过程能力指数	对应关系 T 与 σ	不合格品率 p	过程能力判断
特级	$Cp > 1.67$	$T > 10\sigma$	$p < 0.00006\%$	较高
一级	$1.67 \geqslant Cp > 1.33$	$10\sigma \geqslant T > 8\sigma$	$0.00006\% \leqslant p < 0.006\%$	充分

(续)

项　目			
过程能力指数	对应关系 T 与 σ	不合格品率 p	过程能力判断
二级 $1.33 \geqslant C_p > 1$	$8\sigma \geqslant T > 6\sigma$	$0.006\% \leqslant p < 0.27\%$	尚可
三级 $1 \geqslant C_p > 0.67$	$6\sigma \geqslant T > 4\sigma$	$0.27\% \leqslant p < 4.55\%$	不足
四级 $C_p \leqslant 0.67$	$T \leqslant 4\sigma$	$p \geqslant 4.55\%$	严重不足

表4-6　存在 k 时的判断标准（仅供参考）

偏移系数 k	过程能力指数	采取措施
$0 < k < 0.25$	$C_p > 1.33$	不必调整
$0.25 < k < 0.50$	$C_p > 1.33$	注意均值变化
$0 < k < 0.25$	$1 < C_p < 1.33$	密切观察均值
$0.25 < k < 0.50$	$1 < C_p < 1.33$	采取必要的调整措施

注：分布中心不易调整时做参考。

需注意的是，随着产品精度要求和工艺水平的相应提高，有的行业对过程能力判断准则也有更高的要求，所以对 $C_p \geqslant 1.67$ 时认为过程能力过高的看法应视具体情况而定。

（2）处置

通过过程能力指数判别过程能力后，应针对不同等级的过程能力采取不同处置对策，以确保过程的适宜过程能力。

过程能力处置对策见表4-7和表4-8。表4-9是国内某公司利用控制图以及以往的过程能力指数对过程产品采取的措施。

表4-7　过程能力处置对策（仅供参考）

过程能力指数	处 置 对 策
$C_p > 1.67$	① 提高产品质量要求。当过程质量特性为产品的关键或主要项目，提高质量要求有利于改进产品性能时，则采取缩小公差方式 ② 放宽波动幅度，以降低成本或提高工效 ③ 降低设备、工装精度要求 ④ 简化质量检验工作，可考虑免检或放宽检验
$1.33 < C_p \leqslant 1.67$	① 维持现状 ② 对非关键过程的质量特性，应放宽波动幅度 ③ 简化质量检验工作，如把全数检验改为抽样检验或考虑采用放宽检查；减少抽样检验频次
$1 < C_p \leqslant 1.33$	① 采用过程控制方法（如控制图），维持过程生产条件，监督过程，及时发现异常波动 ② 对产品按正常规定进行检验，若采取抽样检验，抽样的方式和频次必须合理（可考虑采用加严检查） ③ C_p 值接近1.0时，出现不合格品的可能性增大，应对影响过程的主要因素严加控制 ④ 加强检验，不断改进

第4章 过程能力研究

（续）

过程能力指数	处置对策
$0.67 < C_p \leq 1$	① 分析过程能力不足的原因，通过PDCA（计划——实施——检查——处理）循环制定改进措施 ② 减少标准差 ③ 在不影响最终产品性能和不增加装配困难的情况下，可以考虑放大公差范围 ④ 实行全数检验，剔除不合格品，或进行分级筛选
$C_p \leq 0.67$	① 一般应停止加工，找出原因，采取措施，改进工艺，提高 C_p 值 ② 必须进行全数检验，剔出不合格品
注意事项	① 不同行业的过程能力指数分级是不一样的，如对于机械行业，过程能力指数为1时，是需要改进的，但对于化工行业来说，$C_p = 1$ 时，经常可以认为是令人满意的级别 ② 以上处置方法是对一般情况而言的。各个企业可根据具体情况灵活处理，主要是根据产品的用途、价格、批量来考虑

表 4-8 汽车行业过程能力研究接受准则

研 究 结 果	判 定 说 明
指数值 > 1.67	该过程目前能够满足要求
1.33 ≤ 指数值 ≤ 1.67	该过程目前可被接受，但是可能会要求进行一些改进。此时需要与顾客联系，对研究结果进行评价
指数值 < 1.33	该过程目前不能接受。此时需要与顾客联系，对研究结果进行评价

注：1. 对于稳定的过程，指数值使用过程能力指数 C_{pk}。
   2. 对于输出满足规范要求且过程存在的特殊原因可判断的不稳定过程，指数值应使用过程绩效指数 P_{pk}。
   3. 此接受准则是基于正态分布和双侧规范（目标位于中心）的假设。

表 4-9 国内某公司基于过程能力指数的现场控制措施

控制图的最近点表明过程	对过程输出采取的措施 基于以往的过程能力（C_{pk}）		
	小于1.33	1.33~1.67	大于1.67
受控	100%检查	接收产品，持续减少产品变差	
过程失控，但超出规范的可能性在减少，样本中的所有个体都在规范之内	100%检查	识别特殊原因 找出异常好的特殊因素，以便大幅度提高质量水平	
过程失控，超出规范的可能性在增大，样本中的所有个体都在规范之内	100%检查	识别并纠正特殊原因 从上一个受控点开始做100%检验	接收产品，不断减少过程变差
过程失控，并且样本中有一个或多个个体超出规范	100%检查	识别并纠正特殊原因 从上一个受控的样本后开始对生产的产品做100%检验	

4.3 过程能力指数与不合格品率、西格玛水平

4.3.1 用过程能力指数计算不合格品率（p）

（1）双向公差，过程无偏（$\mu = M$）时
$$p = 2\Phi[-3Cp]$$
式中：Φ 为标准正态分布的概率分布函数。可用 Excel 计算，选择"公式 > 其他函数 > 统计 > NORMSDIST"即可。

（2）双向公差，过程有偏（$\mu \neq M$）时
$$p = \Phi[-3(1+k)Cp] + \Phi[-3(1-k)Cp]$$
举例：$k = 0.2$，$Cp = 0.74$，求 p。
解答：$p = \Phi[-3(1+k)Cp] + \Phi[-3(1-k)Cp] = \Phi[-2.66] + \Phi[-1.77]$
$= 0.0039 + 0.0383 = 4.2\%$。

（3）只有单侧上规格限时
$$p = \Phi[-3C_{PU}] = 1 - \Phi[3C_{PU}]$$

（4）只有单侧下规格限时
$$p = \Phi[-3C_{PL}] = 1 - \Phi[3C_{PL}]$$

4.3.2 用过程能力指数计算西格玛水平

可以用西格玛水平 $Zbench$ 来评价过程能力。西格玛水平 $Zbench$ 就是从过程均值到技术规格界限的距离内所含的标准差的数目。鉴于过程均值偏离规格中心值的可能性很高，因此 Motorola 和 GE 等公司认为应考虑过程均值向左右移动 $\pm 1.5\sigma$，这样西格玛水平就等于 $Zbench + 1.5$。

西格玛水平有以下一些表达方式。

（1）只有单侧上规格限时
$$\text{西格玛水平 } Z = Zbench + 1.5 = \frac{USL - \mu}{\sigma} + 1.5$$

其中：
$$Zbench = \frac{USL - \mu}{\sigma}$$

考虑到：
$$C_{PU} = \frac{USL - \mu}{3\sigma} = \frac{Zbench}{3}$$

所以：西格玛水平 $Z = 3C_{PU} + 1.5$

（2）只有单侧下规格限时

$$Zbench = \frac{\mu - \text{LSL}}{\sigma}, \quad C_{\text{PL}} = \frac{\mu - \text{LSL}}{3\sigma} = \frac{Zbench}{3}$$

西格玛水平 $Z = Zbench + 1.5 = \dfrac{\mu - \text{LSL}}{\sigma} + 1.5 = 3C_{\text{PL}} + 1.5$

(3) 双侧规格限时

1) 先计算不合格品率 p。

$$Z_{\text{USL}} = \frac{\text{USL} - \mu}{\sigma}, \quad Z_{\text{LSL}} = \frac{\mu - \text{LSL}}{\sigma}$$

$$p = [1 - \Phi(Z_{\text{USL}})] + \Phi(-Z_{\text{LSL}})$$

2) 由 $1 - p$ 值，查标准正态分布表，找到对应的 $Zbench$（$Zbench$ 是标准正态分布中对应的分位点，见图 4-6），然后得到西格玛水平 Z。

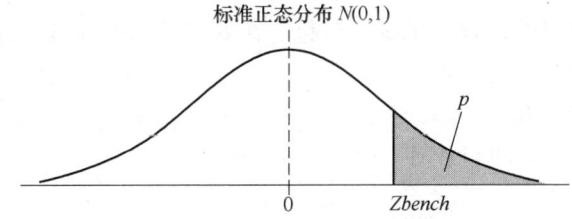

图 4-6　$Zbench$ 与不合格品率一一对应

$$Z = Zbench + 1.5$$

举例：$k = 0.2$，$Cp = 0.667$，求不合格品率 p 及西格玛水平。

解答：

1) 计算 Cpk。

$$Cpk = (1 - k)Cp = (1 - 0.2) \times 0.667 = 0.5333$$

2) 计算不合格品率 p。

$p = \Phi[-3(1 + k)Cp] + \Phi[-3(1 - k)Cp]$

$\quad = \Phi[-2.4012] + \Phi[-1.6008] = 0.0082 + 0.0548 = 0.063 = 63000$ppm

3) 由 $1 - p = 0.937$，查标准正态分布表，可找到对应的 $Zbench = 1.53$（也可用 Excel 计算，选择"公式 > 其他函数 > 统计 > NORMSINV"即可），然后得到西格玛水平 Z。$Z = Zbench + 1.5 = 3.03$，即 3.03 西格玛水平。

4.4　过程能力研究

(1) 明确研究目的

初次研究过程能力（也称为"初始过程能力研究"），目的是为了了解过程能力状况能否满足质量要求，为经济合理的过程设计、质量检验方式提供依据。

后续研究，则是为了分析过程能力的变化情况。以便对过程能力较差的过程实行重点管理，对过高的过程能力进行削减，以使过程的成本保持在合理水平。

初次过程能力研究应在小批试生产（或 PPAP 的有效生产）中进行。

（2）确定研究组织及人员

研究人员一般包括工艺人员、质量管理人员、操作人员、检查人员和车间管理人员。每个人员均应有明确的职责。

（3）制订研究计划

研究计划包括确定要研究的过程和质量特性、过程能力的测定方法、测量工具、抽样方式、样本大小、数据、记录格式、数据汇总处理方式（计算 Cpk 或 Ppk）、研究日期等。

（4）过程标准化

对被研究过程的设备、工装、材料、作业方法、操作者和工作现场布置等，做出具体的规定并实施管理。

（5）按标准实施

严格按各项规定进行作业。

（6）收集数据

研究中抽取的样本数以 100～150 个为好，但至少不得少于 50 个。

要计算 Cpk 时，最好至少收集 25 个子组 125 个数据。子组与子组之间要有一定的时间间隔。

（7）数据分析

运用数理统计方法（如直方图、控制图），对收集数据进行分析。

注意，计算过程能力指数的前提是：过程受控，测量出的数据呈正态分布。用直方图、正态概率纸验证数据是否满足正态分布；用控制图判断过程是否受控。

如果决定只计算过程绩效指数 Ppk，则不需判断过程是否受控，也可以不用验证数据是否呈正态分布。

（8）判断

按照数据的分析和制定的原则，判断所研究的过程是否处于受控状态。对达不到稳定状态的过程，应找出原因，采取纠正和预防措施，使其达到并保持稳定状态，否则应考虑修订作业标准。

如果过程总是调整不到稳定状态，那么只要过程输出满足规范要求且过程存在的特殊原因可判断，就可让过程维持现状，此时应计算过程绩效指数 Ppk。

（9）计算过程能力指数 Cpk 或 Cp

对大批量生产，可计算过程能力指数；对其他生产类型，视需要和可能确定是否计算 Cp 或 Cpk 值；对于不稳定状态，计算 Ppk。

（10）处理

根据判断和分级（见本章4.2.4节）进行处理，当过程能力充分或过于充分时，则采取相应措施，保持或降低过程能力；当过程能力不足时，想办法提高过程能力，并将取得的成果及正反两方面的经验教训纳入标准，实行标准化。

(11) 写出研究报告

以文字和图表的方式写出"过程能力研究报告"。

将以上步骤归纳为图4-7所示的过程能力研究分析流程图。

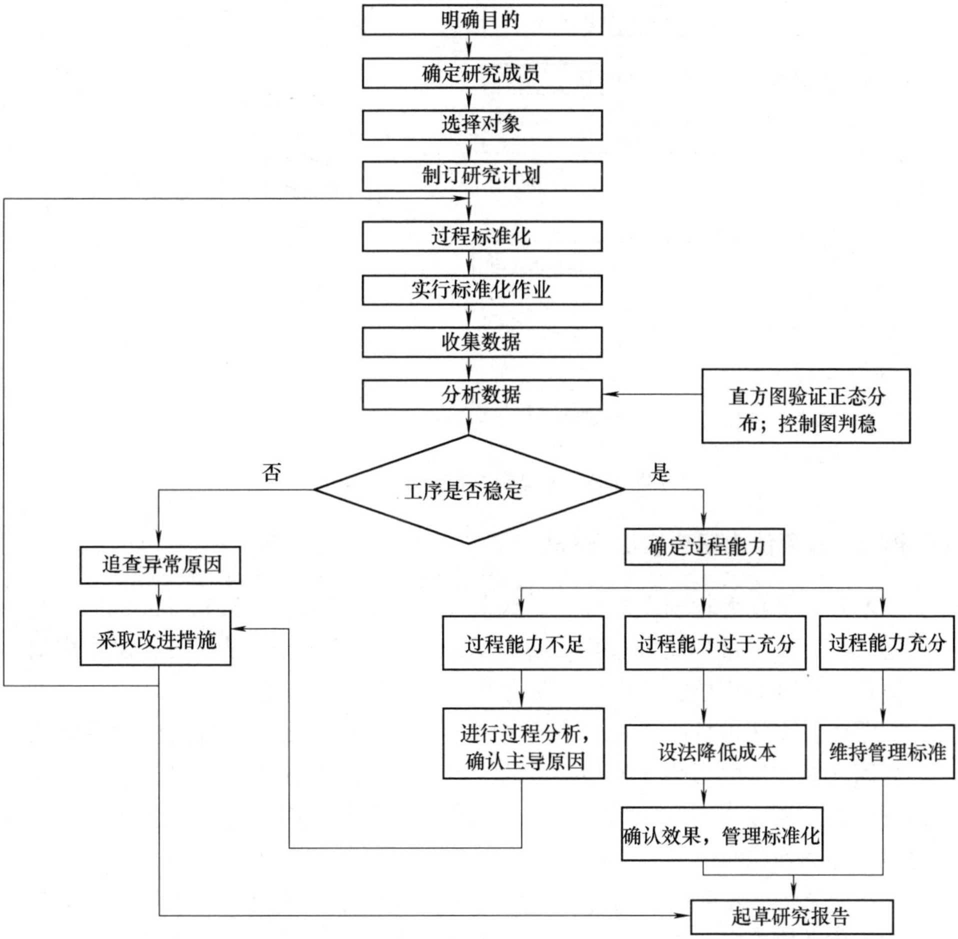

图4-7 过程能力研究分析流程图

如果因某种原因，例如时间有限，不能等到过程调整到稳态，这样就不可能计算过程能力指数 C_{pk}，只能计算过程绩效指数 P_{pk}。此时，过程能力研究的过程可以简化，见图4-8。

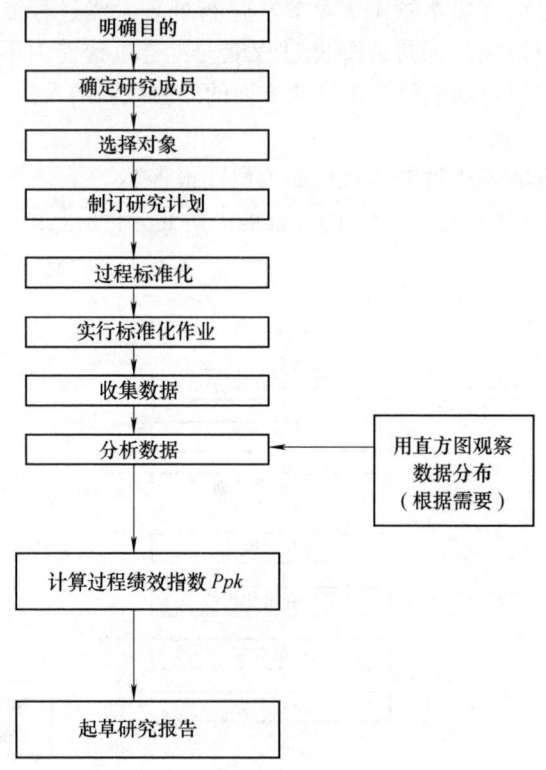

图4-8 过程能力研究分析流程图

案例4-2：过程能力研究实例（Ppk）

A公司将其齿轮轴发外加工，齿轮轴的外径尺寸为 $\phi 3.5 \pm 0.18$mm，是关键特性，要求过程能力指数 $Cpk \geqslant 1$。A公司为了保证产品质量，决定先对外协厂进行现场审核，其中一项是考察齿轮轴加工的过程能力。

考虑到现场审核时间短（只有6个小时），在这么短的时间内深度观察各种因素对质量的影响情况是很难的，也不能肯定在这么短的时间内过程能达到稳态，所以不适宜计算过程能力指数，只能通过计算过程绩效指数 Ppk 对过程能力作初步判断。

在此之前，A公司已与外协厂进行了充分沟通，外协厂已就齿轮轴加工编制了作业指导书，配备了加工所必需的设备、检具等，安排的工人都是熟练工，并进行了操作培训。

现场按以下步骤开展过程能力的研究工作。

1) 要求工人在5个小时内加工出100件样品，并记录检测数据，见表4-10。

表 4-10　齿轮轴外径数据表　　　　　　　（单位：mm）

3.68	3.46	3.43	3.54	3.54
3.47	3.45	3.48	3.51	3.53
3.52	3.51	3.50	3.52	3.51
3.63	3.64	3.49	3.45	3.58
3.56	3.57	3.53	3.46	3.61
3.50	3.45	3.49	3.60	3.48
3.54	3.55	3.53	3.54	3.48
3.65	3.49	3.58	3.57	3.47
3.51	3.57	3.54	3.50	3.54
3.53	3.58	3.47	3.51	3.54
3.52	3.54	3.60	3.59	3.50
3.58	3.46	3.50	3.49	3.47
3.51	3.46	3.46	3.53	3.52
3.49	3.62	3.53	3.46	3.54
3.50	3.56	3.60	3.48	3.58
3.50	3.53	3.49	3.52	3.53
3.53	3.49	3.51	3.54	3.51
3.54	3.53	3.54	3.53	3.60
3.61	3.52	3.57	3.51	3.39
3.44	3.49	3.46	3.59	3.58

2）得出数据后，绘制直方图（见图4-9），并计算 Ppk。

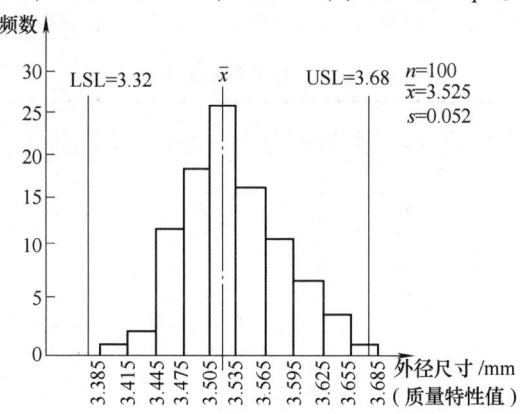

图 4-9　齿轮轴外径数据直方图

① $\bar{x} = \dfrac{\sum x_i}{n} = 3.525$。

② $\sigma_p = s = \sqrt{\dfrac{\sum_{i=1}^{n}(x_i - \bar{x})^2}{n-1}} = 0.052$。

③ $Pp = \dfrac{\text{USL} - \text{LSL}}{6\sigma_p} = 1.15$。

$Ppk = \text{MIN}\left(\dfrac{\text{USL} - \bar{x}}{3\sigma_p}, \dfrac{\bar{x} - \text{LSL}}{3\sigma_p}\right) = 0.99$。

3) 做出结论,并编写过程能力研究报告。

数据呈正态分布,计算出的 Ppk 与 A 公司要求的过程能力指数 $Cpk \geq 1$ 相差不大(差距小于10%),可以据此初步判断过程是稳定的,过程能力基本满足 A 公司需要,但是还需继续寻找影响过程的特殊因素,提高过程能力。

最后,A 公司要求其外协厂质量部 10 天内向其提供详细的过程能力研究报告,需附上直方图、控制图,并保证 $Cpk \geq 1.1$。

A 公司的现场审核人员将以上过程与结论进行汇总,写出书面报告(这里省略)。

案例 4-3:过程能力研究实例(Cpk)

B 企业的发动机箱体上有一直径为 21.50~23.50mm 的孔,这是一个关键特性,为此该公司质量部对孔径的加工过程进行了过程能力研究。研究过程如下:

1) 在保证影响加工过程的 4M1E 等因素得到控制的情况下,每隔 1~2 小时收集 1 组数据(每组 5 个数据),5 天时间收集了 25 组共 125 个数据(做过程能力研究时,最好收集至少 25 个子组 125 个数据),见表 4-11。

表 4-11 孔径数据收集表　　　　　　　　　　(单位:mm)

子组序号	收集时间	测量值					备注
		测量值1	测量值2	测量值3	测量值4	测量值5	
1		22.30	22.54	22.01	22.62	22.65	
2		22.86	22.68	22.43	22.58	22.73	
3		22.88	22.68	22.46	22.30	22.61	
4		22.44	22.66	22.48	22.37	22.56	
5		22.59	22.65	22.78	22.58	22.33	
6		22.37	22.34	22.75	22.71	22.51	
7		22.23	22.36	22.90	22.45	22.48	
8		22.60	22.72	22.35	22.51	22.69	
9		22.61	22.52	22.52	22.49	22.31	
10		22.42	22.64	22.52	22.40	22.63	
11		22.28	22.55	22.38	22.65	22.56	
12		22.54	22.25	22.40	22.72	22.90	
13		22.31	22.57	22.38	22.58	22.30	
14		22.42	22.21	22.45	22.24	22.55	
15		22.25	22.36	22.25	22.34	22.67	
16		22.65	22.50	22.41	22.39	22.48	

(续)

子组序号	收集时间	测量值					备注
		测量值1	测量值2	测量值3	测量值4	测量值5	
17		22.50	22.86	22.60	22.60	22.66	
18		22.79	22.61	22.81	22.66	22.37	
19		22.65	22.75	21.92	22.00	22.45	
20		22.51	22.58	22.46	22.76	22.56	
21		22.48	22.38	22.28	22.72	22.96	
22		22.53	22.52	22.61	22.62	22.60	
23		22.54	22.56	22.36	22.46	22.71	
24		22.84	22.52	22.88	22.68	22.54	
25		22.76	22.65	22.51	22.77	22.43	

2）得出数据后，利用统计软件 MINITAB 绘制直方图、正态概率图（见图 4-10），利用直方图、正态概率图判断数据是否服从正态分布。

从图 4-10 可以看出，数据服从正态分布，可进行下一步研究。

说明：在 MINITAB 等统计软件中，是利用 p 值进行正态分布显著性判断。所谓 p 值，通俗地讲，指的是在"原假设 H_0：服从正态分布，备选假设 H_1：不服从正态分布"的情况下，用现有数据计算出的"服从正态分布的概率"。如果 $p \leq \alpha$（α 一般取 0.05），则服从正态分布的假设是不能接受的；反之服从正态分布的假设是成立的。本案例中 $p = 0.677 > 0.05$，所以服从正态分布是可以接受的。

3）利用统计软件 MINITAB 绘制控制图（见图 4-11，控制图的绘制见第 5 章），利用控制图判断过程是否受控。

从图 4-11 可以看出，过程受控。

4）在数据服从正态分布、过程受控的前提下，计算 Cpk 和 Ppk。

子组容量 $n = 5$

子组数量 $k = 25$

样本总数量 $N = n \times k = 125$

规范上限 USL = 23.5

规范下限 LSL = 21.5

子组内标准差 $= \hat{\sigma}_c = \overline{R}/d_2 = \dfrac{0.4184}{2.326} = 0.179880$

总变差的标准差 $= s = \sqrt{\sum\limits_{i=1}^{N} \dfrac{(x_i - \overline{\overline{x}})^2}{N-1}} = 0.188657$

$Cp = \dfrac{\text{USL} - \text{LSL}}{6\hat{\sigma}_c} = \dfrac{23.5 - 21.5}{6 \times 0.179880} = 1.85$

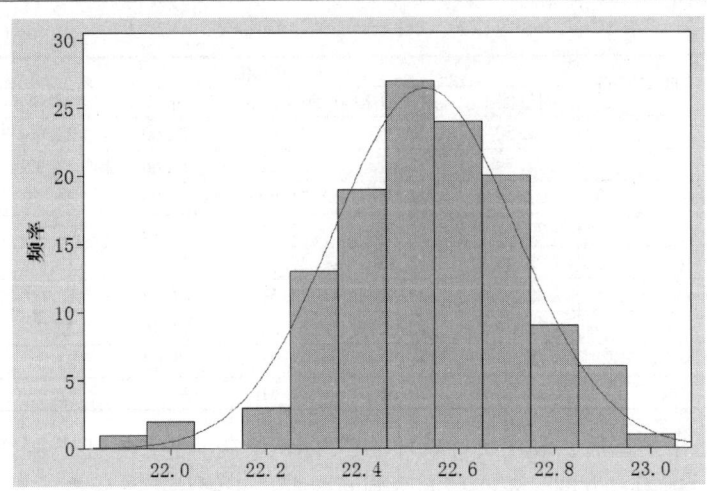

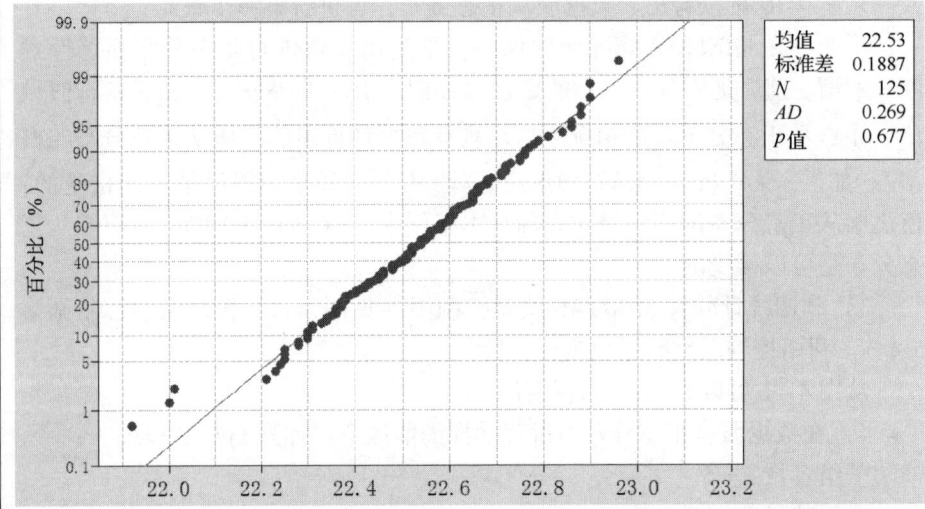

图4-10 孔径数据直方图与正态概率图

$$Cpk = \text{MIN}\left[C_{\text{PL}} = \frac{\bar{\bar{x}} - \text{LSL}}{3\hat{\sigma}_c},\ C_{\text{PU}} = \frac{\text{USL} - \bar{\bar{x}}}{3\hat{\sigma}_c}\right]$$

$$= \text{MIN}\left[C_{\text{PL}} = \frac{22.53 - 21.5}{3 \times 0.179880},\ C_{\text{PU}} = \frac{23.5 - 22.53}{3 \times 0.179880}\right]$$

$$= \text{MIN}\left[C_{\text{PL}} = 1.91,\ C_{\text{PU}} = 1.80\right]$$

$$= 1.80$$

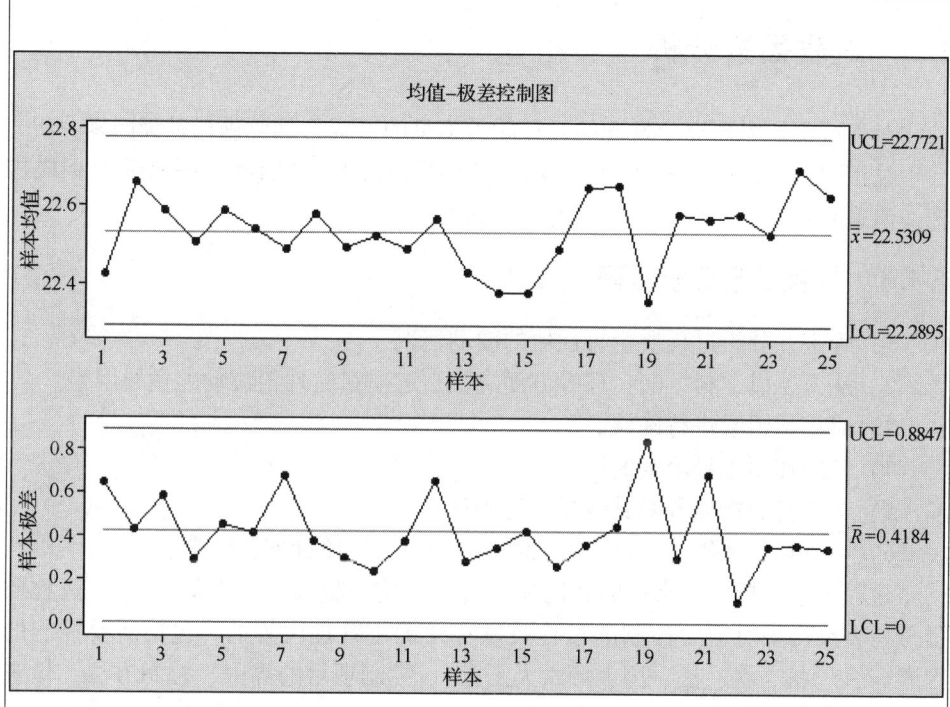

图 4-11 孔径的 $\bar{x} - R$ 控制图

$$Pp = \frac{\text{USL} - \text{LSL}}{6s} = \frac{23.5 - 21.5}{6 \times 0.188657} = 1.77$$

$$Ppk = \text{MIN}\left[P_{\text{PL}} = \frac{\bar{\bar{x}} - \text{LSL}}{3s},\ P_{\text{PU}} = \frac{\text{USL} - \bar{\bar{x}}}{3s}\right]$$

$$= \text{MIN}\left[P_{\text{PL}} = \frac{22.53 - 21.5}{3 \times 0.188657},\ P_{\text{PU}} = \frac{23.5 - 22.53}{3 \times 0.188657}\right]$$

$$= \text{MIN}[P_{\text{PL}} = 1.82,\ P_{\text{PU}} = 1.71]$$

$$= 1.71$$

5）数据分析及结论

$Cpk = 1.80$，满足 $Cpk \geq 1.67$ 的要求。Cp 与 Cpk 有一定差距，说明分布中心与规格中心有差距，在考虑成本的前提下，应缩小这个差距。Ppk 与 Cpk 差距不大（差距小于 10%），说明特殊因素的影响很小。鉴于 Cpk 值很高，可以适当考虑延长刀具的调整周期，放宽对刀尺寸范围、提高切削用量，这样可以降低成本或提高工效。

将以上过程与结论进行汇总，写出书面过程能力研究报告（略）。

4.5 过程因素分析

对于过程能力研究中发现的过程能力不足的过程，都要进行过程因素分析。

过程因素分析就是要找出过程质量异常波动的主导因素，进而采取相应措施，消除异常，使过程处于稳定的受控状态。

4.5.1 过程因素分析步骤

1）确定并分析过程质量特性值的波动情况。
2）从人、机、料、法、环等方面寻找引起质量特性值波动的主导因素。
3）对主导因素进行确认。
4）制定控制主导因素的措施。
5）实施控制措施并对其效果进行确认。
6）将确认结果纳入文件（作业指导书等），实施标准化管理。

过程因素分析中最常用的表格是"过程质量分析表"（见表4-12）。过程质量分析表是用来对需要控制的过程质量特性确定管理内容的，包括所要控制的因素（人、机、料、法、测、环六大因素）、控制项目的界限、控制方法、检查方法及频次、责任者等内容。

在对主导因素进行确认后，就要着手编制必要的"过程质量分析表"。

必须注意的是，过程质量分析表不能直接指导生产，因此，要根据过程质量分析表中要控制的项目和要求，编制一系列指导现场作业用的文件、表格，比如作业指导书、设备定期检查记录卡、检验作业指导书等。

"过程质量分析表"与本书1.4节的控制计划有相似之处。控制计划针对从进货、生产到出厂的各个阶段，"过程质量分析表"针对特定的工序，分析更细致、充分。

4.5.2 过程质量的主导因素

主导因素是过程中对质量起支配作用的少数因素。主导因素取决于不同行业和不同产品。下列因素可能成为主导因素。

（1）定位装置为主导因素

如孔加工、注射成型、五金冲压等过程，定位装置即为主导因素。如果定位装置正确，工作质量就符合标准，稳定且不随时间改变。

（2）机器设备为主导因素

在生产过程中，机器设备的技术完好状态将随时间的推移而产生磨损、升温（含机械和物理的），致使过程质量特性值发生变化。因此，对机器设备必须定期检查和调整。

第4章 过程能力研究

表 4-12　过程质量分析表

×× 有限公司	分析表编号		版本		产品名称		产品代号		零件名称		零件代号	凸轮	
设备型号	JA 洗槽车	控制点	控制项目	允许值	频次	标准编号	操作者	责任者	检验员	其他	备注		
工序名称及内容	铣凸轮槽	重要度 / 自检 / 首检 / 巡检 / 抽检 / 全检											

工序号	特性值	重要度	自检	首检	巡检	抽检	全检	工序质量分析			控制项目	允许值	项目及方法	频次	标准编号	操作者	责任者	检验员	其他	备注
								一层	二层	三层										
9	C 槽宽 8⁺⁰·⁰⁶		○					操作者—责任性—责任制考核			考核标准		月评	1次/月	③		✓		工艺员	工艺员 班组长
	D 槽壁粗糙度 √Ra1.6		○					操作者—操作技能—持证上岗			资格认定		持证上岗	1次/年	③			✓		
								机器—过盈齿轮—搭配间隙			<0.02		塞片检查	随时校正	②	✓				修理工
								机器—液压油清洁度—芯棒			清洁		目测	1次/月	②	✓				修理工
								方法—夹具—垫块平行度			φ6.68～φ6.70		分厘卡检查	1次/月	①	✓				修理工
								方法—刀具			<0.01		千分表检查	1次/6月	①	✓				修理工
	E 平行度					○		夹具			φ7.99～φ8.12		专用套规检查	换时检查	①	✓				
											调整		调整	检查时调整	①	✓				

其他说明：
①作业指导书
②设备维护保养规定
③管理规定

标准代号说明		更改标记	处数	更改单号	签名	日期	编制	审核	批准

(3) 操作人员为主导因素

对于要求操作者有较高技艺或手工操作比重大的过程,操作人员的责任心和技能成为影响过程质量的关键因素。如电弧焊接、人工研磨、轧钢、喷漆、电子调谐、维修调整、检验、服务等过程工作,应通过强化质量意识、责任心、技能培训考核后颁发等级证书等形式进行控制。

(4) 原材料为主导因素

广义的原材料指材料、零配件和元器件。对于装配、合成等过程,如机电设备、仪器仪表的装配,化工产品的合成,食品配制等,原材料对保证过程质量将起着支配作用。管理的重点在于坚持不合格原材料不投产,不合格元器件(零部件)不装配。

(5) 信息为主导因素

这是指本过程质量取决于前过程结果所传递的准确而及时的信息。如化工、纺织、冶金和轻工业中的酿酒、造纸等。控制重点是计量测试质量所提供的准确而及时的信息。

要控制产品质量,关键是控制过程质量的主导因素(支配因素)。表 4-13 列出了过程质量主导因素的控制措施。

表 4-13 过程质量主导因素的控制措施

过程支配因素	典型操作示例	典型控制措施示例
定位装置	冲孔、钻孔、长度切削、扩孔、模切、模位造型、绕线圈、加贴标记、金属薄板弯折、火焰切割、热封口、印刷、油印	首件检查、预控、检验批作图法、精密极限测定、视觉检查
机器	包装、打标桩、螺旋机加工、自动切割、容积充填、重量充填、造纸、线上釉、电阻焊接	$\bar{x}-R$ 图、预控、精密极限测定、p 图、加工变量检查、自动记录
操作人员	电弧焊接、手工焊接、研磨、轧钢、六角车床运用、喷漆、电子调谐、手工包装、修理、校正、检验、卡片穿孔、存档、凭单填写	接收检验、p 图、c 图、操作工记分
原材料、部件	表的装配、汽车装配、塑料制品装配、电子设备装配、食品配方制造	组织评级收货检验,操作前控制接收检验
信息	酿酒、造纸、冶金(钢水成分)	利用先进在线检验、计算机手段

4.5.3 提高过程能力指数的途径

(1) 调整过程加工的分布中心,减少中心偏移量 ε

减少过程加工的中心偏移量有如下措施:

① 通过收集数据,进行统计分析,找出大量连续生产过程中由于工具磨损、加工条件随时间逐渐变化而产生偏移的规律,及时进行中心调整,或采取设备

自动补偿偏移或刀具自动调整和补偿等。

② 根据中心偏移量，通过首件检验，可调整设备、刀具等的加工定位装置。

③ 改变操作者的孔加工偏向下差及轴加工偏向上差等的倾向性加工习惯，以规格中心值为加工依据。

④ 配置更为精确的量规，由量规检验改为量值检验，或采用高一等级的量具检测。

(2) 提高过程能力，减少分散程度（即减少过程加工的标准偏差 s）

提高过程能力、减少分散程度的措施有：

① 修订过程，改进工艺方法，修订操作规程，优化工艺参数，补充增添中间过程，推广用新材料、新工艺、新技术；

② 检修、改造或更新设备，改造、增添与公差要求相适应的精度较高的设备；

③ 增添工具工装，提高工具工装的精度；

④ 改变材料的进货周期，尽可能减少由于材料进货批次的不同而造成的质量波动；

⑤ 改造现有的现场环境条件，以满足产品对现场环境的特殊要求；

⑥ 对关键过程、特种工艺的操作者进行技术培训；

⑦ 加强现场的质量控制，设置过程质量控制点或推行控制图管理；开展 QCC 品管圈活动；加强质检工作。

(3) 修订公差范围

修订公差范围，其前提条件是放宽公差范围不会影响产品质量。

在放宽公差范围不会影响产品质量这个前提下，可对不切实际的过高的公差要求进行修订，以提高过程能力。

应把减少中心偏移量作为提高过程能力指数的首要措施。只有当中心偏移量 $\varepsilon = 0$，而 C_p 值仍然小于 1 时，才考虑减少过程加工的分散程度或考虑是否有可能放宽公差范围。

4.5.4 过程因素（5M1E）控制

1. 操作人员因素

凡是操作人员起主导作用的过程所产生的缺陷，一般可以由操作人员控制。

造成操作误差的主要原因有：质量意识差；操作时粗心大意；不遵守操作规程；操作技能低、技术不熟练，以及由于工作简单重复而产生厌烦情绪等。

防误和控制措施：

1）加强"质量第一、用户第一、下道过程是用户"的质量意识教育，建立健全质量责任制。

2）编写明确详细的操作规程，加强过程专业培训，颁发操作合格证。

3）加强检验工作，适当增加检验的频次。

4）通过工种间的人员调整、工作经验丰富化等方法，消除操作人员的厌烦情绪。

5）广泛开展 QCC 品管圈活动，促进自我提高和自我改进能力。

2. 机器设备因素

主要控制措施有：

1）加强设备维护和保养，定期检测机器设备的关键精度和性能项目，并建立设备关键部位日点检制度，对过程质量控制点的设备进行重点控制。

2）采用首件检验，核实定位或定量装置的调整量。

3）尽可能配置定位数据的自动显示和自动记录装置，以减少对工人调整工作可靠性的依赖。

3. 材料因素

主要控制措施有：

1）在原材料采购合同中明确规定质量要求。

2）加强原材料的进厂检验和厂内自制零部件的过程和成品检验。

3）合理选择供应商（包括"外协厂"）。

4）搞好协作厂间的协作关系，督促、帮助供应商做好质量控制和质量保证工作。

4. 工艺方法的因素

工艺方法包括工艺流程的安排、工艺之间的衔接、过程加工手段的选择（加工环境条件的选择、工艺装备配置的选择、工艺参数的选择）和过程加工的指导文件的编制（如工艺卡、操作规程、作业指导书、过程质量分析表等）。

工艺方法对过程质量的影响，主要来自两个方面：一是制定的加工方法、选择的工艺参数和工艺装备等的正确性和合理性；二是贯彻、执行工艺方法的严肃性。

工艺方法的防误和控制措施：

1）保证定位装置的准确性，严格首件检验，并保证定位中心准确，防止加工特性值数据分布中心偏离规格中心。

2）加强技术业务培训，使操作人员熟悉定位装置的安装和调整方法，尽可能配置显示定位数据的装置。

3）加强定型刀具或刃具的刃磨和管理，实行强制更换制度。

4）积极推行控制图管理，以便及时采取措施调整。

5）严肃工艺纪律，对贯彻执行操作规程进行检查和监督。

6）加强工具工装和计量器具管理，切实做好工装模具的周期检查和计量器具的周期校准工作。

5. 测量的因素

主要控制措施包括：

1）确定测量任务及所要求的准确度，选择适用的、具有所需准确度和精密度能力的测试设备。

2）定期对所有测量和试验设备进行确认、校准和调整。

3）规定必要的校准规程。其内容包括设备类型、编号、地点、校验周期、校验方法、验收标准，以及发生问题时应采取的措施。

4）保存校准记录。

5）发现测量和试验设备未处于校准状态时，立即评定以前的测量和试验结果的有效性，并记入有关文件。

6. 环境的因素

所谓环境，一般指生产现场的温度、湿度、噪声干扰、振动、照明、室内净化和现场污染程度等。

在确保产品对环境条件的特殊要求外，还要做好现场的管理、整顿和清扫工作（例如 5S 工作），大力搞好文明生产，为持久地生产优质产品创造条件。

4.6 设备能力与设备能力指数

1. 设备能力

设备能力（机器能力）是过程在控制状态下，设备保证产品质量的固有能力。设备能力是过程能力的重要组成部分。所谓控制状态，是指对于控制设备以外的操作者、原材料、工量具、测试仪器、环境条件等诸因素，使之都保持在相对稳定的良好状态。

在美国汽车工业，设备能力通常用 $8\sigma_{machine}$ 表示。$\sigma_{machine}$ 表示过程中仅由设备引起的质量特性值的标准差。

2. 设备能力指数

设备能力指数是表示设备能力满足质量特性的程度，用符号 Cm（或 Cmk）表示。

Cm（或 Cmk）的计算方法和判断原则在不同的国家、不同知名企业之间是有所差异的，不像"过程能力指数 Cp 或过程绩效指数 Pp"的评定方式那样一致。

美国汽车工业 Cm 的计算如下：

$$Cm = \frac{USL - LSL}{8\sigma_{machine}} = \frac{USL - LSL}{6\sigma_p}$$

其中 $\sigma_{machine}$ 表示设备能力标准差，σ_p 表示过程总体标准差（可用所有样本的标

准差 s 来估计，即 $\hat{\sigma}_p = s$）。一般而言，$\sigma_{machine} = \frac{3}{4}\sigma_p$。

德国汽车工业 Cm 的计算如下：

$$Cm = \frac{USL - LSL}{6\sigma_{machine}} = \frac{USL - LSL}{6s}$$

德国汽车工业并不刻意对过程总体标准差 σ_p（$\hat{\sigma}_p = s$）与设备能力标准差 $\sigma_{machine}$ 两者加以区分，两类能力指数 Pp 和 Cm 也都采用统一的计算公式：$(USL - LSL)/6s$。只是强调在求取 Cm 时所使用的工件必须按照规定的方式制造和收集。

本书采纳下式计算设备能力指数 Cm：

$$Cm = \frac{USL - LSL}{6s}$$

Cm 计算公式在形式上与 Pp 计算公式是一样的，但样件的制造与收集是不一样的，见表4-14。

表4-14 设备能力分析与过程绩效分析的比较

	设备能力	过程绩效
抽样方式	必须连续依次抽样并按加工次序编号，不少于50件，特殊情况下不少于20件	给定周期内抽样
原材料	单一批量	多种批量
刀具、夹具等	不允许改变，没有刀具调整，没有设备参数调整	正常周期性改变
操作工/检验员	不能变化	正常调整
检测器具	同一种	所有在用器具

Cm 是过程无偏时的设备能力指数，过程有偏时的设备能力指数用 Cmk。

$$Cmk = MIN\left(\frac{USL - \mu}{3s}, \frac{\mu - LSL}{3s}\right)$$

式中，s 是样本的标准差，$s = \sqrt{\dfrac{\sum\limits_{i=1}^{n}(x_i - \mu)^2}{n - 1}}$；$\mu$ 是样本的均值。

3. 设备能力分析的时机

1）新设备的验收过程中。

2）在生产过程中对过程能力进行监控时，出现过程能力异常情况，为查找原因进行分析、采取措施时。

3）用作设备维修验收的依据之一，即在对专用设备进行大修的前后；以及在开展对设备本身，或相关工装、夹具（刀具）进行技术改造时，为了评价改造的效果。

4. 设备能力的判断准则

(1) 美国汽车工业设备能力的判断准则

美国汽车工业设备能力的判断准则是:

1) $C_m \geqslant 1$ 时,可认定设备能力充分。

2) $C_m < 1$ 时,设备能力不足,此时被评定的设备不管为何种情况都将不予接受。

就过程能力指数 C_p 与设备能力指数 C_m 之间的关系,美国汽车工业还规定了如下制约关系:

1) 当 $C_p > 1.33$ 时,即可认为此时过程中的设备能力是充分的。

2) 当 $1.0 \leqslant C_p < 1.33$ (或 $C_p < 1.0$) 时,设备能力指数 C_m 可能 $\geqslant 1.0$ 也可能 <1.0。鉴于此时过程运行已被认定为异常,故需做设备能力指数 C_m 的测算,并根据实际情况采取相应措施,以改善工序过程。

(2) 德国汽车工业设备能力的判断准则

德国汽车工业对专用机床验收时的设备能力指数的要求见表4-15。表4-15既规定了不同情况下设备能力指数的控制要求,又明确指出了对应的过程能力指数应该达到的数值。

表4-15 专用机床验收时的设备能力指数的要求

项 目	设备能力指数		过程能力指数	
	C_m	C_{mk}	C_p	C_{pk}
新设备验收	$\geqslant 2.0$	$\geqslant 2.0$	$\geqslant 1.67$	$\geqslant 1.67$
在用设备大修,或对关键部位进行检修、改造	$\geqslant 1.5$	$\geqslant 1.5$	$\geqslant 1.33$	$\geqslant 1.33$
对在用设备非关键部位进行检修、改造	$\geqslant 1.33$	$\geqslant 1.33$	$\geqslant 1.0$	$\geqslant 1.0$

在对生产过程进行监控中,德国汽车工业还规定:如出现过程能力异常,则要按下列控制要求执行。

1) 当 $1.0 \leqslant C_p < 1.33$ 时,即认为过程运行出现异常,此时需做设备能力指数 C_m 的测算。若 $1.0 \leqslant C_m < 1.33$,就应该判定该专用机床能力不足,必须安排检修。如果仍继续用于生产,则需大大提高成品的抽检频次,甚至实现全数检查。

2) 当 $C_p < 1.0$ 时,表明过程运行中的过程能力已不足,此时若算出设备能力指数 $C_m < 1$,则应该采取紧急措施,对专用机床进行检修。必要时还应实施相应的追溯措施,以消除混入不合格品的可能性。

在生产实践中,当设备能力不能满足质量要求时,要调查设备、工艺装备的维护情况,采取加强设备维修,调整或更新设备、工装等措施来提高设备能力。

第 5 章 SPC 统计过程控制

5.1 控制图的原理

5.1.1 过程质量波动的统计规律性

产品质量的统计观点认为，过程的质量在各种影响因素的制约下，呈现波动性（变异性），但过程质量的波动并非漫无边际，在一定范围内，过程质量的波动呈现统计规律性。

过程质量的波动分为正常波动和异常波动。

正常波动是由普通因素（随机因素/偶然因素）造成的，请参考 4.1.1 节。普通因素造成的正常波动对质量的影响很微小，一般可以把这种正常波动看作背景噪声而听之任之。

普通因素造成的正常波动使过程输出结果呈现统计规律性并可预测（即稳态，如图 5-1 所示），且限制在一定范围之内。当一个过程只有普通因素造成的正常波动时，我们称这个过程处于统计控制状态，也即受控状态（统计稳态）。处于统计控制状态的过程称为受控过程或稳定过程。

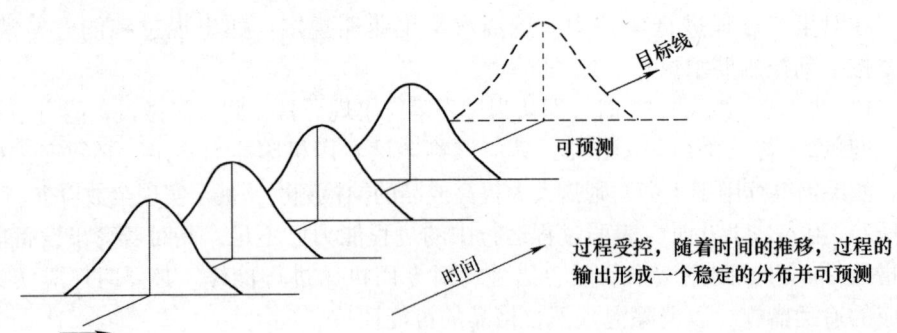

图 5-1 正常波动下过程输出呈正态分布

异常波动是由特殊因素（系统因素/异常因素）造成的，请参考 4.1.1 节。

特殊因素虽然并不大量存在，但一旦出现，其造成的异常波动就会对质量产生显著的影响，并使过程输出结果的规律性被破坏，从而使过程失控（图 5-2）。所以过程中的异常波动和造成异常波动的特殊因素是我们关注的对象，一旦发生，就应该尽快找出，采取措施加以消除，并将措施纳入标准，保证它不再出现。

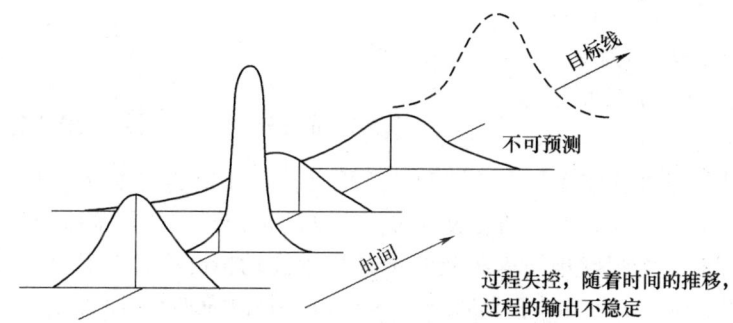

图 5-2　异常波动下过程输出的分布随时间而变

那么如何识别异常波动呢？这就要借助一个工具，这个工具就是控制图。控制图上的控制界限能够区分正常波动和异常波动。

5.1.2　控制图定义与原理

控制图（Control Chart），又称管理图、休哈特图。是美国休哈特（W. A. Shewhart）博士于 1924 年发明的。

控制图是区分过程中的异常波动和正常波动，并判断过程是否处于控制状态的一种工具。

当过程仅含正常波动时，过程处于统计控制状态（也即受控状态），此时，过程输出的质量特性 x 呈正态分布 $x \sim N(\mu, \sigma^2)$（μ——过程均值，σ——过程标准差）。在 μ 与 σ 已知时，正态分布的概率特性可用表 5-1 和图 5-3 说明。

表 5-1　正态分布 $x \sim N(\mu, \sigma^2)$ 的概率特性

界限 $\mu \pm k\sigma$	界限内的概率（%）	界限外的概率（%）
$\mu \pm 0.67\sigma$	50.00	50.00
$\mu \pm 1\sigma$	68.26	31.74
$\mu \pm 1.96\sigma$	95.00	5.00
$\mu \pm 2\sigma$	95.45	4.55
$\mu \pm 2.58\sigma$	99.00	1.00
$\mu \pm 3\sigma$	99.73	0.27
$\mu \pm 4\sigma$	99.9937	0.0063

休哈特建议用界限 $\mu \pm 3\sigma$ 作为控制限来管理过程。这意味着：受控状态下，质量特性值落在 $\mu \pm 3\sigma$ 范围内的概率约为 99.73%，落在 $\mu \pm 3\sigma$ 以外的概率只有 0.27%。因此可用 $\mu \pm 3\sigma$ 作为上、下控制界限，如果质量特性数据没有超越这一上、下控制

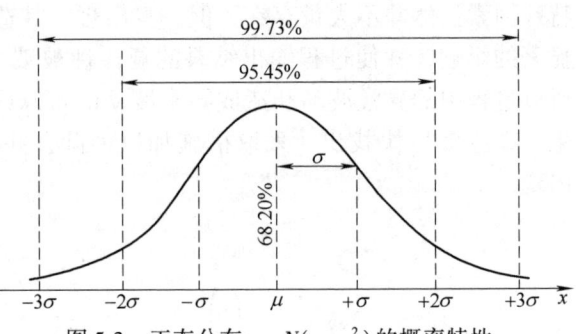

图 5-3　正态分布 $x \sim N(\mu, \sigma^2)$ 的概率特性

界限，就认为过程的波动属正常波动、过程受控；如果超越了这一上、下界限，就认为过程的波动属异常波动、过程失控。这就是控制图的基本原理。

为了方便在生产现场使用和及时记录质量波动情况，休哈特还建议把正态分布图及其控制限 $\mu \pm 3\sigma$ 同时转90°（图5-4），并以横轴为时间或编号，以纵轴为质量特性（均值、标准差等），并在 $\mu \pm 3\sigma$ 处引出两条水平线。这样就形成了一张控制图。图上三条水平线各有一个名称。

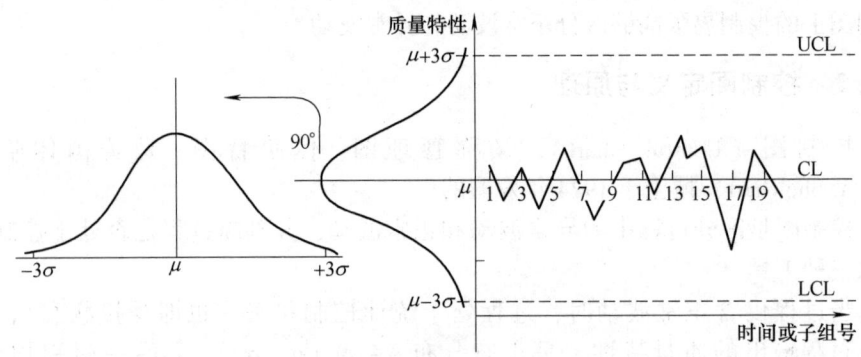

图 5-4　控制图的基本形式

中心线为 CL（Central Line），$CL = \mu$。
上控制限为 UCL（Upper Control Limit），$UCL = \mu + 3\sigma$。
下控制限为 LCL（Lower Control Limit），$LCL = \mu - 3\sigma$。

在现场使用时，先规定一个时间间隔（如1h、2h 等），然后按时抽取一个样本，测量样本中每个样品的质量特性，计算其平均值。最后把计算结果点在控制图上，如此不断重复，累计到一定数量后就可对过程有无异常波动作出判断。若无异常波动，可认为过程受控；若有异常波动，则认为过程失控，这时要查找原因，采取适当行动，及时纠正，使过程恢复受控状态。

过程的受控状态是生产追求的目标，因为在受控状态下，有下列几大好处：

1) 对产品的质量有完全的把握（通常，控制图的控制界限都在规范限之内，故至少有 99.73% 的产品是合格品）。

2) 生产也是最经济的（普通因素和特殊因素都可以造成不合格品，但由普通因素造成的不合格品极少，在 3σ 控制原则下只有 0.27%，主要是由特殊因素造成的。故在控制状态下所产生的不合格品最少，生产最经济）。

3) 在控制状态下，过程的变异最小。

5.2 控制图的控制对象与应用范围

5.2.1 控制图的控制对象

控制图的控制对象：
1) 质量特性。如产品尺寸、性能参数。
2) 质量指标。如不合格品率、单位不合格数等。
3) 工艺参数。如工艺过程的温度、时间等。

5.2.2 控制图的应用范围

1) 诊断：评估过程的稳定性。对于一个新过程，可以利用控制图判定它是否处于稳定状态。

2) 控制：决定某过程何时需要调整，何时需要保持原有状态。在生产过程中，当控制图上的点出现异常时，就需要对过程进行调整。如果控制图上的点没有出现异常，说明过程受控，在没有更高要求前，要设法保持这个过程使其能长期正常工作。

3) 确认：确认某一过程的改进。对过程进行改进后，利用控制图对改进的效果进行确认。

5.3 控制图的种类

5.3.1 按照用途分

（1）分析用控制图

一个过程开始建立控制图时，几乎总不会恰巧处于受控状态，即总存在异常波动。如果就以这种失控状态下的参数来建立控制图，上、下控制限一定较宽，这会导致判断失误。因此，一开始总需要将失控状态调整到理想的受控状态，这就是"分析用控制图"的阶段。分析用控制图主要用来：

1）使过程受控。

2）使过程能力满足要求。例如 $Cpk>1$ 或 $Cpk\geqslant 1.33$ 等（过程能力的研究见第 4 章）。

如果满足了上述两点，就可将分析用控制图的控制限延长作为控制用控制图。这就进入了"控制用控制图"阶段。

（2）控制用控制图

控制用控制图由分析用控制图转化而来。控制用控制图用于使过程保持稳态，预防不合格的产生。

控制用控制图的应用规则：按规定的取样方法获得数据，通过打点观察，控制异常原因的出现——当点分布出现异常时，说明过程质量不稳定，此时应及时找出原因，消除异常因素，使过程恢复到正常的控制状态。

控制用控制图的控制限来自分析用控制图，不必随时计算。当影响过程质量波动的因素发生变化或质量水平已有明显提高时，应及时再使用分析用控制图计算出新的控制限。

笔者发现，很多工厂没有分清分析用控制图和控制用控制图，随时都在计算控制限，既错误又浪费。

表 5-2 列示了分析用控制图与控制用控制图的主要区别。

表 5-2　分析用控制图与控制用控制图的主要区别

区　别　点	分析用控制图	控制用控制图
过程以前的状态	未知	已知
作图需要子组数	每次 20～25 组	每次一组
控制图的界限	需计算	延长前控制限
使用目的	了解过程	控制过程
使用人员	工艺（PE）、质管（QE）	现场操作和管理人员

5.3.2　按照数据的性质分

按照数据的性质分，控制图可分为计量控制图和计数控制图。两者的比较见表 5-3。

表 5-3　计量控制图和计数控制图的优缺点

	计量控制图	计数控制图
优点	① 灵敏，易调查原因 ② 及时发现不良，使质量稳定	① 数据可用简单方法获得 ② 对整体品质状况之了解较方便
缺点	① 抽样频度高，费时麻烦 ② 数据需测定，且再计算，须有训练之人方可胜任	① 不易寻找不良之真因 ② 及时性不足，易延误时机 ③ 所用数据较多

第 5 章 SPC 统计过程控制

表 5-4 列出了常用的各类控制图的特点和适用场合。

图 5-5 说明了控制图的选用指南。

表 5-4　各类控制图的特点和适用场合

类别	名称	控制图符号	特点	适用场合	用途
计量值控制图	平均值—极差控制图	$\bar{x} - R$	最常用，判断工序是否正常的效果好	适用于产品批量较大，且稳定、正常的工序	$\bar{x}$ 图用于观察分布的均值变化，R 图用于观察分布的一致性变化 $\bar{x} - R$ 联合运用，用于观察分布的变化
	平均值—标准差控制图	$\bar{x} - s$	s 的计算比 R 复杂，但其精度高	当 $n \geqslant 9$ 时用 s 图代替 R 图 适用于检验时间远比加工时间短的场合	$\bar{x}$ 图用于观察分布均值变化，s 图用于观察分布的一致性变化 $\bar{x} - s$ 联合运用，用于观察分布的变化
	中位数—极差控制图	$\tilde{x} - R$ ($Me - R$)	计算简便，但效果较差	适用于产品批量较大，且稳定、正常的工序	$\tilde{x}$ 图用于观察分布的中位数变化，R 图用于观察分布的一致性变化 $\tilde{x} - R$ 联合运用，用于观察分布的变化
	单值—移动极差控制图	$x - R_s$ ($x - MR$)	简便省事，并能及时判断工序是否处于稳定状态。缺点是不易发现工序分布中心的变化	适用于因各种原因（时间、费用等）每次只能得到一个数据或希望尽快发现并消除异常因素的场合 适用于均质产品而无须抽取多个试样。如一炉钢的成分	x 图用于观察分布的单值变化，R_s 图用于观察分布的一致性变化 $x - R_s$ 联合运用，用于观察分布的变化，但灵敏度低
计数值控制图	不合格品数控制图	np	较常用，计算简单，操作工人易于理解	要求子组容量 n 不变	当控制对象为不合格品数时，使用 np 控制图
	不合格品率控制图	p	计算量大，控制限凹凸不平（在特定条件下，控制限可为直线）	不合格品率是根据多种检查项目综合起来确定的，当控制图显示异常后很难找出异常的原因。因此，使用 p 图时应选择重要的检查项目作为判断不合格品的依据	当控制对象为不合格品率或合格品率等计数质量指标时，使用 p 控制图 子组容量 n 可以变化
	不合格数控制图	c	较常用，计算简单，操作工人易于理解	要求子组容量 n 不变	用于控制一部机器，一个部件，一定的长度，一定的面积或任何一定的单位中所出现的不合格数目

(续)

类别	名称	控制图符号	特　点	适用场合	用　途
计数值控制图	单位不合格数控制图	u	计算量大，控制限凹凸不平（在特定条件下，控制限可为直线）	子组容量 n 可以变化	用于控制每单位不合格数，如平均每块线路板上的焊接不合格点数、钢板上平均每平方米内的不合格点数

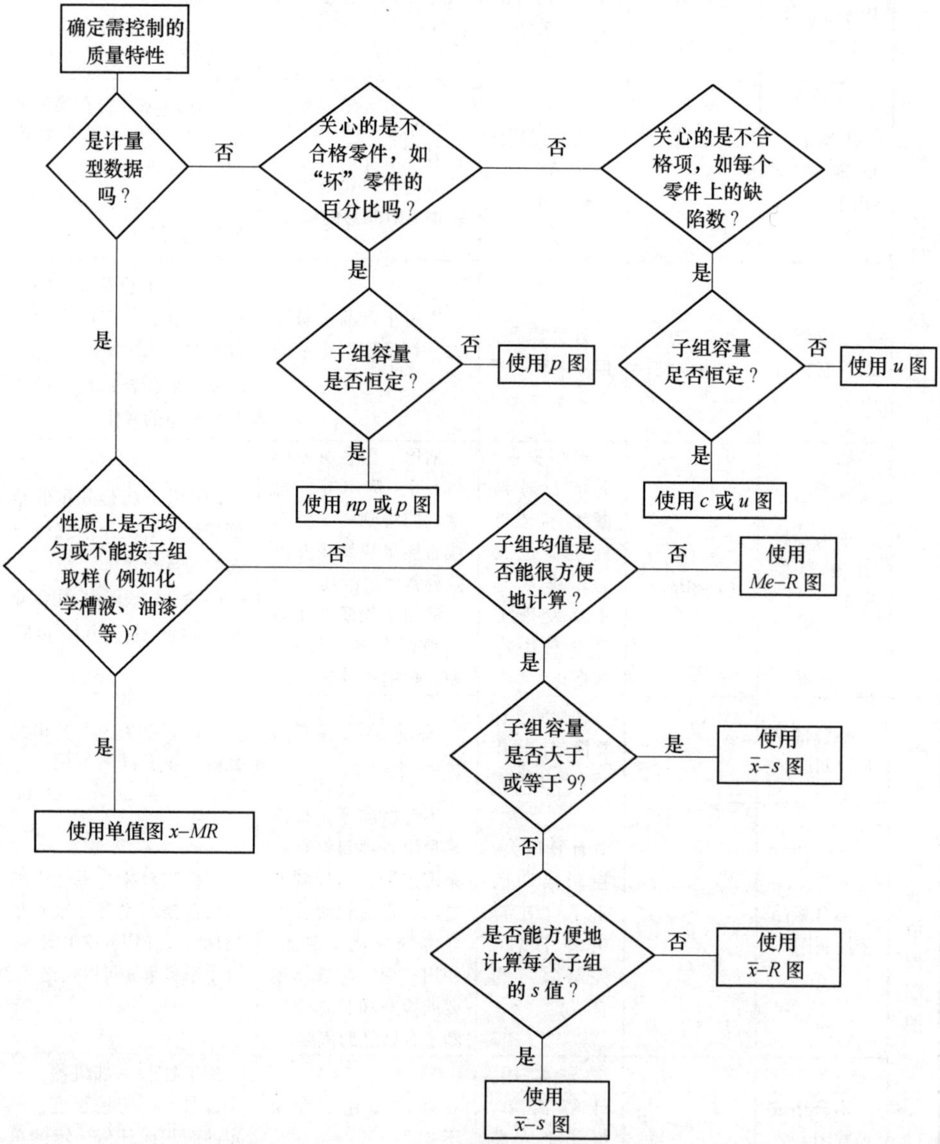

图 5-5　控制图的选用指南

5.4 控制图应用的一般程序

（1）选定控制对象

选定控制的对象应是影响产品质量的关键特性（质量特性、质量指标、工艺参数）。这些特性能够计量（或计数），并且在技术上可以控制。

（2）选定控制图种类

按照图5-5来选择。

（3）收集预备数据

预备数据是用来作"分析用控制图"的数据，目的是用来诊断欲控制的过程是否处于稳定受控状态。

理论上讲，预备数据的组数$k \geqslant 20$组，在实际应用中最好取25组，当个别组数据属于可查明原因的异常时，如经剔除后所余数据依然大于20组，仍可利用这些数据作分析用控制图。

应收集近期的，与目前工序状态一致的数据。收集的数据个数参见表5-5。

表5-5 控制图的样本数与样本大小

控制图名称	分布特点	分析用控制图抽样组数 k（子组数量）	样本大小 n（子组容量）	备 注
$\bar{x} - R$ 图 $\tilde{x} - R$ 图	正态分布	一般 $k = 20 \sim 25$	一般 $3 \sim 6$	$\bar{x}$图的子组容量取4以上 $\tilde{x}$图的子组容量常取3或5
$\bar{x} - s$ 图		一般 $k = 20 \sim 25$	$n \geqslant 9$	
$x - R_s$ 图		$k = 20 \sim 30$	1	
np图、p图 （计件控制图）	二项分布	一般 $k = 20 \sim 25$	$\dfrac{1}{p} < n < \dfrac{5}{p}$	np图要求子组容量一致
c图、u图 （计点控制图）	泊松分布		尽可能使样本中不合格数 $c = 1 \sim 5$	c图要求子组容量一致

抽样时，应保证组内样品在基本相同的条件下生产，即组内差异只由普通因素造成，而组间差异主要由特殊因素造成（如果有异常波动的话）。

抽样时间间隔（子组间隔）是根据过程的稳定性和生产量来确定的，没有统一规定。抽样间隔一般在达到控制状态前较短而在达到控制状态后可加长。最少应在一个班次内抽取一个样本，否则判断误差过大。以下可供参考：每小时生产10个以下产品，子组间隔可定为8h；若每小时产量在10～19个之内，子组间隔可定为4h；若每小时产量在20~49个之内，子组间隔可定为2h；若每小时产量在50个以上，子组间隔可定为1h。

（4）计算有关参数

各控制图有关参数的计算步骤及公式见表5-6。

表5-6 控制图有关参数的计算步骤及公式

控制图名称	步骤	计算公式	备注
$\bar{x}-R$ 控制图	（1）计算各子组平均值 $\bar{x}_i$ （2）计算各子组极差 R_i	$\bar{x}_i = \dfrac{1}{n}\sum\limits_{j=1}^{n} x_j$ $R_i = \text{MAX}[x_i] - \text{MIN}[x_i]$	$\bar{x}_i$：第 i 组平均值 $\text{MAX}[x_i]$：第 i 组中最大值 $\text{MIN}[x_i]$：第 i 组中最小值
$\bar{x}-s$ 控制图	（1）计算各子组平均值 $\bar{x}_i$ （2）计算各子组标准差 s_i	$\bar{x}_i = \dfrac{1}{n}\sum\limits_{j=1}^{n} x_j$ $s_i = \sqrt{\dfrac{\sum\limits_{j=1}^{n}(x_j-\bar{x}_i)^2}{n-1}}$	$\bar{x}_i$：第 i 组平均值 s_i：第 i 组标准差
$\tilde{x}-R$ 控制图 （$Me-R$ 图）	（1）找出各子组的中位数 $\tilde{x}_i$ （2）计算各子组极差 R_i	$\tilde{x}_i = x_{i(\frac{n+1}{2})}$（$n$ 为3或5） $R_i = \text{MAX}[x_i] - \text{MIN}[x_i]$	$x_{i(\frac{n+1}{2})}$：按大小排列的第 i 组数据中第 $\dfrac{(n+1)}{2}$ 个位置上的数
$x-R_s$ 控制图 （$x-MR$ 图）	计算移动极差 R_{si}	$R_{si} = \|x_i - x_{i-1}\|$	$i = 2, 3, \cdots, k$
np 控制图	计算总不合格品率 $\bar{p}$	$\bar{p} = \dfrac{\sum\limits_{i=1}^{k}(np)_i}{nk}$	$(np)_i$：第 i 组的不合格品数
p 控制图	计算各子组不合格品率 p_i	$p_i = \dfrac{(np)_i}{n_i}$	n_i：第 i 组的子组容量
c 控制图	计算平均不合格数 $\bar{c}$	$\bar{c} = \dfrac{\sum\limits_{i=1}^{k} c_i}{k}$	c_i：第 i 组的不合格数
u 控制图	计算各子组的单位不合格数 u_i	$u_i = \dfrac{c_i}{n_i}$	n_i：第 i 组的子组容量 c_i：第 i 组的不合格数

（5）计算控制图中心线和上、下控制限

控制限的计算公式见表5-7。

计算中所需用的系数，可根据子组容量 n 的大小查控制图系数表（见第4章表4-3）。

表 5-7 控制图中控制限的计算

控制图名称		中心线（CL）	上、下控制限（UCL 与 LCL）	备 注
$\bar{x} - R$ 图	$\bar{x}$	$CL = \bar{\bar{x}} = \dfrac{\sum_{i=1}^{k} \bar{x}_i}{k}$	$UCL = \bar{\bar{x}} + A_2 \bar{R}$ $LCL = \bar{\bar{x}} - A_2 \bar{R}$	① 当 LCL 为负值时，取 0 为自然下限 ② A_2，A_3，D_4，D_3，$m_3 A_2$，B_4，B_3 查控制图系数表（见第 4 章表 4-3）
	R	$CL = \bar{R} = \dfrac{1}{k}\sum_{i=1}^{k} R_i$	$UCL = D_4 \bar{R}$ $LCL = D_3 \bar{R}$	
$\bar{x} - s$ 图	$\bar{x}$	$CL = \bar{\bar{x}} = \dfrac{\sum_{i=1}^{k} \bar{x}_i}{k}$	$UCL = \bar{\bar{x}} + A_3 \bar{s}$ $LCL = \bar{\bar{x}} - A_3 \bar{s}$	
	s	$CL = \bar{s} = \dfrac{1}{k}\sum_{i=1}^{k} s_i$	$UCL = B_4 \bar{s}$ $LCL = B_3 \bar{s}$	
$\tilde{x} - R$ 图 ($Me - R$ 图)	$\tilde{x}$	$CL = \bar{\tilde{x}} = \dfrac{\sum_{i=1}^{k} \tilde{x}_i}{k}$	$UCL = \bar{\tilde{x}} + m_3 A_2 \bar{R}$ $LCL = \bar{\tilde{x}} - m_3 A_2 \bar{R}$	
	R	$CL = \bar{R} = \dfrac{1}{k}\sum_{i=1}^{k} R_i$	$UCL = D_4 \bar{R}$ $LCL = D_3 \bar{R}$	
$x - R_s$ 图 ($x - MR$ 图)	x	$CL = \bar{x} = \dfrac{\sum_{i=1}^{k} x_i}{k}$	$UCL = \bar{x} + 2.660 \bar{R}_s$ $LCL = \bar{x} - 2.660 \bar{R}_s$	
	R_s	$CL = \bar{R}_s = \dfrac{\sum_{i=2}^{k} R_{si}}{k-1}$	$UCL = 3.267 \bar{R}_s$ $LCL = 0$	
p 图		$CL = \bar{p} = \dfrac{\sum_{i=1}^{k}(np)_i}{\sum_{i=1}^{k} n_i}$	$UCL = \bar{p} + 3 \times \sqrt{\dfrac{\bar{p}(1-\bar{p})}{n}}$ $LCL = \bar{p} - 3 \times \sqrt{\dfrac{\bar{p}(1-\bar{p})}{n}}$	
np 图		$CL = n\bar{p}$	$UCL = n\bar{p} + 3\sqrt{n\bar{p}(1-\bar{p})}$ $LCL = n\bar{p} - 3\sqrt{n\bar{p}(1-\bar{p})}$	
c 图		$CL = \bar{c} = \dfrac{\sum_{i=1}^{k} c_i}{k}$	$UCL = \bar{c} + 3\sqrt{\bar{c}}$ $LCL = \bar{c} - 3\sqrt{\bar{c}}$	
u 图		$CL = \bar{u} = \dfrac{\sum_{i=1}^{k} c_i}{\sum_{i=1}^{k} n_i}$	$UCL = \bar{u} + 3\sqrt{\dfrac{\bar{u}}{n}}$ $LCL = \bar{u} - 3\sqrt{\dfrac{\bar{u}}{n}}$	

（6）画控制图

在坐标上作出纵横坐标轴，纵坐标为控制对象，横坐标为子组序号（时间）。根据计算值画出上控制限 UCL（一般用虚线），下控制限 LCL（一般用虚线）和中心线 CL（用实线）。

对于 $\bar{x}-R$、$\bar{x}-s$、$\tilde{x}-R$、$x-R_s$ 这类正态分布的计量值控制图，在作分析用控制图时，应先作 R、s、R_s 图，R、s、R_s 图判稳后，再作相应的 $\bar{x}$、$\tilde{x}$、x 图；若 R、s、R_s 图未判稳，则千万不能作 $\bar{x}$、$\tilde{x}$、x 图。需注意的是，为了演示方便，本书的某些案例没有遵守这一原则。

（7）在控制图上打点

依据各子组质量特性值按顺序在控制图上打点"·"或画"×"，越出控制限或异常的点则用特殊记号"⊙"或"⊗"标记（标记符号仅供参考）。顺次连接各点。

（8）判断欲控制的过程是否处于稳定受控状态

按分析用控制图判稳判异准则（见 5.5 节），对分析用控制图中点的分布状况进行判断。

若分析用控制图中点的分布没有任何异常情况，就可判断取样过程处于稳定受控状态。

若发现过程不处于统计控制状态，有异常波动时，则采取下列措施：分析原因，找到原因后去掉异常子组，然后重新计算中心线和控制限，再判断过程是否处于稳定受控状态。

需提醒的是，当去掉的异常子组过多，造成 $k<20$ 时，就应该改进过程，再次收集数据，计算中心线和控制限。

对于 $\bar{x}-R$、$\bar{x}-s$、$\tilde{x}-R$、$x-R_s$ 控制图，$\bar{x}$、$\tilde{x}$、x 显示子组间的波动，并表明过程的稳定性；R、s、R_s 图显示子组内的波动，也反映了所考察过程的波动程度。R、s、R_s 图的失控将会影响到 $\bar{x}$、$\tilde{x}$、x 图，因为 $\bar{x}$、$\tilde{x}$、x 图的上下控制限依赖于 $\bar{R}$、$\bar{s}$、$\bar{R}_s$。所以应先分析反映组内变差的 R、s、R_s 图，然后分析反映组间变差的 $\bar{x}$、$\tilde{x}$、x 图。

对控制图进行分析，寻找异常波动，并查明原因，采取纠正措施是使用控制图最重要、最有意义的一步，也是最困难、最花时间的工作，既要有洞察力，更要有耐心。

（9）判断过程能力是否达到基本要求

在过程受控的情况下，还要判断过程能力是否达到基本要求，即：C_p 或 C_{pk} 大于等于 1（或 1.33）（过程能力的研究见第 4 章）。

计量值控制图过程能力 C_p、C_{pk} 的计算见第 4 章表 4-2。

过程能力指数与过程不合格品率一一对应，其关系见表 5-8。

C_p 或 C_{pk} 大于等于 1，是对过程能力最起码的要求，若判断结果达不到此要求时，则应对过程进行技术改造，直到满足要求为止。必须说明的是，对于某些企业（如很多外资企业、汽车行业），过程能力必须满足 $C_{pk} \geq 1.33$ 或顾客的要求。

对于计数值控制图，一般用均值（$\bar{p}$、$\overline{np}$、$\bar{u}$、$\bar{c}$）来表达过程能力，以均值（$\bar{p}$、$\overline{np}$、$\bar{u}$、$\bar{c}$）是否满足质量指标的要求，来判断过程能力是否充足。

表 5-8 过程能力指数与过程不合格品率

序号	规 格 限	过程能力指数	过程不合格品率	备 注
1	有上、下限，过程无偏（$\varepsilon=0$）	Cp	$p=2\Phi[-3Cp]$	
2	有上、下限，过程有偏（$\varepsilon\neq 0$）	Cpk	$p=\Phi[-3(1+k)Cp]+\Phi[-3(1-k)Cp]$	k 值见第 4 章表 4-2
3	只有单侧上规格限	C_{PU}	$p=\Phi[-3C_{PU}]=1-\Phi[3C_{PU}]$	
4	只有单侧下规格限	C_{PL}	$p=\Phi[-3C_{PL}]=1-\Phi[3C_{PL}]$	

注：Φ 为标准正态分布的概率分布函数。

（10）转化为控制用控制图

对分析用控制图进行判断，（8）、（9）条均符合要求时（即过程受控且过程能力满足要求），将分析用控制图的控制限延长，转化为控制用控制图，进行日常的质量管理。见图 5-6。

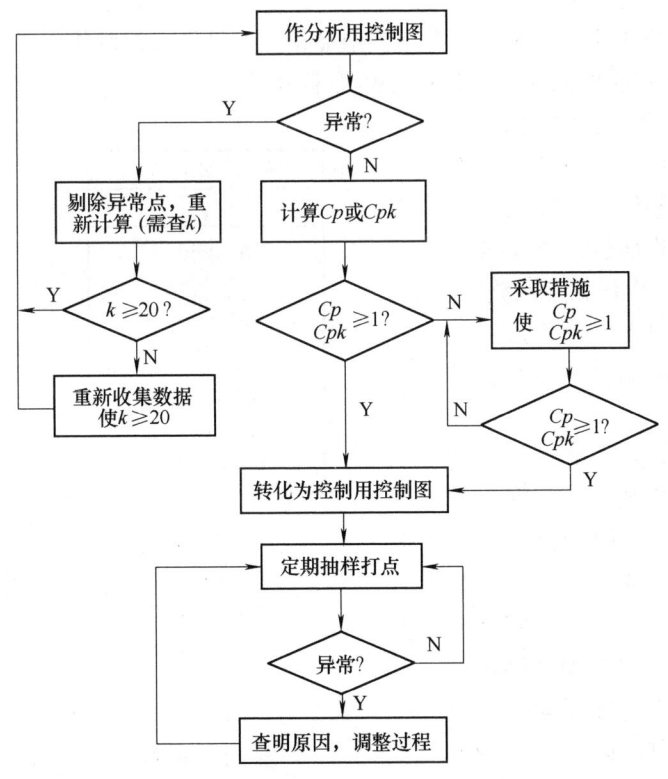

注：对于某些企业，过程能力要满足 $Cpk\geq 1.33$ 或顾客的要求。

图 5-6 分析用控制图与控制用控制图的转换

控制用控制图的日常管理工作一般包括下列内容：
1）按规定的抽样间隔和子组容量抽取样本。
2）对控制对象进行测量。
3）计算统计量数值。
4）在控制图上描点。
5）按控制用控制图的判定准则判断过程有否异常。
① 无异常时继续生产。
② 有异常时，应消除产生异常的原因，使异常不再发生。对于有利于提高质量的特殊因素，应总结经验加以推广。

(11) 修改控制图

当影响过程质量波动的因素发生变化或质量水平已有明显提高时，应及时再用分析用控制图计算出新的中心线与控制限。

在出现下述情况时，一般应重新计算中心线与控制限：
① 大修或停产；
② 工况发生较大变化；
③ 质量发生明显改进，原控制界限显得太宽已失去控制作用。

(12) 在控制图的相关栏目填写必要事项

包括车间、小组的名称，工作地点（机床、设备）的名称与编号，零件、工序的名称与编号，检验部位，质量要求与测量器具，操作工、调整工、检验工、绘图人、分析人的姓名及控制图的名称与编号，绘图时间等。

控制图应用的最终目的是使生产过程达到稳态，即生产过程中只有普通因素没有特殊因素的状态。通过对过程不断进行调整，稳态是可以达到的，参见图5-7。图5-7中每循环一次就消灭一个特殊因素。由于特殊因素只有有限个，故从理论上讲，经过有限次循环后，就可以消灭全部特殊因素，从而达到稳态。

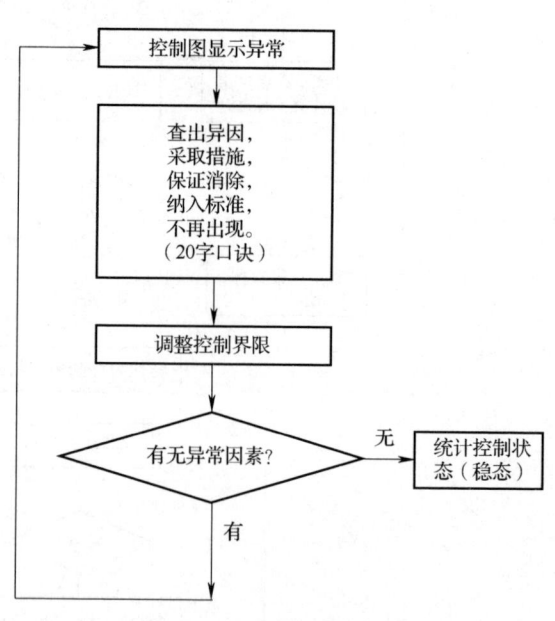

图5-7 达到稳态的循环

5.5 控制图的判断准则

控制图制订后就成了控制生产的依据,故控制图一定要以处于稳态且过程能力适宜的生产过程为依据来进行设计和计算。因此,在开始建立控制图时,应先了解该过程是否处于稳态,过程能力是否适宜。若过程不处于稳态或过程能力不适宜,就需要对过程进行调整,这样反复进行直到过程满足要求为止。在这一阶段使用的控制图称为分析用控制图。它的目的主要是调查研究过程是否处于稳态,其次是了解过程能力是否适宜。当上述要求满足后,控制图就可移交给车间使用,这时应用的控制图称为控制用控制图。它的目的是保持生产处于稳态。当偶尔发生异常后,应采取措施加以消除,使过程恢复稳态。

如何从控制图上判断过程处于稳态?此时就需要用到控制图的判断准则。

5.5.1 控制图的分区

将控制图分区是为了便于说明过程的异常情况。

上、下控制限分别位于中心线的上、下 3σ 距离处。为了说明过程异常的 8 种模式,将控制图分为 6 个区,每个区的宽度为 1σ,如图 5-8 所示。6 个区的标号为 A、B、C、C、B、A,两个 A 区、B 区、C 区分别在中心线两侧,相对于中心线对称。

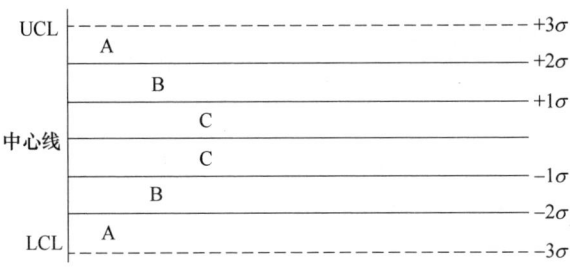

图 5-8 控制图分区情况

5.5.2 控制图的判断准则——过程异常的 8 种模式

本书采纳全世界通用的 ISO 8258,也即 GB/T 4091《常规控制图》使用的控制图判断准则——过程异常的 8 种模式。

过程异常的 8 种模式又称为"变差的可查明原因的 8 种模式"。当控制图上的点子出现过程异常的 8 种模式时,则判过程异常。

（1）模式 1

1 个点落在 A 区以外，如图 5-9 所示。

对于 $\bar{x} - R$ 图而言，模式 1 可对参数 μ 的变化或参数 σ 的变化给出信号，变化越大，则给出信号越快。模式 1 还可对过程中的单个失控做出反应，如计算错误、测量误差、原材料不合格、设备故障等。在许多实际应用中，模式 1 甚至是唯一的判异准则。

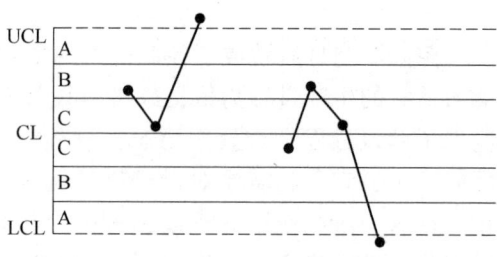

图 5-9　模式 1：1 个点落在 A 区以外

这里必须提请注意：规格界限（如公差的上下界限、硬性规定的不合格品率）不能当作上下控制界限 UCL、LCL。

规格界限用来区分合格与不合格（或符合规定与不符合规定），控制界限则用来区分正常波动和异常波动，二者完全是两码事，不能混为一谈。

（2）模式 2

连续 9 点落在中心线同一侧，如图 5-10 所示。

模式 2 是为了补充模式 1 而设计的，以改进控制图的灵敏度。如果 R 图中出现图 5-10 显示的现象（点在 $CL = \bar{R}$ 的下方），说明过程输出值分布宽度 σ 在减小，这是一种异常好的状况（好的特殊因素），应加以研究以便推广应用。

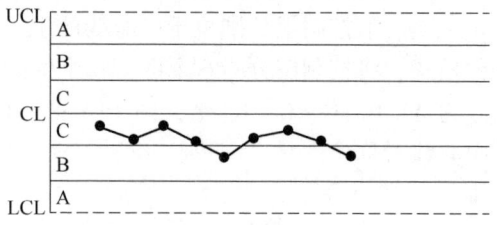

图 5-10　模式 2：连续 9 点落在中心线同一侧

美国汽车工业行动集团（AIAG）的《SPC 统计过程控制》手册中，模式 2 的规定是：连续 7 点落在中心线同一侧。

（3）模式 3

连续 6 点递增或递减，如图 5-11 所示。

模式 3 是针对过程平均值的趋势进行设计的，它判定过程平均值的变小趋势要比模式 2 更为灵敏。

如果 R 图中出现连续上升的点，说明过程输出值的分布宽度 σ 在增加，可能是无规律的原因（例如：设备故障或工装松动）或某个过程要素

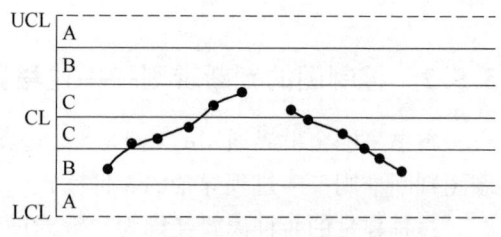

图 5-11　模式 3：连续 6 点递增或递减

发生变化（例如：一批新的、不一致的原料）引起的。如果 R 图中出现连续下降的点，说明过程输出值的分布宽度 σ 在减小，这通常是一种好的状况（例如操作人员的技能在逐渐提高），应加以研究以便推广应用。

测量系统的变化（例如新的检验员或量具）也会引起模式 3 的现象。

对于 p 图（不合格品率控制图）中出现有点逸出下控制限或连续 6 点呈下降趋势时，有人认为是不合格品率越来越低，质量越来越好，不能算异常。这种观点是错误的。此种情况包含的异常因素可能有异常好的因素和异常坏的因素。

1）量具失灵，造成测量结果有误。应更新量具，并检讨以前测量结果。

2）合格品的判定方法可能有误，应立即改正。

3）有真正使不合格品率变小的好的异常因素，应积极寻找出这种异常好因素，并将它用作业指导书保持下来，以大幅度降低产品的不合格品率。

（4）模式 4

连续 14 点中相邻点上下交替，如图 5-12 所示。

本模式是针对由于轮流使用两台设备或由两位操作人员轮流进行操作而引起的系统效应。实际上，这就是一个数据分层不够的问题。

（5）模式 5

连续 3 点中有 2 点落在中心线同一侧的 B 区以外，如图 5-13 所示。

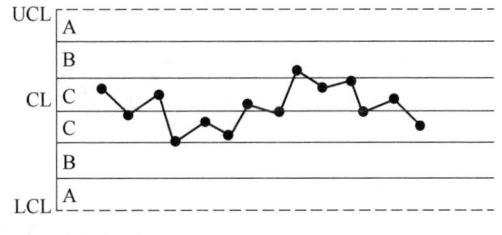

图 5-12　模式 4：连续 14 点中相邻点上下交替

对于 $\bar{x} - R$ 图而言，过程平均值的变化通常可由本模式判定，它对于变异的增加较灵敏。这里需要说明的是三点中的两点可以是任何两点，至于第 3 点可以在任何处，甚至可以根本不存在。出现模式 5 的现象是由于过程的参数 μ 发生了变化。

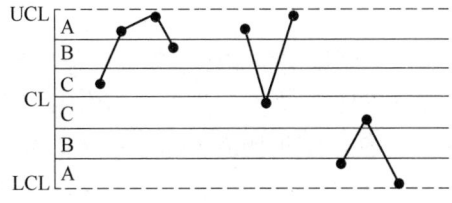

图 5-13　模式 5：连续 3 点中有 2 点落在中心线同一侧的 B 区以外

（6）模式 6

连续 5 点中有 4 点落在中心线同一侧的 C 区以外。如图 5-14 所示。

与模式 5 类似，这第 5 点可在任何处。对于 $\bar{x} - R$ 图而言，本模式对于过程平均值的偏移也是较灵敏的,出现本模式的现象也是由于参数 μ 发生了变化。

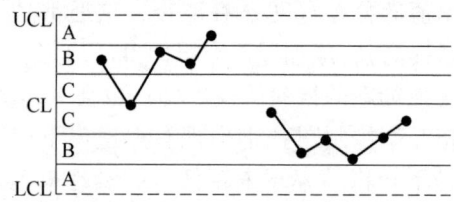

图 5-14　模式 6:连续 5 点中有 4 点落在中心线同一侧的 C 区以外

如果 R 图中出现模式 6 的现象,则可能存在下列一种或两种情况。
1) 控制限计算错误或描点错误。
2) 过程或取样方法导致连续的子组中包含来自变差显著不同的两个或多个过程的产品(如输入材料批次混淆)。

(7) 模式 7

连续 15 点落在中心线两侧的 C 区内,如图 5-15 所示。

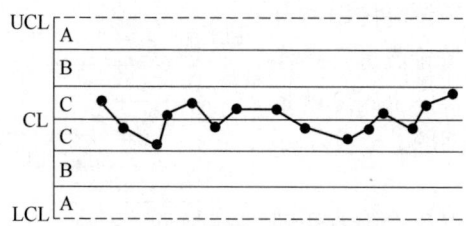

图 5-15　模式 7:连续 15 点落在中心线两侧的 C 区内

对于 $\bar{x} - R$ 图而言,出现本模式的现象是由于参数 σ 变小。注意,此种情况被有些人认为是好现象。其实这里面可能存在以下问题:
1) 弄虚作假,人为处理数据,远离均值的数据被剔除。
2) 分层不够。如两条生产线的产品被混合抽样,造成组内变差大于组间变差。
3) 如是控制用控制图,则说明控制图已年久失修,没有针对质量水平的提高而修正控制界限,使得控制界限太宽,失去控制作用。

在排除以上可能后,才能总结现场减少标准差 σ 的好经验。

(8) 模式 8

连续 8 点落在中心线两侧且无一点落在 C 区,如图 5-16 所示。

造成这种现象的主要原因是因为数据分层不够,例如两个型腔的产品混在一起。本模式即是为此而设计的。

为了便于记忆,控制图的 8 种异常模式可归纳为"判异口诀":一界外,九单侧,六连续,十四升降,三分之二同侧 B 外,五分之四同侧 C 外,十五 C

内，八无 C。

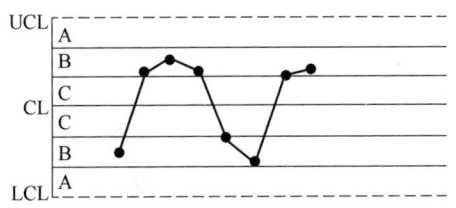

图 5-16　模式 8：连续 8 点落在中心线两侧且无一点落在 C 区

严格地讲，控制图的 8 种异常模式和判断过程是否处于统计控制状态的标准，对于 $\bar{x}$ 图和单值（x）控制图，完全适用；对于极差控制图和标准差控制图，因为对极差和标准差的分布做了近似正态性的假设，所以，可以近似使用；对于不合格品率 p 控制图、不合格品数 np 控制图、单位不合格数 u 控制图以及不合格数 c 控制图，同样在近似正态的假设条件下，可以使用。

5.6　控制图的两类错误及检出力

5.6.1　控制图的两类错误

1）第 I 类错误（虚发警报/冒失者错误/弃真错误）：把正常的误判为异常。

控制界限的幅度影响犯第 I 类错误的概率。当采用 3σ 原则设计控制图时，犯第 I 类错误的概率（弃真概率）$\alpha = 0.27\%$。

α 随着控制界限的增大而减小。

弃真一般对生产者不利，所以又称"生产者风险"。

2）第 II 类型错误（漏发警报/迷糊者错误/取伪错误）：把异常的漏判为正常。

犯第 II 类错误的概率（取伪概率，也就是对异常检测不出来的概率）β，受 4 个方面的影响：

① 控制界限幅度。
② 均值偏移幅度。
③ 标准偏差变动幅度。
④ 样本大小。

β 随着控制界限的增大而增大。

β 随着样本的增大而减小。

取伪一般对使用者不利，所以又称"使用者风险"。

图 5-17 为控制图的两类错误。

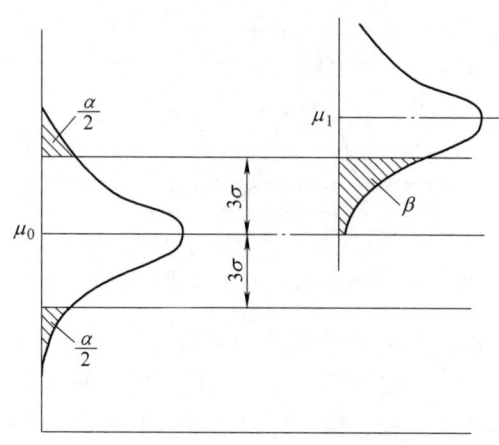

图 5-17　控制图的两类错误

5.6.2　检出力

检出力指当过程发生异常时,控制图可以把这种异常检测出来的概率。检出力是控制图的重要质量特性。

简单地说,检出力是将异常检测出来的概率。

$$检出力 = 1 - \beta$$

影响检出力的因素有 4 个:

1) 控制界限幅度。
2) 均值偏移幅度。
3) 标准偏差变动幅度。
4) 样本大小。

其中样本大小这一因素可以由生产者和管理者决定。样本大时,检出力大,检出灵敏;样本小时,检出力小,检出迟钝。

应用控制图时,应保证适宜的检出力。检出力过大,检出过于灵敏,容易虚发警报;检出力过小,检出过于迟钝,容易漏发警报。

为了保证控制图有适宜的检出力,分析用控制图的抽样组数应大于或等于 20 组,最好 25 组。

对计量值控制图来讲,$\bar{x}$ 图检出力最强,$\tilde{x}$ 图其次,x 图检出力最弱;s 图检出力最强,R 图其次,R_s 图的检出力最弱。

虽然 $\bar{x} - s$ 图检出力最强,但由于 s 计算比较复杂(在有统计软件的企业,这一点不是问题),而且要求 $n \geq 9$,这样就限制了 $\bar{x} - s$ 图的应用。在大量生产过程中,$\bar{x} - R$ 图为首选图种。

5.7 控制图在应用中常见的问题

1）控制图的选用上缺乏针对性，未能从企业的生产方式考虑，盲目地选择。比如，对大批量生产，选用 $\bar{x} - R$ 控制图为好，却选用了 $x - R_s$ 控制图；相反地，小批量生产却选用了 $\bar{x} - R$ 控制图。

2）控制限与规格限混为一谈。规格限是由产品设计者或顾客决定的，而控制限是由过程实施者决定的，也是由过程的变差决定的。控制图上点的变动只能用来判断过程是否稳定与受控，与产品规格没有任何关系。当过程不稳定或不受控时，产品不一定就超出了规格限。

在控制图上标出上下公差界限，或用公差界限/压缩的公差界限代替控制限，使控制图变得不伦不类。

3）没有分析生产过程，直接进行控制。控制图的应用分两个步骤：分析和控制阶段。在进行过程控制之前，必须进行过程分析。分析的目的是确定过程的稳定性和过程能力是否符合要求。过程只有在稳定，并且过程能力可以接受的情况下，才可进入控制阶段。

4）分析与控制脱节。完成过程分析后，如果过程是稳定且过程能力可接受，那么就可进入控制阶段。控制用控制图的控制限是由分析用控制图得来的，但在实际应用中有些工厂没有延用分析得来的控制限，而是不断在计算控制限，导致控制图不能准确判断过程是否稳定与受控。

5）控制图没有记录重大事项。控制图反映的是"过程"的变化，即生产过程的输入项5M1E（人、机、料、法、环、测）的变化。发现有变异就是改善的契机，而改善的第一步就是分析原因。5M1E中的变化可以通过查找控制图中记录的重大事项而得到。所以，在使用控制图的时候，5M1E的任何变化，我们都要记录在控制图中相应的时段上。

6）不能正确理解 $\bar{x}$ 图与 R 图的含义。$\bar{x} - R$ 控制图中 R 反映的是每个子组组内的变差，即在收集数据的这个时间段内过程所发生的变差，代表了组内固有的变差；而 $\bar{x}$ 图反映的是每个子组的平均值的变化趋势，即组间的变差。组内变差可以接受时，说明分组是合理的；组间变差没有特殊原因时，表明在一段时间内对过程的管理是有效的、可接受的。所以，对于 $\bar{x} - R$ 图，一般先看 R 图的趋势，再看 $\bar{x}$ 图。

7）没有将控制图用于改善。大部分公司的控制图都是应客户的要求而建立的，所以，最多也只是用于侦测和预防过程特殊原因变异的发生，很少有用于过程改善的。其实，当控制图的点显示有特殊原因出现时，正是过程改善的契机。如果这个时候我们从异常点切入，能回溯到造成异常发生的5M1E的变化，问题的症结也就找到了。用控制图进行改善时，往往与分组法、层别法相结合使用，会取得更好的效果。

8）控制图是品管的事情。SPC 成功的必要条件，必须是全员培训，不只是品管的事情。每个员工都要了解变差、普通原因、特殊原因的概念，都要能看懂控制图，技术人员还要了解过程调整的概念等。如果缺乏必要的培训，不了解变差等概念，大部分员工会认为：产品只要符合规格就行了！显然，这并不是 SPC 的目的。所以，只有品管在关注控制图是远远不够的，我们需要全员对控制图的关注。

9）一段一段地进行判断，而不是整体地进行判断，往往是工序处于不稳定状态却判断不出来。

10）对控制图中出现的点排列异常现象不做分析也不采取措施，使控制图流于形式。

11）在工序能力不足，即在 $Cp<1$ 的情况下就使用控制图。

12）当影响工序质量波动的因素发生变化或质量水平已有明显的提高时，未能及时调整（重新计算）控制界限。

13）随机抽取样本的方法不当，子组间隔时间过长，有的则把两个班次的数据点到同一张控制图上（各班次是否使用同一张控制图，应视工厂的具体情况而定）。

14）画法不规范，标注不齐全。如 $\bar{x}$ 图和 R 图不对应等。

5.8　过程改进策略

在对过程进行控制时，可能发现会出现两类问题：一是过程失控，二是过程能力不足。

过程失控是由特殊因素造成的。特殊因素造成的异常波动可由控制图发现。当在控制图上发现异常波动时，首先要用专业知识和经验去找出引起异常波动的特殊因素，然后设法去排除它，这个行动称为局部行动。特殊因素排除后，过程又恢复正常，处于受控之中。特殊因素总是有限的，比如工具磨损、机器故障、无证上岗等，要发现一个，排除一个。异常波动通常由与过程直接相关的人员负责处理。统计资料表明，约有15%的问题可以通过局部行动解决。

通过过程能力的分析可以发现过程能力不足。过程能力不足是由于过程输出分布的标准差 σ 过大所致，是由普通因素引起的。要解决这一问题不是局部行动能奏效的，常常需要对系统采取行动，如对人员进行培训、购买更高精度的设备、改进作业方法等。这类工作往往耗费大量资金，需由高一级管理人员进行决策，所以这类行动又称为管理行动。85%的问题要通过管理者从系统上采取措施加以解决。

过程改进的策略见图 5-18。

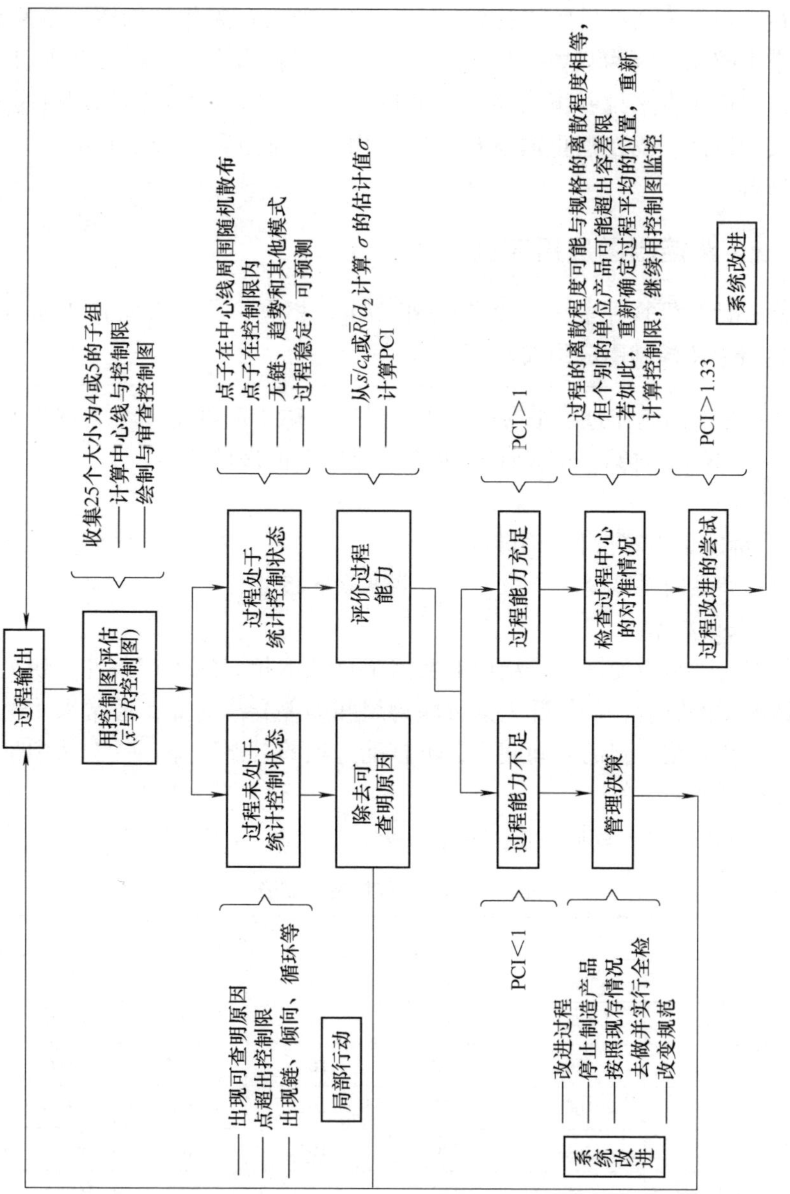

第5章 SPC 统计过程控制

图 5-18 过程改进的策略

5.9 控制图实例（标准值未给定的控制图）

现在，很多公司都借助统计软件（如 MINITAB）来作控制图，带来效率的同时也带来弊端，因为只要一输入数据，控制图就出来了，这之间的计算、绘图过程，对使用者来说并不清楚，这就造成了很多人对控制图的理解是知其然而不知其所以然。我在这里演示控制图运用的详细过程，希望有助于读者对控制图的理解。

5.9.1 $\bar{x} - R$ 控制图应用实例

注意，计算机软件中，一般将 $\bar{x}$ 写作 $Xbar$，相应的，$\bar{x} - R$ 写作 $Xbar - R$。

案例 5-1：$\bar{x} - R$ 控制图应用实例

> 某企业产品制作过程中有一个烘干环节，烘干温度是一个关键特性，要求在 140~180℃ 之间，试设计 $\bar{x} - R$ 图对烘干温度进行控制。
>
> 解答：
> 1）确定子组容量和子组数量。
> 根据产品的具体情况，取 $n = 5$，共取 $k = 25$ 组。
> 2）采集数据。
> 数据的采集应使同一子组内的数据来自基本相同的生产条件，使组内仅有普通因素的影响，而特殊因素反映为组间的差异。为此，通常采用整组随机抽样。它是按一定的时间间隔，不打乱过程的自然顺序，一次从中抽取连续的 n 个样本。
> 3）将数据填入数据表中，见表 5-9。

表 5-9 $\bar{x} - R$ 控制图数据表

子组号	温度					平均值 $\bar{x}_i$	极差 R_i
	x_{i1}	x_{i2}	x_{i3}	x_{i4}	x_{i5}		
1	154	174	164	166	162	164.0	20
2	166	170	162	166	164	165.6	8
3	168	166	160	162	160	163.2	8
4	168	164	170	164	166	166.4	6
5	153	165	162	165	167	162.4	14
6	164	158	162	172	168	164.8	14
7	167	169	159	175	165	167.0	16

(续)

子组号	温度					平均值 $\bar{x}_i$	极差 R_i
	x_{i1}	x_{i2}	x_{i3}	x_{i4}	x_{i5}		
8	158	160	162	164	166	162	8
9	156	162	164	152	164	159.6	12
10	174	162	162	156	174	165.6	18
11	168	174	166	160	166	166.8	14
12	148	160	162	164	170	160.8	22
13	165	159	147	153	151	155.0	18
14	164	166	164	170	164	165.6	6
15	162	158	154	168	172	162.8	18
16	158	162	156	164	152	158.4	12
17	151	158	154	181	168	162.4	30
18	166	166	172	164	162	166.0	10
19	170	170	166	160	160	165.2	10
20	168	160	162	154	160	160.8	14
21	162	164	165	169	153	162.6	16
22	166	160	170	172	158	165.2	14
23	172	164	159	165	160	164.0	13
24	174	164	166	157	162	164.6	17
25	151	160	164	158	170	160.6	19

4)计算各子组的平均值 $\bar{x}_i$ 填入表中。

$\bar{x}_i$ 的计算值应比样本数据多保留一位小数。

5)计算总平均值 $\bar{\bar{x}}$。

$$\bar{\bar{x}} = \frac{1}{k}\sum_{i=1}^{k}\bar{x}_i = 163.26$$

式中 k 为抽取的样本数;$\bar{\bar{x}}$ 的计算值应比样本数据多保留两位小数。

6)计算各样本的极差 R_i 填入表中,$R_i = \max[x_i] - \min[x_i]$。

7)计算各样本极差的平均值 $\bar{R}$。

$$\bar{R} = \frac{1}{k}\sum_{i=1}^{k}R_i = 14.3$$

$\bar{R}$ 的计算值应比样本数据多保留一位小数。

8) 计算控制界限，绘制控制图。

① 先计算 R 图的控制限，绘制 R 图（见图 5-19）。

$$UCL = D_4 \bar{R} = 2.114 \times 14.3 = 30.2$$
$$CL = \bar{R} = 14.3$$
$$LCL = D_3 \bar{R} = 0$$

式中　由子组容量 $n = 5$，查表 4-3 得：$D_4 = 2.114$，$D_3 = 0$。

由图 5-19 可知，R 图不存在过程异常的八种模式，所以可以利用 $\bar{R}$ 来建立 $\bar{x}$ 图。

② 计算 $\bar{x}$ 图的控制限，绘制 $\bar{x}$ 图（见图 5-19）。

$$UCL = \bar{\bar{x}} + A_2 \bar{R} = 171.50$$
$$CL = \bar{\bar{x}} = 163.26$$
$$LCL = \bar{\bar{x}} - A_2 \bar{R} = 155.02$$

由图 5-19 可知，$\bar{x}$ 图中，第 13 组 $\bar{x}$ 值为 155.00，小于 LCL，过程失控。

9) 绘制控制图时，$\bar{x}$ 图在下方，R 图在上方。横坐标为子组号，纵坐标为 $\bar{x}$ 值或 R 值。各中心线用实线表示，控制限用虚线表示，如图 5-19 所示。

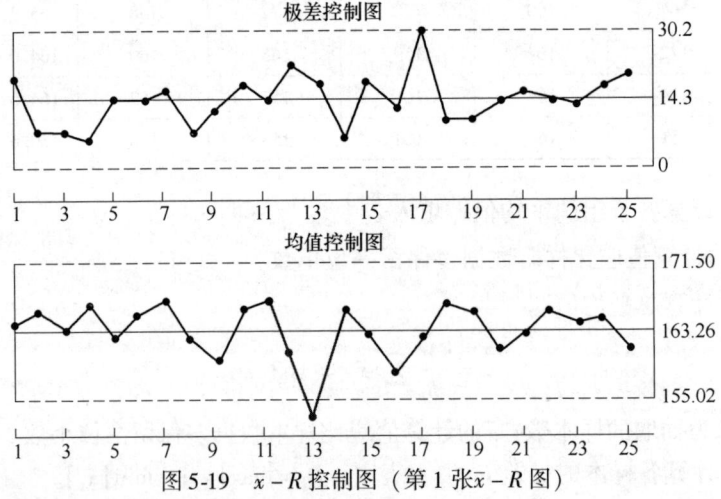

图 5-19　$\bar{x} - R$ 控制图（第 1 张 $\bar{x} - R$ 图）

10) 判断烘干过程是否处于统计控制状态。

$\bar{x}$ 图中，第 13 组 $\bar{x}$ 值为 155.00，小于 LCL，过程失控。调查发现是温度传感器失灵所致，在采集第 14 组数据时，问题已解决。故可去掉第 13 子组的数据，重新计算 R 图与 $\bar{x}$ 图的参数。此时

$$\bar{R} = \frac{\sum R_i}{24} = 14.0$$

$$\bar{\bar{x}} = \frac{\sum \bar{x}_i}{24} = 163.57$$

11）计算 R 图的控制限，绘制 R 图（见图5-20）。

$$UCL = D_4\bar{R} = 29.7$$
$$CL = \bar{R} = 14.0$$
$$LCL = D_3\bar{R} = 0$$

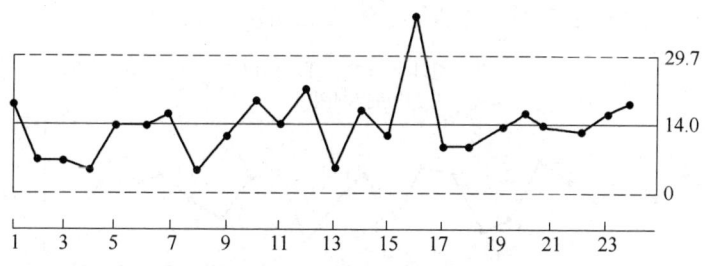

图5-20　去掉第13个子组后得到的极差控制图

由图5-20可知，R 图中第17组（表5-9中的序号，图中为第16组）$R=30$ 出界，R 图失控。调查发现是炉门未关紧所致，在采集第18组数据时，问题已解决。故可去掉表5-9中的第17子组的数据，重新计算 R 图与 $\bar{x}$ 图的参数。此时

$$\bar{R} = \frac{\sum R_i}{23} = 13.3$$

$$\bar{\bar{x}} = \frac{\sum \bar{x}_i}{23} = 163.62$$

12）计算控制界限，绘制控制图。

① 先计算 R 图的控制限，绘制 R 图（图5-21）。

$$UCL = D_4\bar{R} = 28.2$$
$$CL = \bar{R} = 13.3$$
$$LCL = D_3\bar{R} = 0$$

由图5-21可知，R 图不存在过程异常的八种模式，所以可以利用 $\bar{R}$ 来建立 $\bar{x}$ 图。

② 计算 $\bar{x}$ 图的控制限，绘制 $\bar{x}$ 图（如图5-21）。

$$UCL = \bar{\bar{x}} + A_2\bar{R} = 171.32$$
$$CL = \bar{\bar{x}} = 163.62$$
$$LCL = \bar{\bar{x}} - A_2\bar{R} = 155.92$$

由图 5-21 可知，$\bar{x}$ 图不存在过程异常的 8 种模式。

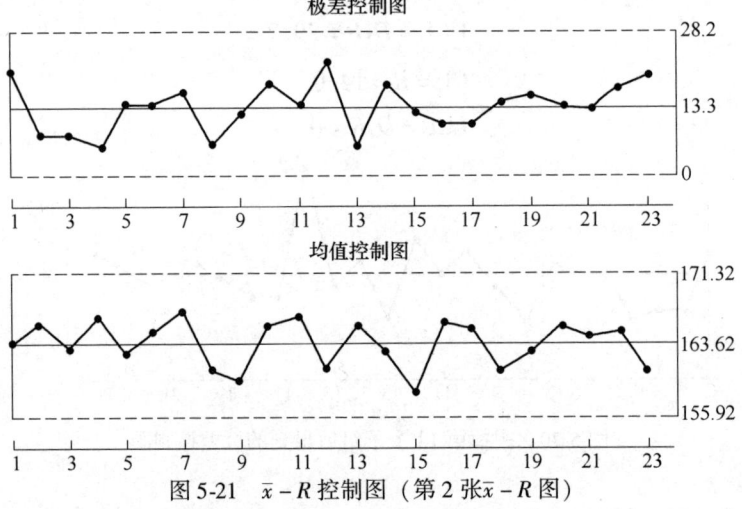

图 5-21 $\bar{x} - R$ 控制图（第 2 张 $\bar{x} - R$ 图）

13) 判断烘干过程是否处于统计控制状态。

R 图、$\bar{x}$ 图都不存在过程异常的 8 种模式，说明烘干过程处于统计控制状态。

14) 计算过程能力指数 Cpk。

利用测量得出的所有数据（去掉第 13、17 子组数据）做直方图，见图 5-22。从直方图的形态看，数据服从正态分布。

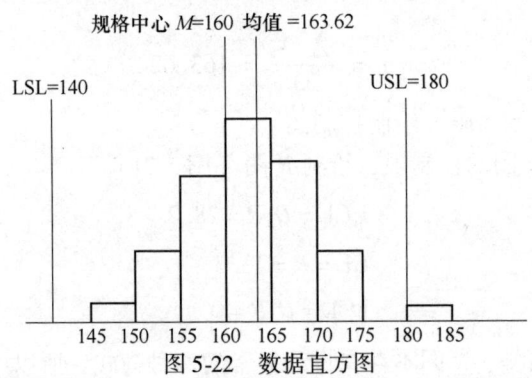

图 5-22 数据直方图

在过程受控且过程输出的数据服从正态分布的前提下，计算过程能力指数 Cpk。

① 求 Cp 值。
$$\sigma_c = \bar{R}/d_2 = 13.3/2.326 = 5.72$$
$$Cp = \frac{\text{USL} - \text{LSL}}{6\sigma_c} = 1.17$$

② 求偏移系数 k。
$$M = \frac{\text{USL} + \text{LSL}}{2} = \frac{140 + 180}{2} = 160$$
$$k = \frac{|\bar{\bar{x}} - M|}{T/2} = \frac{|163.62 - 160|}{(180 - 140)/2} = 0.18$$

③ 求修正后的过程能力指数 Cpk。
$$Cpk = (1 - k)Cp = 0.96$$

说明：在 MINITAB 等统计软件中，是利用 p 值进行正态分布显著性判断。所谓 p 值，通俗地讲，是指在"原假设 H_0：服从正态分布，备选假设 H_1：不服从正态分布"的情况下，用现有数据计算出的"服从正态分布的概率"。如果 $p \leq \alpha$（α 一般取 0.05），则服从正态分布的假设是不能接受的；反之服从正态分布的假设是成立的。

15）过程能力指数 $Cpk < 1$，不能满足要求（要求为 $Cpk \geq 1$），所以不能将分析用控制图转为控制用控制图。需采取措施进行整改，整改后重新收集数据，绘制 $\bar{x} - R$ 图。

16）在 $\bar{x} - R$ 图没有异常，且过程能力满足要求的情况下，延长分析用控制图的控制限，进入控制用控制图阶段，实行对过程的日常监控。

提请注意：控制用控制图的控制限来自分析用控制图，不必随时计算。只有当普通因素变差发生变化或质量水平已有明显提高时，才需要用分析用控制图计算出新的控制限。

5.9.2 $\bar{x} - s$ 控制图应用实例

案例 5-2：$\bar{x} - s$ 控制图应用实例

某厂生产 RTX 电阻，阻值要求为 77.9~86.1kΩ，要求不合格品率 $\leq 1 \times 10^{-4}$，试制订 $\bar{x} - s$ 控制图对其生产过程进行控制。

解答：

1）确定子组容量和子组数量。

取子组容量 $n = 4$，子组数量 $k = 26$ 组。

注意：作 $\bar{x} - s$ 控制图时，要保证 $n \geq 9$。这里取 $n = 4$ 是为了计算方便。本案例仅起演示作用。

2) 采集数据。

数据的采集应使同一子组内的数据来自基本相同的生产条件，使子组内仅有普通因素的影响，而特殊因素反映为子组间的差异。为此，通常采用整组随机抽样，即按一定的时间间隔，不打乱产品的自然生产顺序，一次从中抽取连续的 n 个产品作为样本。

3) 将数据填入数据表中，见表5-10。

表5-10 $\bar{x}-s$ 控制图数据表

产品名称		RTX	工作令编号		9~236		收集数据期间	2012/3/1~2012/3/2
质量特性		阻值	车间		四车间			
观测方法		检验规程1#	规定日产量		20万~27万只		设备编号	3#
规范界限	最大	86.1kΩ	抽样	间隔	1h		操作员	
	最小	77.9kΩ		数量	4只			
规范编号		4#	观测仪编号		8#		检验员	
生产过程质量要求		不合格品率不大于 1×10^{-4}						

日	时	样本序号	测量值/kΩ				$\bar{x}_i$	s_i	摘要
			x_{i_1}	x_{i_2}	x_{i_3}	x_{i_4}			
1	8:00	1	81.86	81.61	82.98	81.33	81.945	0.732	
	9:00	2	82.09	81.06	80.48	80.07	80.925	0.876	
	10:00	3	81.21	82.77	79.95	80.72	81.162	1.191	
	11:00	4	81.23	80.61	81.68	82.13	81.412	0.649	
	12:00	5	83.20	82.50	82.37	80.54	82.152	1.135	
	13:00	6	82.68	82.48	82.96	82.12	82.560	0.353	
	14:00	7	80.17	81.83	81.12	81.41	81.132	0.705	
	15:00	8	81.70	80.09	81.55	80.57	80.978	0.775	
	16:00	9	80.69	80.49	82.16	84.29	81.908	1.754	
	17:00	10	82.72	82.12	81.77	81.60	82.052	0.495	
	18:00	11	80.98	81.33	81.60	80.70	81.152	0.394	分析用控制图说明生产过程处于统计控制状态，计算出的不合格品率小于规定要求，可把分析用控制图转为控制用控制图
	19:00	12	80.42	82.20	80.13	80.24	80.748	0.976	
	20:00	13	82.11	82.13	83.22	82.17	82.408	0.542	
	21:00	14	82.40	81.41	82.93	83.13	82.468	0.769	
	22:00	15	81.55	80.91	81.31	82.43	81.550	0.643	
	23:00	16	81.32	80.12	81.23	80.38	80.762	0.602	
	24:00	17	81.39	80.85	80.60	80.93	80.942	0.330	
2	1:00	18	81.37	83.12	80.39	81.81	81.672	1.133	
	2:00	19	82.62	82.06	81.49	80.92	81.772	0.732	
	3:00	20	79.76	81.17	81.24	79.54	80.428	0.903	
	4:00	21	81.06	82.06	82.76	82.46	82.085	0.741	
	5:00	22	82.55	83.53	82.94	81.89	82.728	0.688	
	6:00	23	83.33	80.54	80.36	80.67	81.172	1.447	
	7:00	24	80.17	81.33	82.57	80.87	81.235	1.009	
	8:00	25	81.60	79.88	81.69	81.79	81.240	0.910	
	9:00	26	80.40	81.60	85.00	83.80	82.700	2.082	

4) 计算各样本的平均值 $\bar{x}_i$ 并填入表中。
$\bar{x}_i$ 的计算值应比样本数据多保留一位小数。

5) 计算总平均值 $\bar{\bar{x}}$。

$$\bar{\bar{x}} = \frac{1}{k}\sum_{i=1}^{k}\bar{x}_i = \frac{1}{26}\sum_{i=1}^{26}\bar{x}_i = 81.6184$$

式中 k 为抽取的子组数量；$\bar{\bar{x}}$ 的计算值应比样本数据多保留二位小数。

6) 计算各子组的标准差 s_i 填入表中。
s_i 的计算值应比样本数据多保留一位小数。s_i 的计算见表5-6。

7) 计算各子组标准差的平均值 $\bar{s}$。

$$\bar{s} = \frac{1}{k}\sum_{i=1}^{k}s_i = \frac{1}{26}\sum_{i=1}^{26}s_i = 0.8398$$

$\bar{s}$ 的计算值应比样本数据多保留二位小数。

8) 计算 s 图的控制限，绘制 s 图（此图省略）。

$$UCL = B_4\bar{s} = 2.266 \times 0.8398 = 1.9029$$
$$CL = \bar{s} = 0.8398$$
$$LCL = B_3\bar{s} = 0$$

s 图上的 26# 数据的标准差超出了 s 图的 UCL 上控制限，说明生产过程有异常原因，应查找异常原因，采取措施加以纠正。为简单起见，去掉 26# 子组，利用剩下的 25 个子组重新计算中心线和控制界限。

9) 重新计算中心线和控制界限。
去掉 26# 数据，重新计算中心线和控制界限。
① 求 $\bar{\bar{x}}$，$\bar{s}$。

$$\bar{\bar{x}} = \frac{1}{k}\sum_{i=1}^{k}\bar{x}_i = \frac{1}{25}\sum_{i=1}^{25}\bar{x}_i = 81.5751$$

$$\bar{s} = \frac{1}{k}\sum_{i=1}^{k}s_i = \frac{1}{25}\sum_{i=1}^{25}s_i = 0.7901$$

② 先计算 s 图的控制限，绘制 s 图（图5-23）。

$$UCL = B_4\bar{s} = 1.7294$$
$$CL = \bar{s} = 0.7901$$
$$LCL = B_3\bar{s} = 0$$

由图5-23可知，s 图不存在过程异常的8种模式，所以可以利用 $\bar{s}$ 来建立 $\bar{x}$ 图。

③ 计算 $\bar{x}$ 图的控制限，绘制 $\bar{x}$ 图（图5-23）。

$$\text{UCL} = \bar{\bar{x}} + A_3 \bar{s} = 82.8628$$
$$\text{CL} = \bar{\bar{x}} = 81.5751$$
$$\text{LCL} = \bar{\bar{x}} - A_3 \bar{s} = 80.2874$$

由图 5-23 可知，$\bar{x}$ 图不存在过程异常的 8 种模式。

注：一般将 s 图放在上方，$\bar{x}$ 图放在下方。

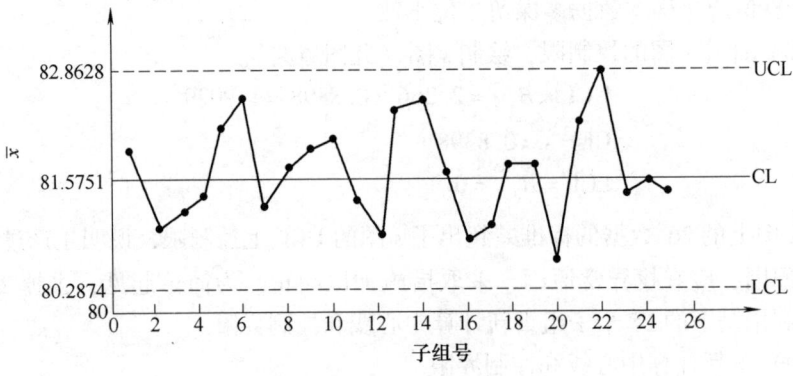

图 5-23 $\bar{x} - s$ 控制图

10）判断生产过程是否处于统计控制状态。

s 图和 $\bar{x}$ 图都不存在过程异常的 8 种模式，说明生产过程处于统计控制状态。

11）检查生产过程是否满足质量要求（本案例要求不合格品率 $p \leq 1 \times 10^{-4}$）。计算过程的不合格品率 p。

① 求 Cp 值。

$$Cp = \frac{\text{USL} - \text{LSL}}{6\sigma_c} = \frac{\text{USL} - \text{LSL}}{6\bar{s}/c_4} = \frac{8.2}{6 \times 0.7901/0.9213} = 1.59$$

② 求偏移量 ε 和偏移系数 k。

$$\varepsilon = |\bar{\bar{x}} - M| = \left|\bar{\bar{x}} - \frac{(\text{USL} + \text{LSL})}{2}\right| = \left|81.5751 - \frac{(86.1 + 77.9)}{2}\right| = 0.4249$$

$$k = \frac{\varepsilon}{T/2} = \frac{0.4249}{8.2/2} = 0.10$$

③ 求过程不合格品率 p。

$$p = \Phi[-3(1+k)Cp] + \Phi[-3(1-k)Cp]$$
$$= \Phi[-5.247] + \Phi[-4.293]$$
$$= 8.89 \times 10^{-6}$$

过程的不合格品率 $p = 8.89 \times 10^{-6} <$ 要求值 1×10^{-4}。

12) 过程能力满足要求,可以把分析用控制图转为控制用控制图。

5.9.3 Me-R ($\tilde{x} - R$) 控制图应用实例

案例 5-3:Me-R ($\tilde{x} - R$) 控制图应用实例

某厂加工一基板,其长度尺寸要求为 49.50mm ± 0.15mm,现场随机抽样,每 2h 抽取一个样本,其样本大小为 5,试设计 $\tilde{x} - R$ 控制图对生产过程进行控制。

解答:

1) 确定子组容量和子组个数。

根据产品的具体情况,取子组容量 $n = 5$,子组数量 $k = 25$ 组。

2) 采集数据。

数据的采集应使同一子组内的数据来自基本相同的生产条件,使样本内仅有普通因素的影响,而特殊因素反映为子组间的差异。为此,通常采用整组随机抽样。它是按一定的时间间隔,不打乱产品的自然生产顺序,一次从中抽取连续的 n 个产品作为样本的。

3) 将数据填入数据表中,见表 5-11。

注意:表中数据,实测值为 49.47、49.46、…,为了简化计算,表中数据值只取小数点后两位。

4) 找出各子组中的中位数 $\tilde{x}_i$。

5) 计算各中位数的总平均值 $\bar{\tilde{x}}$。

$$\bar{\tilde{x}} = \frac{\sum_{i=1}^{k} \tilde{x}_i}{k} = 49.506$$

式中 k 为抽取的样本数;$\bar{\tilde{x}}$ 的计算值应比样本数据多保留一位小数。

6) 计算各样本的极差 R_i 填入表中。

7) 计算各样本极差的平均值 $\bar{R}$。

$$\bar{R} = \frac{1}{k}\sum_{i=1}^{k} R_i = 0.080$$

$\bar{R}$ 的计算值应比样本数据多保留一位小数。

表 5-11 $\tilde{x} - R$ 控制图数据表

产品名称		基板	工作令编号		2012-04-24-1		收集数据期间	2012/4/8 ~ 2012/4/10
质量特性		长度	车间		金工		设备编号	6#
观测方法		检验规程5#	规定日产量		2500 块		操作员	
规范界限	最大	49.65mm	抽样	间隔	2h			
	最小	49.35mm		数量	5 块		检验员	
规范编号			观测仪编号		4#			
生产过程质量要求		过程能力指数不小于1						

日	时	子组号	观测值					$\tilde{x}_i$	R_i	摘要
			x_{i1}	x_{i2}	x_{i3}	x_{i4}	x_{i5}			
8	8:00	1	47	46	52	51	47	47	6	
	10:00	2	48	53	55	49	48	49	7	
	12:00	3	50	53	47	52	48	50	6	
	14:00	4	47	53	50	51	47	50	6	
	16:00	5	47	55	45	53	56	53	11	
	18:00	6	45	49	49	53	57	49	12	
	20:00	7	50	45	49	53	55	50	10	
	22:00	8	50	50	53	51	47	50	6	
	24:00	9	50	45	51	57	50	50	12	
9	2:00	10	50	48	57	55	53	53	9	
	4:00	11	47	44	54	55	50	50	11	
	6:00	12	49	50	50	52	55	50	6	
	8:00	13	46	48	53	50	50	50	7	
	10:00	14	53	57	55	51	47	53	10	
	12:00	15	45	47	49	52	54	49	9	
	14:00	16	48	53	50	51	50	50	5	
	16:00	17	50	48	52	55	50	50	7	
	18:00	18	50	51	47	53	52	51	6	
	20:00	19	50	49	52	50	54	50	5	
	22:00	20	50	52	53	45	51	51	8	
	24:00	21	52	47	57	50	52	52	10	
10	2:00	22	50	52	49	53	47	50	6	
	4:00	23	50	47	48	56	50	50	9	
	6:00	24	48	50	46	53	50	50	5	
	8:00	25	50	55	57	54	46	54	11	

8）计算控制界限，绘制控制图。

① 先计算 R 图的控制限，绘制 R 图（见图5-24）。

$$\mathrm{UCL} = D_4\bar{R} = 2.114 \times 0.080 = 0.169$$
$$\mathrm{CL} = \bar{R} = 0.080$$
$$\mathrm{LCL} = D_3\bar{R} = 0$$

由图5-24可知，R 图不存在过程异常的八种模式，所以可以利用 $\bar{R}$ 来建立 $\tilde{x}$ 图。

② 计算 $\tilde{x}$ 图的控制限，绘制 $\tilde{x}$ 图（见图5-24）。

$$\mathrm{UCL} = \bar{\tilde{x}} + m_3 A_2 \bar{R} = 49.506 + 0.691 \times 0.080 = 49.561$$
$$\mathrm{CL} = \bar{\tilde{x}} = 49.506$$
$$\mathrm{LCL} = \bar{\tilde{x}} - m_3 A_2 \bar{R} = 49.506 - 0.691 \times 0.080 = 49.451$$

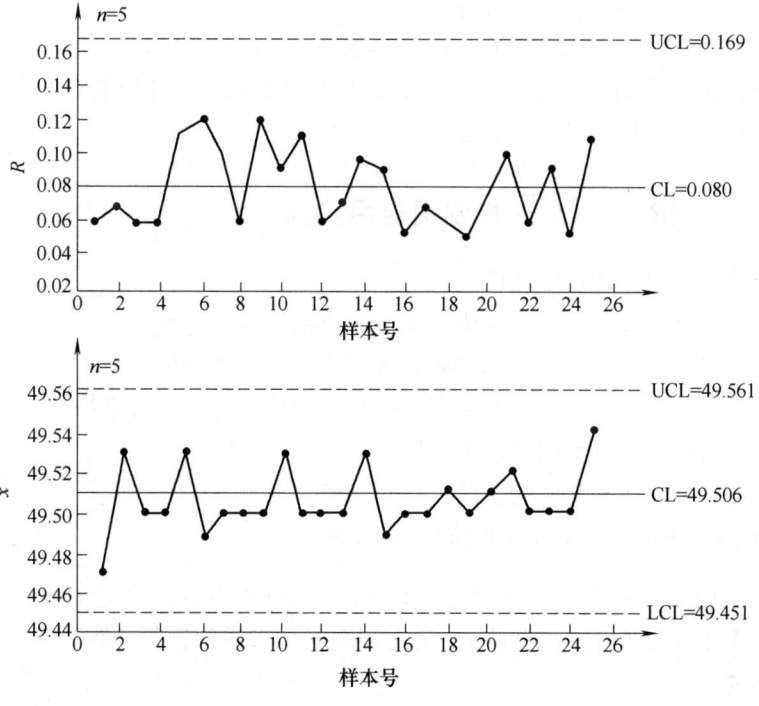

图 5-24　$\tilde{x} - R$ 控制图

由图 5-24 可知，$\tilde{x}$ 图不存在过程异常的 8 种模式。

注意：一般将 R 图放在上方，$\tilde{x}$ 图放在下方。

9）判断生产过程是否处于统计控制状态。

R 图和 $\tilde{x}$ 图都不存在过程异常的 8 种模式，说明生产过程处于统计控制状态。

10）计算过程能力指数 Cpk。

① 求 Cp 值。

$$Cp = \frac{T}{6\sigma_c} = \frac{USL - LSL}{6\bar{R}/d_2} = \frac{49.65 - 49.35}{6 \times 0.080/2.326} = 1.47$$

② 求偏离量 ε 和偏移系数 k。

$$\varepsilon = \left|\bar{\bar{x}} - M\right| = \left|\bar{\bar{x}} - \frac{(USL + LSL)}{2}\right| = \left|49.506 - \frac{(49.65 + 49.35)}{2}\right| = 0.006$$

$$k = \frac{\varepsilon}{T/2} = \frac{0.006}{0.30/2} = 0.04$$

③ 求修正后的过程能力指数 Cpk。

$$Cpk = (1 - k)Cp = (1 - 0.04) \times 1.47 = 1.41$$

11）过程能力指数 $Cpk = 1.41$（要求为 $Cpk \geq 1$），过程能力充分，可以把分析用控制图转为控制用控制图。

5.9.4　$x - MR$（$x - R_s$）控制图应用实例

在下列情况下使用 $x - R_s$ 图：

1）一次只能得到一个测量值，如生产效率、消耗定额。
2）生产过程质量均匀，不需要抽取多个样品，如液体浓度。
3）取得测量值既费时成本又高，如复杂的化学分析、安全检验。
4）样品在检测后不能再使用的场合。
5）需尽早发现异常的场合。

案例 5-4：$x - MR$（$x - R_s$）控制图应用实例

某厂加工一零件，其尺寸要求是 12.8mm ± 0.7mm，过程质量要求为不合格品率不超过 5%，试设计 $x - R_s$ 控制图对加工过程进行控制。

解答：

1）收集数据，填入数据表（见表 5-12）。

收集数据的个数一般不少于 25 个，本例数据的个数 $k = 25$ 个。

表 5-12 $x-R_s$ 控制图数据表

样本号	x_i	R_{si}	样本号	x_i	R_{si}	样本号	x_i	R_{si}
1	12.1	—	10	12.8	0.3	19	12.5	0.3
2	12.1	0	11	13.1	0.3	20	12.6	0.1
3	12.4	0.3	12	12.8	0.3	21	12.4	0.2
4	13.2	0.8	13	13.4	0.6	22	12.8	0.4
5	13.3	0.1	14	13.0	0.4	23	12.7	0.1
6	12.4	0.9	15	12.5	0.5	24	12.6	0.1
7	13.0	0.6	16	12.2	0.3	25	13.0	0.4
8	13.5	0.5	17	13.0	0.8	合计	318.7	9.5
9	12.5	1.0	18	12.8	0.2	平均值	12.75	0.40

2）计算各样本的移动极差及其平均值。

R_{si} 和 $\overline{R}_s$ 用下式计算：

$$R_{si} = |x_i - x_{i-1}|, i = 2, 3, \cdots, k$$

$$\overline{R}_s = \frac{\sum_{i=2}^{k} R_{si}}{k-1}$$

第 2 号样本：$R_{s2} = |x_2 - x_1| = |12.1 - 12.1| = 0$

第 3 号样本：$R_{s3} = |x_3 - x_2| = |12.4 - 12.1| = 0.3$

……

$$\overline{R}_s = \frac{\sum_{i=2}^{k} R_{si}}{k-1} = 0.40$$

3）计算 R_s 图的控制限，绘制 R_s 图（见图 5-25）。

$$UCL = 3.267\overline{R}_s = 3.267 \times 0.40 = 1.31$$

$$CL = \overline{R}_s = 0.40$$

$$LCL = 0$$

由图 5-25 可知，R_s 图不存在过程异常的 8 种模式，所以可以利用 $\overline{R}_s$ 来建立 x 图。

4）计算 x 图的控制限，绘制 x 图（见图 5-25）。

$$UCL = \overline{x} + 2.660\overline{R}_s = 13.81$$

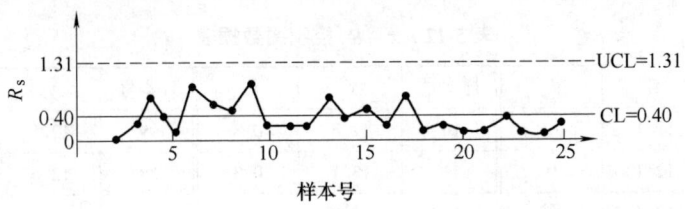

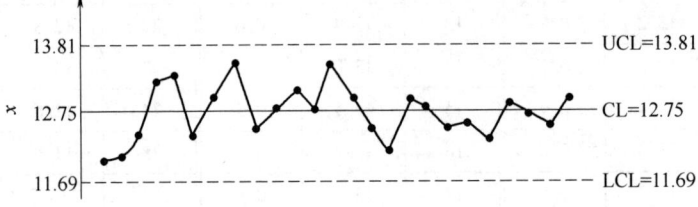

图 5-25 $x - R_s$ 控制图

$$CL = \bar{x} = \frac{\sum_{i=1}^{k} x_i}{k} = 12.75$$

$$LCL = \bar{x} - 2.660\bar{R}_s = 11.69$$

由图 5-25 可知，x 图不存在过程异常的 8 种模式。

注意：一般将 R_s 图放在上方，x 图放在下方。

5）判断生产过程是否处于统计控制状态。

R_s 图和 x 图都不存在过程异常的 8 种模式，说明生产过程处于统计控制状态。

6）计算过程能力指数。

① 求 Cp 值。

$$Cp = \frac{T}{6\sigma_c} = \frac{USL - LSL}{6\bar{R}_s/1.128} = \frac{1.4}{6 \times 0.40/1.128} = 0.66$$

② 求偏移量 ε 和偏移系数 k。

$$\varepsilon = |\bar{x} - M| = \left|\bar{x} - \frac{(USL + LSL)}{2}\right| = \left|12.75 - \frac{(13.5 + 12.1)}{2}\right| = 0.05$$

$$k = \frac{\varepsilon}{T/2} = \frac{0.05}{1.4/2} = 0.07$$

③ 求修正后的过程能力指数 Cpk。

$$Cpk = (1 - k)Cp = (1 - 0.07) \times 0.66 = 0.61$$

7）计算过程平均不合格品率 p。

$$p = \Phi[-3(1+k)Cp] + \Phi[-3(1-k)Cp]$$
$$= \Phi(-2.12) + \Phi(-1.84) = 0.0170 + 0.0329$$
$$= 4.99\%$$

8)判断分析用控制图能否转为控制用控制图。

$p=4.99\% <5\%$,满足生产过程质量要求,可以将分析用控制图转化为控制用控制图,对生产过程进行连续监控。

9)标注有关事宜,如日期、班组、制作人等(本例省略)。

注意:在 x 图上可以将公差界限加上,这样就可直观地看出过程的质量水平。若控制界限超出公差界限范围,产品质量就不能满足规格要求。但千万注意,不能以数据是否超出公差界限来判断过程是否处于统计控制状态。

5.9.5 p 不合格品率控制图应用实例

不合格品率控制图主要用于判断生产过程中不合格品率是否处于并保持在所要求的水平。

p 控制图有下列几种画法。

1)所收集的子组容量 n 不等,其控制限要按各子组分别进行计算。计算过程繁琐,控制限是由不规则的折线(控制界限呈凹凸状)所组成。

由于上下控制限凹凸起伏,不便于观察变差可查明原因的 8 种模式。

2)对上述控制限的计算进行简化,即用子组容量的平均值 $\bar{n}$ 为代表值,把原来不规则的凹凸状控制界限画成了直线,但这种简化方法要满足下述条件:

各子组容量与其平均值 $\bar{n}$ 相差不超过 $\pm 25\%$,即

$$75\% \bar{n} \leqslant n_i \leqslant 125\% \bar{n}$$

美国汽车工业行动集团(AIAG)的《SPC 统计过程控制手册》中的规定是

$$\frac{最小值\ n_i}{最大值\ n_i} \geqslant 0.75$$

3)当子组容量变化较大时,可利用标准化变量的方法。即不点绘 p_i 值,而改为点绘标准化值 z_i,其中

$$z_i = \frac{p_i - \bar{p}}{\sqrt{\bar{p}(1-\bar{p})/n_i}}$$

这时中心线 $CL=0$,$UCL=3$,$LCL=-3$,它们都是常数,与子组容量无关。

4)所收集的子组容量相同,控制限的计算简单并且是一条直线。

在实际使用 p 图时,应该在抽取样本时,使 n 相等,这样可以方便作图。

案例 5-5:p 控制图应用实例(子组容量不等,各子组分别计算控制限)

某 DVD 厂在出厂前对产品进行抽样检验,要求平均不合格品率 $\leqslant 3\%$,试用 p 控制图对其进行控制。

解答：

1) 预备数据的取得。

子组数量不少于 25 个。本例取 $k=25$ 组数据列入数据表（表 5-13）。

表 5-13　DVD 生产批质量控制数据表

组号	子组容量 n_i	不合格品数 $(np)_i$	不合格品率 p_i（%）	$(UCL)_i$	$(LCL)_i$
1	415	12	2.9	4.64	0.15
2	368	10	2.7	4.78	0.02
3	208	6	2.9	5.64	—
4	230	6	2.6	5.43	—
5	430	8	1.9	4.63	0.17
6	530	18	3.4	4.39	0.41
7	473	15	3.2	4.51	0.29
8	392	8	2.0	4.72	0.07
9	435	9	2.1	4.62	0.19
10	253	6	2.4	5.31	—
11	420	7	1.7	4.63	0.07
12	380	8	2.1	4.75	0.05
13	430	8	1.9	4.62	0.18
14	315	5	1.6	4.98	—
15	740	19	2.6	4.08	0.72
16	395	9	2.3	4.71	0.09
17	175	6	3.4	5.87	—
18	248	5	2.0	5.20	—
19	209	6	2.9	5.56	—
20	297	6	2.0	5.05	—
21	179	5	2.8	5.82	—
22	313	7	2.2	5.04	—
23	171	5	2.9	5.92	—
24	325	6	1.8	4.92	—
25	304	7	2.3	5.03	—
Σ	8625	207	$\bar{p}=\dfrac{\sum_{i=1}^{k}(np)_i}{\sum_{i=1}^{k} n_i}=\dfrac{207}{8625}=2.4\%$		

2) 计算各子组的不合格品率列入数据表（表 5-13）。

$$p_i=\frac{(np)_i}{n_i}=\frac{\text{子组内不合格品数}}{\text{本子组容量}}$$

3) 计算 25 组样本的平均不合格品率 $\bar{p}$，这也是 p 控制图的中心线。

$$\bar{p} = \frac{\sum_{i=1}^{k}(np)_i}{\sum_{i=1}^{k}n_i} = \frac{207}{8625} = 2.4\%$$

注意，这里不能用 $\bar{p} = \frac{\sum_{i=1}^{k}p_i}{k}$ 来计算，因为子组容量不等。

4）计算每一组的控制界限。

由于各组的子组容量 n 是不相等的，所以要逐组分别计算上、下控制限（控制限是随子组容量 n 的变化而变化的）。

$$\text{CL} = \bar{p} = 2.4\%（中心线各组相同）$$

$$(\text{UCL})_i = \bar{p} + 3 \times \sqrt{\frac{\bar{p}(1-\bar{p})}{n_i}}$$

$$(\text{LCL})_i = \bar{p} - 3 \times \sqrt{\frac{\bar{p}(1-\bar{p})}{n_i}}$$

计算结果填入表 5-13 中。

注意：分析用控制图转为控制用控制图后，每次取样同样也要计算控制限，但公式中的平均不合格品率 $\bar{p}$ 要采用分析用控制图中的平均不合格品率 $\bar{p}$。

5）作控制图并打点（图 5-26）。

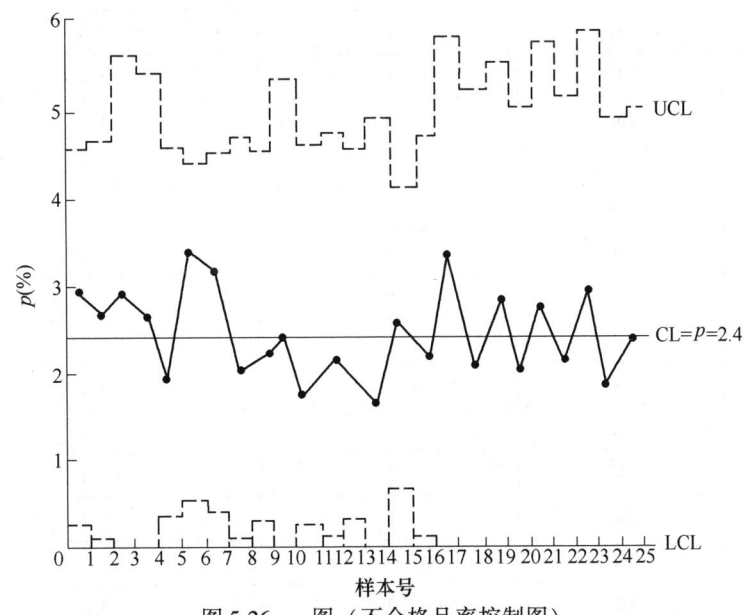

图 5-26　p 图（不合格品率控制图）

6）判断控制图有无异常。

p 图不存在过程异常的 8 种模式，说明生产过程处于统计控制状态。

7）样本平均不合格品率 $\bar{p}=2.4\%<3\%$（检验要求），说明过程能力满足要求。

8）生产过程处于统计控制状态，过程能力满足要求，故可把分析用控制图转化为控制用控制图。

案例 5-6：p 控制图（$75\%\bar{n} \leqslant n_i \leqslant 125\%\bar{n}$）

某厂加工一零件，其不合格品统计见表 5-14，试建立 p 控制图对加工过程进行管理。

表 5-14　某零件不合格品统计表

子组号	子组容量 n_i	不合格品数 $(np)_i$	不合格品率 p_i（%）
1	230	6	2.6
2	240	7	2.9
3	260	9	3.5
4	181	6	3.3
5	300	13	4.3
6	200	7	3.5
7	250	6	2.4
8	240	4	1.7
9	260	5	1.9
10	270	5	1.9
11	260	6	2.3
12	210	8	3.8
13	220	9	4.1
14	240	8	3.3
15	260	8	3.1
16	230	7	3.0
17	240	5	2.1
18	280	6	2.1
19	260	7	2.7
20	230	7	3.0

(续)

子组号	子组容量 n_i	不合格品数 $(np)_i$	不合格品率 p_i（%）
21	240	6	2.5
22	250	5	2.1
23	240	4	1.7
24	200	6	3.0
25	240	7	2.9
合计	6031	167	$\bar{p}=2.77$

解答：

1) 收入数据，填入数据表。

子组数量 k 一般 $\geqslant 25$ 个。子组容量 n_i，不宜大也不宜小，应以满足 $75\%\bar{n} \leqslant n_i \leqslant 125\%\bar{n}$ 为宜。

本例样本数取 $k=25$，子组容量 n_i 大小不等，$n_{max}=300$，$n_{min}=181$。

由于

$$\bar{n}=\frac{6031}{25}=241，\quad 125\%\bar{n}=301，\quad 75\%\bar{n}=180$$

所以

$$n_{max}<125\%\bar{n}，\quad n_{min}>75\%\bar{n}$$

故本例可用子组容量的均值 $\bar{n}$ 为代表值。

2) 计算各样本的不合格品率 p_i。

不合格品率 p_i 用下式计算

$$p_i=\frac{(np)_i}{n_i} \quad i=1，2，\cdots，k$$

本例中

第 1 个样本： $p_1=\frac{(np)_1}{n_1}=\frac{6}{230}=2.6\%$

第 2 个样本： $p_2=\frac{(np)_2}{n_2}=\frac{7}{240}=2.9\%$

……

3) 计算平均不合格品率 $\bar{p}$。

平均不合格品率用下式计算

$$\bar{p}=\frac{\sum_{i=1}^{k}(np)_i}{\sum_{i=1}^{k}n_i}$$

本例中

$$\bar{p} = \frac{\sum_{i=1}^{k}(np)_i}{\sum_{i=1}^{k}n_i} = \frac{167}{6030} = 2.77\%$$

4）计算中心线和控制限。

中心线和控制限计算如下

$$UCL = \bar{p} + 3 \times \sqrt{\frac{\bar{p}(1-\bar{p})}{\bar{n}}}$$

$$CL = \bar{p}$$

$$LCL = \bar{p} - 3 \times \sqrt{\frac{\bar{p}(1-\bar{p})}{\bar{n}}}$$

本例中

$$UCL = \bar{p} + 3 \times \sqrt{\frac{\bar{p}(1-\bar{p})}{\bar{n}}} = 5.94\%$$

$$CL = \bar{p} = 2.77\%$$

$$LCL = \bar{p} - 3 \times \sqrt{\frac{\bar{p}(1-\bar{p})}{\bar{n}}} = -0.4（以0为自然下限）$$

5）画出中心线和控制界限（见图5-27）。

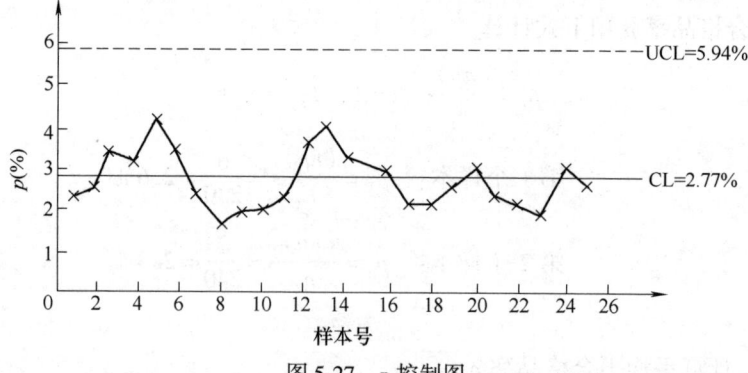

图 5-27　p 控制图

6）描点（见图5-27）。

7）判断控制图有无异常（本例省略）。

8）判断过程能力是否达到基本要求（本例省略）。

9）判断分析用控制图能否转为控制用控制图（本例省略）。

10）标注有关事宜，如日期、班组、制作人等（本例省略）。

第5章 SPC统计过程控制

案例5-7：p控制图应用实例（转换为标准化值Z）

某电容器厂在出厂前对产品进行抽样检验，要求平均不合格品率≤4%，试用p控制图对其进行控制。

解答：

1）预备数据的取得。

子组数量不少于25个。

本案例中收集了11月份的产品抽检结果，共28个子组（$k=28$），见表5-15。

表5-15　11月份电容器出厂抽检结果

子组号	抽检数量（子组容量n_i）	不合格品数$(np)_i$	不合格品率p_i（%）	标准化值（Z_i）
1	85	2	0.024	-0.732
2	83	5	0.060	1.007
3	63	1	0.016	-0.945
4	60	3	0.050	0.446
5	90	2	0.022	-0.817
6	80	1	0.012	-1.220
7	97	3	0.031	-0.405
8	91	1	0.011	-1.376
9	94	2	0.021	-0.883
10	85	1	0.012	-1.293
11	55	0	0.000	-1.492
12	92	1	0.011	-1.390
13	94	0	0.000	-1.950
14	95	3	0.032	-0.368
15	81	0	0.000	-1.810
16	82	7	0.085	2.178
17	75	3	0.040	0.050
18	57	1	0.018	-0.833
19	91	6	0.066	1.335
20	67	2	0.030	-0.382
21	86	3	0.035	-0.192
22	99	8	0.081	2.158
23	76	1	0.013	-1.160
24	93	8	0.086	2.352
25	72	5	0.069	1.342
26	97	9	0.093	2.747
27	99	10	0.101	3.198
28	76	2	0.026	-0.566

2) 计算各子组的不合格品率列入数据表（表5-15）。

$$p_i = \frac{(np)_i}{n_i} = \frac{\text{子组内不合格品数}}{\text{本子组容量}}$$

3) 计算28组样本的平均不合格品率 $\bar{p}$。

$$\bar{p} = \frac{\sum_{i=1}^{k}(np)_i}{\sum_{i=1}^{k} n_i} = \frac{90}{2315} = 3.9\%$$

注意，这里不能用 $\bar{p} = \frac{\sum_{i=1}^{k} p_i}{k}$ 来计算，因为子组容量不等。

4) 将各子组的不合格品率 p_i 转换为标准化值 Z_i。

转换公式为：

$$Z_i = \frac{p_i - \bar{p}}{\sqrt{\bar{p}(1-\bar{p})/n_i}}$$

本例：第1个样本：$Z_1 = \frac{p_1 - \bar{p}}{\sqrt{\bar{p}(1-\bar{p})/n_1}} = \frac{0.024 - 0.039}{\sqrt{0.039(1-0.039)/85}} = -0.732$

……

注意：分析用控制图转为控制用控制图后，每次取样后都要进行标准化值的转换，但公式中的平均不合格品率 $\bar{p}$ 要采用分析用控制图中的平均不合格品率 $\bar{p}$。

5) 确定标准化值 Z 的控制限，绘制控制图。

标准化值 Z 的上控制限、中心线、下控制限是常数，与子组容量无关：

$$UCL = 3$$
$$CL = 0$$
$$LCL = -3$$

绘制标准化值 Z 的控制图，描点，见图5-28。

6) 判断控制图有无异常。

从第5子组开始到第15子组为止，出现了连续11点落在中心线同一侧的情况，这是8种异常模式中的第2种情况。这是一种异常情况，但却是一种异常好的情况。应该查明原因，加以保持，以降低产品的不合格品率。

第22到第26子组，出现了连续3点中有2点落在中心线同一侧的B区以外的情况，这是8种异常模式中的第5种情况。应该立即查找原因加以纠正。

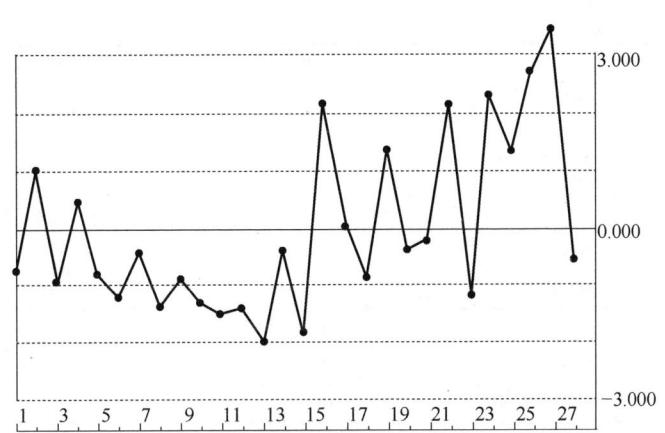

图 5-28　标准化描点值的 Z 控制图

第 27 子组超出了上控制限，说明出现异常，应查找原因加以消除。而且，控制图显示从第 22 子组开始就出现了异常，所以应该结合第 22 到第 26 子组做综合原因分析，尽快加以纠正。

综上所述，应尽快查找异常的原因，加以消除。建议重新收集 25 个子组，做控制图，以再次判断过程是否处于统计控制状态。

7）判断过程能力是否达到基本要求（本例省略）。

8）判断分析用控制图能否转为控制用控制图（本例省略）。

9）标注有关事宜，如日期、班组、制作人等（本例省略）。

案例 5-8：p 控制图（子组容量相等）

某厂加工一零件，其不合格品统计见表 5-16，试建立 p 控制图对加工过程进行管理。

表 5-16　某零件不合格品统计表

子组号	子组容量 n_i	不合格品数 $(np)_i$	不合格品率 p_i（%）
1	500	12	2.4
2	500	15	3.0
3	500	19	3.8
4	500	13	2.6
5	500	9	1.8
6	500	26	5.2
7	500	18	3.6
8	500	14	2.8

(续)

子组号	子组容量 n_i	不合格品数 $(np)_i$	不合格品率 p_i（%）
9	500	17	3.4
10	500	18	3.6
11	500	16	3.2
12	500	24	4.8
13	500	11	2.2
14	500	31	6.2
15	500	16	3.2
16	500	10	2.0
17	500	16	3.2
18	500	17	3.4
19	500	20	4.0
20	500	15	3.0
21	500	8	1.6
22	500	13	2.6
23	500	12	2.4
24	500	17	3.4
25	500	18	3.6
合计	12500	405	$\bar{p}=3.24$

解答：

1）收入数据，填入数据表。

子组数量 k 一般 ≥ 25 个。子组容量一致。

本例：子组数量 $k=25$，子组容量一致，子组容量 $n=500$。

2）计算各子组的不合格品率 p_i。

不合格品率 p_i 用下式计算：

$$p_i = \frac{(np)_i}{n_i} \quad i=1,2,\cdots,k$$

本例中　　　　第 1 个样本：$p_1 = \frac{(np)_1}{n_1} = \frac{12}{500} = 2.4\%$

　　　　　　　第 2 个样本：$p_2 = \frac{(np)_2}{n_2} = \frac{15}{500} = 3.0\%$

　　　　　　　……

3）计算平均不合格品率 $\bar{p}$。

平均不合格品率计算式如下

$$\bar{p} = \frac{\sum_{i=1}^{k}(np)_i}{\sum_{i=1}^{k} n_i}$$

本例中

$$\bar{p} = \frac{\sum_{i=1}^{k}(np)_i}{\sum_{i=1}^{k} n_i} = \frac{405}{12500} = 3.24\%$$

4）计算中心线和控制限。

中心线和控制界限计算式如下

$$UCL = \bar{p} + 3 \times \sqrt{\frac{\bar{p}(1-\bar{p})}{n}}$$

$$CL = \bar{p}$$

$$LCL = \bar{p} - 3 \times \sqrt{\frac{\bar{p}(1-\bar{p})}{n}}$$

本例中

$$UCL = \bar{p} + 3 \times \sqrt{\frac{\bar{p}(1-\bar{p})}{n}} = 5.61\%$$

$$CL = \bar{p} = 3.24\%$$

$$LCL = \bar{p} - 3 \times \sqrt{\frac{\bar{p}(1-\bar{p})}{n}} = 0.87\%$$

5）画出中心线和控制界限（见图 5-29）
6）描点（见图 5-29）。

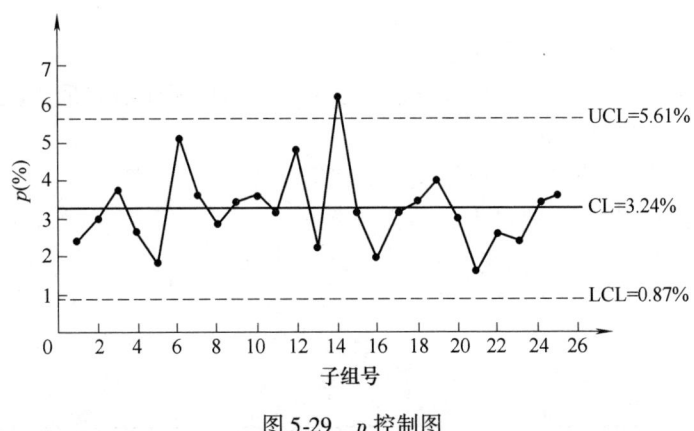

图 5-29 p 控制图

7）判断控制图有无异常（本例省略）。

8）判断过程能力是否达到基本要求（本例省略）。

9）判断分析用控制图能否转为控制用控制图（本例省略）。

10）标注有关事宜，如日期、班组、制作人等（本例省略）。

5.9.6　np 不合格品数控制图应用实例

案例 5-9：np 控制图应用实例

某 DVD 厂装配车间 DVD 性能测试统计资料见表 5-17，装配过程质量要求为平均不合格品率 $\bar{p} \leqslant 5\%$，试设计不合格品数控制图（np 图）对装配过程进行管理。

表 5-17　DVD 性能测试不合格品统计表

组号	子组容量 n	不合格品数 np	组号	子组容量 n	不合格品数 np
1	62	2	14	62	3
2	62	5	15	62	6
3	62	4	16	62	3
4	62	3	17	62	8
5	62	3	18	62	4
6	62	6	19	62	4
7	62	5	20	62	4
8	62	0	21	62	6
9	62	7	22	62	4
10	62	5	23	62	2
11	62	4	24	62	3
12	62	1	25	62	7
13	62	2	合计	1550	101

解答：

1）收入数据，填入数据表。

子组数量 k 一般 $\geqslant 25$ 个，子组容量一致。本例子组数量取 $k=25$，子组容量一致，子组容量 $n=62$。

注意：作 np 图时，必须保证子组容量一致。

2）计算平均不合格品率 $\bar{p}$。

平均不合格品率计算式如下

$$\bar{p} = \frac{\sum_{i=1}^{k}(np)_i}{nk}$$

本例中

$$\bar{p} = \frac{\sum_{i=1}^{k}(np)_i}{nk} = \frac{2+5+\cdots+7}{62\times 25} = 0.065$$

3) 计算中心线和控制限。

中心线和控制限计算式如下

$$UCL = n\bar{p} + 3\sqrt{n\bar{p}(1-\bar{p})}$$
$$CL = n\bar{p}$$
$$LCL = n\bar{p} - 3\sqrt{n\bar{p}(1-\bar{p})}$$

本例中

$$UCL = n\bar{p} + 3\sqrt{n\bar{p}(1-\bar{p})} = 9.87$$
$$CL = n\bar{p} = 4.04$$
$$LCL = n\bar{p} - 3\sqrt{n\bar{p}(1-\bar{p})} = -1.79(\text{以 }0\text{ 为自然下限})$$

4) 画出中心线和控制限（见图 5-30）。

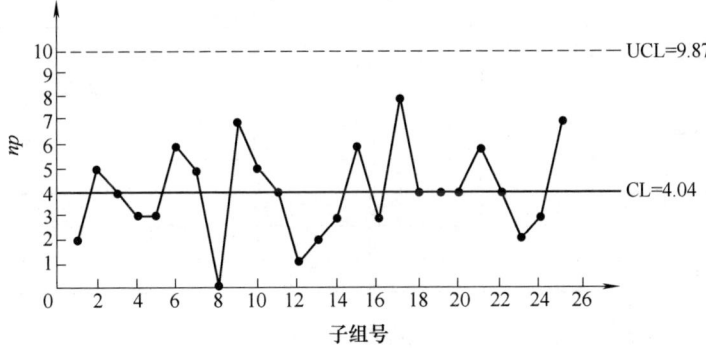

图 5-30　np 控制图

5) 描点（见图 5-30）。

6) 判断装配过程是否处于统计控制状态。

np 图不存在过程异常的 8 种模式，说明装配过程处于统计控制状态。

7) 判断过程能力是否达到基本质量要求。

$\bar{p} = 6.5\% > 5\%$（过程要求 $\bar{p} \leqslant 5\%$），显然不能满足要求，应采取措施，提高装配质量。

8) 判断分析用控制图能否转为控制用控制图。

虽然装配过程处于统计控制状态，但 $\bar{p} = 6.5\% > 5\%$，过程能力不能满足要求，所以不能将分析用控制图转为控制用控制图，应采取措施，提高装配质量。

9) 标注有关事宜，如日期、班组、制作人等（本例省略）。

5.9.7 不合格数控制图（c 图）应用实例

不合格数属计点数据，如铸件上的砂眼、喷漆表面的色斑等。

当子组容量固定不变时，用不合格数控制图（c 图）对铸件的砂眼、锻件的表面氧化坑、喷漆表面的色斑以及电镀件表面的斑点等不合格进行控制。

案例 5-10：不合格数控制图（c 图）应用实例

下面结合例子来说明不合格数控制图的建立过程。

某五金厂铸造车间铸件不合格的统计资料见表 5-18，生产过程要求每件产品的不合格数 ≤5，试设计不合格数控制图对铸造过程进行控制。

表 5-18 铸件不合格数据统计表

样本号（铸件编号）	不合格数（c_i）	样本号（铸件编号）	不合格数（c_i）
1	4	14	5
2	6	15	6
3	5	16	3
4	8	17	4
5	2	18	5
6	4	19	3
7	4	20	7
8	5	21	5
9	3	22	4
10	6	23	5
11	2	24	4
12	4	25	3
13	8	合计	115

1）收集数据，记入数据表（见表 5-18）。

数据的收集一般不少于 25 个。本例样本数 $k = 25$ 个。

2）计算平均不合格数。

平均不合格数计算式如下

$$\bar{c} = \frac{\sum_{i=1}^{k} c_i}{k} = \frac{115}{25} = 4.6$$

3）计算中心线和控制限。

中心线和控制限计算式如下

$$UCL = \bar{c} + 3\sqrt{\bar{c}} = 11.03$$
$$CL = \bar{c} = 4.6$$
$$LCL = \bar{c} - 3\sqrt{\bar{c}} = -1.83（以 0 为自然下限）$$

4）画控制限和中心线。

见图 5-31。

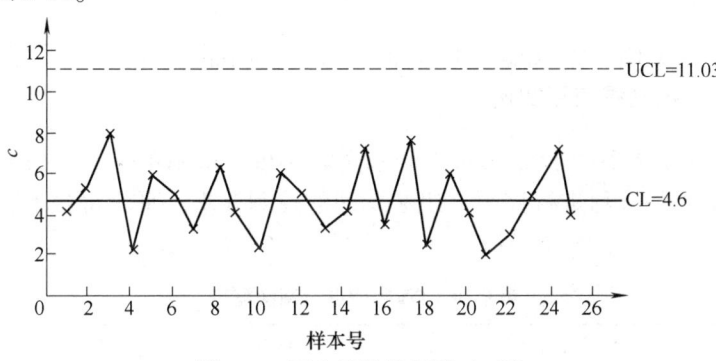

图 5-31　不合格数控制图（c 图）

5）描点。
6）判断控制图有无异常（本例省略）。
7）判断过程能力是否达到基本要求（本例省略）。
8）判断分析用控制图能否转为控制用控制图（本例省略）。
9）标注有关事宜，如日期、班组、制作人等（本例省略）。

5.9.8　单位不合格数控制图（u 图）应用实例

同 p 控制图一样，u 图有下列几种画法：

1）所收集的子组容量 n 不等，其控制界限要按各子组分别进行计算。计算过程繁琐，控制界限是由不规则的折线（控制界限呈凹凸状）所组成。

2）对上述控制界限的计算进行简化，即用子组容量的平均值 $\bar{n}$ 为代表值，把原来不规则的凹凸状控制限画成了直线。但这种简化方法要满足下述条件。

各子组容量与其平均值 $\bar{n}$ 相差不超过 ±25%，即

$$75\%\bar{n} \leqslant n_i \leqslant 125\%\bar{n}$$

美国汽车工业行动集团（AIAG）的《SPC 统计过程控制手册》中的规定是

$$\frac{最小值\, n_i}{最大值\, n_i} \geqslant 0.75$$

3）所收集的子组容量相同，控制限的计算简单并且是一直线。

在实际使用 u 图时，应该在抽取样本时，使 n 相等，这样可以方便作图。

4）当子组容量变化较大时，可利用标准化变量的方法。即不点绘 u_i 值，而

改为点绘标准化值 Z_i，其中：

$$Z_i = \frac{\mu_i - \bar{\mu}}{\sqrt{\bar{\mu}/n_i}}$$

这时中心线 CL = 0，UCL = 3，LCL = −3，它们都是常数，与子组容量无关。

案例 5-11：u 控制图应用实例

某 DVD 厂组装车间，月检查记录见表 5-19，试用单位不合格数控制图（u 图）对组装过程进行控制（组装车间的控制要求：平均每台不合格数 ≤ 2.5）。

表 5-19　DVD 质量控制数据表

组号	检查台数 n	不合格数 c	平均每台不合格数 u
1	16	31	1.94
2	15	29	1.93
3	14	30	2.14
4	15	28	1.87
5	16	33	2.06
6	17	35	2.06
7	15	30	2.00
8	13	25	1.92
9	14	30	2.14
10	17	30	1.76
11	13	27	2.08
12	15	29	1.93
13	14	28	2.00
14	15	32	2.13
15	16	31	1.94
16	15	32	2.13
17	15	29	1.93
18	16	31	1.94
19	15	30	2.00
20	14	29	2.07
合计	300	599	$\bar{u}$ = 1.997

解答：

1) 收入数据，填入数据表。

子组数量 k 一般 $\geqslant 20 \sim 25$ 个。子组容量 n_i，不宜大也不宜小，应以满足：$75\%\bar{n} \leqslant n_i \leqslant 125\%\bar{n}$ 为宜，这样才可用子组容量的均值 $\bar{n}$ 作为代表值。

本例：子组数量 $k = 20$，子组容量 n_i 不等，$n_{max} = 17$，$n_{min} = 13$。

由于 $\bar{n} = \dfrac{300}{20} = 15$，$125\%\bar{n} = 18.75$，$75\%\bar{n} = 11.25$

所以 $n_{max} < 125\%\bar{n}$，$n_{min} > 75\%\bar{n}$

故本例可用子组容量的均值 $\bar{n}$ 作为代表值。

2) 计算各样本的单位不合格数（平均每台不合格数）u_i。

单位不合格数 u_i 计算式如下

$$u_i = \frac{c_i}{n_i} \quad i = 1, 2, \cdots, k$$

本例中

第 1 个样本：$u_1 = \dfrac{c_1}{n_1} = \dfrac{31}{16} = 1.94$

第 2 个样本：$u_2 = \dfrac{c_2}{n_2} = \dfrac{29}{15} = 1.93$

……

3) 计算平均单位不合格数 $\bar{u}$。

平均单位不合格数 $\bar{u}$ 计算式如下

$$\bar{u} = \frac{\sum\limits_{i=1}^{k} c_i}{\sum\limits_{i=1}^{k} n_i}$$

本例中

$$\bar{u} = \frac{\sum\limits_{i=1}^{k} c_i}{\sum\limits_{i=1}^{k} n_i} = \frac{599}{300} = 1.997$$

4) 计算中心线和控制限。

中心线和控制限计算式如下

$$UCL = \bar{u} + 3\sqrt{\frac{\bar{u}}{\bar{n}}} = 3.091$$

$$CL = \bar{u} = 1.997$$

$$LCL = \bar{u} - 3\sqrt{\frac{\bar{u}}{\bar{n}}} = 0.902$$

5)画出中心线和控制界限(图5-32)。

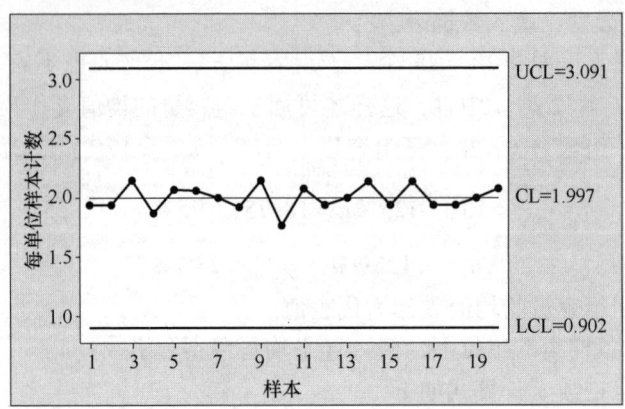

图5-32 u控制图

6)描点(图5-32)。

7)判断控制图有无异常。

由控制图可见,延续15点落在中心线两侧的C区内,证明取样的生产过程是失控的。此时应分析异常的原因,并针对这些异常原因采取措施,然后再重新收集数据,计算中心线和控制限,直到达到控制状态。

在过程达到控制状态后,应检查生产过程是否达到基本的质量要求(对于本例,平均单位不合格数≤2.5)。在生产过程满足基本的质量要求时,可把分析用控制图转为控制用控制图。

(以下省略)

5.10 标准值给定的控制图

5.10.1 标准值给定的控制图的说明

常规控制图按标准值是否给定可分为两类。

(1)标准值未给定的控制图

前面讲的控制图都属于这个类型。它们的共同点是:中心线与上、下控制限都是根据现场数据算出的。

这种控制图的目的是发现所点绘特性(如$\bar{x}$、R或任何其他统计量)观测值本身的变差是否显著大于仅由普通因素造成的变差。这种控制图完全基于子组数据,用来检测非普通因素造成的那些变差。

(2) 标准值给定的控制图

它的中心线和上、下控制限是通过给定过程参数的标准值算出的。这种控制图的目的是确定若干个子组的$\bar{x}$等特性的观测值与其对应的标准值x_0（或μ_0）之差，是否显著大于仅由预期的普通因素造成的差异。这种控制图有助于使产品的一致性保持在期望的水平。

标准值可以基于通过使用无先验信息或无规定标准值的控制图而获得的经验来确定，也可以基于通过考虑服务的需要和生产的费用而建立的经济值来确定，或可以是由产品规范指定的标称值。更适宜地，应通过调查被认为代表所有未来数据特征的预备数据来确定标准值。为了控制图的有效运作，标准值应与过程固有变异相一致。

注意：对新的过程来说，开始并不宜采用"标准值给定的控制图"，而应采用"标准值未给定的控制图"，待使用一段时间后，积累了经验和数据，足以定出μ_0与σ_0时，才改用"标准值给定的控制图"。

5.10.2 标准值给定的控制图的应用

对于计量控制图来说，所谓"标准值给定的控制图"就是总体分布已知为$N(\mu_0, \sigma_0^2)$（注：μ_0——已知的过程均值，σ_0——已知的过程标准差）时的控制图。

对于计数控制图来说，所谓"标准值给定的控制图"就是给定p_0（平均不合格品率）、np_0（对应子组容量n的平均不合格品数）、c_0（c_0为平均不合格数/每个子组，子组容量n固定）、u_0（平均单位产品不合格数）时的控制图。

标准值给定的控制图的控制限的计算见表5-20。

表5-20 标准值给定的控制图的控制限的计算

控制图名称		中心线	上、下控制限	给定的标准值
$\bar{x} - R$ 图	$\bar{x}$	$CL = \mu_0$	$UCL = \mu_0 + A\sigma_0$ $LCL = \mu_0 - A\sigma_0$	μ_0, σ_0 其中： $x_0 = \mu_0$ $R_0 = d_2\sigma_0$
	R	$CL = d_2\sigma_0$	$UCL = D_2\sigma_0$ $LCL = D_1\sigma_0$	
$\bar{x} - s$ 图	$\bar{x}$	$CL = \mu_0$	$UCL = \mu_0 + A\sigma_0$ $LCL = \mu_0 - A\sigma_0$	μ_0, σ_0 其中： $x_0 = \mu_0$ $s_0 = c_4\sigma_0$
	s	$CL = c_4\sigma_0$	$UCL = B_6\sigma_0$ $LCL = B_5\sigma_0$	
$x - MR$ 图 （$x - R_s$ 图）	x	$CL = \mu_0$	$UCL = \mu_0 + 3\sigma_0$ $LCL = \mu_0 - 3\sigma_0$	μ_0, σ_0 其中： $x_0 = \mu_0$ $R_0 = 1.128\sigma_0$
	MR	$CL = 1.128\sigma_0$	$UCL = 3.686\sigma_0$ $LCL = 0$	

(续)

控制图名称	中心线	上、下控制限	给定的标准值
p 图	$CL = p_0$	$UCL = p_0 + 3\sqrt{p_0(1-p_0)/n}$ $LCL = p_0 - 3\sqrt{p_0(1-p_0)/n}$	p_0
np 图	$CL = np_0$	$UCL = np_0 + 3\sqrt{np_0(1-p_0)}$ $LCL = np_0 - 3\sqrt{np_0(1-p_0)}$	np_0 或 p_0
u 图	$CL = u_0$	$UCL = u_0 + 3\sqrt{u_0/n}$ $LCL = u_0 - 3\sqrt{u_0/n}$	u_0
c 图	$CL = c_0$	$UCL = c_0 + 3\sqrt{c_0}$ $LCL = c_0 - 3\sqrt{c_0}$	c_0

注:1. A、D_2、D_1、B_6、B_5、D_4、D_3 查控制图系数表(见第 4 章表 4-3)。
2. $\sigma_0 = R_0/d_2$ 或 $\sigma_0 = s_0/c_4$。

案例 5-12:标准值给定的控制图应用实例

某电子厂质检部决定控制 LCD 上的斑点数。规定以每块 LCD 上的斑点数作为控制对象。根据以往的历史数据可知,每块 LCD 的平均斑点数为 4.2 个,该质量水平可以得到大部分顾客的认可,故电子厂希望以此质量水平来控制 LCD 上的斑点数。

解答:

1)控制图的选择。

本案例中,检验斑点数的单位——每块 LCD 是固定的,故选择不合格数 c 控制图。

2)建立不合格数 c 控制图。

利用确定的平均斑点数 $c_0 = 4.2$,直接建立不合格数 c 控制图。

① 计算中心线和控制界限:

$$CL = c_0 = 4.2$$

$$UCL = c_0 + 3\sqrt{c_0} = 10.348$$

$$LCL = c_0 - 3\sqrt{c_0} = -1.95(\text{取 } 0 \text{ 为自然下限})$$

下控制限的计算结果小于零,因为斑点数不可能为负,故以 0 为自然下界。

② 绘制中心线和控制限(图 5-33)。

3)将检验结果(见表 5-21)绘制在不合格数 c 控制图上(图 5-33)。

表 5-21　LCD 上的斑点数

子组号	检验数	斑点数	子组号	检验数	斑点数
1	1	2	14	1	4
2	1	4	15	1	5
3	1	4	16	1	2
4	1	7	17	1	7
5	1	1	18	1	6
6	1	8	19	1	1
7	1	7	20	1	4
8	1	8	21	1	3
9	1	6	22	1	5
10	1	4	23	1	4
11	1	2	24	1	1
12	1	6	25	1	6
13	1	3			

4）判断控制图有无异常。

由下面图 5-33 可见，c 图不存在过程异常的 8 种模式，说明这段时间的检验结果不存在异常的现象。

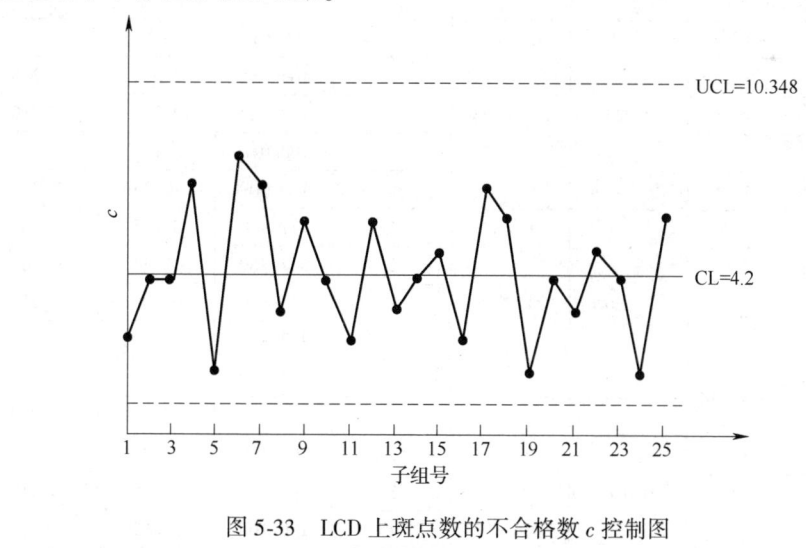

图 5-33　LCD 上斑点数的不合格数 c 控制图

5.11　用于多品种、小批量生产过程控制的控制图

前面讲的常规控制图适合对大批量的生产过程进行控制，对多品种、小批量生产过程，常规控制图就不适用了。考虑到企业中广泛存在多品种、小批量

生产过程，所以在这里介绍几种适用于多品种、小批量生产过程控制的控制图。

这几种控制图，都涉及数据转换。在手工时代，这是一项繁重的工作。不过在 Excel 办公软件、Minitab 统计工具普及的今天，这些都不是问题了。这就为多品种、小批量生产过程控制图的使用打开了方便之门。

5.11.1 相对公差法控制图

运用一个实例说明如何使用相对公差法控制图。

（1）收集数据

6 种不同规格的零件先后由同一个操作人员在较短的时间内、在同一台设备上加工，工序都是精车外圆。6 种零件的规格如表 5-22 所示。

表 5-22 6 种零件的规格

零件规格号码	1	2	3	4	5	6
零件规格	$\phi 100^{+0.026}_{+0.003}$	$\phi 248^{-0.075}_{-0.195}$	$\phi 190^{+0.200}_{+0.120}$	$\phi 170^{-0.125}_{-0.255}$	$\phi 98^{+0.035}_{+0.000}$	$\phi 180^{0.000}_{-0.100}$

对每种零件收集 5 个样本，见表 5-23。x_{ij} 为第 i 种产品的第 j 个测量值。

表 5-23 6 种零件的数据表

样本号	零件规格号码	公差 T_i	规格中心 T_{Mi}	测量值 序号	x_{ij}	变换值 $y_{ij}(x_i)$	移动极差 R_{si}
1	1	0.023	100.0145	1	100.010	-0.195	—
2	1			2	100.015	0.021	0.216
3	1			3	100.020	0.239	0.218
4	1			4	100.018	0.152	0.087
5	1			5	100.009	-0.239	0.391
6	2	0.120	247.865	1	247.880	0.125	0.364
7	2			2	247.860	-0.042	0.167
8	2			3	247.890	0.208	0.250
9	2			4	247.840	-0.208	0.416
10	2			5	247.870	0.042	0.250
11	3	0.080	190.160	1	190.145	-0.187	0.229
12	3			2	190.170	0.125	0.312
13	3			3	190.130	0.375	0.250
14	3			4	190.165	0.062	0.313
15	3			5	190.180	0.250	0.188
16	4	0.130	169.810	1	169.815	0.038	0.212
17	4			2	169.790	0.154	0.192
18	4			3	169.850	0.308	0.462
19	4			4	169.865	0.423	0.115
20	4			5	169.770	-0.307	0.730

第 5 章 SPC 统计过程控制

(续)

样本号	零件规格号码	公差 T_i	规格中心 T_{Mi}	测量值 序号	测量值 x_{ij}	变换值 $y_{ij}(x_i)$	移动极差 R_{si}
21	5	0.035	98.0175	1	98.023	0.157	0.464
22	5			2	98.020	0.071	0.086
23	5			3	98.015	-0.071	0.142
24	5			4	98.018	0.014	0.085
25	5			5	98.032	0.414	0.400
26	6	0.100	179.950	1	179.950	0.000	0.414
27	6			2	179.962	0.125	0.125
28	6			3	179.920	-0.300	0.425
29	6			4	179.936	-0.135	0.165
30	6			5	179.980	0.300	0.453

（2）应用相对公差法对测量值进行变换

测量值的变换公式为

$$y_{ij} = \frac{x_{ij} - T_{Mi}}{T_i}, i = 1, 2, \cdots, 6; j = 1, 2, \cdots, 5$$

其中：

1) T_i 为第 i 种零件的公差，$T_i = T_{Ui} - T_{Li}$，T_{Ui} 为规格上限（USL），T_{Li} 为规格下限（LSL）；

2) T_{Mi} 为第 i 种零件的规格中心，$T_{Mi} = \frac{T_{Ui} + T_{Li}}{2}$。

本例中，第 1 种零件第 1 个测量值 x_{11} 的变换值 y_{11} 的计算过程如下

$$T_{M1} = \frac{T_{U1} + T_{L1}}{2} = \frac{100.026 + 100.003}{2} = 100.0145$$

$$T_1 = T_{U1} - T_{L1} = 100.026 - 100.003 = 0.023$$

于是

$$y_{11} = \frac{x_{11} - T_{M1}}{T_1} = \frac{100.010 - 100.0145}{0.023} = -0.195$$

其余变换值 y_{ij} 的数值见表 5-23。

（3）对变换后的数据 y_{ij} 的分布进行验证

相对公差法控制图的使用条件是：

1) 数据服从正态分布。

数据 $x_{ij} \sim N(\mu_i, \sigma_i^2)$，则 $y_{ij} \sim N\left(\frac{\mu_i - T_{Mi}}{T_i}, \frac{\sigma_i^2}{T_i^2}\right)$。

可用"正态性检验"判断变换后的数据 y_{ij} 是否服从正态分布。

说明:在 MINITAB 等统计软件中,是利用 p 值进行正态分布显著性判断。所谓 p 值,通俗地讲,指的是在"原假设 H_0:服从正态分布,备选假设 H_1:不服从正态分布"的情况下,用现有数据计算出的"服从正态分布的概率"。如果 $p \leqslant \alpha$(α 一般取 0.05),则服从正态分布的假设是不能接受的;反之服从正态分布的假设是成立的。

2)各种零件变换后的数据 y_{ij} 具有同一分布。也就是要满足以下 2 个条件:

① 变换后的各种零件的数据均值没有显著性差异,即:$\dfrac{\mu_i - T_{Mi}}{T_i}$ = 常数 k_1。

可用"多样本均值检验"判断变换后的几种零件的均值是否有显著性差异。

要保证变换后的各种零件的数据均值没有显著性差异,就需要加工时对准规格中心。

② 变换后的各种零件的数据标准差(或方差)没有显著性差异,即:$\dfrac{\sigma_i}{T_i}$ = 常数 k_2,也就是各个零件的过程能力指数相等。

可用"多样本方差检验"判断变换后的几种零件的标准差(或方差)是否有显著性差异。

要保证变换后的各种零件的数据标准差没有显著性差异,就需要在加工时采用"相似工序"。所谓"相似工序",是指以下 6 各方面:

a) 同一类型的质量指标;
b) 同一台或同型号设备;
c) 同一类型的加工件;
d) 同一组操作人员;
e) 同一类型的操作;
f) 在同一个环境内。

一般而言,在运用相对公差法控制图时,都是在"相似工序"上加工,并要求加工时对准规格中心,所以本步骤可以省略。

说明:利用 MINITAB 等统计软件进行"多样本均值检验"、"多样本方差检验"很容易,读者可以参考有关书籍。

(4) 计算各变换值 y_{ij} 的移动极差。

为了照顾 $x - R_s$ 控制图的习惯写法,将 $y_{11}, \cdots, y_{15}; y_{21}, \cdots, y_{25}; \cdots; y_{61}, \cdots, y_{65}$ 分别记为 $x_1, x_2, \cdots, x_{30}$。这样移动极差 R_{si} 的计算公式为:

$$R_{si} = |x_i - x_{i-1}|, i = 2, 3, \cdots, 30$$

将 R_{si} 的计算结果列于表 5-23 中。

(5) 计算变换值 y_{ij} 的 $x - R_s$ 控制图的中心线和上、下控制限,绘制 $x - R_s$ 控制图

计算 R_s 图的中心线和上、下控制限。

$$UCL = 3.267\bar{R}_s = 3.267 \times 0.261 = 0.853$$

$$CL = \bar{R}_s = \frac{\sum_{i=2}^{30} R_{si}}{(30-1)} = 0.261$$

$$LCL = 0$$

计算 x 图的中心线和上、下控制限。

$$UCL = \bar{x} + 2.660\bar{R}_s = 0.754$$

$$CL = \bar{x} = \frac{\sum_{i=1}^{30} x_i}{30} = 0.060$$

$$LCL = \bar{x} - 2.660\bar{R}_s = -0.634$$

绘制 $x - R_s$ 控制图,见图 5-34。

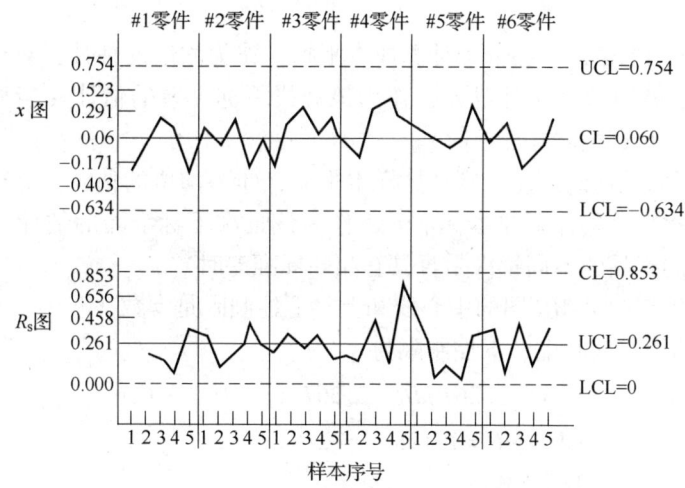

图 5-34 相对公差法之 $x - R_s$ 控制图

(6) 判断生产过程是否处于统计控制状态

由图 5-34 可见,$x - R_s$ 图不存在过程异常的 8 种模式,说明生产过程处于统计控制状态。

(7) 实行对过程的日常监控

在 $x - R_s$ 图没有异常,且过程能力满足要求的情况下,延长分析用控制图的控制限,进入控制用控制图阶段,实行对过程的日常监控(说明:本案例省略了对过程能力的验算)。

5.11.2 标准化控制图（Z-MR 图）

1. 何谓标准化控制图（Z-MR 图）

数据 x 服从正态分布 $x \sim N(\mu, \sigma^2)$，将数据 x 转换为标准化值 Z，而后利用转换后的标准化值 Z 作单值-移动极差控制图（Z-MR 图），这个控制图叫做标准化控制图 Z-MR 图。

标准化转换的公式为

$$Z = \frac{x - \mu}{\sigma}$$

如果每种规格下均值与标准差能够通过历史数据获得，则只要将样本值 x 减去均值，再除以标准差即可得标准化值 Z。

在需要通过样本数据获得均值与标准差的估计时，我们常有以下几种计算方法：

1) 对不同规格的产品分别计算样本平均，作为均值的估计；对所有规格的产品计算样本标准差，作为标准差的估计（当所有不同规格的产品具有相同标准差时）。

2) 对不同规格的产品分别计算样本平均，作为均值的估计；对相同规格的产品的所有批次计算样本标准差，作为该规格下标准差的估计（当相同规格的产品不同批次具有相同标准差时）。

3) 对不同规格的产品分别计算样本平均，作为均值的估计，对相同规格的产品的每一批次分别计算样本标准差，作为该批次下标准差的估计（当不能断定同一规格的产品的不同批次是否具有相同标准差时）。

标准化控制图 Z-MR 图的中心线和上、下控制限是常数。

MR 图的中心线和上、下控制限为

$$UCL = 3.267 \overline{MR} = 3.267 \times 1.128 = 3.686$$
$$CL = \overline{MR} = 1.128$$
$$LCL = 0$$

Z 图的中心线和上、下控制限为

$$UCL = 3$$
$$CL = 0$$
$$LCL = -3$$

2. 标准化控制图（Z-MR 图）的运用

以一个实例说明如何使用标准化控制图 Z-MR 图。

（1）收集数据

6 种不同规格的零件先后由同一个操作人员在较短的时间内、在同一台设备上加工，工序都是精车外圆。6 种零件的规格见表 5-24。

第5章 SPC 统计过程控制

表5-24 6种零件的规格

零件规格号码	1	2	3	4	5	6
零件规格	$\phi 100^{+0.026}_{+0.003}$	$\phi 235^{-0.075}_{-0.195}$	$\phi 190^{+0.200}_{+0.120}$	$\phi 170^{-0.125}_{-0.255}$	$\phi 85^{+0.035}_{+0.000}$	$\phi 180^{0.000}_{-0.100}$

对每种零件收集5个样本，见表5-25。x_{ij} 为第 i 种产品的第 j 个测量值。

表5-25 6种零件的数据表

样本号	零件规格号码	测量值 序号	测量值 x_{ij}	均值的估计 $\hat{\mu}_i$	标准差的估计 $\hat{\sigma}_i$	标准化值 $Z_{ij}(x_i)$	移动极差 MR_i
1	1	1	100.010			-0.857	—
2	1	2	100.015			0.117	0.974
3	1	3	100.020	100.0144	0.005135	1.091	0.974
4	1	4	100.018			0.701	0.390
5	1	5	100.009			-1.051	1.752
6	2	1	234.880			0.586	1.637
7	2	2	234.860			-0.391	0.977
8	2	3	234.890	234.8680	0.020463	1.075	1.466
9	2	4	234.840			-1.368	2.443
10	2	5	234.870			0.098	1.466
11	3	1	190.145			-0.605	0.703
12	3	2	190.170			0.559	1.164
13	3	3	190.130	190.1580	0.021475	-1.304	1.863
14	3	4	190.165			0.326	1.564
15	3	5	190.180			1.024	0.698
16	4	1	169.815			-0.071	1.095
17	4	2	169.790			-0.662	0.591
18	4	3	169.850	169.8180	0.042319	0.756	1.418
19	4	4	169.865			1.110	0.354
20	4	5	169.770			-1.134	2.244
21	5	1	85.023			0.202	1.336
22	5	2	85.020			-0.231	0.433
23	5	3	85.015	85.0216	0.006919	-0.954	0.723
24	5	4	85.018			-0.520	0.434
25	5	5	85.032			1.530	2.050
26	6	1	179.950			0.008	1.522
27	6	2	179.962			0.516	0.508
28	6	3	179.920	179.9498	0.024597	-1.211	1.727
29	6	4	179.936			-0.541	0.670
30	6	5	179.980			1.228	1.769

(2) 将测量值转化为标准化值

标准化转换公式为

$$Z_{ij} = \frac{x_{ij} - \hat{\mu}_i}{\hat{\sigma}_i}, i=1,2,\cdots,6; j=1,2,\cdots,5$$

其中：

1) $\hat{\mu}_i$ 为第 i 种零件的均值的估计值。$\hat{\mu}_i$ 计算公式如下：

$$\hat{\mu}_i = \bar{x}_i = \frac{1}{n_i} \sum_{j=1}^{n_i} x_{ij}, n_i \text{ 是第 } i \text{ 种零件的样本数量}$$

2) $\hat{\sigma}_i$ 为第 i 种零件的标准差的估计值。$\hat{\sigma}_i$ 计算公式如下：

$$\hat{\sigma}_i = \frac{s_i}{c_4}, s_i = \sqrt{\frac{\sum_{j=1}^{n_i}(x_{ij}-\bar{x}_i)^2}{n_i-1}}$$

其中，c_4 是一个常数，可通过第 i 种零件的样本数量 n_i（本案例 $n = n_i = 5$）查控制图系数表得到。控制图系数表见第 4 章表 4-3。本例中 $c_4 = 0.9400$。

说明：本案例对不同规格的产品分别计算样本平均，作为均值的估计；对相同规格的产品的所有批次计算样本标准差，作为该规格下标准差的估计。

本例中，第 1 种零件第 1 个测量值 x_{11} 转换为标准化值 Z_{11} 的计算过程如下

$$\hat{\mu}_1 = \bar{x}_1 = \frac{1}{n_1}\sum_{j=1}^{n_1} x_{1j} = \frac{1}{5}\sum_{j=1}^{5} x_{1j} = 100.0144$$

$$s_1 = \sqrt{\frac{\sum_{j=1}^{n_1}(x_{1j}-\bar{x}_1)^2}{n_1-1}} = \sqrt{\frac{\sum_{j=1}^{5}(x_{1j}-100.0144)^2}{4}} = 0.004827$$

$$\hat{\sigma}_1 = \frac{s_1}{c_4} = \frac{0.004827}{0.9400} = 0.005135$$

于是

$$Z_{11} = \frac{x_{11}-\hat{\mu}_1}{\hat{\sigma}_1} = \frac{100.010-100.0144}{0.005135} = -0.857$$

其余标准化值 Z_{ij} 的数值见表 5-25。

注意：

1) 分析用控制图转为控制用控制图后，每次取样后都要进行标准化值的转换，但公式中的均值 μ、标准差 σ 要采用分析用控制图中的均值 μ、标准差 σ。

2）MINITAB 中，是用移动极差的均值估计标准差的。这样制作的 Z-MR 图对过程的反应更敏感，但也容易误判。这里以第 1 种零件为例来说明。

第 1 种零件的测量值及其移动极差见表 5-26。

表 5-26　第 1 种零件的测量值及其移动极差

序　号	测　量　值	移　动　极　差
1	100.010	—
2	100.015	0.005
3	100.020	0.005
4	100.018	0.002
5	100.009	0.009
移动极差均值		0.00525

第 1 种零件标准差的估计值 $\hat{\sigma}_1$ 计算如下

$$\hat{\sigma}_1 = \frac{\overline{MR_1}}{1.128} = \frac{0.00525}{1.128} = 0.004654$$

（3）计算各标准化值 Z_{ij} 的移动极差。

为了照顾单值—移动极差控制图的习惯写法，将 $Z_{11}, \cdots, Z_{15}; Z_{21}, \cdots, Z_{25}; \cdots; Z_{61}, \cdots, Z_{65}$ 分别记为 $x_1, x_2, \cdots, x_{30}$。这样移动极差 MR_i 的计算公式为

$$MR_i = |x_i - x_{i-1}|, i = 2, 3, \cdots, 30$$

将 MR_i 的计算结果列于表 5-25 中。

（4）确定标准化控制图 Z-MR 图的中心线和上、下控制限，绘制 Z-MR 控制图。

MR 图的中心线和上、下控制限为：

$$UCL = 3.267\,\overline{MR} = 3.267 \times 1.128 = 3.686$$

$$CL = \overline{MR} = 1.128$$

$$LCL = 0$$

Z 图的中心线和上、下控制限为：

$$UCL = 3$$

$$CL = 0$$

$$LCL = -3$$

绘制 Z-MR 控制图，描点，见图 5-35。

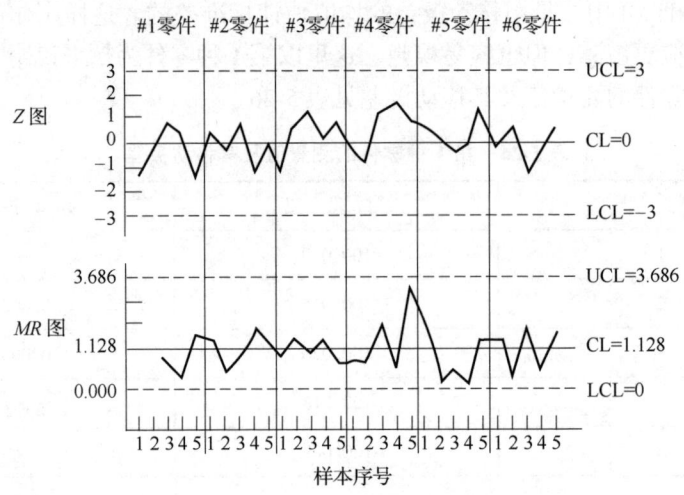

图 5-35 标准化控制图 Z-MR 图

（5）判断生产过程是否处于统计控制状态

由图 5-35 可见，Z-MR 控制图中不存在过程异常的 8 种模式，说明生产过程处于统计控制状态。

（6）计算过程能力指数

在这 6 种零件中，第 1 号零件的精度要求最高，所以由该零件确定过程能力能否接受。

$$Cpk = \mathrm{MIN}(C_{PU}, C_{PL}) = \mathrm{MIN}\left(\frac{\mathrm{USL}-\mu}{3\sigma_c}, \frac{\mu-\mathrm{LSL}}{3\sigma_c}\right)$$
$$= \mathrm{MIN}\left(\frac{100.026-100.0144}{3\times 0.005135}, \frac{100.0144-100.003}{3\times 0.005135}\right)$$
$$= \mathrm{MIN}(0.75, 0.74)$$
$$= 0.74$$

过程能力指数 $Cpk<1$，不能满足要求（要求为 $Cpk\geqslant 1$）。

（7）判断分析用控制图能否转为控制用控制图

只有在 Z-MR 控制图没有异常，且过程能力满足要求的情况下，才能延长分析用控制图的控制限，进入控制用控制图阶段，实行对过程的日常监控。

本案例中虽然过程处于稳态，但过程能力不足，所以不能将分析用控制图转为控制用控制图。需采取措施进行整改，整改后重新收集数据，绘制 Z-MR 控制图，并验算过程能力指数 Cpk。

5.11.3 固定样本容量法控制图（$\bar{x}_{SV}$-R_{SV} 图）

固定样本容量法控制图 $\bar{x}_{SV}$-R_{SV} 图是美军采用的小批量 SPC 方法，SV 是

Small Volume 的缩写，表示小批量。

以 1 个实例说明如何使用固定样本容量法控制图 $\bar{x}_{SV}$-R_{SV} 图。

(1) 收集数据

共有 m 种零件（本案例中取 $m=4$），对第 $i(i=1,2,\cdots,m)$ 种零件取 k_i 个子组，每个子组的容量为 n_i。要确保各种零件的子组容量 n_i 相等。

本案例中，共收集了 4 种零件 20 个子组，子组容量 $n=3$，见表 5-27。

表 5-27　4 种零件的数据表

子组号	零件规格号码 i	测量值			子组均值 $\bar{x}_{ij}$	子组极差 R_{ij}	零件 i 的平均均值 $\bar{\bar{x}}_i$	零件 i 的平均极差 $\bar{R}_i$	子组均值转换值 $\bar{x}_{SVij}$	子组极差转换值 R_{SVij}
		x_1	x_2	x_3						
1	1	105	102	103	103.3	3	101.4	4.6	0.413	0.652
2		101	98	100	99.67	3			-0.376	0.652
3		103	100	99	100.7	4			-0.152	0.870
4		101	104	97	100.7	7			-0.152	1.522
5		106	102	100	102.7	6			0.283	1.304
6	2	57	60	59	58.67	3	60.5	3.3	-0.555	0.909
7		61	64	63	62.67	3			0.658	0.909
8		60	58	62	60.00	4			-0.152	1.212
9	3	73	75	77	75.00	4	75.3	3.8	-0.079	1.053
10		78	75	76	76.33	3			0.271	0.789
11		77	75	74	75.33	3			0.009	0.789
12		75	72	79	75.33	7			0.009	1.842
13		74	75	77	75.33	3			0.009	0.789
14		73	76	75	74.67	3			-0.166	0.789
15	4	50	51	49	50.00	2	50.1	3.3	-0.030	0.606
16		46	50	50	48.67	4			-0.433	1.212
17		51	46	50	49.00	5			-0.333	1.515
18		49	50	53	50.67	4			0.173	1.212
19		50	52	51	51.00	2			0.272	0.606
20		53	51	50	51.33	3			0.373	0.909

(2) 计算各子组的均值 $\bar{x}_{ij}$ 和极差 R_{ij}

计算出的各子组的均值 $\bar{x}_{ij}(j=1,2,\cdots,k_i)$ 和极差 $R_{ij}(j=1,2,\cdots,k_i)$，见表 5-27。

(3) 计算各种零件的平均均值 $\bar{\bar{x}}_i$、平均极差 $\bar{R}_i$

零件的平均极差 $\bar{R}_i$ 的计算公式为

$$\bar{R}_i = \frac{1}{k_i} \sum_{j=1}^{k_i} R_{ij}$$

零件的平均均值 $\bar{\bar{x}}_i$ 的计算公式为

$$\bar{\bar{x}}_i = \frac{1}{k_i} \sum_{j=1}^{k_i} \bar{x}_{ij}$$

其中，k_i 是第 i 种零件的子组数量。

计算出的各种零件的平均均值 $\bar{\bar{x}}_i$、平均极差 $\bar{R}_i$，见表5-27。

（4）对子组均值 $\bar{x}_{ij}$、子组极差 R_{ij} 进行转换

1）子组均值 $\bar{x}_{ij}$ 转换为 $\bar{x}_{SVij}$，转换公式为

$$\bar{x}_{SVij} = \frac{\bar{x}_{ij} - \bar{\bar{x}}_i}{\bar{R}_i}$$

说明：可用第 i 种零件的目标值 M_i 代替 $\bar{\bar{x}}_i$，这样就有如下公式：

$$\bar{x}_{SVij} = \frac{\bar{x}_{ij} - M_i}{\bar{R}_i}$$

2）子组极差 R_{ij} 转换为 R_{SVij}，转换公式为：

$$R_{SVij} = \frac{R_{ij}}{\bar{R}_i}$$

计算出的各子组均值转换值 $\bar{x}_{SVij}$、极差转换值 R_{SVij}，见表5-27。

注意：分析用控制图转为控制用控制图后，每次都要对子组均值 $\bar{x}_{ij}$、子组极差 R_{ij} 进行转换，转换公式中的 $\bar{\bar{x}}_i$、$\bar{R}_i$ 要采用分析用控制图中的 $\bar{\bar{x}}_i$、$\bar{R}_i$。

（5）确定 $\bar{x}_{SV} - R_{SV}$ 控制图的中心线和上、下控制限，绘制 $\bar{x}_{SV} - R_{SV}$ 控制图
R_{SV} 图的中心线和上、下控制限为

$$UCL = D_4(n) = 2.574$$
$$CL = 1$$
$$LCL = D_3(n) = 0$$

其中，D_4、D_3 是一个常数，可通过子组容量 n（本案例 $n=3$）查控制图系数表得到。控制图系数表见第4章表4-3。

$\bar{x}_{SV}$ 图的中心线和上、下控制限为

$$UCL = A_2(n) = 1.023$$
$$CL = 0$$
$$LCL = -A_2(n) = -1.023$$

其中，A_2 是一个常数，可通过子组容量 n（本案例 $n=3$）查控制图系数表

得到。控制图系数表见第 4 章表 4-3。

绘制 $\bar{x}_{SV} - R_{SV}$ 控制图，描点，见图 5-36。

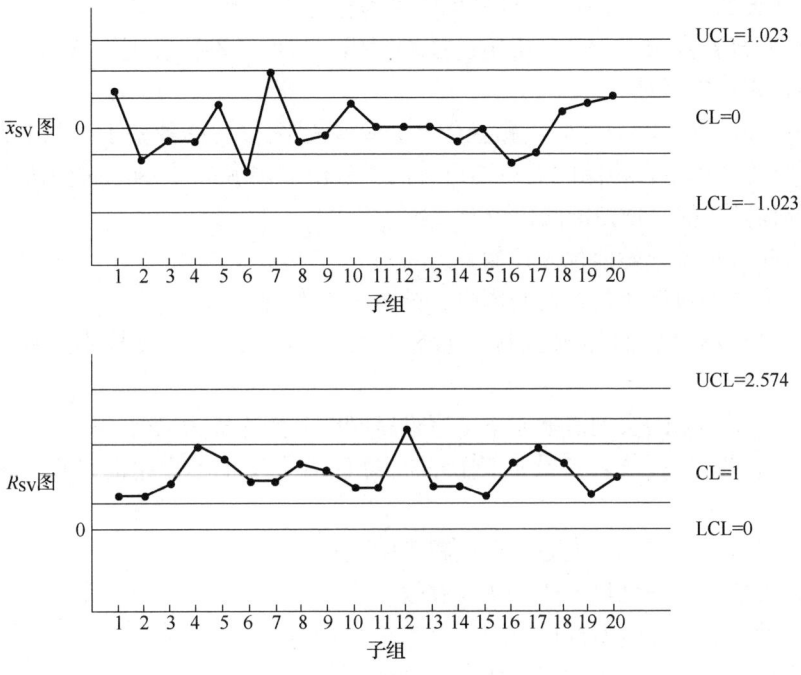

图 5-36　$\bar{x}_{SV} - R_{SV}$ 控制图

（6）判断生产过程是否处于统计控制状态

由图 5-36 可见，$\bar{x}_{SV} - R_{SV}$ 图不存在过程异常的 8 种模式，说明生产过程处于统计控制状态。

（7）实行对过程的日常监控

在 $\bar{x}_{SV} - R_{SV}$ 图没有异常，且过程能力满足要求的情况下，延长分析用控制图的控制限，进入控制用控制图阶段，实行对过程的日常监控（说明：本案例省略了对过程能力的验算）。

5.12　预控图

5.12.1　预控图说明

常规控制图是过程控制最有效的工具之一，但往往受到以下几个方面的限制：

1）控制图的基本原理是正态分布理论，一般的操作工人很难理解。

2）作分析用控制图都需要先取得 20 至 25 组的预备数据。取得预备数据往往需要几天的时间，这对于小批量生产过程是无法实现的。

3）常规控制图无论是分析用还是控制用，工作量都比较大，这给生产现场的应用带来一定困难。

预控图解决了以上限制。预控图，也称彩虹图，是一种基于规格界限来防止生产过程产生不合格品的简单图形方法，是由美国 Rath & Strong 公司于 20 世纪 50 年代开发的。预控图的优点有：

1）过程正式开始前预先控制。

2）所需的数据比常规控制图少，减少了工作量。

3）预控图的控制界限直接与规格界限相联系，不需要特别计算，简单易懂。

4）根据样品的实测值就能对工序进行判断，操作极为简便。

5）可以对过程进行持续的监视，在过程尚未发生不合格时就已经进行了预控。

6）可以反映出分布中心与离散程度的变化。

7）可适用于小批量生产，灵活有效。

8）计量型和计数型都可适用。

9）使用不同颜色表示工序状态，直观明白。

10）由操作者实施，有利于提高操作者的自控水平和质量责任心。

但必须明白，预控图不是控制图，不能对过程是否稳态做出判断，但能预防过程出现不合格。

5.12.2　预控图应用的先决条件

应用预控图，应满足下列先决条件：

1）过程中的特殊因素受到控制，过程应是统计受控的。有些特殊因素可能消除不了，但必须得到控制。

2）要求过程能力指数 Cp 或 $Cpk \geq 1$。

3）要求过程的质量特性值的分布中心（平均值）尽量靠近规格中心（目标值 M）。

5.12.3　预控图的设计

在规格界限（T_U 规格上限，T_L 规格下限）与规格中心（M 线，$M = (T_U + T_L)/2$）之间 1/2 处设置两条预控线（P-C 线），P-C 线的数值等于规格界限（T_U 与 T_L）和规格中心（M）的平均值（见图 5-37）。

预控图被分为以下 3 个区域：

1）绿区（目标区）。

两条 P-C 线之间的区域称为目标区，占整个规格界限的一半。其正态分布概率为 86.64%，近似认为 86%（即 12/14）。

2）黄区（警戒区）。

在目标区两侧至规格界限之间是两个黄区，各占规格界限的 1/4。其正态分布概率各为 6.54%，近似认为 7%（即 1/14）。

3）红区（废品区）。

规格界限（T_U、T_L）之外为两个废品区（超出上、下规格界限），其正态分布概率各为 0.135%。

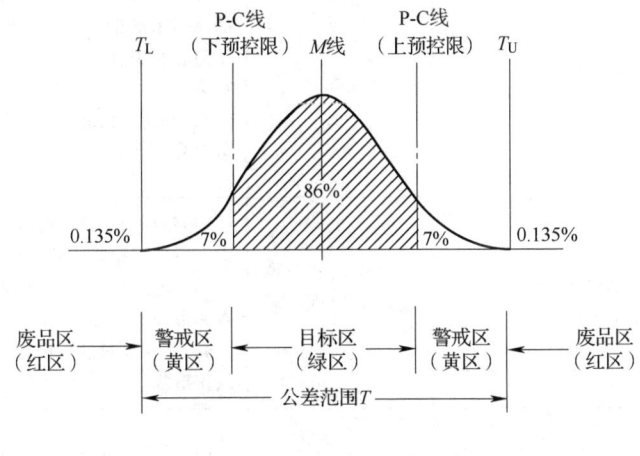

图 5-37 预控图的区域划分

5.12.4 预控图的运行

1. 决定正式生产

生产开始时，连续检测 5 件产品，若其实测值全部落入绿区之内，则生产可以正式运行。

如果遇到 1 件产品落在黄色区域，那么重新开始计数。如果连续 2 件产品都落在黄色区域或是出现落在红色区域的情况，那么，应当对过程进行调整，然后重新开始计数。

2. 进行过程控制

过程正式运行后，按确定的时间间隔每次连续抽取 2 件产品进行检测，并按表 5-28 中的规则对过程做出判断。

表 5-28　预控图控制规则

序号	点子的分布状态	过程判断	解　释
1	两件产品的实测值全部落入绿区	继续生产	过程正常
2	两件产品的实测值中，1件落入绿区，1件落入黄区	继续生产	过程正常
3*	两件产品的实测值落入同一侧黄区（同一区）	调整过程	1）过程分布中心偏离规格中心，应采取措施调整过程分布中心 2）对过程进行调整（纠正），但可以不采取纠正措施 纠正是针对已发现的不合格采取的措施，把错的改正过来即可，"就事论事"而已；而纠正措施是针对已发现不合格的原因采取的措施，采取纠正措施是为了防止再发生，是一种"举一反三"的行为 3）纠正可以和纠正措施一同采取，也可以分开采取
4*	两件产品的实测值分别落入两个黄区（相反区）	停止过程，调查异常原因，采取纠正措施	1）过程质量特性值分布的标准偏差增大，应采取相应的措施减少过程的变异 2）停止生产，在过程异常的原因没有查明前，不得继续生产 3）不仅要对过程进行调整，还要采取纠正措施
5*	抽取的产品中有1件产品的实测值落入红区	停止过程，调查异常原因，采取纠正措施	1）过程严重异常 2）停止生产，在过程异常的原因没有查明前，不得继续生产 3）不仅要对过程进行调整，还要采取纠正措施 4）找出所有不合格品

*：只要出现了 3~5 这3种情况，就要对过程进行调整。过程调整之后，只有连续 5 个产品都落在了绿区，才可以正式生产。

可以用一个口诀对预控图的控制规则进行形象地解读：
有个红灯就得停；
两个黄灯也不行；
一绿一黄没关系；
两个绿灯肯定行！
表 5-29 是一使用中的预控图。

表 5-29 预控图（规范格式）

监控项目：零件外经		工序：精车外经		零件名称/规格：		
抽样频率：1h		设备编号：		测量器具编号：		
规格上限 T_U：		规格下限 T_L：		规格中心 M：		
上预控限 UPCL：		下预控限 LPCL：		操作者：		

$T_U =$											
UPCL=											
$M =$											
LPCL=											
$T_L =$											
日期/时间	8/3 8：00	9：00	10：00	11：00	13：00	14：00	15：00	16：00	17：00	8/4 8：30	9：30	10：30

过程 5M1E 变化情况、异常分析、改进措施说明

日期	时间	说 明
8/3	16：00	夹具松动，导致加工件尺寸不合格。造成的原因是操作工未按作业指导书的要求按时检查装夹情况，已就此情况向车间发出了"纠正措施要求单"。

注：▨ 代表红色； ▨ 代表黄色； ▨ 代表绿色。

5.12.5 预控图使用中的注意事项

1）无论两次异常停机时间间隔有多长，应当保证每班次至少抽一次。

2）一般而言，控制图在应用过程中，抽样的时间间隔是确定不变的。但预控图在应用过程中，抽样的间隔时间可以根据过程的实际状态调整。当过程出现的异常频次增多时，应缩短抽样的间隔时间（属于对过程的惩罚）；反之，当过程异常出现的频次减少时，应延长抽样的间隔时间（属于对过程的奖励）。

一般抽样的间隔时间的确定，是两次异常之间时间的 1/6，作为预控图的抽样间隔时间。如第一次过程异常（双黄区）于上午 8：30，纠正后继续加工，中午 11：30 再次过程异常（双黄区），这两次过程异常的间隔为 3 小时，其 1/6

为 0.5 小时。则之后的预控图应用必须每 30 分钟抽取一个样本。之后也是依次随时调整，起到弹性管理的作用。

3）如果两次停机时间间隔非常短，这说明过程已经严重失控了，应当停止使用预控图而转为查明原因。

4）如果生产发生了间断，如换模、更换设备等，则需要重新判断生产是否可以正式开始。

5）对于缺陷率已经低于 100ppm 的公司来说，可以把监控的重点从产品转到对过程参数的控制。

6）预控图频频报警，说明过程能力在减小；报警减少，说名过程能力有所提高。如果过程能力指数 $C_{pk}<1.0$，不要使用预控图。

7）预控图不仅可以用于计量值检测的过程控制，还可以用于计数值检测的过程控制。

8）预控图不仅可以用于小批量生产过程，也可以在大批量生产过程中应用。不过，在大批量生产过程中，预控图的控制效果要比控制图差。因此，对于有条件的企业，在大批量生产过程中应尽可能应用控制图实施质量控制。

9）如果发生异常，应先从取样、打点上面查找原因，然后再从生产方面找原因。

10）对操作者的素质要求一般，只要满足以下三点要求即可：

① 操作者必须知道工序产品怎样才是合格；

② 操作者应掌握判断产品是否合格的工具（量具、标准等）；

③ 当工序发生偏差时，操作者有能力进行调整。

第 6 章 MSA 测量系统分析

"用数据说话"是质量管理最重要的原则之一。随着企业质量管理水平的提高,数据的应用变得越来越广泛、越来越频繁。如果数据失真或误差很大,就有可能导致分析失效、决策失误、管理失范。因此,如何保证数据的质量就显得非常重要,而要保证数据的质量,就必须对获得数据的测量系统进行有效地监管。

测量系统分析(MSA)是对测量系统进行有效监管的一个重要手段。应用 MSA 技术,通过研究测量系统产生的变差,计算这些变差对测量结果影响的程度,进而得出测量系统是否有能力满足测量要求的结论。

6.1 测量系统

6.1.1 表征数据质量的统计特征量

通常用来表征数据质量的统计特征量是偏倚(Bias)和变差(Variation)。

(1) 偏倚(Bias)

偏倚是多次测量结果的平均值与基准值的差值(图 6-1)。

基准值也称为可接受的基准值或标准值,是充当测量值的一个一致认可的基准。基准值可以通过一个更高级的测量设备进行多次测量,取其平均值来确定。

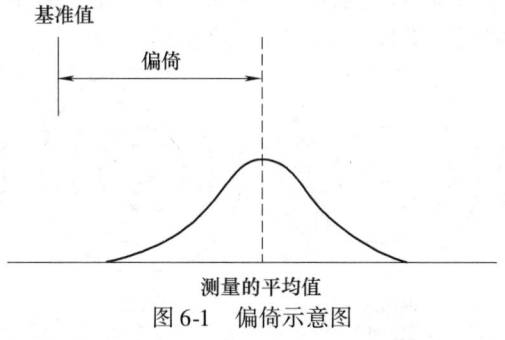

图 6-1 偏倚示意图

(2) 变差(Variation)

变差是指在相同的条件下，多次测量结果的变异程度。常用测量结果的标准差 σ 或过程变差 PV 来表示变差。不过现在已经很少用 PV 来表示变差了。

过程变差 PV 是指 99% 的测量结果所占区间的长度（图 6-2）。

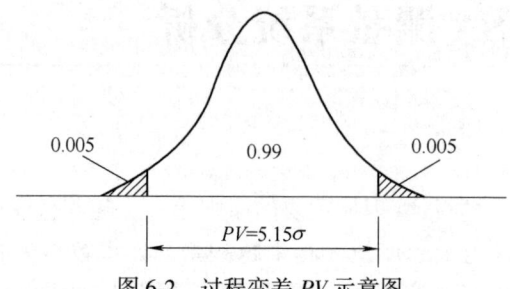

图 6-2　过程变差 PV 示意图

测量结果通常服从正态分布 $N(\mu, \sigma^2)$，在正态分布下有
$$p(|x-\mu| < 2.575\sigma) = 0.99$$
因此，99% 的测量结果所占区间 $(\mu - 2.575\sigma, \mu + 2.575\sigma)$ 的长度为
$$PV = 5.15\sigma$$
也就是说，如果重复测量，则将有 99% 的测量结果落在长度为 5.15σ 的区间内。数据的变差是由两类因素引起的：普通因素（偶然因素）和特殊因素（异常因素）。当测量系统仅受普通因素影响时，其标准差 σ 可用极差 R 来估计
$$\hat{\sigma} = R/d_2 \quad R = x_{\max} - x_{\min}$$
其中，d_2 可通过第 4 章表 4-3 查得。

当测量系统既受普通因素（偶然因素）影响，又受特殊因素（异常因素）影响时，其标准差 σ 可用测量数据（样本）的标准差 s 来估计
$$\hat{\sigma} = s = \sqrt{\frac{1}{n-1}\sum_{i=1}^{n}(x_i - \bar{x})^2}$$
式中，$x_1, x_2, \cdots, x_n$ 为 n 个测量数据。

高质量的测量数据既要求偏倚小，又要求变差小。若偏倚和变差中有一项或两项都大，则不能说测量数据质量高（图 6-3）。

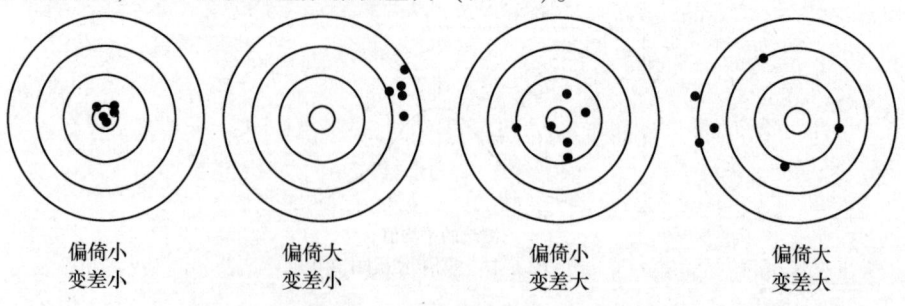

图 6-3　偏倚和变差示意图

6.1.2 测量系统的基本概念

测量是指"以确定实体或系统的量值大小为目标的一整套作业"。

测量系统可完整地叙述为：对被测产品特性赋值的操作者、设备（包括量具）、软件、操作程序、测量环境的集合，用来获得测量结果的整个过程称为测量过程或测量系统。其示意图如图6-4所示。测量设备不等于测量系统，测量设备只是测量系统的一个关键部分。

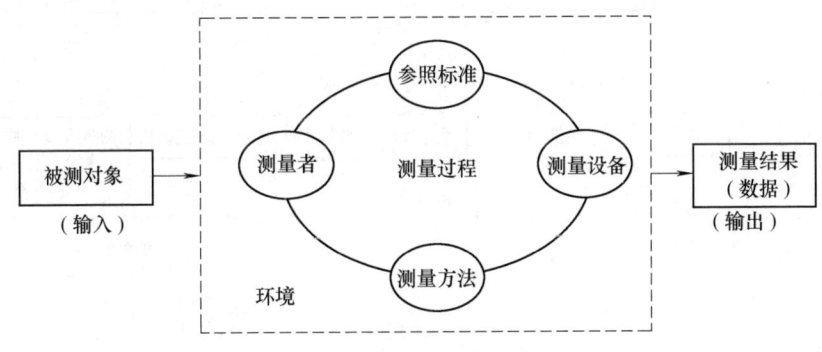

图6-4 测量系统示意图

6.1.3 测量系统的变差

测量结果的变差一部分来自于被测对象本身，一部分来自于测量系统(图6-5)。测量系统分析（MSA）研究测量系统的变差对测量结果的影响，进而确定测量系统能否使用（图6-6）。

测量系统的变差按性质可以分为位置变差、宽度变差。位置变差主要包括：偏倚、稳定性、线性；宽度变差主要包括：重复性和再现性。

1. 位置变差

（1）偏倚

偏倚通常称准确度。偏倚是由一种或几种系统误差所引起的，通常可通过检定/校准来估计或消除偏倚，参见图6-1。

（2）稳定性

稳定性（或飘移）是测量系统在某一阶段时间内，测量同一基准或零件的单一特性时，获得的测量值总变差（图6-7）。稳定性反映了偏倚随时间的变化。稳定性表征的是测量系统响应的一种缓慢变化。

（3）线性　线性是在量具预期的工作范围内，偏倚值的差异。线性可以被认为是关于偏倚大小的变化，如图6-8所示。

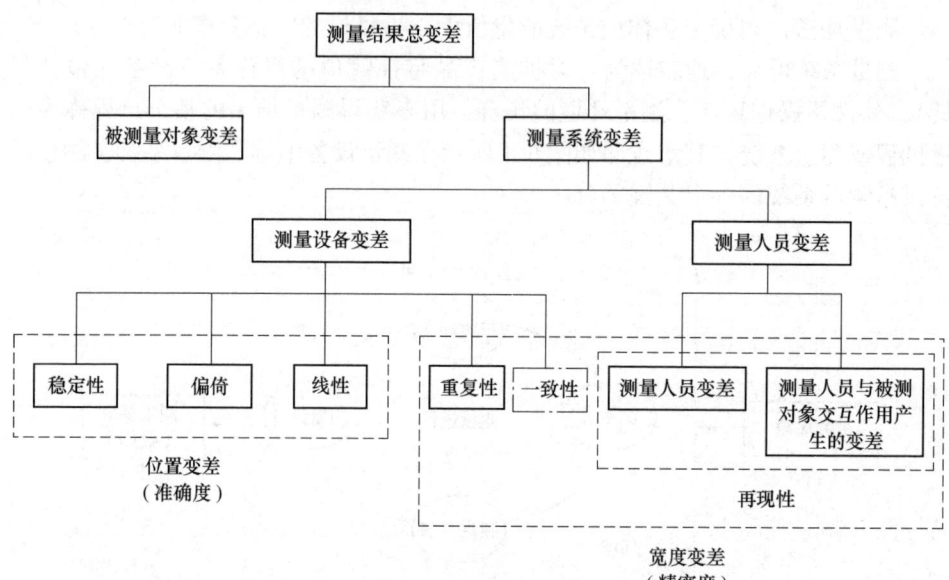

注：1. 一致性可以看成重复性随时间的变化。
2. ISO 使用的"准确度"术语包含了偏倚和重复性的含义，与此处的"准确度"含义不同。

图 6-5　测量结果变差的来源

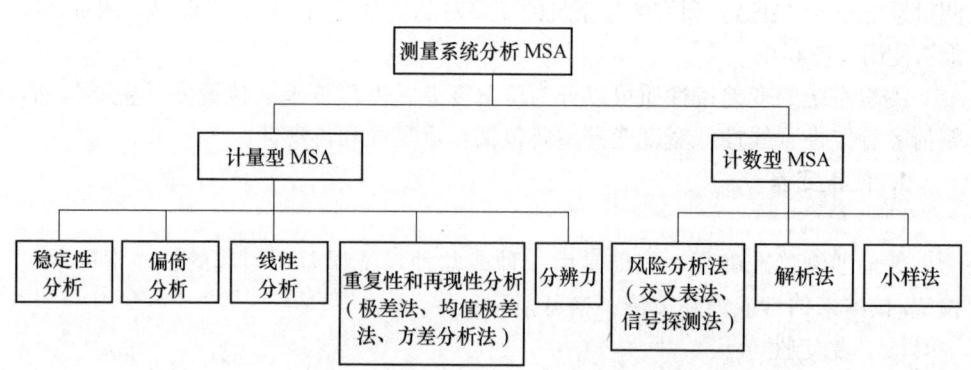

图 6-6　测量系统分析 MSA 的构成

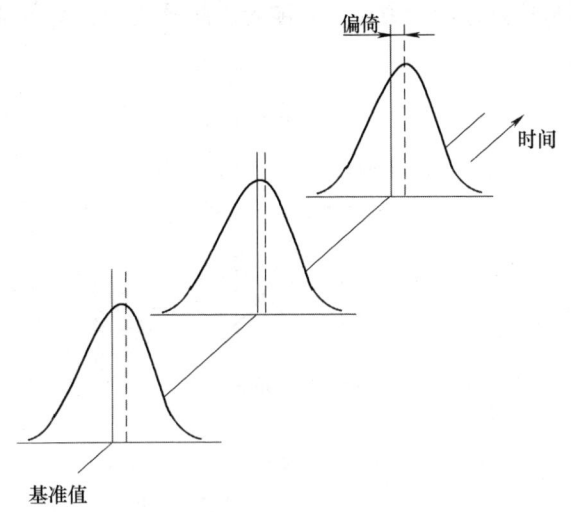

图 6-7　稳定性

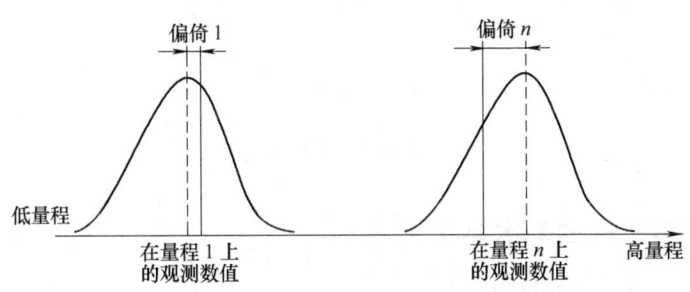

图 6-8　线性

2. 宽度变差

（1）重复性（Repeatability，RPT）

重复性是由一个操作者采用同一种测量仪器，多次测量同一零件的同一特性时获得的测量值变差（图 6-9）。重复性是设备产生的变差，是设备本身固有的。重复性也被定义为：在相同测量条件下，对同一被测量进行连续多次测量所得结果之间的一致性。

（2）再现性（Reproducibility，RPD）

再现性是由不同的操作者，采用相同的测量仪器，测量同一零件的同一特性时，测量平均值的变差（图 6-10）。这是传统上对"再现性"的定义，建立在由人工操作测量仪器之上，对自动测量系统就不适用了。所以，"再现性"又被定义为：在改变了的测量条件下，同一被测量的测量结果之间的一致性。改变条件可包括：测量原理、测量方法、观测者、测量仪器、参考测量标准、地点、使用条件、时间等。

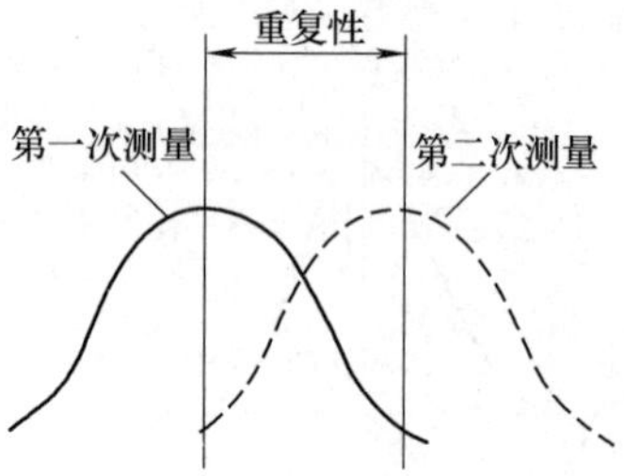

图 6-9　重复性

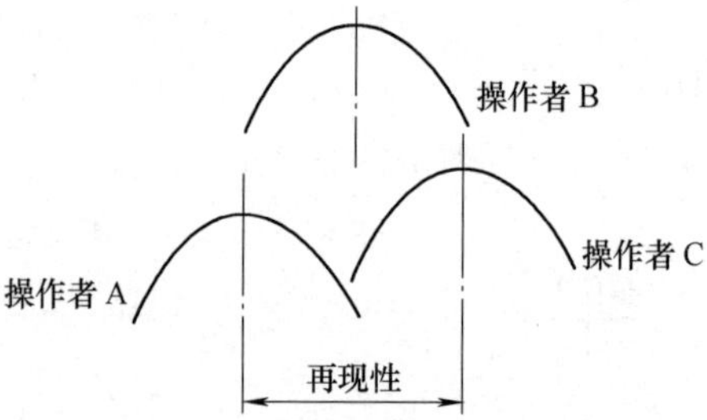

图 6-10　再现性

6.1.4　测量系统的基本要求

（1）测量设备要有足够的分辨力

测量设备的分辨力（Discrimination）是指测量设备能有效辨别的示值间的最小差值，也称为最小可读单位。可以用最小刻度来衡量测量设备的分辨力（二者不完全相同）。例如，某量具的最小刻度是 0.01mm，能识别长度中 0.01mm 的变化，但不能识别长度中 0.001mm 的变化。对这种量具而言，8.531 与 8.532 都是 8.53，这时我们可以大致地认为该量具的分辨力是 0.01mm。

测量系统的分辨力与测量设备的分辨力是不相同的，计算测量系统的分辨力时要考虑测量系统的重复性和再现性。一般而言，测量系统的分辨力小于测量设备的分辨力。测量系统分辨力的评价见本章 6.8.5 节。

选择测量设备时，一定要保证它有足够的分辨力。这里的“足够”通常是指“1∶10 法则”，具体是：

1）对于为进行统计过程控制而进行的测量，一般要求量具的最小刻度不大于过程变差（过程能力 $6\sigma_{\bar{R}/d_2}$）的 1/10，即最小刻度 $\Delta_n \leqslant \frac{6\sigma_{\bar{R}/d_2}}{10}$。

2)对质量检验,即检验产品合格与否,则要求量具的最小刻度不大于规格范围(公差)的 1/10,即最小刻度 $\Delta_n \leqslant \dfrac{USL - LSL}{10}$。

如果一把量具既用于统计过程控制又用于质量检验,一般按照上述两个要求中最严格的要求选择量具的最小刻度。即最小刻度 $\Delta_n \leqslant MIN\left(\dfrac{USL - LSL}{10}, \dfrac{6\sigma_{\bar{R}/d_2}}{10}\right)$。

如果测量设备没有足够的分辨力,就不能定量地表示被测零件的特性值,也不能识别制造过程中所发生的波动。这时,应放弃使用该测量设备,而应改用更好的测量设备,从而具有足够的分辨力。应注意的是,使用分辨力过高的测量设备也是一种浪费。

(2)测量系统必须是稳定的

是指在重复性测量的情况下,测量系统的变差只能由普通因素造成,而不能存在特殊因素。

(3)较小的测量系统变差

当用公差评估测量系统的可接受性时,测量系统变差($6\sigma_M$)至少应小于公差。当用过程变差评估测量系统的可接受性时,测量系统变差($6\sigma_M$)至少应小于过程变差($6\sigma_{\bar{R}/d_2}$)。

6.2 测量系统分析的时机

在两个阶段要进行测量系统分析。

(1)测量系统使用前或即将投入使用时

测量系统使用前或即将投入使用时,要进行测量系统分析 MSA,其目的是了解测量过程,并确定测量系统是否满足要求。

分析的时机有:

1)新产品试生产(或 PPAP 的有效生产),需建立新的测量系统时。

2)测量系统有异动时,如新购量具替换原来的量具、测量方法发生了变更、量具进行了大修等。

(2)测量系统使用过程中

在测量系统使用过程中进行测量系统分析 MSA,其目的是验证测量系统是否能够持续地满足要求。

分析的时机有:

1)按确定的周期进行 MSA,一般每间隔一年要实施一次 MSA。

2)按顾客的要求进行 MSA,等等。

6.3 测量系统分析的流程

计量型测量系统分析流程一般包括以下部分：
1）研究准备。
2）稳定性分析。
3）偏倚分析。
4）线性分析。
5）重复性和再现性分析。
6）编写 MSA 报告。

图 6-11 所示为计量型测量系统分析流程。

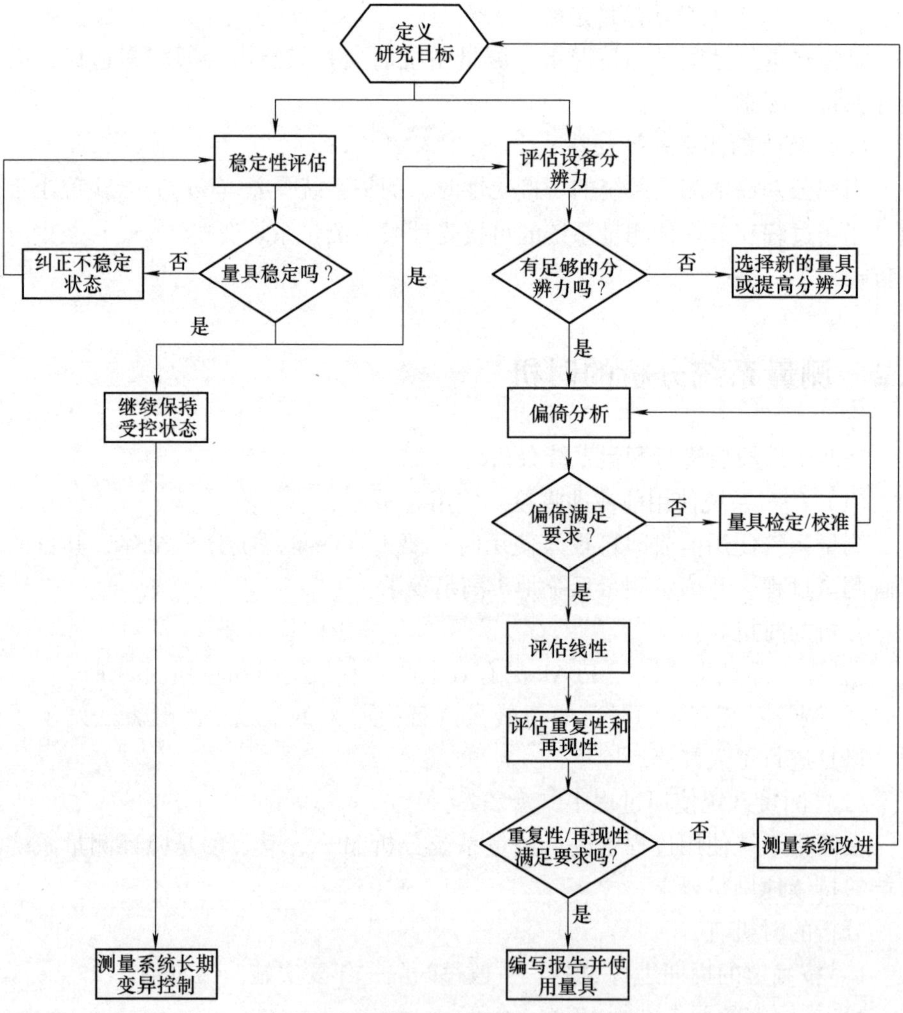

图 6-11 计量型测量系统分析流程

6.4 测量系统分析的准备与注意事项

6.4.1 MSA 计划的制订

在进行测量系统分析之前,要制订测量系统分析计划。测量系统分析计划的内容一般包括:

1)确定需分析的测量系统。例如,控制计划(见本书1.4节)中提及的测量系统。

2)确定用于分析的待测质量特性(尺寸或其他参数)。

3)确定分析的内容与方法:

① 确定分析的内容。在进行测量系统分析时,并不总是同时研究测量系统的所有变差,而应该根据测量系统的使用目的确定需研究那些变差。例如对于普通的测量设备,通过周期的检定/校准可保证偏倚和线性的要求,使用过程中主要考核检验员重复测量的一致性和自检、互检之间的一致性,所以只需对测量系统的重复性和再现性进行评定分析;对于自动测量设备来说,设备的稳定性和重复性要好,所以主要分析其测量系统的稳定性和重复性等。

② 确定分析的方法。对计量型测量系统的重复性和再现性研究,可采用均值极差法、方差分析法(ANOVA);对计数型测量系统,可采用小样法、风险分析法(交叉表法、信号探测法)、解析法。图6-12是MSA方法选择流程。

4)确定测试环境。应尽可能与测量系统实际使用的环境条件相一致。

5)对于破坏性测量,由于不能进行重复测量,可采用模拟的方法并尽可能使其接近真实分析(如不可行,可不作MSA分析)。

6)确定分析人员、测量人员以及MSA分析时间。测量人员应是经常使用该量具的操作工/检验员。

7)确定样品数量和重复试验次数(读数次数)(见表6-1)。此时要考虑被测特性的重要性以及零件的结构。关键特性要求更多的样品和/或试验,大的或重的零件可考虑较少的样品和较少的试验。

表6-2为一个MSA计划实例。

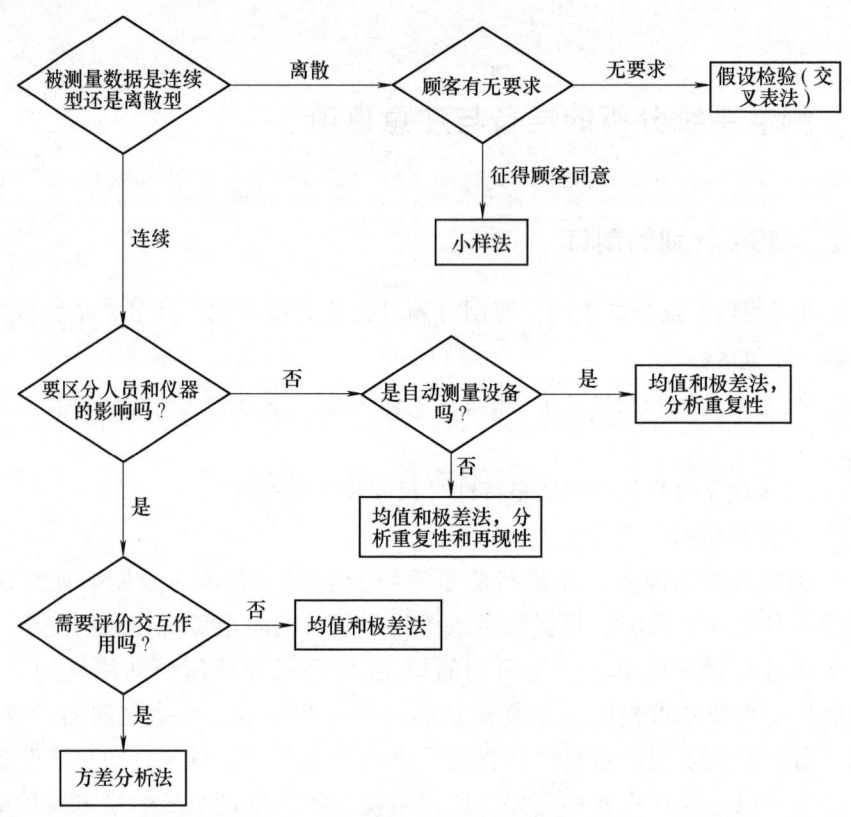

图 6-12　MSA 方法选择流程

表 6-1　样品数量与重复试验次数（供参考）

	稳定性	偏倚	线性	GRR	小样法	Kappa	信号探测法
测量人数量	通常为1人	1人	通常为1人	通常为2~3人	通常为2人	通常为3人	通常为3人
样品数量	1件	1件	≥5件	通常为10件	通常为20件	通常为50件	通常为50件
试验次数	按照控制图来选择，通常为3~5次	≥10	≥10	通常为2~3次	通常为每人2次	通常为每人3次	通常为每人3次
测试时间	较长时间	较短时间内	较短时间内	较短时间内	较短时间内	较短时间内	较短时间内
基准要求	可以确定基准值	高级别量具测量10次以上来确定基准值	高级别量具测量10次以上来确定基准值	不需要	可以确定基准合格与否	要确定基准合格与否	要确定基准值

(续)

盲测要求	稳定性	偏倚	线性	GRR	小样法	Kappa	信号探测法
	不需盲测	不需盲测	可以盲测	需要盲测	需要盲测	需要盲测	需要盲测

表 6-2　测量系统分析计划

序号	量具名称	量具编号	量具类型	使用位置	MSA 内容及方法	分析时间段	测量人	分析人	备注
1	数显卡尺	J811	计量型	冲压车间	分析稳定性；分析重复性和再现性（均值和极差法）	2012/6/29 ~ 2012/7/7	张三 王二 钱五	李四	
2									
3									

6.4.2　量具的准备

1）应针对具体尺寸/特性选择质量控制计划指定的量具，如质量控制计划未明确规定某种编号的量具，则应根据实际情况对现场使用的一个或多个量具作 MSA 分析。

2）确保要分析的量具是经校准合格的。

3）合理地确定量具的最小刻度。对用于统计过程控制的量具，其最小刻度应该不超过预期的过程变差（$6\sigma_{\bar{R}/d_2}$）的 1/10。例如，如果一个过程的变差（$6\sigma_{\bar{R}/d_2}$）是 0.01，则量具的最小刻度至少应该是 0.001。对用于质量检验的量具，其最小刻度应该不超过公差的 1/10。对于既用于统计过程控制又用于质量检验的量具，上述哪个要求严格，就按照哪个要求确定量具的最小刻度。

6.4.3　测试操作人员和分析人员的选择

1）在 MSA 分析时，测试操作人员和分析人员不能是同一个人，测试操作人员实施测量并读数，分析人员作记录并完成随后的分析工作。

2）通常情况下，应优先选择实际使用所选定的量具实施测试的操作工/检验员作为测试操作人员，以确保测试方法和测试结果与日后的正式生产或过程更改的实际情况相符。

3）测试操作人员、分析人员都应经过培训，熟悉测试方法和分析方法。

4）应选择熟悉测试和 MSA 分析方法的人员作为分析人员。

6.4.4 分析用样品的选择

1)样件必须在过程中选择,并且能够代表过程的整个工作范围。如果在系统分析中要确定零件间的变差$6\sigma_p$,则一定要这样做。一种取样方法就是:每天取一个样,持续若干天(例如 10d)获取若干个样件(例如 10 个)。这实际上就是对过程进行简单随机抽样,所抽得的一些个体(零件)能很好地反映总体(过程生产出的所有零件)的分布规律。

2)如果一个量具适用于多个规格产品的尺寸/特性测量,在作该量具的 MSA 分析时,应选择其中一个过程变差最小的规格产品作为样品以避免过大的零件变差造成分析结果的不准确。

3)给每个样品编号并加上标签,但要避免测试人员事先知道编号以确保按随机顺序测量,必要时,为了防止零件内的变差,可以在零件的测试部位作出标记。

6.4.5 测量系统分析的注意事项

1)按规定的测量程序进行测量。

2)随机地抽取样品进行测量,并且测量人员不应知道正在被测量的样品的编号(盲测),以避免可能的人为偏倚。分析人员应知道正在测量哪一个样品,是第几次测量,并记下测量数据。

3)测量读数应该估计到可能获得的最接近数值。如果可能的话,应该把读数读到最小刻度的1/2。例如,千分尺的最小刻度是 0.01mm,应该把读数圆整到 0.005mm。对于电子读数,测量计划必须为记录所显示的最右有效数位建立一个通用的原则。

4)测量人员进行测量时应随机选取样本,不应按固定的编号顺序,以减少人为误差。第一个测量员测量完所有的样本后,让第二个人接着测量,而不是由第一个测量人员重复进行第二次测量,如此往下,直到所有测量人员完成所有测量。

5)每个测量者都应使用同样的方法和步骤获取读数。

6.5 测量系统稳定性分析

进行测量系统分析的目的,是要预测在不远的未来,测量系统所引入的测量误差具有什么样的统计特性。为了能够进行这样的预测,测量系统必须表现出统计稳定性,即测量系统引入的测量误差的分布规律不随时间发生变化。

在统计过程控制中应用控制图来判断过程的稳定性，在测量系统分析中也可以用控制图来判断测量系统的稳定性，因为测量系统也可以被看成是一个制造（数据的）过程。差别在于不是从生产线上随时抽取样品作控制图，而是选定标准件或标准样品，在一定时间内经常用同一量具反复地测量此标准件或标准样品，用测量值作控制图，考察其稳定性。

稳定性分析过程如下：

1) 选定 1 个标准件或标准样品。

2) 周期性（如每日一次，或每周一次等）地用待分析的测量系统对标准样品进行重复测量，每次测量 3~5 回，用这些测量值作为一个子组。一般需要 20~25 个子组（最好 25 个子组）。

3) 用上述子组制作 $\bar{x} - R$ 或 $\bar{x} - s$ 控制图。控制图的制作见第 5 章。

4) 对控制图进行分析，如果所有的子组均值 $\bar{x}$ 及子组极差 R 均落在各自的控制图上下控制限之内，则说明测量系统稳定性好，否则，测量系统稳定性就不好。

5) 如果测量系统是稳定的。则可继续对测量系统进行偏倚分析等工作。如果测量系统不稳定，则应找出引起不稳定的特殊因素，采取措施予以消除。然后再重新收集数据，制作控制图，直到测量系统达到稳定状态。

稳定性差的可能原因包括：

1) 仪器长期没有校准，需要减少校准周期。

2) 仪器、设备或夹紧装置磨损。

3) 仪器老化或退化。

4) 基准磨损或损坏，基准出现误差。

5) 仪器校准不当或调整不当。

6) 仪器质量差，设计或一致性不好。

7) 仪器设计或测试方法缺乏稳健性。

8) 量具或零件变形。

9) 不同的测量方法——设置、安装、夹紧、技术。

10) 环境变化——温度、湿度、振动、清洁度。

11) 缺乏维护——腐蚀、锈蚀、脏污。

12) 应用出错——零件尺寸、位置、操作者技能、疲劳、观察错误（易读性、视差）等。

案例 6-1 是一测厚仪测量系统的稳定性分析。分析时，以校准片作为标准样本，一个人用测厚仪按每天 3 次的频率对校准片进行重复测量，每次测量 3 回，用这些测量值作为一个子组。共连续测量了 7 天，收集了 20 个子组，用这些子组制作控制图。根据控制图判断出该测量系统的稳定性好。

案例6-1：测量系统稳定性分析报告

测量系统稳定性分析报告

量具名称	测厚仪																				基准件名称	被测特性			校准片 厚度		测量频率	测量人		每天3次,连续测量7天		
量具编号	2012061																				基准值	9.1					分析人				
量具规格	0~50/0.001																														

日期																						
时间																						
测量值 1	9.140	9.380	8.863	9.173	9.170	9.443	9.337	9.130	9.453	9.070	9.277	9.323	9.230	9.070	9.453	9.590	9.790	9.280	9.655	9.004	9.483
2	8.730	7.960	9.360	9.380	8.720	8.850	9.670	8.800	9.320	9.260	9.070	8.690	9.060	8.691	9.025	8.879	8.787	8.918			
3	8.870	9.250	8.780	9.850	9.330	9.710	8.650	9.450	8.950	8.690	9.110	9.350	9.178	9.508	8.752	8.852	8.422				
4																					
5																					
均值$\bar{x}$	8.913																				
极差R	0.410	1.420	0.600	1.130	0.340	0.860	1.150	0.270	0.670	0.760	1.049	0.720	0.290	0.487	0.172						

总平均值$\bar{\bar{x}} = 9.126$, 平均极差$\bar{R} = 0.606$

均值$\bar{x}$控制图控制限的计算：

$\text{UCL} = \bar{\bar{x}} + A_2\bar{R} = 9.126 + 1.023 \times 0.606 = 9.744$

$\text{CL} = \bar{\bar{x}} = 9.126$

$\text{LCL} = \bar{\bar{x}} - A_2\bar{R} = 9.126 - 1.023 \times 0.606 = 8.508$

极差R控制图控制限的计算：

$\text{UCL} = D_4\bar{R} = 2.574 \times 0.606 = 1.557$

$\text{CL} = \bar{R} = 0.606$

$\text{LCL} = D_3\bar{R} = 0$

$\bar{x} - R$控制图：见附件

结论：R、$\bar{x}$控制图中均没有超出控制限的点，说明测量系统稳定性好

第6章　MSA 测量系统分析

附件：$\bar{x} - R$ 控制图（图6-13）（续）

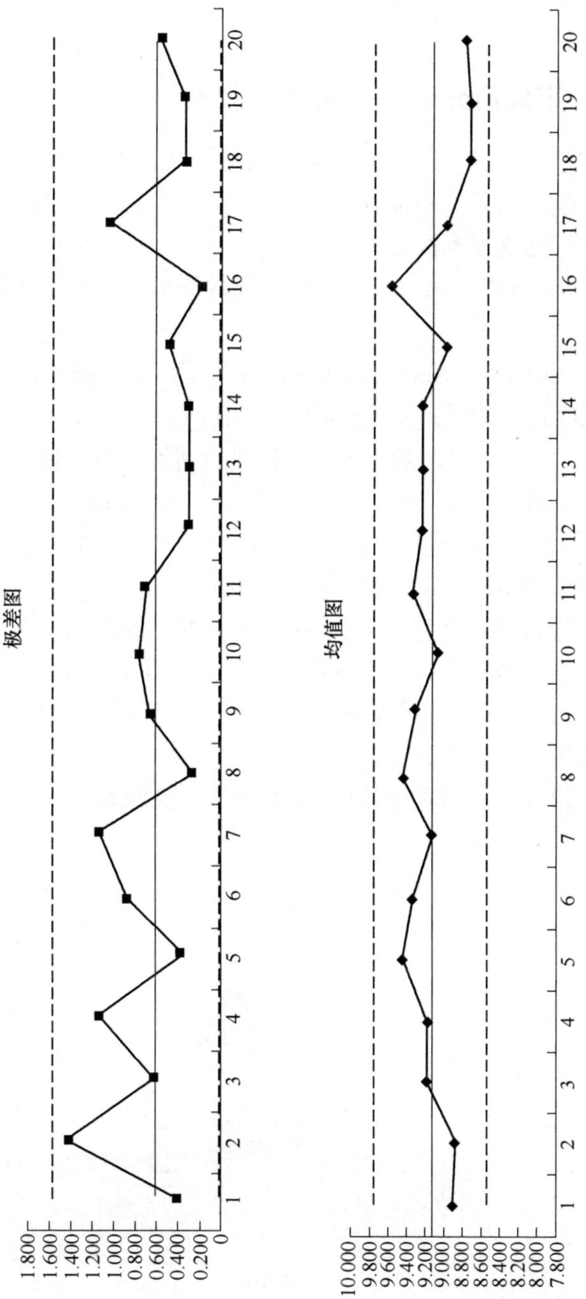

图6-13　$\bar{x} - R$ 控制图

6.6 测量系统偏倚分析

6.6.1 测量系统偏倚分析——独立样本法

偏倚反映的是同一零件同一特性测量值的平均值与真值（精测基准值）的差异。它直接影响测量系统的准确度。

偏倚分析——独立样本法过程如下：

1）选定 1 个某过程（该过程使用要研究的测量系统）生产的产品作为标准样品。

2）用比待分析的测量系统更高级别的测量系统对标准样品进行多次（大于 10 次）测量，取测量结果的平均值作为基准值。

案例 6-2 中，对一卡尺测量系统的偏倚进行研究。取一样品，用更高级别的测量系统对该样品进行测量，得到样品基准值 $X_T = 6.0\text{mm}$。

3）安排一个人对样品进行多次（$n \geqslant 10$ 次）重复测量。用卡尺对样品进行了 $n = 15$ 次测量，测量结果填入案例 6-2 的表格中。

4）用测量数据做测量值直方图（见案例 6-2）。评审直方图，看是否存在特殊因素或出现异常。若有特殊因素或出现异常，应重新研究；若无，继续分析。当 $n < 30$ 时，对直方图的解释或分析，应当特别谨慎。本案例直方图显示测量数据呈正态分布，没有异常。

也可用偏倚值（测量值-标准值）做直方图（见图 6-14）。在偏倚直方图上，偏倚均值是否为 0 更为直观。

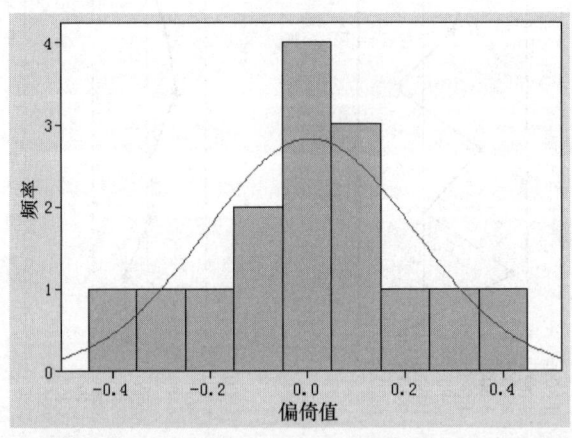

图 6-14　偏倚直方图

说明：在 MINITAB 等统计软件中，是利用 p 值进行正态分布显著性判断。所谓 p 值，通俗地讲，指的是在"原假设 H_0：服从正态分布，备选假设 H_1：不服从正态分布"的情况下，用现有数据计算出的"服从正态分布的概率"。如果 $p \leq \alpha$（α 一般取 0.05），则服从正态分布的假设是不能接受的；反之服从正态分布的假设是成立的。本案例 $p = 0.695 > 0.05$，说明数据服从正态分布。

5）计算测量结果的平均值 $\overline{X}$。

$$\overline{X} = \frac{\sum_{i=1}^{n} X_i}{n} = \frac{\sum_{i=1}^{15} X_i}{15} = 6.0067$$

6）计算偏倚 B。

$$B = \overline{X} - X_T = 6.0067 - 6.0 = 0.0067$$

7）计算重复性标准差 σ_r。

$$\sigma_r = \sqrt{\frac{\sum_{i=1}^{n}(X_i - \overline{X})^2}{n-1}} = \sqrt{\frac{\sum_{i=1}^{15}(X_i - \overline{X})^2}{15-1}} = 0.2120$$

8）计算 %EV，确定重复性是否可以被接受。

$$\%EV = EV/TV \times 100\% = \sigma_r/TV \times 100\%$$

式中，TV 是基于预期的过程变差（$\sigma_{process}$）或 1/6 公差。所谓预期的过程指的是将用本测量系统监控的过程。

%EV 的接受标准见本书 6.8.6 节。%$EV < 10\%$ 可以被接受；%EV 在 10% ~ 30% 范围内，在权衡成本、测量系统使用场合的重要性等基础上，可以考虑接受；%$EV > 30\%$，不能接受。如果对一个 %$EV > 30\%$ 的测量系统继续进行分析，可能会导致误导与混淆的情况。

本案例中预期的过程变差 $TV = \sigma_{process} = 2.5$，这样：

$$\%EV = EV/TV \times 100\% = \sigma_r/TV \times 100\% = (0.2120/2.5) \times 100\% = 8.5\% < 10\%$$

所以，本案例的重复性可以被接受。

9）计算均值 $\overline{X}$ 的标准差 σ_b。

$$\sigma_b = \frac{\sigma_r}{\sqrt{n}} = \frac{0.2120}{\sqrt{15}} = 0.05474$$

10）计算偏倚的 t 统计量。

$$t = \frac{|B|}{\sigma_b} = \frac{0.0067}{0.05474} = 0.1224$$

如果 $t<t_{v,1-\alpha/2}$，则认为在显著性水平 α 下，偏倚为 0 是可以接受的，可以继续分析。

临界值 $t_{v,1-\alpha/2}$ 可以在标准 t 分布表中查到（也可在 Microsoft Office Excel 中计算，选择"公式→其他函数→统计→TINV"）。α 为显著性水平，v 为自由度：$v = n - 1$。α 水平的默认值是 0.05，如果不是这个默认值，则必须得到顾客同意。

本例：$t = 0.1224$，$\alpha = 0.05$，$v = n - 1 = 14$，$t_{v,1-\alpha/2} = 2.145$，这样：$t < t_{v,1-\alpha/2}$，可以继续分析。

说明：在 MINITAB 等统计软件中，是利用 p 值进行偏倚 = 0 显著性判断。所谓 p 值，指的是在"原假设 H_0：偏倚 = 0，备选假设 H_1：偏倚 ≠ 0"的情况下，用现有数据计算出的偏倚为 0 的概率。如果 $p \leq \alpha$，则偏倚为 0 的假设是不能接受的；反之偏倚为 0 的假设是成立的。本案例中 $p = 0.911 > 0.05$，所以偏倚为 0 是可以接受的。

11）计算偏倚值的 $1 - \alpha$ 置信区间。

$$[B - (\sigma_b \times t_{v,1-\alpha/2}), B + (\sigma_b \times t_{v,1-\alpha/2})]$$

本例中：偏倚值的 95% 置信区间为：[-0.1107, 0.1241]

12）在同时满足下列条件下，那么在统计上可以判定这个测量系统的偏倚为 0：

① $t < t_{v,1-\alpha/2}$；
② 0 落在上述偏倚值的 $1 - \alpha$ 置信区间之内。

案例 6-2 中 $t < t_{v,1-\alpha/2}$，0 落在偏倚值的 95% 置信区间之内，说明本卡尺测量系统无偏倚。

案例 6-2：测量系统偏倚分析报告（独立样本法）

测量系统偏倚分析报告																
量具名称	卡 尺				基准件名称				平 垫 块				测量日期			
量具编号	M201038				被测特性				厚度				测量人			
量具类别	计量型（长度类）				基准值 X_T				$X_T = 6.0$ mm				分析人			
置信度 $(1-\alpha)$：95%						预期的过程变差 TV（或 1/6 公差）：$TV = \sigma_{process} = 2.5$										
测量次数	1	2	3	4	5	6	7	8	9	10	11	12	13	14	15
测量值	5.8	5.7	5.9	5.9	6.0	6.1	6.0	6.1	6.4	6.3	6.0	6.1	6.2	5.6	6.0
偏 倚	-0.2	-0.3	-0.1	-0.1	0.0	0.1	0.0	0.1	0.4	0.3	0.0	0.1	0.2	-0.4	0.0

(续)

测量值直方图（图6-15）及其评价：

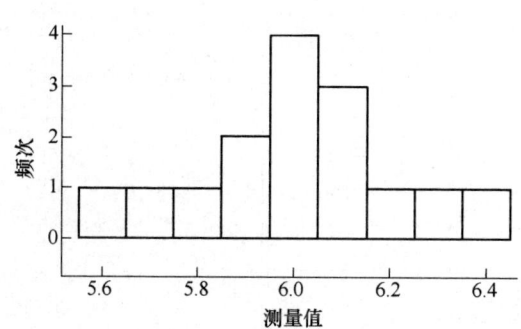

图6-15 测量值直方图

直方图显示数据呈正态分布，测量系统不存在特殊因素

测量值平均值 $\overline{X}$： $$\overline{X} = \frac{\sum_{i=1}^{n} X_i}{n} = \frac{\sum_{i=1}^{15} X_i}{15} = 6.0067$$	偏倚均值 B： $B = \overline{X} - X_T = 6.0067 - 6.0 = 0.0067$
重复性标准差 σ_r： $$\sigma_r = \sqrt{\frac{\sum_{i=1}^{n}(X_i - \overline{X})^2}{n-1}} = \sqrt{\frac{\sum_{i=1}^{15}(X_i - \overline{X})^2}{15-1}} = 0.2120$$	确定重复性是否可以被接受： $\%EV = EV/TV \times 100\% = \sigma_r/TV \times 100\%$ $= (0.2120/2.5) \times 100\% = 8.5\%$ 判断：$\%EV < 10\%$，重复性可以被接受
均值 $\overline{X}$ 的标准差 σ_b： $$\sigma_b = \frac{\sigma_r}{\sqrt{n}} = \frac{0.2120}{\sqrt{15}} = 0.05474$$	偏倚的 t 统计量： $t = \frac{|B|}{\sigma_b} = \frac{0.0067}{0.05474} = 0.1224$
显著性水平 α：$\alpha = 0.05$ 自由度 v：$v = n - 1 = 15 - 1 = 14$	临界值 $t_{v, 1-\alpha/2}$： $t_{v, 1-\alpha/2} = 2.145$
偏倚值的 $1 - \alpha$ 置信区间： $[B - \sigma_b \cdot t_{v, 1-\alpha/2}, B + \sigma_b \cdot t_{v, 1-\alpha/2}] = [-0.1107, 0.1241]$	
结论：因为同时满足下列条件： ① $t = 0.1224 < t_{v, 1-\alpha/2} = 2.145$； ② 0落在偏倚值的95%置信区间 $[-0.1107, 0.1241]$ 之内。 所以可以认为本卡尺测量系统无偏倚。	

图 6-16 是用 MINITAB 对案例 6-2 的验算，结论是一样的。

图 6-16 显示偏倚值 = 0.0067，对应的 p 值 = 0.911 > 0.05，说明测量系统不存在偏倚。

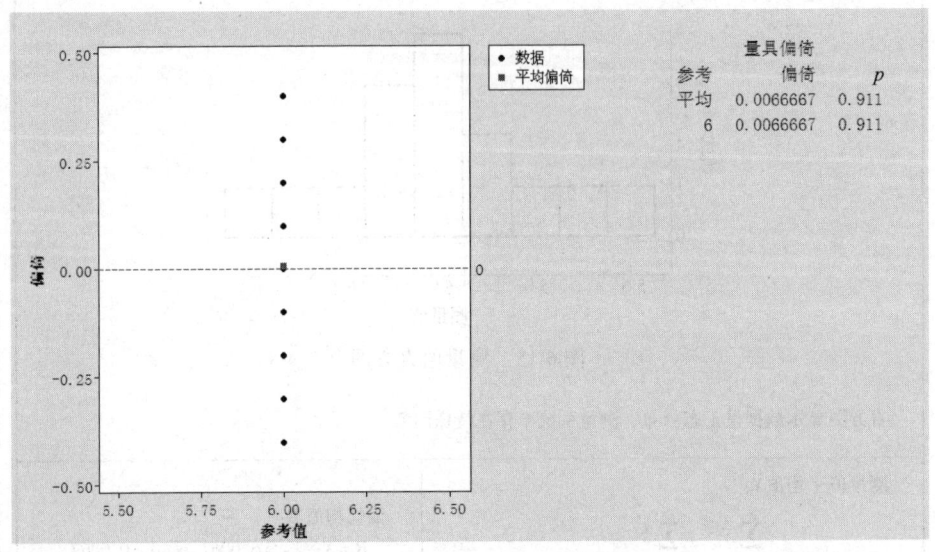

图 6-16　MINITAB 的分析结论

6.6.2　测量系统偏倚分析——控制图法

偏倚分析——控制图法的前半段是利用控制图进行稳定性分析，只有在控制图显示测量过程是稳定的前提下，才能继续进行偏倚分析。

偏倚分析——控制图法的分析过程见图 6-17。

下面用一个实例说明如何利用控制图法进行偏倚分析。

1）选择 1 个落在产品测量中程数的产品作为标准样品。

2）用比待分析的测量系统更高级别的测量系统对标准样品进行多次（大于 10 次）测量，取测量结果的平均值作为基准值。

案例：对测厚仪测量系统的偏倚进行研究。取一样品，用更高级别的测量系统对该样品进行测量，得到样品基准值 X_T = 9.1。

3）周期性（如每日一次，或每周一次等）地用待分析的测量系统对标准样品进行重复测量，每次测量 3~5 回，用这些测量值作为一个子组。一般需要 20~25 个子组（最好 25 个子组）。

本案例中，每周对标准样品测量 1 次，每次 3 回（子组容量 m = 3），用这些测量值作为一个子组。共连续测量了 20 周，收集了 20 个子组（子组数量 g = 20），见表 6-3。

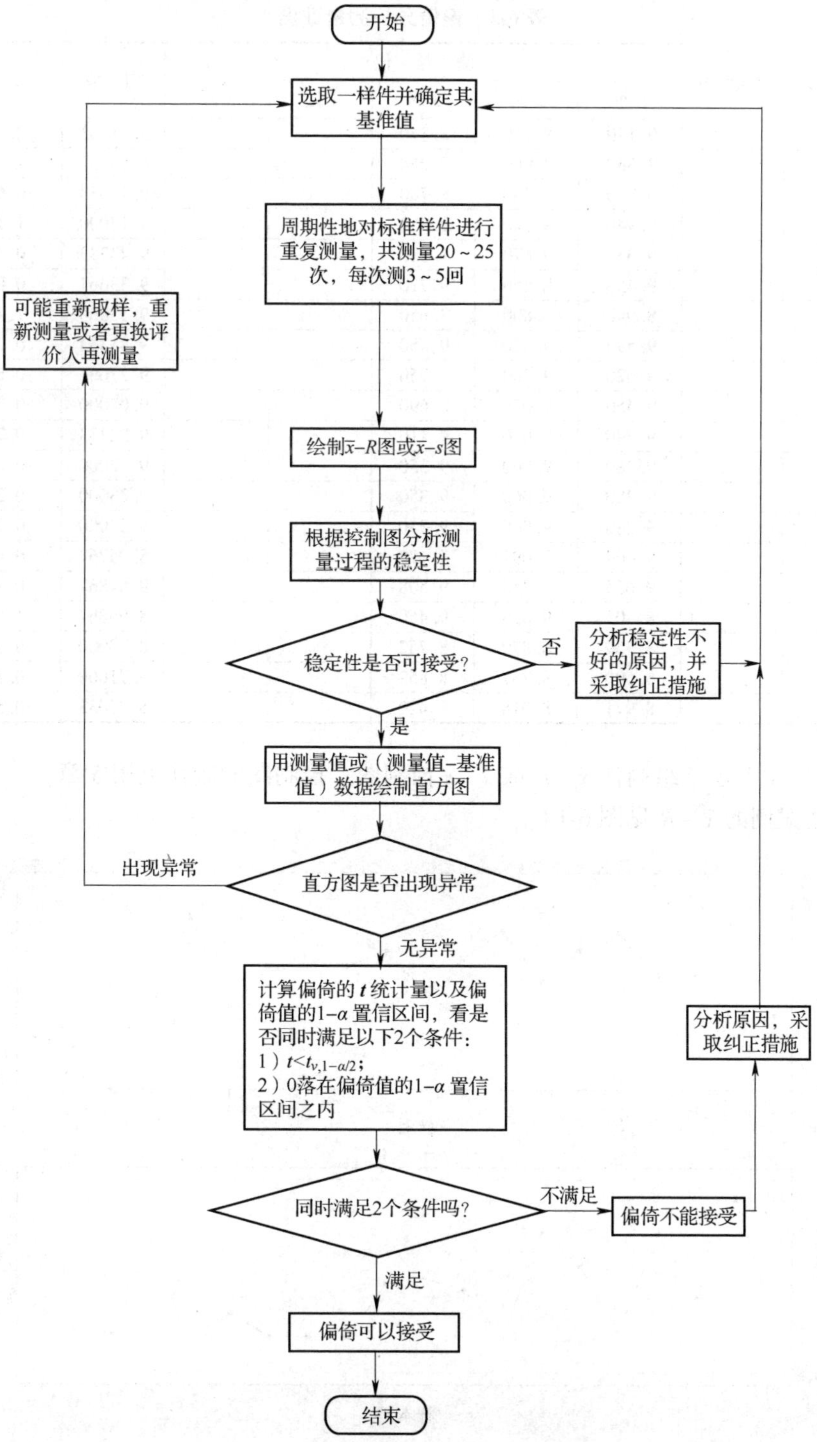

图 6-17 偏倚分析（控制图法）流程图

表 6-3　偏倚分析测量数据

子组号	测量时间	测量值					均值	极差
		1回	2回	3回	4回	5回		
1		9.140	8.730	8.870			8.91333	0.410
2		9.380	7.960	9.250			8.86333	1.420
3		9.360	9.380	8.780			9.17333	0.600
4		8.940	8.720	9.850			9.17000	1.130
5		9.330	9.670	9.330			9.44333	0.340
6		9.450	8.850	9.710			9.33667	0.860
7		8.940	9.800	8.650			9.13000	1.150
8		9.590	9.320	9.450			9.45333	0.270
9		9.620	9.260	8.950			9.27667	0.670
10		9.450	9.070	8.690			9.07000	0.760
11		9.790	9.070	9.110			9.32333	0.720
12		9.280	9.060	9.350			9.23000	0.290
13		9.280	9.060	9.350			9.23000	0.290
14		9.280	9.060	9.350			9.23000	0.290
15		9.004	8.691	9.178			8.95767	0.487
16		9.655	9.483	9.508			9.54867	0.172
17		8.401	9.025	9.450			8.95867	1.049
18		8.559	8.879	8.752			8.73000	0.320
19		8.509	8.787	8.852			8.71600	0.343
20		8.971	8.918	8.422			8.77033	0.549

4）用上述子组制作 $\bar{x} - R$ 或 $\bar{x} - s$ 控制图。控制图的制作见第 5 章。本案例的 $\bar{x} - R$ 见图 6-18。

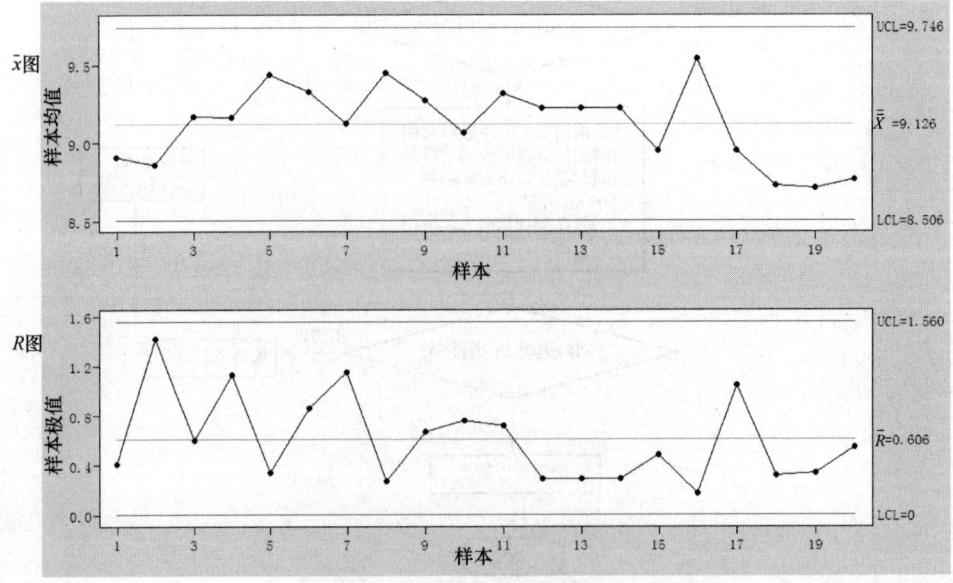

图 6-18　用于监测测量过程稳定性的 $\bar{x} - R$ 图

5）对控制图进行分析，如果所有的子组均值 $\bar{x}$ 及子组极差 R 均落在各自控制图的上下控制限之内，则说明测量系统稳定性好，否则，测量系统稳定性就不好。

如果测量系统是稳定的。则可继续对测量系统进行偏倚分析等工作。如果测量系统不稳定，则应找出引起不稳定的特殊因素，采取措施予以消除。然后再重新收集数据，制作控制图，直到测量系统达到稳定状态。

本案例中，控制图表明测量过程是稳定的，可以进行偏倚分析。

6）用测量值或偏倚值（测量值-基准值）数据绘制直方图。看直方图是否呈正态分布，是否存在特殊因素或出现异常。若直方图不呈正态分布，可能需要重新取样，重新测量或者更换评价人再测量。若直方图呈正态分布，继续分析。本案例直方图见图 6-19，直方图正态性判断 p 值 $= 0.638 > 0.05$，说明直方图呈正态分布，可以继续分析。

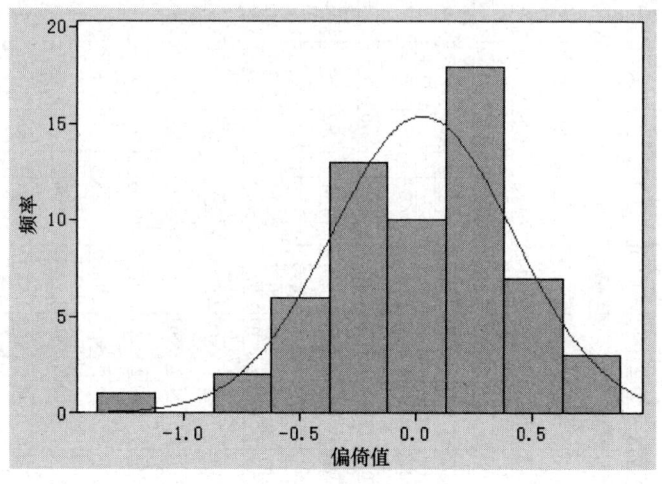

图 6-19　偏倚直方图

7）$\bar{x}$ 图的中心线 $\bar{\bar{X}}$ 就是所有测量结果的平均值。

本案例中，所有测量结果的平均值 $\bar{\bar{X}} = 9.126$。

8）计算偏倚 B。

$$B = \bar{\bar{X}} - X_\mathrm{T} = 9.126 - 9.1 = 0.026$$

9）计算重复性标准差 σ_r。

R 图的中心线就是平均极差 $\bar{R}$，得到 $\bar{R} = 0.606$。重复性标准差为：

$$\sigma_\mathrm{r} = \frac{\bar{R}}{d_2^*} = \frac{0.606}{1.70419} = 0.3556$$

其中 d_2^* 是通过查表 6-4 得到的。它取决于子组容量 m 和子组数量 g。

表 6-4 平均极差分布的 d_2^* 和自由度 v

子组数量 g		子组容量 m																		
		2	3	4	5	6	7	8	9	10	11	12	13	14	15	16	17	18	19	20
1		1.41421	1.91155	2.23887	2.48124	2.67253	2.82981	2.96288	3.07794	3.17905	3.26909	3.35016	3.42378	3.49116	3.55333	3.61071	3.66422	3.71424	3.76118	3.80537
		1.0	2.0	2.9	3.8	4.7	5.5	6.3	7.0	7.7	8.3	9.0	9.6	10.2	10.8	11.3	11.9	12.4	12.9	13.4
2		1.27931	1.80538	2.15069	2.40484	2.60438	2.76679	2.90562	3.02446	3.12869	3.22134	3.30463	3.38017	3.44922	3.51287	3.57156	3.62625	3.67734	3.72524	3.77032
		1.9	3.8	5.7	7.5	9.2	10.8	12.3	13.8	15.1	16.5	17.8	19.0	20.2	21.3	22.4	23.5	24.5	25.5	26.5
3		1.23106	1.76858	2.12049	2.37883	2.58127	2.74681	2.88628	3.00643	3.11173	3.20526	3.28931	3.36550	3.43512	3.49927	3.55842	3.61351	3.66495	3.71319	3.76857
		2.8	5.7	8.4	11.1	13.6	16.0	18.3	20.5	22.6	24.6	26.5	28.4	30.1	31.9	33.5	35.1	36.7	38.2	39.7
4		1.20621	1.74989	2.10522	2.36571	2.56964	2.73626	2.87656	2.99737	3.10321	3.19720	3.28163	3.35815	3.42805	3.49246	3.55183	3.60712	3.65875	3.70715	3.75268
		3.7	7.5	11.2	14.6	18.1	21.3	24.4	27.3	30.1	32.7	35.3	37.7	40.1	42.4	44.6	46.7	48.8	50.8	52.8
5		1.19105	1.73857	2.09601	2.35781	2.56263	2.72991	2.87071	2.99192	3.10032	3.19235	3.27392	3.35372	3.42381	3.48836	3.54787	3.60328	3.65502	3.70352	3.74914
		4.6	9.3	13.9	18.4	22.6	26.6	30.4	34.0	37.5	40.8	44.0	47.1	50.1	52.9	55.7	58.4	61.0	63.5	65.9
6		1.18083	1.73057	2.08985	2.35253	2.55795	2.72567	2.86680	2.99829	3.09467	3.19235	3.27392	3.35077	3.42097	3.48522	3.54522	3.60072	3.65253	3.70109	3.74678
		5.5	11.1	16.7	22.0	27.0	31.8	36.4	40.8	45.0	49.0	52.8	56.5	60.1	63.5	66.8	70.0	73.1	76.1	79.1
7		1.17348	1.72555	2.08543	2.34875	2.55460	2.72263	2.86401	2.98568	3.09222	3.18679	3.27172	3.34866	3.41894	3.48368	3.54333	3.59888	3.65075	3.69936	3.74509
		6.4	12.9	19.4	25.6	31.5	37.1	42.5	47.6	52.4	57.1	61.6	65.9	70.3	74.0	77.9	81.6	85.3	88.8	92.2
8		1.16794	1.72147	2.08212	2.34591	2.55208	2.72036	2.86192	2.98373	3.09039	3.18506	3.27006	3.34708	3.41742	3.48221	3.54192	3.59751	3.64941	3.69806	3.74382
		7.2	14.8	22.1	29.2	36.0	42.4	48.5	54.3	59.9	65.2	70.3	75.2	80.0	84.6	89.0	93.3	97.4	101.4	105.3
9		1.16361	1.71828	2.07953	2.34370	2.55013	2.71858	2.86028	2.98221	3.08896	3.18370	3.26878	3.34585	3.41624	3.48107	3.54081	3.59644	3.54838	3.69705	3.74284
		8.1	16.6	24.9	32.9	40.4	47.7	54.5	61.1	67.8	73.3	79.1	84.6	90.0	95.1	100.1	104.9	109.5	114.1	118.5
10		1.16014	1.71573	2.07746	2.34192	2.54856	2.71717	2.85898	2.98100	3.08781	3.18262	3.26775	3.34486	3.41529	3.48016	3.53993	3.59559	3.64755	3.69625	3.74205
		8.9	18.4	27.6	36.5	44.9	52.9	60.6	67.8	74.8	81.5	87.9	94.0	99.8	105.6	111.2	116.5	121.7	126.7	131.6
11		1.15729	1.71363	2.07577	2.34048	2.54728	2.71600	2.85791	2.98000	3.08688	3.18174	3.26690	3.34406	3.41452	3.47941	3.53921	3.59489	3.64687	3.69558	3.74141
		9.9	20.2	30.4	40.1	45.4	58.2	66.6	74.6	82.2	89.6	96.6	103.4	109.9	116.2	122.3	128.1	133.8	139.4	144.7
12		1.15490	1.71189	2.07436	2.33927	2.54621	2.71504	2.85702	2.97917	3.08610	3.18100	3.26620	3.34339	3.41387	3.47879	3.53861	3.59430	3.59430	3.64630	3.59505	3.74087
		10.7	22.0	33.1	43.7	53.8	63.5	72.6	81.3	89.7	97.7	105.4	112.7	119.9	126.7	133.3	139.8	146.0	152.0	157.9
13		1.15289	1.71041	2.07316	2.33824	2.54530	2.71422	2.85627	2.97847	3.08544	3.18037	3.26561	3.34282	3.41333	3.47826	3.53766	3.53766	3.59339	3.64541	3.69417	3.74002
		11.6	23.8	35.8	47.3	58.3	68.7	78.6	88.1	97.1	105.8	114.1	122.1	129.8	137.3	144.4	151.4	158.1	164.7	171.0
14		1.15115	1.70914	2.07213	2.33737	2.54452	2.71351	2.85562	2.97787	3.08487	3.17984	3.26510	3.34233	3.41286	3.47781	3.53728	3.53728	3.59302	3.64505	3.69382	3.73969
		12.5	25.7	38.6	51.0	62.8	74.0	84.7	94.9	104.6	113.9	122.9	131.5	139.8	147.8	155.5	163.0	170.3	177.3	184.2
15		1.14965	1.70804	2.07125	2.33661	2.54385	2.71290	2.85506	2.97735	3.08438	3.17938	3.26465	3.34191	3.41245	3.47742	3.47742	3.53695	3.59270	3.64474	3.69351	3.73939
		14.3	27.5	41.3	54.6	67.2	79.3	90.7	101.6	112.1	122.1	131.7	140.9	149.8	158.3	166.6	174.6	182.4	190.0	197.3
16		1.14833	1.70708	2.07047	2.33594	2.54326	2.71237	2.85457	2.97689	3.08395	3.17897	3.26427	3.34154	3.41210	3.47707	3.47707	3.53665	3.59240	3.59240	3.64447	3.64447	3.73913
		14.3	29.3	44.1	58.4	71.7	84.5	96.7	108.4	119.5	130.2	140.4	150.2	159.7	168.9	177.7	186.3	194.6	202.6	210.4
17		1.14717	1.70623	2.06978	2.33535	2.54274	2.71190	2.85413	2.97649	3.08358	3.17861	3.26393	3.34121	3.41178	3.47677	3.53640	3.59218	3.64422	3.69301	3.73890
		15.1	31.1	46.8	61.8	76.2	89.8	102.8	115.1	127.0	138.3	149.2	159.6	169.7	179.4	188.8	197.9	206.7	215.2	223.6
18		1.14613	1.70547	2.06917	2.33483	2.54228	2.71148	2.85375	2.97613	3.08324	3.17829	3.26362	3.34092	3.41150	3.47650	3.53617	3.59194	3.64400	3.69280	3.73869
		16.0	32.9	49.5	65.5	80.6	95.1	108.8	121.9	134.4	146.4	157.9	169.0	179.8	190.0	200.5	211.0	221.1	232.8	240.5
19		1.14520	1.70480	2.06862	2.33436	2.54187	2.71111	2.85341	2.97581	3.08294	3.17801	3.26335	3.34066	3.41125	3.47626	3.53596	3.59174	3.59174	3.64380	3.64380	3.69260	3.73850
		16.9	34.7	52.3	69.1	85.1	100.3	114.8	128.7	141.9	154.5	166.7	178.4	189.6	200.5	211.0	221.1	231.0	243.1	249.8
20		1.14437	1.70419	2.06813	2.33394	2.54149	2.71077	2.85310	2.97552	3.08267	3.17775	3.26311	3.34042	3.41103	3.47605	3.53598	3.59164	3.64365	3.69247	3.73840
		17.8	36.5	55.0	72.7	89.6	105.6	120.9	135.4	149.3	162.7	175.5	187.8	199.6	211.0	222.1	232.8	243.1	253.2	263.0
d_2		1.12838	1.69257	2.05875	2.32593	2.53441	2.70436	2.8472	2.97003	3.07751	3.17287	3.25846	3.33598	3.40676	3.47193	3.53198	3.58788	3.64006	3.68896	3.73495
cd		0.876	1.815	2.7378	3.623	4.4658	5.2673	6.0305	6.7582	7.4539	8.1207	8.7602	9.3751	9.9679	10.5396	11.0913	11.6259	12.144	12.6468	13.1362

注：1. 每一栏的第 1 行是自由度 v，第 2 行是 d_2^*。
2. d_2 是 d_2^* 的无限值；cd——子组容量 (m) 决定的一个常数。

10) 计算%EV，确定重复性是否可以被接受。

$$\%EV = EV/TV \times 100\% = \sigma_r/TV \times 100\%$$

式中，TV 是基于预期的过程变差（$\sigma_{process}$）或 1/6 公差。所谓预期的过程指的是将用本测量系统监控的过程。

%EV 的接受标准见本书 6.8.6 节。%EV<10% 可以被接受；%EV 在 10%~30% 范围内，在权衡成本、测量系统使用场合的重要性等基础上，可以考虑接受；%EV>30%，不能接受。如果对一个%EV>30% 的测量系统继续进行分析，可能会导致误导与混淆的情况。

本案例中预期的过程变差 $TV = \sigma_{process} = 5$，这样：

$\%EV = EV/TV \times 100\% = \sigma_r/TV \times 100\% = (0.3556/5) \times 100\% = 7.1\% < 10\%$

所以，本案例的重复性可以被接受。

11) 计算均值$\overline{\overline{X}}$的标准差 σ_b。

$$\sigma_b = \frac{\sigma_r}{\sqrt{n}} = \frac{0.3556}{\sqrt{60}} = 0.0459$$

其中，$n = m \times g = 3 \times 20 = 60$，也就是计算$\overline{\overline{X}}$时所利用的数据总数。

12) 计算偏倚的 t 统计量。

$$t = \frac{|B|}{\sigma_b} = \frac{0.026}{0.0459} = 0.5664$$

如果 $t < t_{v,1-\alpha/2}$，则认为在显著性水平 α 下，偏倚为 0 是可以接受的，可以继续分析。

临界值 $t_{v,1-\alpha/2}$ 可以在标准 t 分布表中查到（也可在 Microsoft Office Excel 中计算，选择"公式→其他函数→统计→TINV"）。α 为显著性水平，v 为自由度。自由度 v 是通过查表 6-4 得到的，它取决于子组容量 m 和子组数量 g。α 水平的默认值是 0.05，如果不是这个默认值，则必须得到顾客同意。

本例：$t = 0.5664$，$\alpha = 0.05$，$v = 36.5$，$t_{v,1-\alpha/2} = 2.02809$，这样：$t < t_{v,1-\alpha/2}$，可以继续分析。

说明：在 MINITAB 等统计软件中，是利用 p 值进行偏倚 = 0 显著性判断。所谓 p 值，指的是在"原假设 H_0：偏倚 = 0，备选假设 H_1：偏倚 ≠ 0"的情况下，用现有数据计算出的偏倚为 0 的概率。如果 $p \leq \alpha$，则偏倚为 0 的假设是不能接受的（拒绝 H_0）；反之偏倚为 0 的假设是成立的（接受 H_0）。本案例 $p = 0.603 > 0.05$，说明偏倚为 0 的假设是成立的。

13) 计算偏倚值的 $1-\alpha$ 置信区间。

$$[B - (\sigma_b \times t_{v,1-\alpha/2}), B + (\sigma_b \times t_{v,1-\alpha/2})]$$

本例中：偏倚值的 95% 置信区间为：[-0.067089，0.119809]。

14) 在同时满足下列条件下，那么在统计上可以判定这个测量系统的偏倚为 0：

① $t < t_{v,1-\alpha/2}$；

② 0 落在上述偏倚值的 $1-\alpha$ 置信区间之内。

本案例中：$t < t_{v,1-\alpha/2}$，0 落在偏倚值的 95% 置信区间之内，说明本卡尺测量系统无偏倚。

图 6-20 是用 MINITAB 对上述案例的验算，结论是一样的。

图 6-20 显示偏倚值 = 0.02623，对应的 p 值 = 0.603 > 0.05，说明测量系统不存在偏倚。

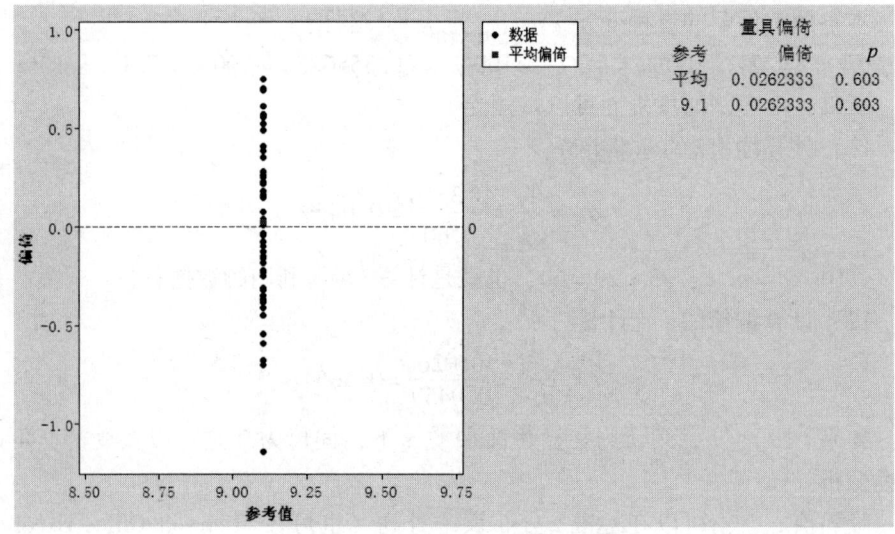

图 6-20 MINITAB 的分析结论

说明：也可使用 $\bar{x}-s$ 图进行偏倚分析，大部分一样，只有以下不同：

1) 重复性标准差 σ_r 的计算不同。重复性标准差为：

$$\sigma_r = \frac{\bar{s}}{c_4}$$

其中，$\bar{s}$ 是 s 图的中心线，也就是平均标准差；c_4 是一个计算标准差图控制限的常数，可通过子组容量（本案例 $n = m = 3$）查控制图系数表得到。控制图系数表见第 4 章表 4-3。本例中 $c_4 = 0.8862$。

2) 均值 $\bar{\bar{X}}$ 的标准差 σ_b 的计算不同。均值 $\bar{\bar{X}}$ 的标准差 σ_b 为：

$$\sigma_b = \frac{\sigma_r}{\sqrt{各个子组的容量之和}}$$

本例中因为 g 个子组的容量均为 m，所以本例中均值 $\bar{\bar{X}}$ 的标准差 σ_b 为

$$\sigma_b = \frac{\sigma_r}{\sqrt{m \times g}}$$

3）临界值 $t_{v,1-\alpha/2}$ 中的自由度 v 不一样。$v = (m-1) \times g$。这样临界值 $t_{v,1-\alpha/2}$ 的结果也不同。

下面用 $\bar{x} - s$ 图进行偏倚分析（步骤有简化）：

1）作 $\bar{x} - s$ 图并对 $\bar{x} - s$ 图进行分析。

$\bar{x} - s$ 图见图 6-21。

$\bar{x} - s$ 控制图中，所有的子组均值 $\bar{x}$ 及子组标准差 s 均落在各自的控制图上下控制限之内，说明测量系统稳定性好，可以继续分析。

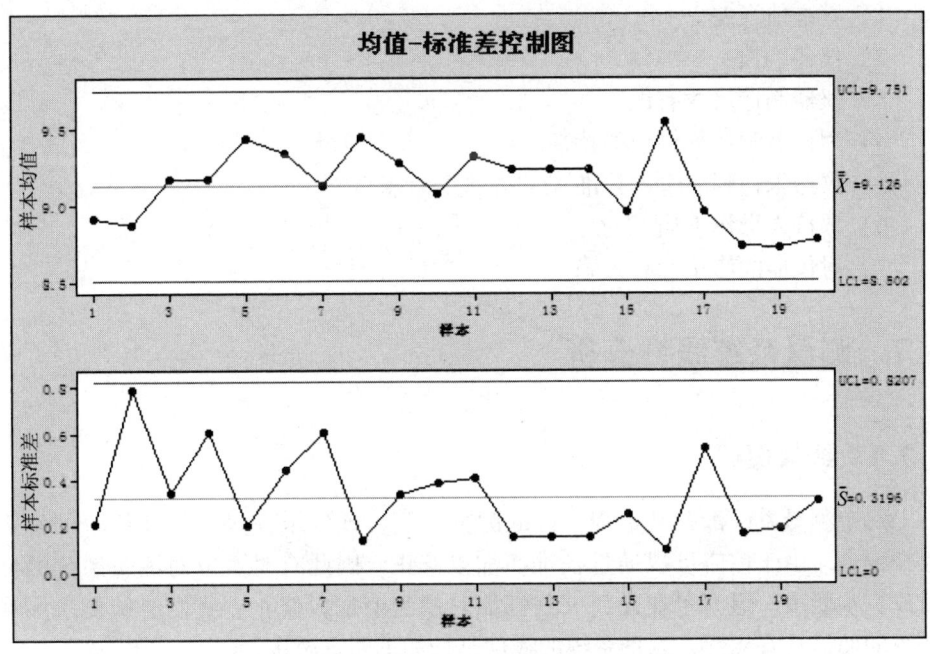

图 6-21 $\bar{x} - s$ 控制图

2）计算重复性标准差 σ_r。

$$\sigma_r = \frac{\bar{s}}{c_4} = \frac{0.3196}{0.8862} = 0.3606$$

3）计算均值 $\bar{\bar{X}}$ 的标准差 σ_b。

$$\sigma_b = \frac{\sigma_r}{\sqrt{m \times g}} = \frac{0.3606}{\sqrt{3 \times 20}} = 0.04655$$

4）计算偏倚的 t 统计量。

$$t = \frac{|B|}{\sigma_b} = \frac{0.026}{0.04655} = 0.5585$$

因为 $t = 0.5585 < t_{v,1-\alpha/2} = t_{40,0.975} = 2.0211$，所以在显著性水平 α 下，偏倚为 0 是可以接受的，可以继续分析。

5）计算偏倚值的 $1-\alpha$ 置信区间。

$$[B-(\sigma_b \times t_{v,1-\alpha/2}), B+(\sigma_b \times t_{v,1-\alpha/2})] = [-0.068082, 0.120082]$$

6）判断测量系统有无偏倚。

因为 $t < t_{v,1-\alpha/2}$，0 落在偏倚值的 95% 置信区间之内，所以本卡尺测量系统无偏倚。

如果测量系统的偏倚非0，应该通过调整硬件、软件或同时调整它们以达到0。偏倚在统计上非0的原因可能有：

1）基准值误差。
2）仪器磨损。
3）仪器制造尺寸有误。
4）用仪器测量了错误的特性。
5）仪器未得到完善的校准。
6）评价人操作不当。
7）对仪器的修正运算正确。

6.7 测量系统线性分析

6.7.1 线性概述

每个测量系统都有其量程，好的测量系统应该要求在量程的任何一处都不存在偏倚。由于偏倚可以通过校准而加以修正，因此有时可以对测量系统的偏倚放宽些要求，但为了在任何一处都能对观测值加以修正，我们必须要求测量系统的偏倚具有线性。测量系统的线性是指如下两点要求。

1）偏倚应是基准值的线性函数。若记 x 为基准值，y 为偏倚，则应有：

$$y = ax + b$$

这个要求对控制偏倚有好处，这样一来，当测量基准值较小（量程较低的地方）时，测量偏倚会比较小；当测量基准值较大（量程较高的地方）时，测量偏倚会比较大。

2）该线性函数的斜率 a 要求较小。因为斜率 a 偏大，将会导致偏倚分散。而斜率 a 偏小，将会导致偏倚集中（图6-22）。

线性差的可能原因包括：

1）仪器长期没有校准，需要减少校准周期。
2）仪器、设备或夹紧装置磨损。
3）缺乏维护——腐蚀、锈蚀、脏污。
4）基准磨损或损坏，基准出现误差。

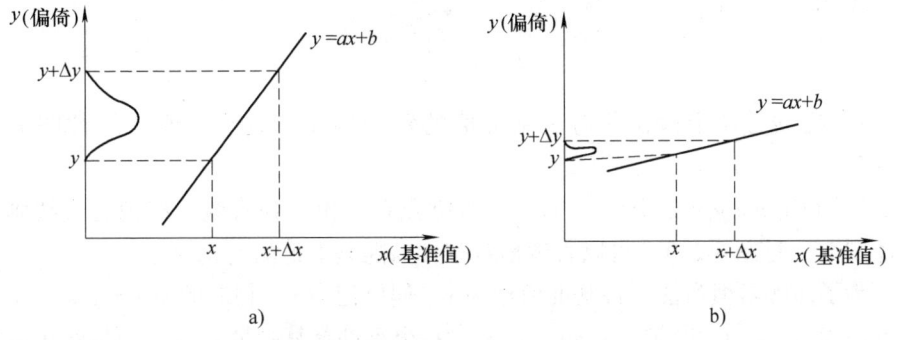

图 6-22 斜率 a 对偏倚的影响
a) 斜率 a 偏大导致偏倚分散 b) 斜率 a 偏小导致偏倚集中

5) 仪器校准不当或调整不当。
6) 仪器质量差,设计或一致性不好。
7) 仪器设计或测试方法缺乏稳健性。
8) 量具或零件随零件尺寸的变化而变形。
9) 环境变化——温度、湿度、振动、清洁度。
10) 测量方法不同——设置、安装、夹紧、技术。
11) 应用出错——零件尺寸、位置、操作者技能、疲劳、观察错误(易读性、视差)等。

6.7.2 线性分析方法

1) 选择 g 个($g \geq 5$)零件作为基准件,这些零件的测量值应覆盖量具的操作范围。

2) 用比要研究的测量系统更高级别的测量系统对这些零件进行多次测量,取多次测量值的平均值作为它们各自的基准值,见案例 6-3。

3) 选择 1 个测量人,对每个零件重复测量 m 次($m \geq 10$ 次),将测量数据记录在数据表里(见案例 6-3)。测量时,应注意保持各次测量结果之间的统计独立性,也就是要使后面的测量读数不受前面读数的影响,具体方法就是使各个零件和测量次数的组合随机化。

记 A_i 为第 i 个零件的基准值,$A_{i,j}$ 为第 i 个零件第 j 次重复测量时的测量值,这样共有 $g \times m$ 对数据:

$$(A_i, A_{i,j}); \ i = 1, 2, \cdots, g; \ j = 1, 2, \cdots, m$$

4) 计算零件每次测量的偏倚 $B_{i,j}$ 及每个零件的偏倚均值 $\overline{B}_i$。

$$B_{i,j} = A_{i,j} - A_i$$

$$\overline{B}_i = \frac{\sum_{j=1}^{m} B_{i,j}}{m}$$

5）在线性图上画出相对于基准值的每个偏倚及偏倚均值（线性图见案例6-3）。

6）利用 $n = g \times m$ 个 $(A_i, B_{i,j})$ 数据点拟合出一条直线，将拟合直线画到线性图上（见图6-23），可以直观地观察偏倚随基准值的变化规律。

为了照顾习惯写法，将基准值记为 x，偏倚记为 y，相应的将 $n = g \times m$ 个数据点记为 $(x_i, y_i)(i = 1, 2, \cdots, n)$。因为对每个零件重复测量 m 次，所以每个零件的 m 个数据组中的 x_i 是相同的。例如案例6-3中第1个零件的12个数据组$(x_1, y_1), (x_2, y_2), \cdots, (x_{12}, y_{12})$ 中，$x_1 = x_2 = \cdots = x_{12}$；第2个零件的12个数据组$(x_{13}, y_{13}), (x_{14}, y_{14}), \cdots, (x_{24}, y_{24})$ 中，$x_{13} = x_{14} = \cdots = x_{24}$；以此类推。

拟合出的直线方程为：

$$y = ax + b$$

这是一个简单的一元线性回归方程，利用最小二乘法进行拟合即可求出拟合直线的斜率 a、截距 b。下面是计算过程。

$$a = \frac{\sum_{i=1}^{n} x_i y_i - (\sum_{i=1}^{n} x_i \sum_{i=1}^{n} \frac{y_i}{n})}{\sum_{i=1}^{n} x_i^2 - \frac{(\sum_{i=1}^{n} x_i)^2}{n}} = -0.000019$$

$$b = \sum_{i=1}^{n} \frac{y_i}{n} - a(\sum_{i=1}^{n} \frac{x_i}{n}) = \overline{y} - a\overline{x} = 0.002547$$

7）计算并画出拟合直线 $y = ax + b$ 的置信带。

①在量具的量程内任取一点 x_0，求得其预测值 $\hat{y}_0 = ax_0 + b$ 及其置信区间：

$$下限: b + ax_0 - \left[t_{n-2, 1-\alpha/2} \times s \times \sqrt{\frac{1}{n} + \frac{(x_0 - \overline{x})^2}{\sum_{i=1}^{n}(x_i - \overline{x})^2}} \right]$$

$$上限: b + ax_0 + \left[t_{n-2, 1-\alpha/2} \times s \times \sqrt{\frac{1}{n} + \frac{(x_0 - \overline{x})^2}{\sum_{i=1}^{n}(x_i - \overline{x})^2}} \right]$$

其中：

$$s = \sqrt{\frac{\sum_{i=1}^{n} y_i^2 - b\sum_{i=1}^{n} y_i - a\sum_{i=1}^{n} x_i y_i}{n - 2}} = 0.027785$$

$$\text{所有基准值的均值 } \bar{x} = \frac{\sum_{i=1}^{n} x_i}{n} = 133.08$$

$$\text{所有偏倚的均值 } \bar{y} = \frac{\sum_{i=1}^{n} y_i}{n} = 0.00$$

$t_{n-2,1-\alpha/2}$ 可以在标准 t 分布表中查到。α 为显著性水平（α 的默认值是 0.05），$n-2$ 为自由度 v：$v = n-2$。案例中的 $t_{n-2,1-\alpha/2} = t_{58,0.975} = 2.001717$。

案例 6-3 中各基准值的偏倚预测值、置信下限、置信上限见表 6-5。

表 6-5 案例 6-3 中各基准值的偏倚预测值、置信下限、置信上限

基准值 x_0	20.00	51.20	101.20	201.20	291.80
置信上限	0.0129825	0.0108346	0.0081442	0.0073752	0.0104002
偏倚预测值 $\hat{y}_0$	0.0021640	0.0015669	0.0006101	-0.0013036	-0.0030373
置信下限	-0.0086546	-0.0077009	-0.0069240	-0.0099824	-0.0164749

注意：置信区间不同于我们平常所讲的预测区间。置信区间是指：对于自变量 x 的一个给定值 x_0，求出的因变量 y 的平均值的估计区间；预测区间是指：对于自变量 x 的一个给定值 x_0，求出的因变量 y 的个别值的估计区间。

② 让 x_0 在量程内移动，就可得到一个置信水平为 $1-\alpha$ 的置信带（上置信线与下置信线之间的区域）（见图 6-23 及案例 6-3），其两端呈喇叭状。

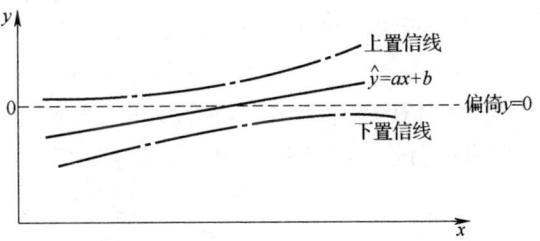

图 6-23 线性研究作图分析（线性图-示意图）

8）计算 %EV，确定重复性是否可以被接受。

$$\%EV = EV/TV \times 100\% = \sigma_r/TV \times 100\%$$

式中，σ_r（$\sigma_{\text{repeatability}}$）为重复性标准差，$TV$ 是基于预期的过程变差（σ_{process}）或 1/6 公差。

σ_r 的估计公式为（见本章 6.8.1 节）：

$$\sigma_r = \bar{R}/d_2^*$$

式中，$\bar{R}$ 为重复测量一个零件的极差的均值。案例 6-3 中：

$$\bar{R} = (0.100 + 0.100 + 0.100 + 0.100 + 0.100)/5 = 0.100$$

式中，d_2^* 从本章 6.8.1 节表 6-7 中查得，它是依赖于测量次数（m = 测量次数）及零件数量乘以操作人数（g = 零件数量 × 操作人数）的一个参数值。案例中

$d_2^* = d_2^*(12,5) = 3.277$。

于是案例6-3中的重复性标准差 σ_r 为：

$$\sigma_r = \overline{R}/d_2^* = 0.100/3.277 = 0.0305$$

%EV的接受标准见本章6.8.6节。%$EV < 10\%$可以被接受；%EV在$10\% \sim 30\%$范围内，在权衡成本、测量系统使用场合的重要性等基础上，可以考虑接受；%$EV > 30\%$，不能接受。如果对一个%$EV > 30\%$的测量系统继续进行分析，可能会导致误导与混淆的情况。

案例6-3中：$\sigma_r = 0.0305$，预期的过程变差 $TV = \sigma_{process} = 2.5$，这样

%$EV = EV/TV \times 100\% = \sigma_r/TV \times 100\% = (0.0305/2.5) \times 100\% = 1.22\% < 10\%$

所以，案例6-3中的重复性可以被接受。于是可以继续进行分析。

9) 在线性图中画出"偏倚$y = 0$"线。观察线性图是否存在特殊因素，并判断线性是否可接受。

如果"偏倚$y = 0$"线完全位于拟合直线$y = ax + b$的置信带内，则测量系统的线性是可以接受的，分析工作可以继续。

如果"偏倚$y = 0$"线不完全位于拟合直线$y = ax + b$的置信带内，则测量系统的线性是不可以接受的。

案例6-3中的"偏倚$y = 0$"线完全位于拟合直线$y = ax + b$的置信带内，说明该测量系统的线性是可以接受的。

10) 如果上述线性图显示测量系统的线性是可以接受的，即"偏倚$y = 0$"线位于偏倚的置信带内，就可以进行如下分析。

① 假设 H_0：斜率$a = 0$，如果下式成立：

$$t_a = \frac{|a| \times \sqrt{\sum_{i=1}^{n}(x_i - \bar{x})^2}}{s} \leq t_{n-2, 1-\alpha/2}$$

则不推翻上述假设。在这种情况下，测量系统对所有的基准值有相同的偏倚。

案例6-3中，$t_a = 0.535288 < t_{n-2, 1-\alpha/2} = t_{58, 0.975} = 2.001717$，说明该测量系统对所有的基准值有相同的偏倚。

说明：在MINITAB等统计软件中，是利用p值进行斜率$a = 0$显著性判断。所谓p值，指的是在"原假设H_0：斜率$a = 0$，备选假设H_1：斜率$a \neq 0$"的情况下，用现有数据计算出的斜率为0的概率。如果$p \leq \alpha$（α一般取0.05），则斜率为0的假设是不能接受的（拒绝H_0）；反之斜率为0的假设是成立的（接受H_0）。

案例6-3中 $p = 0.594 > 0.05$，所以斜率为0的假设成立。

② 偏倚必须是零，该线性才可被接受。

假设H_0：截距$b = 0$，如果下式成立

$$t_b = \frac{|b|}{s \times \sqrt{\left[\dfrac{1}{n} + \dfrac{\bar{x}^2}{\sum\limits_{i=1}^{n}(x_i - \bar{x})^2}\right]}} \leq t_{n-2, 1-\alpha/2}$$

则不推翻上述假设。

如果测量系统存在线性问题,则需要对测量系统的软件(如测量方法)、硬件进行调整,并通过重新校准的方式使测量系统达到零偏倚。

如果偏倚在测量范围内不能调整到零,但只要测量系统是稳定的,仍然可以用于产品/过程控制(此时,可对测量值进行修正)。在这种情况下,可以不进行 t_b 分析。

案例 6-3 中,$t_b = 0.427413 < t_{n-2, 1-\alpha/2} = t_{58, 0.975} = 2.001717$,说明假设 H_0 成立。结合斜率 a 的假设检验结果,可以认为该测量系统的偏倚为 0。

说明:在 MINITAB 等统计软件中,是利用 p 值进行截距 $b = 0$ 显著性判断。所谓 p 值,指的是在"原假设 H_0:截距 $b = 0$,备选假设 H_1:截距 $b \neq 0$"的情况下,用现有数据计算出的截距为 0 的概率。如果 $p \leq \alpha$(α 一般取 0.05),则截距为 0 的假设是不能接受的(拒绝 H_0);反之截距为 0 的假设是成立的(接受 H_0)。

案例 6-3 中 $p = 0.671 > 0.05$,所以截距为 0 的假设成立。

总结论:案例 6-3 中的测量系统不存在线性问题。

案例 6-3:测量系统线性分析

量具名称	二次元测量仪		基准件名称		标准块		测量日期		
量具编号	M201054		被测特性		长度		测量人		
量具规格	0~300mm		置信度 $(1-\alpha)$		95%		分析人		
预期使用本测量系统的过程变差 TV(或 1/6 公差):$TV = \sigma_{process} = 2.5$									
零件($g=5$)	1		2		3		4		5
基准值	20.00		51.20		101.20		201.20		291.80
测量值与偏倚	测量值	偏倚 B	测量值	偏倚 B	测量值	偏倚 B	测量值	偏倚 B	测量值	偏倚 B
测量次数 (m) 1	20.05	0.05	51.20	0.00	101.20	0.00	201.20	0.00	291.85	0.05
2	20.00	0.00	51.20	0.00	101.25	0.05	201.15	-0.05	291.80	0.00
3	20.00	0.00	51.25	0.05	101.20	0.00	201.20	0.00	291.80	0.00
4	20.05	0.05	51.20	0.00	101.20	0.00	201.15	-0.05	291.80	0.00
5	20.00	0.00	51.20	0.00	101.25	0.05	201.20	0.00	291.75	-0.05
6	20.00	0.00	51.20	0.00	101.20	0.00	201.20	0.00	291.80	0.00
7	20.00	0.00	51.15	-0.05	101.20	0.00	201.20	0.00	291.75	-0.05
8	19.95	-0.05	51.20	0.00	101.20	0.00	201.20	0.00	291.80	0.00
9	20.00	0.00	51.20	0.00	101.20	0.00	201.15	-0.05	291.85	0.05
10	20.00	0.00	51.15	-0.05	101.15	-0.05	201.20	0.00	291.80	0.00
11	20.00	0.00	51.20	0.00	101.20	0.00	201.20	0.00	291.80	0.00
12	20.00	0.00	51.20	0.00	101.20	0.00	201.20	0.00	291.80	0.00
偏倚平均值 $\bar{B}$	0.004		-0.004		0.008		-0.008		0.000	
测量值极差 R	0.100		0.100		0.100		0.100		0.100	

(续)

数据点个数：$n = g \times m = 60$，基准值与偏倚组成一个个数据点$(A_i, B_{i,j})$。

确定重复性是否可以被接受：
1) $\%EV = EV/TV \times 100\% = \sigma_r/TV \times 100\% = (0.0305/2.5) \times 100\% = 1.22\%$
其中：
$\bar{R} = (0.100 + 0.100 + 0.100 + 0.100 + 0.100)/5 = 0.100$;
$\sigma_r = \bar{R}/d_2^* = 0.100/3.277 = 0.0305$，$d_2^*$在表6-7中查得，它取决于测量次数（$m$=测量次数）及零件数量乘以操作人数（$g$=零件数量×操作人数）。
2) 判断：$\%EV < 10\%$，重复性可以被接受，可以进行下一步研究。

拟合直线与线性图分析：
1) 拟合直线：$y = ax + b = -0.000019x + 0.002547$，这里$x$是基准值，$y$是偏倚。
其中

$$a = \frac{\sum_{i=1}^{n} x_i y_i - (\sum_{i=1}^{n} x_i \sum_{i=1}^{n} \frac{y_i}{n})}{\sum_{i=1}^{n} x_i^2 - \frac{(\sum_{i=1}^{n} x_i)^2}{n}} = -0.000019, \quad b = \sum_{i=1}^{n} \frac{y_i}{n} - a(\sum_{i=1}^{n} \frac{x_i}{n}) = \bar{y} - a\bar{x} = 0.002547$$

2) 在量具的量程内任取一点x_0，求得其预测值$\hat{y}_0 = ax_0 + b$及其置信区间：

下限：$b + ax_0 - \left[t_{n-2, 1-\alpha/2} \times s \times \sqrt{\frac{1}{n} + \frac{(x_0 - \bar{x})^2}{\sum_{i=1}^{n}(x_i - \bar{x})^2}} \right]$

上限：$b + ax_0 + \left[t_{n-2, 1-\alpha/2} \times s \times \sqrt{\frac{1}{n} + \frac{(x_0 - \bar{x})^2}{\sum_{i=1}^{n}(x_i - \bar{x})^2}} \right]$

其中：

① 所有基准值的均值 $\bar{x} = \frac{\sum_{i=1}^{n} x_i}{n} = 133.08$;

② 所有偏倚的均值 $\bar{y} = \frac{\sum_{i=1}^{n} y_i}{n} = 0.00$;

③ $s = \sqrt{\frac{\sum_{i=1}^{n} y_i^2 - b\sum_{i=1}^{n} y_i - a\sum_{i=1}^{n} x_i y_i}{n-2}} = 0.027785$;

④ $t_{n-2, 1-\alpha/2} = t_{58, 0.975} = 2.001717$。

3) 各基准值的偏倚预测值、置信下限、置信上限见表6-6。在线性图上画出回归直线和置信限。

表6-6 各基准值的偏倚预测值、置信下限、置信上限

基准值 x_0	20.00	51.20	101.20	201.20	291.80
上限	0.0129825	0.0108346	0.0081442	0.0073752	0.0104002
偏倚预测值 $\hat{y}_0$	0.0021640	0.0015669	0.0006101	-0.0013036	-0.0030373
下限	-0.0086546	-0.0077009	-0.0069240	-0.0099824	-0.0164749

4)"0偏倚线"与线性图（图6-24）：

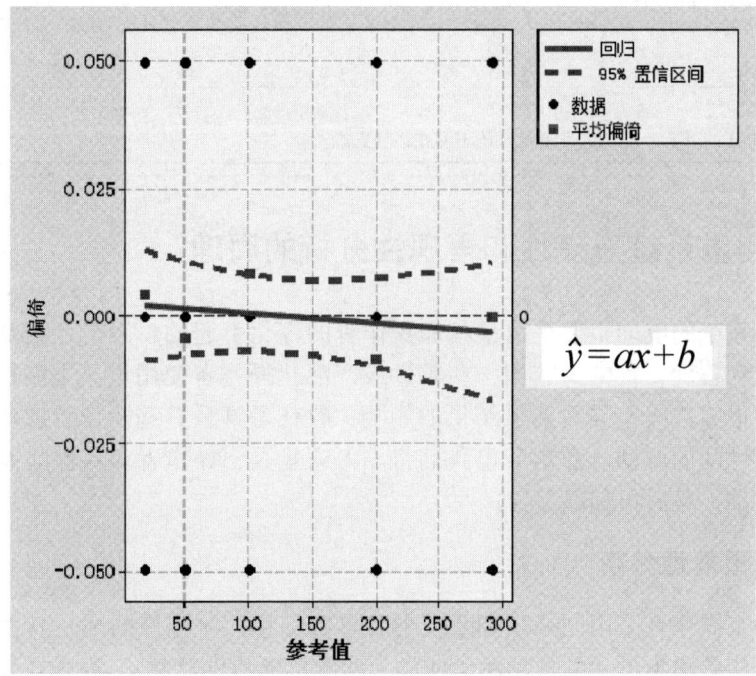

图6-24 线性图

5）线性图分析：

"偏倚 $y=0$" 线完全位于拟合直线 $\hat{y}=ax+b$ 的置信带内，说明测量系统的线性是可以接受的。

斜率 a 的假设检验：

1) 假设 H_0：斜率 $a=0$。

2) 计算统计量 $t_a = \dfrac{|a| \times \sqrt{\sum_{i=1}^{n}(x_i-\bar{x})^2}}{s} = 0.535288$

3) 查 t 分布表得：$t_{n-2,1-\alpha/2} = t_{58,0.975} = 2.001717$

4) $t_a < t_{n-2,1-\alpha/2}$，说明假设 H_0 成立，测量系统不存在线性问题，测量系统对所有的基准值有相同的偏倚。

截距 b 的假设检验：
1) 假设 H_0：截距 $b=0$。
2) 计算统计量。

$$t_b = \frac{|b|}{s \times \sqrt{\dfrac{1}{n} + \dfrac{\bar{x}^2}{\sum\limits_{i=1}^{n}(x_i - \bar{x})^2}}} = 0.427413$$

3) 查 t 分布表得：

$$t_{n-2, 1-\alpha/2} = t_{58, 0.975} = 2.001717$$

4) $t_b < t_{n-2, 1-\alpha/2}$，说明假设 H_0 成立。结合斜率 a 的假设检验结果，可认为测量系统的偏倚为 0。

结论：
综合上面的分析，可判定本测量系统不存在线性问题。

6.8 测量系统重复性和再现性分析的原理

测量系统的波动主要是由量具和操作者的变化引起的。为了考察量具与操作者的波动程度，常常要选用一些零件或产品让操作者使用量具去测量，由于不得不考虑零件间差异对测量结果的影响，故在考察量具和操作者波动时，还要考察零件间的波动。在本节里我们将先考察量具、操作者和零件间差异引起的测量波动，最后再加以综合。

6.8.1 重复性分析

由一个操作者采用同一种测量仪器，多次测量同一零件的同一特性时获得的测量值变差称为量具的重复性（或称为测量系统的重复性），简称重复性，记为 EV。

测量过程的重复性反映测量设备自身的变异。量具的重复性好，说明重复测量值的变差小。

重复性研究分两步进行。

1) 考察测量过程是否稳定，即测量过程的波动是否仅由普通因素引起。可以用极差图（R 图）来判断。为此，要多选几个零件，对每个零件都重复测量相同次数，然后建立 R 图，观察其是否受控。若 R 图上出现失控现象，那就要寻找原因，加以纠正。失控的原因大多是由于量具本身或量具使用不当引起的。在确定测量系统已达到稳定后，可进入下一步。

2) 计算量具的重复性。

$$EV = \sigma_E$$

式中　σ_E——测量过程中由于重复测量而引起的标准差,它的估计公式为

$$\sigma_E = \overline{R}/d_2^*$$

式中　$\overline{R}$——重复测量一个零件的极差的均值;

d_2^*——从表 6-7 中查得,它是依赖于测量次数(m = 测量次数)及零件数量乘以操作人数(g = 零件数量 × 操作人数)的一个参数值。

表 6-7　$d_2^*(m, g)$ 的数值表

m\g	2	3	4	5	6	7	8	9	10	11	12	13	14	15
1	1.414	1.911	2.239	2.481	2.673	2.829	2.963	3.078	3.179	3.269	3.350	3.424	3.491	3.553
2	1.279	1.805	2.151	2.405	2.604	2.768	2.906	3.024	3.129	3.221	3.305	3.380	3.449	3.513
3	1.231	1.769	2.120	2.379	2.581	2.747	2.886	3.006	3.112	3.205	3.289	3.366	3.435	3.499
4	1.206	1.749	2.105	2.366	2.569	2.736	2.877	2.997	3.103	3.197	3.282	3.358	3.428	3.492
5	1.191	1.739	2.096	2.358	2.563	2.729	2.871	2.992	3.098	3.192	3.277	3.354	3.424	3.488
6	1.181	1.731	2.089	2.353	2.558	2.726	2.867	2.988	3.095	3.189	3.274	3.351	3.421	3.486
7	1.173	1.726	2.085	2.349	2.555	2.723	2.864	2.986	3.092	3.187	3.272	3.349	3.419	3.484
8	1.168	1.721	2.082	2.346	2.552	2.720	2.862	2.984	3.090	3.185	3.270	3.347	3.417	3.482
9	1.164	1.718	2.079	2.344	2.550	2.719	2.860	2.982	3.089	3.184	3.269	3.346	3.416	3.481
10	1.160	1.716	2.077	2.342	2.549	2.717	2.859	2.981	3.088	3.183	3.268	3.345	3.415	3.480
11	1.157	1.714	2.076	2.340	2.547	2.716	2.858	2.980	3.087	3.182	3.267	3.344	3.415	3.479
12	1.155	1.712	2.074	2.339	2.546	2.715	2.857	2.979	3.086	3.181	3.266	3.343	3.414	3.479
13	1.153	1.710	2.073	2.338	2.545	2.714	2.856	2.978	3.085	3.180	3.266	3.343	3.413	3.478
14	1.151	1.709	2.072	2.337	2.545	2.714	2.856	2.978	3.085	3.179	3.265	3.342	3.413	3.478
15	1.149	1.708	2.071	2.337	2.544	2.713	2.855	2.977	3.084	3.179	3.265	3.342	3.412	3.477
16	1.148	1.707	2.070	2.336	2.543	2.712	2.855	2.977	3.084	3.179	3.264	3.342	3.412	3.477
17	1.147	1.706	2.069	2.335	2.543	2.712	2.854	2.976	3.083	3.178	3.264	3.341	3.412	3.477
18	1.146	1.705	2.069	2.335	2.542	2.711	2.854	2.976	3.083	3.178	3.264	3.341	3.412	3.477
19	1.145	1.705	2.069	2.334	2.542	2.711	2.853	2.976	3.083	3.178	3.263	3.341	3.411	3.476
20	1.144	1.704	2.068	2.334	2.541	2.711	2.853	2.976	3.083	3.178	3.263	3.340	3.411	3.476
>20	1.128	1.693	2.059	2.326	2.534	2.704	2.847	2.970	3.078	3.173	3.258	3.336	3.407	3.472

【重复性研究案例】

两位操作者用同一量具重复测量 5 个零件,每个零件各测 3 次,测量结果记录在重复测量数据表(见表 6-8)中。

表 6-8 重复测量数据表

零件试验	评价人1						评价人2					
	1	2	3	4	5		1	2	3	4	5	
1	217	220	217	214	216		216	216	216	216	220	
2	216	216	216	212	219		219	216	215	212	220	
3	216	218	216	212	220		220	220	216	212	220	
						$\bar{X}^{(1)}$						$\bar{X}^{(2)}$
均值$\bar{x}_i$	216.3	218.0	216.3	212.7	218.3	216.3	218.3	217.3	215.7	213.3	220.0	216.9
极差R	1.0	4.0	1.0	2.0	4.0		4.0	4.0	1.0	4.0	0.0	

注：$\bar{X}^{(i)}$——第 i 个操作者的均值。

用表 6-8 中的重复测量数据可绘制 R 图。

由重复次数（$n=3$）查第 4 章表 4-3 得：$D_3=0$，$D_4=2.574$，10 个极差的平均 $\bar{R}=25/10=2.5$，于是 R 图的上、下控制限为：$UCL_R=\bar{R}\times D_4=2.5\times 2.574=6.4$；$LCL_R=\bar{R}\times D_3=0$。

图 6-25 显示了测量重复性极差控制图。

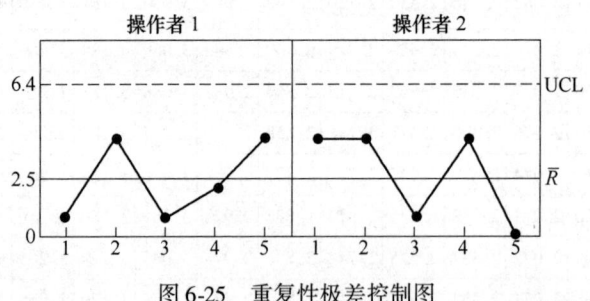

图 6-25 重复性极差控制图

从图 6-25 可见，所有极差都受控（在控制限内），说明测量过程是稳定的，所有操作者的工作状态是相同的。若有一位操作者有失控现象，则说明他的操作方法与其他操作者不同，需要改进。若所有操作者都有失控现象出现，则说明量具对操作者的技术很敏感，需要改进量具以获得有用的数据。

需注意的是，重复性极差是无序的数据，不能采用普通控制图的趋势分析方法。

量具的重复性可估计如下：由于 $m=3$，$g=5\times 2=10$，由表 6-7 可查得 $d_2^*=1.72$，于是重复测量的标准差与重复性为：$\sigma_E=\bar{R}/d_2^*=2.5/1.72=1.45$；$EV=\sigma_E=1.45$。

6.8.2 再现性分析

(1) 再现性概述

由不同操作者采用相同量具，测量同一零件的同一特性所得重复测量的平均值的变差，称为量具的再现性（或称为测量系统的再现性），简称再现性，记为 AV。

在再现性的定义中，量具是相同的，零件是相同的，只是操作者不同。所以，一个测量系统（或量具）的再现性，主要反映操作者在测量技术上的变差，简单地说，再现性就是操作者（人的因素）引起的测量误差。

(2) 再现性计算

设有 k（$k \geq 2$）位操作者，每一操作者总的测量均值为

$$\overline{X}^{(1)}, \overline{X}^{(2)}, \cdots, \overline{X}^{(k)}$$

R_A 是操作者总的测量均值的极差，是用各个操作者总的测量均值中的最大值减去最小值得到的极差。可用 R_A 来估计再现性。

$$极差\ R_A = \overline{X}_{\max} - \overline{X}_{\min}$$

式中

$$\overline{X}_{\max} = \mathrm{MAX}(\overline{X}^{(1)}, \overline{X}^{(2)}, \cdots, \overline{X}^{(k)})$$
$$\overline{X}_{\min} = \mathrm{MIN}(\overline{X}^{(1)}, \overline{X}^{(2)}, \cdots, \overline{X}^{(k)})$$

再现性的标准差 $\sigma_A = R_A / d_2^*$

式中，d_2^* 从表 6-7 查出，它取决于操作者的人数（m = 操作人数）和 g（在这里 $g=1$，因为只有一个极差计算）。

$$再现性\ AV = \sigma_A$$

【再现性研究案例】

沿用上例重复性的例题。

每位操作者共测量 $5 \times 3 = 15$ 次。

每位操作者的总平均：$\overline{X}^{(1)} = 216.3$，$\overline{X}^{(2)} = 216.9$。

操作者的极差为：$R_A = 216.9 - 216.3 = 0.6$。

再现性标准差 $\sigma_A = R_A / d_2^* = 0.6 / 1.41 = 0.43$，式中，$d_2^*$ 由表 6-7 查得 $d_2^* = d_2^*(2, 1) = 1.41$。

再现性 $AV = \sigma_A = 0.43$。

(3) 再现性的修正

由于上述再现性所得的标准差 σ_A 还包含着每位操作者重复测量引起的波动，故应对上述再现性做出修正。

修正后的再现性标准差 σ_A' 计算公式为

$$\sigma_A' = [\sigma_A^2 - \sigma_E^2 / nr]^{1/2}$$

式中　σ_E——为重复性中的标准差；

　　　n——零件数量；

　　　r——每个零件重复测量次数。

最后得到的修正过的再现性 $AV = \sigma'_A$。

本例中：

修正过的操作者标准偏差 $\sigma'_A = [0.43^2 - 1.45^2/15]^{1/2} = 0.21$。

修正过的再现性 $AV = \sigma'_A = 0.21$。

6.8.3　零件间的变差分析

任意两个零件间总是有差别的，测量系统能否检测出零件间变差？如果测量系统能检测出零件间变差，那么测量系统变差占过程总变差的百分比（此百分比决定测量系统是否可接受）又怎样？要回答这些问题，就需要进行零件间的变差分析。

（1）分析测量系统能否检测出零件间变差

在下面两个条件都满足时，可认为测量系统能检测出零件间的变差，并能提供对过程分析和过程控制有用的信息。

1）在 $\bar{x}$ 图上有50%以上的均值 $\bar{x}_i$ 在上下控制限之外（注意：如果所有零件是相似的，50%规则将无效，这一点提醒我们选择样品时要避免样品间差异太小）。

2）在相应的 R 图上的各极差受控（指在控制限之内）。

如果在 $\bar{x}$ 图上少于50%的均值 $\bar{x}_i$ 落在上下控制限之外，则说明测量系统缺乏足够的分辨力或样本不能代表期望的过程变差。

（2）$\bar{x} - R$ 的制作与分析

1）假如有 k 个零件，各重复测量 n 次，得出每个零件重复测量的均值和极差

$$\bar{x}_1, \bar{x}_2, \cdots, \bar{x}_k$$
$$R_1, R_2, \cdots, R_k$$

2）计算总平均值 $\bar{\bar{x}}$、平均极差 $\bar{R}$

$$总平均值\ \bar{\bar{x}} = \frac{\sum_{i=1}^{k} \bar{x}_i}{k}$$

$$平均极差\ \bar{R} = \frac{\sum_{i=1}^{k} R_i}{k}$$

3）计算 R 图的上、下控制限，作 R 图（此处略，见本书6.8.1节）。

4）计算得 $\bar{x}$ 图的上、下控制限，作 $\bar{x}$ 图（见图6-26）。

$$\text{UCL}_{\bar{x}} = \bar{\bar{x}} + A_2\bar{R}, \quad \text{LCL}_{\bar{x}} = \bar{\bar{x}} - A_2\bar{R}$$

式中　A_2——控制图系数，由重复测量次数（n）查第4章表4-3得出。

5）对 $\bar{x} - R$ 图进行分析，如果同时满足：

① 在 $\bar{x}$ 图上有50%以上的均值 $\bar{x}_i$ 在上下控制限之外；

② 在相应的 R 图（见本章6.8.1节图6-25）上诸极差受控。

则可认为测量系统能检测出零件之间变差。

（3）计算零件间变差

在测量系统能检测出零件间变差的基础上，可按下列步骤计算零件间变差。

1）先计算 k 个零件均值的极差 R_P

$$R_P = \bar{x}_{\max} - \bar{x}_{\min}$$

式中

$$\bar{x}_{\max} = \text{MAX}(\bar{x}_1, \bar{x}_2, \cdots, \bar{x}_k)$$

$$\bar{x}_{\min} = \text{MIN}(\bar{x}_1, \bar{x}_2, \cdots, \bar{x}_k)$$

2）再计算零件间的标准差 σ_P 和变差 PV

$$\sigma_P = R_P / d_2^*$$

$$PV = \sigma_P$$

式中　d_2^*——在表6-7中给出，它取决于零件总数（m = 零件总数，注意：这里的 m 为表6-7中的参数）和 g（这里 $g = 1$，因只有一个极差计算）。

【零件间变差研究案例】

零件间变差示例，借用重复性例题（见本书6.8.1节）。

解答：

（1）分析测量系统能否检测出零件间变差

1）计算总平均值 $\bar{\bar{x}}$、平均极差 $\bar{R}$。

$$\text{总平均值 } \bar{\bar{x}} = \frac{\sum_{i=1}^{k} \bar{x}_i}{k} = 2166.2/10 = 216.6$$

$$\text{平均极差 } \bar{R} = \frac{\sum_{i=1}^{k} R_i}{k} = 25/10 = 2.5$$

2）计算 R 图的上下控制限，作 R 图（此处略，见本书6.8.1节）。

3）计算得 $\bar{x}$ 图的上下控制限，作 $\bar{x}$ 图（图6-26）。

$$\text{UCL}_{\bar{x}} = \bar{\bar{x}} + A_2\bar{R} = 216.6 + 1.023 \times 2.5 = 219.2$$

$$\text{LCL}_{\bar{x}} = \bar{\bar{x}} - A_2\bar{R} = 216.6 - 1.023 \times 2.5 = 214.1$$

式中　A_2——控制图系数，由重复测量次数（n）查第4章表4-3得出。

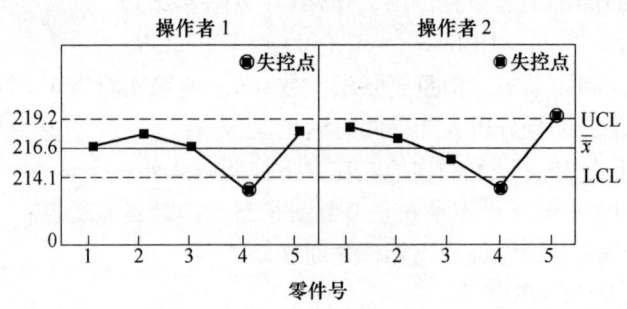

图6-26 两位操作者的零件均值图

4）对 $\bar{x} - R$ 图进行分析。

从 $\bar{x}$ 图上看，10 个 $\bar{x}_i$ 点中只有 3 个点在控制界限外，少于 50%，故测量系统不能检测出零件间的变差。

（2）计算零件间的变差

为计算表 6-8 中零件间变差，通过平均每一个零件被所有操作者测量的测量值来计算每一个零件的均值。

注意：本例是检测不出零件间变差的，此处的计算只起演示作用。

在这个例子中，2 名操作者对 5 个零件各重复测量 3 次，这样每个零件被测 6 次。5 个零件 6 次测量的平均值分别为 217.3，217.7，216.0，213.0，219.2。这样就可得出：

1）样本平均值极差 $R_P = 219.2 - 213.0 = 6.2$。

2）零件间标准差 $\sigma_P = R_P / d_2^* = 6.2 / 2.48 = 2.50$。式中，$d_2^*$ 在表 6-7 中给出，它取决于零件总数（$m = 5$）和 g（$g = 1$）。

3）零件间变差 $PV = \sigma_P = 2.50$。

6.8.4 测量数据的结构分析

（1）计算测量过程的总标准差 σ_T

测量过程的总标准差 σ_T 由零件间的标准差 σ_P 和测量系统标准差 σ_M 构成，其关系如下

$$\sigma_T^2 = \sigma_P^2 + \sigma_M^2$$

在测量系统已评定，其分辨力、稳定性和线性特性已达到可接受水平时，测量系统标准差 σ_M 只考虑重复性标准差 σ_E 与再现性标准差 σ_A，其关系为

$$\sigma_M^2 = \sigma_E^2 + \sigma_A^2$$

因此 $\sigma_T^2 = \sigma_P^2 + \sigma_E^2 + \sigma_A^2$

（2）计算测量过程的总变差 TV

测量过程的总变差 TV 由测量过程的总标准差 σ_T 表示，即 $TV = \sigma_T$，则有

$$(TV)^2 = (\sigma_T)^2 = (\sigma_P)^2 + (\sigma_E)^2 + (\sigma_A)^2$$

而零件间变差 $PV = \sigma_P$，重复性 $EV = \sigma_E$，再现性 $AV = \sigma_A$，所以有

$$(TV)^2 = (PV)^2 + (EV)^2 + (AV)^2$$

而测量系统的重复性和再现性合称为 GRR（合成变差），用测量系统的标准差 σ_M 表示

$$GRR = \sigma_M$$

$$(GRR)^2 = \sigma_M^2 = \sigma_E^2 + \sigma_A^2 = (EV)^2 + (AV)^2$$

这样

$$(TV)^2 = (GRR)^2 + (PV)^2$$

$$TV = \sqrt{(GRR)^2 + (PV)^2}$$

（3）各类变差占总变差的百分率

1）设备变差 EV 占总变差 TV 的百分率（$\%EV$）为

$$\%EV = EV/TV \times 100\%$$

2）操作者变差 AV 占总变差 TV 的百分率（$\%AV$）为

$$\%AV = AV/TV \times 100\%$$

3）零件间变差 PV 占总变差 TV 的百分率（$\%PV$）为

$$\%PV = PV/TV \times 100\%$$

4）测量系统重复性和再现性 GRR 占总变差 TV 的百分率（$\%GRR$）为

$$\%GRR = GRR/TV \times 100\%$$

注意：各因素占总变差的百分率和不等于100%。

$\%EV$、$\%AV$、$\%PV$ 分别表明了测量设备变差、操作者变差、零件间变差在总变差中所占比例，可据此把握测量系统中哪个问题占主导地位。

重复性和再现性的合成变差 GRR 在总变差 TV 中所占的百分数是愈小愈好。当$\%GRR$较小时，表示该量具测量过程输出特性的能力较强。当$\%GRR$较大时，那该量具就无能力察觉过程的变化，甚至过程恶化都发现不了，这可能导致及时的改进被抑制住了，这是一种不希望发生的情况。$\%GRR$是衡量测量系统重复性和再现性能否被接受的重要指标（见本章6.8.6节）。

如果重复性（EV）比再现性（AV）大，原因可能是：

1）量具需要维护。

2）应重新设计量具，使其更精密，刚度更好。

3）应改进量具的夹紧或定位装置。

4）零件内变差太大。

如果再现性（AV）比重复性（EV）大，原因可能是：

1) 需要对员工进行如何使用量具和读数的培训。
2) 量具刻度盘上的刻度值不清楚。
3) 需要某种夹具来帮助员工更为一致地使用量具。

6.8.5 测量系统的分辨力与分级数

首先看一个测量的例子:假定 5 个零件的外径分别为 10.021mm、10.019mm、10.018mm、10.023mm、10.024mm,当用一把最小刻度为 0.02mm 的游标卡尺对他们进行测量时,读数都是 10.02,也就是说把这些零件归为一组。而当用一个最小刻度为 0.001mm 的量具对他们进行测量时,则可以把它们分成 5 个数据组。

因此,测量的过程可以看作是对被测对象进行分组的过程,每组中的每个零件都具有相同的测量值(读数)。数据组数的多少表征着一个测量系统分辨力的大小。数据组数越多,该系统分辨力越大。

一般用零件间变差($6\sigma_P$)范围内的零件被测量系统分成的数据组的组数 ndc(分级数)来表示测量系统的分辨力。

$$ndc = \frac{6\sigma_P}{3\sqrt{2}\sigma_M} = \sqrt{2}\frac{\sigma_P}{\sigma_M} = 1.41\frac{\sigma_P}{\sigma_M} = 1.41\frac{PV}{GRR}$$

只有当测量系统能够可靠地把处在零件间变差($6\sigma_P$)范围内的零件分成 5 个或更多数据组时,测量系统才能满足进行统计过程控制和过程能力分析的要求(见表 6-9)。

表 6-9 过程分布的分组数量 ndc 对控制和分析活动的影响

过程分布的分组数量 ndc	对控制和分析活动的影响
1 个数据组	不能用于对过程的参数估计或计算过程能力指数,仅能表明过程的输出是否合格(比如量规)
2~4 个数据组	仅能提供粗糙的估计值,一般来说不能用于对过程的参数估计或计算过程能力指数
5 个及以上数据组	能够用于过程参数估计,以及可以用于各种类型的控制图。表明测量系统具有足够的分辨力

6.8.6 测量系统重复性和再现性 GRR 的接受准则

在同时满足下列条件的情况下，测量系统的重复性和再现性 GRR 可以被接受。

(1) $\bar{x} - R$ 图应同时满足下列条件

1) 在 $\bar{x}$ 图上有 50% 以上的均值 $\bar{x}_i$ 在上下控制限之外。

2) 在相应的 R 图上各极差受控（点落在控制限内）。

$\bar{x} - R$ 图详见本章 6.8.1 节、6.8.3 节。

(2) % GRR 决定准则

1) % GRR < 10%——测量系统可接受。

2) % GRR 在 10% ~ 30% 范围内——在权衡应用的重要性、量具成本、维修费用等基础上，可以考虑接受。

3) % GRR > 30%——测量系统不能接受。应努力找出问题所在，并加以纠正，然后再进行测量系统分析。

本章 6.8.4 节已经讲到：

$$\% GRR = \frac{GRR}{TV} \times 100\%, TV = \sqrt{(GRR)^2 + (PV)^2}$$

如果测量系统是用于进行统计过程控制和过程能力分析的，应该按照上面的公式计算 % GRR。

TV 是量具分析中得到的总分析变差。有时根据相应的要求，TV 还可通过以下方法计算。

1) 利用历史信息计算 TV。如果需要测量的质量特性来自一个历史上已知的统计控制内过程，那么在作测量系统分析时，可以利用已知过程的变差（过程能力 $6\sigma_{historical} = 6\sigma_{\bar{R}/d_2}$），用它代替从量具分析中得到的总分析变差 TV。于是有：

① $\quad TV = \sigma_{historical}$

② $\quad \% GRR = \frac{GRR}{TV} \times 100\% = \frac{\sigma_M}{\sigma_{historical}} \times 100\%$

式中 $GRR = \sigma_M$

可以用此指标衡量过程改进的成果。

③ PV 由以下公式计算：

$$PV = \sqrt{(TV)^2 - (GRR)^2}$$

2) 利用 Pp（或 Ppk）目标值计算 TV。

① TV 的计算。用采用本测量系统监控的过程的变差 $\sigma_{process}$（$\sigma_{process}$ 可用样本的标准差 s 来估计，即 $\hat{\sigma}_{process} = s$）代替从量具分析中得到的总分析变差 TV，即 $TV = \sigma_{process} = s$，于是有

$$Pp = \frac{USL - LSL}{6s} = \frac{USL - LSL}{6TV}$$

得出

$$TV = \frac{USL - LSL}{6Pp}$$

② $\%GRR = \frac{GRR}{TV} \times 100\% = \frac{6Pp \times GRR}{(USL - LSL)} \times 100\%$

③ PV 由以下公式计算：

$$PV = \sqrt{(TV)^2 - (GRR)^2}$$

3）利用规格范围（公差）计算 TV。此时相当于取 $Pp=1$，这是客户的最低要求。此时量具仅用于检验产品是否合格。

① TV 的计算过程如下：

$$TV = \frac{USL - LSL}{6}$$

② $\%GRR = \frac{GRR}{TV} \times 100\% = \frac{6 \times GRR}{(USL - LSL)} \times 100\%$

在有些资料中，将此种情况下的 %GRR 用容差比 P/T 代替。

③ PV 由以下公式计算：

$$PV = \sqrt{(TV)^2 - (GRR)^2}$$

(3) 分级数 ndc 决定准则

$$ndc = 1.41 \frac{\sigma_P}{\sigma_M} = 1.41 \frac{PV}{GRR}$$

ndc 要取整数，忽略小数。

ndc 应该大于或等于 5，即 $ndc \geq 5$。

$ndc \geq 5$ 说明测量系统有足够的分辨力。

公式中的 PV 是量具分析中的零件间的变差。如果用历史信息、Pp（或 Ppk）目标值、规格范围（公差）计算 TV，则需按下式计算 PV

$$PV = \sqrt{(TV)^2 - (GRR)^2}$$

于是有：

$$ndc = 1.41 \frac{PV}{GRR} = 1.41 \frac{\sqrt{TV^2 - GRR^2}}{GRR}$$

6.9　计量型测量系统分析——均值和极差法

均值和极差法（$\bar{X}\&R$）是确定测量系统的重复性和再现性的一种数学方法，该方法允许将测量系统分成两个独立的部分——重复性和再现性，该方法不考虑操作者与零件之间的交互作用。所谓交互作用，就是说某些操作者对一些零件测量常常偏高，对另一些零件测量往往又偏低。举个通俗的例子，A、B两个女孩一样漂亮，可你对A有好感，你就认为A更漂亮，这就是交互作用。

均值和极差法（$\bar{X}\&R$）的应用步骤如下：

1) 选取 5~10 个样品（一般选取 10 个），样品在过程变差的实际或预期范围内。

2) 由 2~3 名测试人员对每个样品进行 2~3 次随机测量，并将结果记录于重复性和再现性分析用的标准表格中（详见6.9.1节中的表6-10）。

3) 利用标准表格进行运算（详见6.9.1节和6.9.2节的表6-10、表6-11）。

4) 利用运算结果，判定测量系统是否可接受（判定方法详见6.9.3节）。

5) 对不合格测量系统进行适当处理。

6.9.1 数据的收集程序

采用表6-10收集数据，数据收集程序叙述如下。

1) 取得包含 10 个零件的一个样本。样本应代表过程变差的实际或预期范围。可以这样取样：每天从过程中随机抽取 1 件，共抽取 10 天。

2) 指定操作者 A、B 和 C，并按 1 至 10 给零件编号，并使操作者不能看到这些数字。

3) 让操作者 A 以随机的顺序测量 10 个零件，并将结果记录在第 1 行。

4) 让测试人 B 和 C 测量这 10 个零件并互相不看对方的数据。然后将结果分别填入第 6 行和第 11 行。

5) 使用不同的随机测量顺序重复上述操作过程。把数据填入第 2、7 行和第 12 行。在适当的列记录数据。例如，第一个测量的零件是 7，则将测试结果记录在标有第 7 号零件的列内。如果需要测量 3 次，重复上述操作，将数据记录在第 3、8 行和第 13 行。

6) 当测量大型零件或多个零件不可同时获得时，第 3 步到第 5 步将变更成以下顺序：

① 让测量者 A 测量第 1 个零件并把读数输入第 1 行，让测量者 B 测量第 1 个零件并把读数输入第 6 行，让测量者 C 测量第 1 个零件并把读数输入第 11 行。

② 让测量者 A 重复测量第 1 个零件并把读数输入第 2 行，让测量者 B 重复测量第 1 个零件并把读数输入第 7 行，让测量者 C 重复测量第 1 个零件并把读数输入第 12 行。如果需要测量 3 次，重复上述循环，将数据记录在第 3、8 行和第 13 行。

表6-10 测量系统重复性和再现性分析数据表（均值和极差法）

零件号和名称：			量具名称：				日期：				
被测特性：			量具编号：				测量人：A、B、C				
规格要求：			量具规格：				分析人：				

测量人/测量次数		零件										平均值
		1	2	3	4	5	6	7	8	9	10	
1 A	1											
2	2											
3	3											
4	均值											$\overline{X}_a =$
5	极差											$\overline{R}_a =$
6 B	1											
7	2											
8	3											
9	均值											$\overline{X}_b =$
10	极差											$\overline{R}_b =$
11 C	1											
12	2											
13	3											
14	均值											$\overline{X}_c =$
15	极差											$\overline{R}_c =$
16	零件平均值 ($\overline{X}_P$)											$\overline{\overline{X}} =$ $R_P =$
17	([$\overline{R}_a =$] + [$\overline{R}_b =$] + [$\overline{R}_c =$])/[测量人数量＝] ＝ $\overline{\overline{R}}$											$\overline{\overline{R}} =$
18	[MAX ($\overline{X}_a, \overline{X}_b, \overline{X}_c$) ＝] － [MIN ($\overline{X}_a, \overline{X}_b, \overline{X}_c$) ＝] ＝ $\overline{X}_{DIFF}$											$\overline{X}_{DIFF} =$
19	[$\overline{\overline{R}} =$] × [$D_4 =$] ＝ UCL_R											$UCL_R =$
20	[$\overline{\overline{R}} =$] × [$D_3 =$] ＝ LCL_R											$LCL_R =$
21	[$\overline{\overline{X}} =$] + [$A_2 =$] × [$\overline{\overline{R}} =$] ＝ $UCL_{\overline{X}}$											$UCL_{\overline{X}} =$
22	[$\overline{\overline{X}} =$] － [$A_2 =$] × [$\overline{\overline{R}} =$] ＝ $LCL_{\overline{X}}$											$LCL_{\overline{X}} =$

测量次数	2	3
D_4	3.267	2.574
D_3	0.000	0.000
A_2	1.880	1.023

注：圈出极差大于控制限 UCL_R 的数据。让原来的评价者对这些超限零件重新进行测量，或剔除这些数据。利用剔除后的其余数据（或重新测量的数据）重新计算 $\overline{\overline{R}}$ 及上控制限 UCL_R。应对造成失控状态的特殊因素进行纠正，并保证不再发生。

③ 按这种方法依次测量其他的零件,并记录测量结果。

7) 如果操作者在不同的班次,可以使用一个替换的方法。让操作者 A 测量 10 个零件,并将读数记录在第 1 行。然后,让操作者 A 按照不同的顺序重新测量,并把结果记录在第 2 行和第 3 行。操作者 B 和 C 也同样做。

6.9.2 收集数据后的计算程序

量具的重复性和再现性的计算如表 6-10 和表 6-11 所示。表 6-10 是数据表格,记录了所有研究数据。表 6-11 是报告表格,记录了所有识别信息和按规定公式进行的所有计算。

收集数据后的计算程序如下:

1) 计算每个操作者对每个零件所测数据的极差。

从第 1、2、3 行中的最大值减去它们中的最小值,把结果记入第 5 行。在第 6、7 和 8 行,11、12 和 13 行重复这一步骤,并将结果记录在第 10 和 15 行(表 6-10);

填入第 5、10 和 15 行的数据是极差,它们总是正数。

2) 计算每个操作者的平均极差。

将第 5 行的数据相加并除以零件数量,得到第一个操作者的测量平均极差 $\bar{R}_a$。同样对第 10 和 15 行的数据进行处理得到 $\bar{R}_b$ 和 $\bar{R}_c$(表 6-10)。

3) 计算所有操作者总的平均极差 $\bar{R}$。

将第 5、10 和 15 行的平均值($\bar{R}_a$、$\bar{R}_b$、$\bar{R}_c$)转记到第 17 行,将它们相加并除以测量者人数,将结果记为 $\bar{R}$(所有极差的平均值)(表 6-10)。

4) 计算极差图(R 图)的上下控制限。

将 $\bar{R}$(所有极差的平均值)记入第 19 和 20 行并与 D_3 和 D_4 相乘得到极差控制图下限和上限。极差图的上控制限(UCL$_R$)填入第 19 行。少于 7 次测量的极差图下控制限(LCL$_R$)等于零。

5) 检查极差是否受控(R 图中,点是否落在控制限内)。

若极差在控制限内,可继续算下去。若极差在控制限外,则要查找原因,或重测,或剔除,再重算。

说明:对于极差大于控制限 UCL$_R$ 的数据,应让原来的评价者对这些超限零件重新进行测量,或剔除这些数据。利用剔除后的其余数据(或重新测量的数据)重新计算 $\bar{R}$ 及上控制限 UCL$_R$。应对造成失控状态的特殊因素进行纠正,并保证不再发生。

6) 计算每个操作者对每个零件所测数据的均值。

计算每个操作者对每个零件所测数据的均值,并填写在第 4、9、14 行上。

7) 将行(第 1、2、3、6、7、8、11、12 和 13 行)中的值相加。把每行的

和除以零件数并将结果填入表（表6-10）中最右边标有"平均值"的栏内。

8）计算每个操作者总的测量均值。

将第1、2和3行最后1列的平均值相加除以测量次数，结果填入第4行中的 $\overline{X}_a$（$\overline{X}_a$ 为A操作者总的测量均值）栏位中。对第6、7和8，第11、12和13行重复这个过程，将结果分别填入第9和第14行中的 $\overline{X}_b$（$\overline{X}_b$ 为B操作者总的测量均值）、$\overline{X}_c$（$\overline{X}_c$ 为C操作者总的测量均值）栏位中（表6-10）。

9）计算各个操作者总的测量均值的极差 $\overline{X}_{\text{DIFF}}$。

将第4、9和14行的操作者总的测量均值（指 $\overline{X}_a$、$\overline{X}_b$、$\overline{X}_c$）中的最大和最小值填入第18行中适当的空格处，并确定它们的差值，将差值填入第18行中标有 $\overline{X}_{\text{DIFF}}$ 处的空格内（表6-10）。

10）计算每个零件总的测量均值。

将每个零件每次测量值相加并除以总的测量次数（测量次数乘以测量者人数）。将结果填入第16行零件均值 $\overline{X}_P$ 的栏中（表6-10）。

11）计算各个零件总的测量均值的极差 R_P。

用第16行中的最大的零件均值（$\overline{X}_P$ 最大）减去最小的零件均值（$\overline{X}_P$ 最小），将结果填入第16行中标有 R_P 的空格内。R_P 是各个零件总的测量均值的极差（表6-10）。

12）计算所有测量值的总均值 $\overline{\overline{X}}$。

将第16行中的值相加除以零件数量得到所有测量值的总平均值 $\overline{\overline{X}}$。

13）将 $\overline{R}$，$\overline{X}_{\text{DIFF}}$ 和 R_P 的计算值转填入报告表格的栏目中（表6-11）。

14）在表格左边标有"测量单元分析"的栏下进行计算。

15）在表格右边标有"总变差%"的栏下进行计算。

16）检查结果，确认没有产生错误。

表6-11 测量系统重复性和再现性分析报告（均值和极差法）

零件号和名称：	量具名称：	日期：
被测特性：	量具编号：	测量人：
规格要求：	量具规格：	分析人：
来自数据表的信息：$\overline{R} = $ ，$\overline{X}_{\text{DIFF}} = $ ，$R_P = $ 。		
$\overline{X} - R$ 图：（用附件形式附在分析报告后面）（参考6.9.3节案例6-4）		

测量单元分析			% 总变差（TV）	
重复性—设备变差（EV）	试验次数	k_1	%$EV = (EV/TV) \times 100\%$	
$EV = \overline{R} \times k_1$	2	0.8862	= (＿＿／＿＿) × 100%	
= ＿＿ × ＿＿	3	0.5908	= ＿＿%	
= ＿＿				

(续)

测量单元分析	% 总变差(TV)
再现性—评价人变差(AV) $AV = \sqrt{(\overline{X}_{\text{DIFF}} \times k_2)^2 - (EV^2/nr)}$ $= \sqrt{(\_\_\_ \times \_\_\_)^2 - (\_\_\_^2/\_\_\_ \times \_\_\_)}$ $= _____$ n—零件数量 r—试验次数 评价人数量 / k_2 : 2 / 0.7071 ; 3 / 0.5231	$\%AV = (AV/TV) \times 100\%$ $= (\_\_\_/\_\_\_) \times 100\%$ $= \_\_\_\_\%$
重复性和再现性(GRR) $GRR = \sqrt{EV^2 + AV^2}$ $= \sqrt{\_\_\_^2 + \_\_\_^2}$ $= \_\_\_\_$ 零件数 / k_3 : 2 / 0.7071 ; 3 / 0.5231 ; 4 / 0.4467 ; 5 / 0.4030 ; 6 / 0.3742 ; 7 / 0.3534 ; 8 / 0.3375 ; 9 / 0.3249 ; 10 / 0.3146	$\%GRR = (GRR/TV) \times 100\%$ $= (\_\_\_/\_\_\_) \times 100\%$ $= \_\_\_\_\%$
零件变差(PV) $PV = R_P \times k_3$ $= \_\_\_ \times \_\_\_$ $= \_\_\_\_$	$\%PV = (PV/TV) \times 100\%$ $= (\_\_\_/\_\_\_) \times 100\%$ $= \_\_\_\_\%$
总变差(TV) $TV = \sqrt{[(GRR)^2 + (PV)^2]}$ $= \sqrt{\_\_\_^2 + \_\_\_^2}$ $= \_\_\_\_$	$ndc = 1.41(PV/GRR)$ $= 1.41(\_\_\_/\_\_\_)$ $= \_\_\_\_$
重复性和再现性分析结论：	

6.9.3 数据计算及结果分析说明

1. $\overline{X} - R$ 图的绘制与分析

(1) 均值 $\overline{X}$ 与极差 R 的计算

以每个人对同一个零件进行的多次重复测量值为子组（子组容量为重复测量次数，子组数量为零件数量×测量人数），计算均值 $\overline{X}$（表6-10中的第4、9、14行）和极差 R（表6-10中的第5、10、15行）。其中，每一个这样的极差都是在测量者、零件、量具一定时得到的，所以它只反映测量系统的重复性。

(2) R 图的绘制与分析

1) 先计算 R 图的中心线、控制限

$$UCL_R = D_4 \bar{R}$$
$$CL_R = \bar{R}$$
$$LCL_R = D_3 \bar{R}$$

式中 $\bar{R}$ 来自表 6-10 第 17 行；控制图系数 D_3、D_4 由重复测量次数（n）查第 4 章表 4-3 可以得到。UCL_R、LCL_R 可从表 6-10 中的第 19、20 行得到。

2）绘制 R 图

有非重叠、重叠两种绘制方法（图 6-27、图 6-28）。

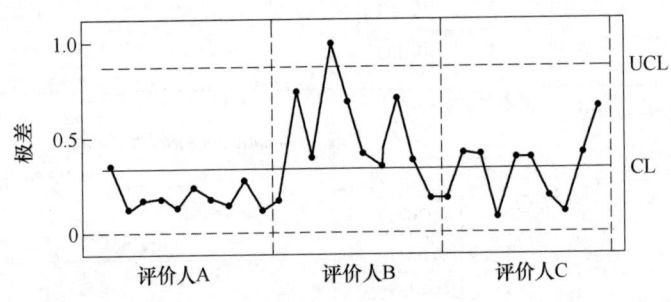

图 6-27　极差图（R 图，非重叠绘制）

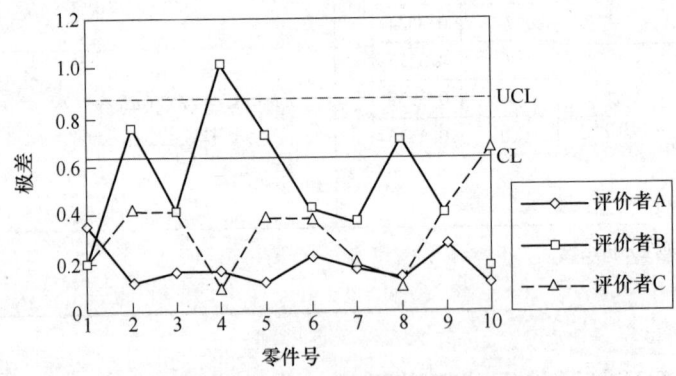

图 6-28　极差图（R 图，重叠绘制）

3）R 图分析。如果极差图中没有超出控制限的点，则表明所有测量者的表现都是一样的。若有一位操作者有失控现象，则说明他的操作方法与其他操作者不同，需要改进。若所有操作者都有失控现象出现，则说明测量系统对操作者的技术很敏感，需要改进才能获得有用的数据。

（3）$\bar{X}$ 图的绘制与分析

1）先计算 $\bar{X}$ 图的中心线、控制限。

$$CL_{\bar{X}} = \bar{\bar{X}}$$

$$UCL_{\bar{X}} = \bar{\bar{X}} + A_2 \bar{R}$$
$$LCL_{\bar{X}} = \bar{\bar{X}} - A_2 \bar{R}$$

式中 $\bar{\bar{X}}$ 来自表 6-10 第 16 行；$\bar{R}$ 来自表 6-10 第 17 行；控制图系数 A_2 由重复测量次数（n）查第 4 章表 4-3 可以得到。

2）绘制 $\bar{X}$ 图（图 6-29）

同 R 图一样，有重叠、非重叠两种绘制方法。这里只介绍一种。

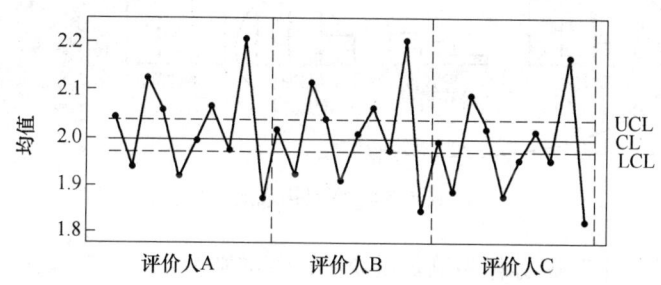

图 6-29　测量系统重复性和再现性分析的均值图（$\bar{X}$ 图）

3）$\bar{X}$ 图分析。

$\bar{X}$ 可以用来确认评价者之间的一致性，以及测量系统的"实用性"。

如果 $\bar{X}$ 图上有 50% 以上的子组均值 $\bar{X}_i$ 落在上下控制限之外，则可以认为测量系统是适宜的，具有足够的分辨力，能检验出零件之间的变差，能为过程的分析和控制提供有用的信息。

如果在 $\bar{X}$ 图上少于 50% 的子组均值 $\bar{X}_i$ 落在上下控制界限之外，则说明测量系统缺乏足够的分辨力或样本不能代表预期的过程变差。

注意：在利用 MINITAB 进行重复性和再现性分析时，除了输出 $\bar{X}-R$ 图外，还会输出几张分析图表：变差构成图（变差组成比例图）、零件链图、测量人链图、测量人与零件交互作用图。这些图表对分析工作有一定的帮助，但不是评价测量系统的关键指标，一般不绘制出来也没有关系。但为了让读者全面掌握测量系统分析知识，在此对这几张图表做一些简单的解释。

1）变差构成图（见图 6-30）。

① 贡献率。

变差构成图中的贡献率是指各波动分量的方差（Var Comp）与总体波动的方差之比的百分数（% Contribution of Var Comp），记为"% 贡献"，一般在电脑中用红色柱体显示。GRR（R&R）、重复性、再现性、零件间的贡献率分别为：

$\dfrac{GRR^2}{TV^2} \times 100\%$ （即 $\dfrac{\sigma_M^2}{\sigma_T^2} \times 100\%$）、$\dfrac{EV^2}{TV^2} \times 100\%$ （即 $\dfrac{\sigma_E^2}{\sigma_T^2} \times 100\%$）、$\dfrac{AV^2}{TV^2} \times 100\%$ （即 $\dfrac{\sigma_A^2}{\sigma_T^2} \times 100\%$）、$\dfrac{PV^2}{TV^2} \times 100\%$ （即 $\dfrac{\sigma_P^2}{\sigma_T^2} \times 100\%$）。

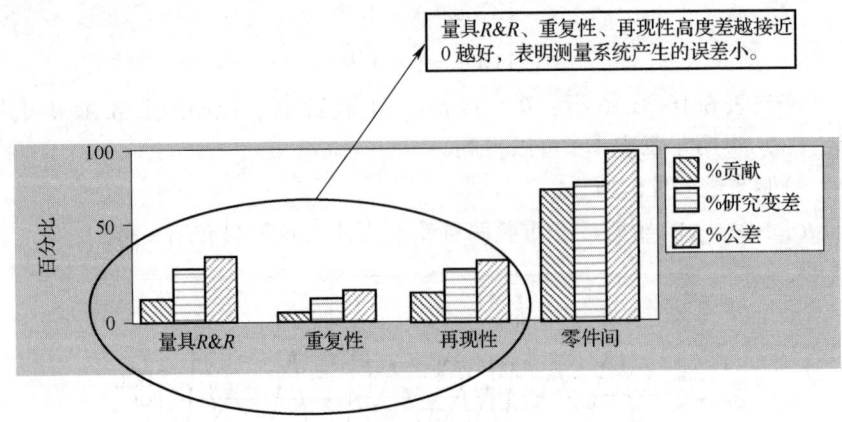

图 6-30 变差构成图

使用"贡献率"指标作为测量系统的评判准则为：
a) 量具 GRR 的贡献率 <1% 时，测量系统可接受。
b) 1% ≤ 量具 GRR 的贡献率 ≤9% 时，应依据应用的重要性、测量设备的成本、修理费用等因素，有条件地接受测量系统。
c) 量具 GRR 的贡献率 >9% 时，测量系统不可接受，应进行改进。

② 研究变差百分比。

系数 6（老文献中用系数 5.15，现在的文献中一般用系数 6）与标准差（StdDev）的乘积 6σ 称为研究变差（Study Var）。各波动分量的研究变差与总体波动的研究变差之比的百分数称为研究变差百分比（%Study Var），记为"%研究变差"，一般在电脑中用绿色柱体显示。GRR、重复性、再现性、零件间的研究变差百分比分别为：$\frac{GRR}{TV} \times 100\%$（即 $\frac{\sigma_M}{\sigma_T} \times 100\%$）、$\frac{EV}{TV} \times 100\%$（即 $\frac{\sigma_E}{\sigma_T} \times 100\%$）、$\frac{AV}{TV} \times 100\%$（即 $\frac{\sigma_A}{\sigma_T} \times 100\%$）、$\frac{PV}{TV} \times 100\%$（即 $\frac{\sigma_P}{\sigma_T} \times 100\%$）。

③ 公差百分比。

各波动分量的标准差的 6 倍数与公差 T 之比的百分数称为公差百分比（%Tolerance），记为"%公差"，一般在电脑中用蓝色柱体显示。GRR、重复性、再现性、零件间的公差百分比分别为：$\frac{6\sigma_M}{T} \times 100\%$（也称为容差比 P/T）、$\frac{6\sigma_E}{T} \times 100\%$、$\frac{6\sigma_A}{T} \times 100\%$、$\frac{6\sigma_P}{T} \times 100\%$。

对于一个良好的测量系统，其变差构成图中，GRR 的柱高越短越好，不同零件的柱高越高越好。

2）零件链图（见图6-31）。

零件链图的构成是忽略测量人因素，来显示每个零件的测量值及其均值，并将均值用直线连接起来，用来比较每个零件的平均效应。

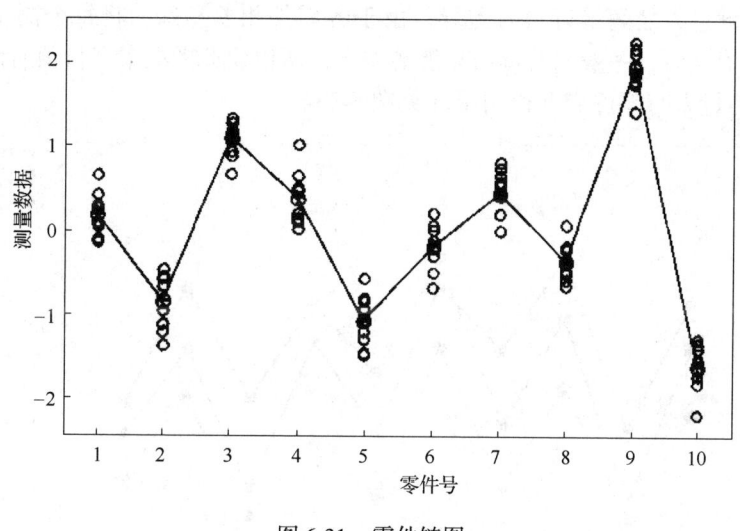

图 6-31　零件链图

一般而言，均值连线的变化越大，表明过程实际的波动越大，即零件间的波动越大。各均值周围的多个散点分布越集中，表明重复性和再现性的波动越小。

如果均值连线的变化很小，可能意味着样品间差异太小，样品没有反映过程的实际分布。

3）测量人链图（见图6-32）。

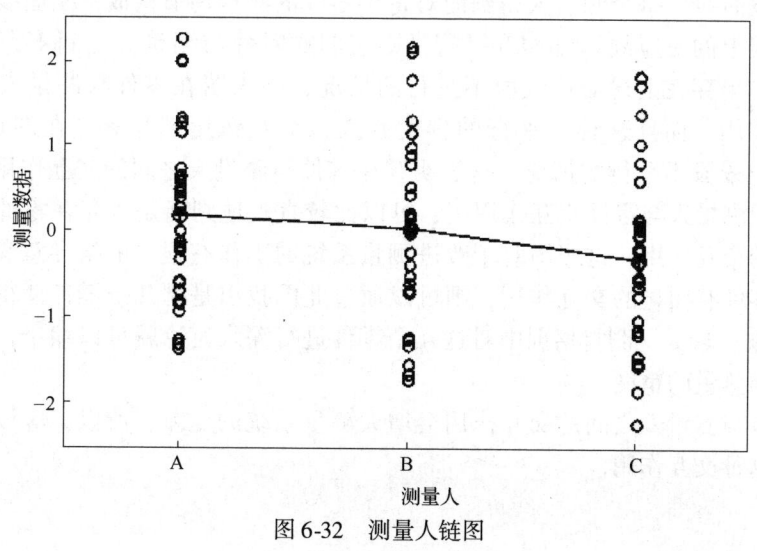

图 6-32　测量人链图

测量人链图的构成是忽略零件的因素,显示每个测量人的测量值及其均值,并将均值用直线连接起来,用来比较每个测量人的平均效应。

一般而言,均值连线的变化越小,表明再现性的波动越小,也即测量人的差异小。测量人之间最好没有差异。由于各零件相差悬殊,将每个测量员的全部结果平均之后,一般都看不出显著的差异,所以说此图的参考价值有限。

4)测量人与零件交互作用图(见图6-33)。

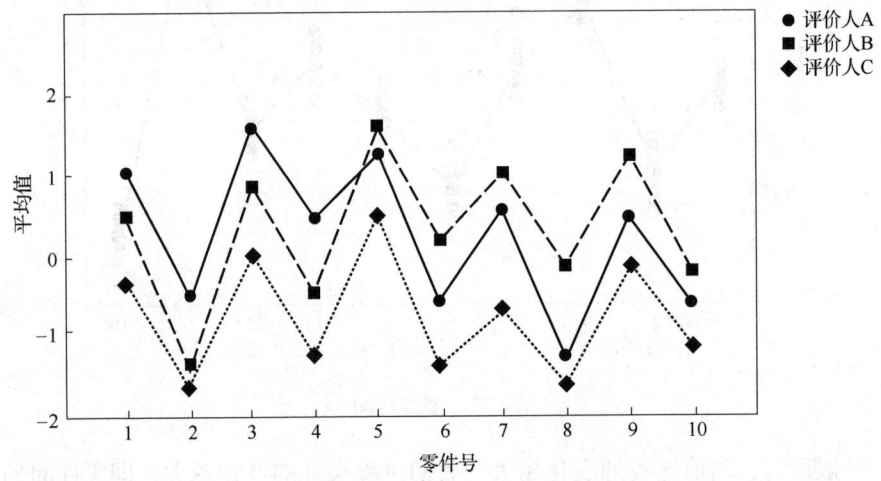

图6-33 测量人与零件交互作用图

测量人与零件交互作用图,其横坐标是零件号,纵坐标是平均值,即每个测量人对同一个零件的重复测量结果所组成的子组的平均值。图6-33中共画出了3条曲线,每个测量人得到的对每个零件的测量均值构成一条曲线。如果这些曲线上的对应线段都相互平行,则表明在零件与测量人之间不存在交互作用;如果存在上述对应线段不平行的情况,则表明在零件与测量人之间存在交互作用,而且这种不平行的程度越大,交互作用越显著。在图6-33中,存在对应线段不平行的情况,这表明存在零件与测量人之间的交互作用。

利用测量人与零件交互作用图,可以比较直观地判断是否存在零件与测量人之间的交互作用。这张图对于改进测量系统的工作有很大的指导意义:如果人员与零件有明显的交互作用,则可以通过此图找出是哪几个零件使得测量人间"分歧"较大,测量培训中对这几个零件进行深入讨论就可以缩小再现性误差,提高测量的精度。

零件与测量人之间的交互作用会增大测量系统的变差,所以,应该尽可能地消除这种交互作用。

2. 测量数据的结构分析

（1）重复性或设备变差（EV 或 σ_E）的计算

$$EV = \sigma_E = \overline{R} \times k_1$$

式中　$\overline{R}$——总的平均极差；

　　　k_1——由测量次数决定的一个常数（见表 6-12）。$k_1 = 1/d_2^*$，d_2^* 可从表 6-7 中查得，它是依赖于测量次数（m = 测量次数）及零件数量乘以操作人数（g = 零件数量 × 操作人数）的一个参数值。

表 6-12　k_1 的取值

测 量 次 数	k_1 值
2	0.8862
3	0.5908

（2）再现性或操作者变差（AV 或 σ_A）的计算

$$AV = \sigma_A = \sqrt{(\overline{X}_{\text{DIFF}} \times k_2)^2 - \left(\frac{EV^2}{nr}\right)}$$

式中　$\overline{X}_{\text{DIFF}}$——各个操作者总的测量均值的极差 $\overline{X}_{\text{DIFF}}$；

　　　n——零件的数量；

　　　r——试验的次数；

　　　k_2——由操作者数量决定的一个常数（见表 6-13）。$k_2 = 1/d_2^*$，d_2^* 可从表 6-7 查出，d_2^* 是取决于操作者的人数（m = 操作人数）和 g（在这里 $g = 1$，因为只有一个极差计算）的一个参数值。

表 6-13　k_2 的取值

操作者数量	k_2 值
2	0.7071
3	0.5231

如果根号内的值为负值，则取 $AV = 0$。

（3）测量系统的重复性和再现性（GRR）的计算

$$GRR = \sqrt{EV^2 + AV^2}$$

（4）零件间变差（PV 或 σ_P）的计算

$$PV = \sigma_P = R_P \times k_3$$

式中　R_P——零件均值的极差，

　　　k_3——由零件数量决定的一个常数（见表 6-14）。$k_3 = 1/d_2^*$，d_2^* 可从表 6-7 查出，d_2^* 是取决于零件总数（m = 零件总数）和 g（在这

里 $g=1$，因为只有一个极差计算）的一个参数值。

表 6-14 k_3 的取值

零件数量	2	3	4	5	6	7	8	9	10
k_3 值	0.7071	0.5231	0.4467	0.4030	0.3742	0.3534	0.3375	0.3249	0.3146

（5）测量过程的总变差（TV）的计算

$$TV = \sqrt{(GRR)^2 + (PV)^2}$$

注意，有时根据相应的要求，TV 还可通过其他方法计算，PV 也需按相应方法计算。见本章 6.8.6 节。

（6）各类变差占总变差的百分率

① 设备变差 EV 占总变差 TV 的百分率（%EV）为

$$\%EV = EV/TV \times 100\%$$

② 操作者变差 AV 占总变差 TV 的百分率（%AV）为

$$\%AV = AV/TV \times 100\%$$

③ 零件间变差 PV 占总变差 TV 的百分率（%PV）为

$$\%PV = PV/TV \times 100\%$$

④ 测量系统重复性和再现性 GRR 占总变差 TV 的百分率（%GRR）为

$$\%GRR = GRR/TV \times 100\%$$

3. 分级数 ndc 的计算

$$ndc = 1.41(PV/GRR) \quad (\text{要取整数,忽略小数})$$

上述公式中的 PV 是量具分析中的零件间的变差。如果用历史信息、Pp（或 Ppk）目标值、规格范围（公差）计算 TV（见本章 6.8.6 节），则需按下式计算 PV

$$PV = \sqrt{(TV)^2 - (GRR)^2}$$

于是

$$ndc = 1.41 \frac{PV}{GRR} = 1.41 \frac{\sqrt{TV^2 - GRR^2}}{GRR}$$

具体情况详见本章 6.8.6 节。

4. 测量系统重复性和再现性的评价

在同时满足下列条件的情况下，测量系统的重复性和再现性 GRR 可以被接受。

（1）$\overline{X} - R$ 图应同时满足下列条件

1）在 $\overline{X}$ 图上有 50% 以上的子组均值 $\overline{X}_i$ 在上下控制限之外。

2）在相应的 R 图上各极差受控（点落在控制限内）。

(2) %GRR 决定准则

1）%GRR < 10%——测量系统可接受。

2）%GRR 在 10% ~ 30% 范围内——在权衡应用的重要性、量具成本、维修费用等基础上，可以考虑接受。

3）%GRR > 30%——测量系统不能接受。应努力找出问题所在，并加以纠正，然后再进行测量系统分析。

(3) 分级数 ndc 决定准则

ndc 应该大于或等于 5，即 ndc ≥ 5。ndc ≥ 5 说明测量系统有足够的分辨力。

表 6-15 对重复性和再现性评价准则进行了总结。

表 6-15 重复性和再现性评价准则

决定准则	贡献率 $\left(\dfrac{\sigma_M^2}{\sigma_T^2} \times 100\%\right)$	研究变差百分比 $\left(\dfrac{\sigma_M}{\sigma_T} \times 100\%\right)$	公差百分比 $\left(\dfrac{6\sigma_M}{T} \times 100\%\right)$
接受	<1%	<10%	<10%
有条件接受	1% ~ 9%	10% ~ 30%	10% ~ 30%
不可接受	>9%	>30%	>30%
决定准则： (1) $\bar{X} - R$ 图应同时满足下列条件 1）在 $\bar{X}$ 图上有 50% 以上的子组均值 $\bar{X}_i$ 在上下控制限之外。 2）在相应的 R 图上诸极差受控（点子落在控制限内）。 (2) 分级数 ndc 决定准则 1）ndc 应该大于或等于 5，即：ndc ≥ 5。 2）ndc ≥ 5 说明测量系统有足够的分辨力。			
说明： 1）在进行产品检查时，优先考虑"公差百分比（%Tolerance）"。 2）在进行过程控制时，优先考虑"研究变差百分比（%Study Var）"。 3）"贡献率（%Contribution of Var Comp）"与"研究变差百分比"具有等同的意义。			

案例 6-4：测量系统重复性和再现性分析实例

某公司开始评价测量系统。第一个被评定的测量仪器是一把千分尺。抽取 10 个弹片样品，由 3 个人测试其厚度，每个零件测试 2 次，测试结果列于表 6-16，重复性和再现性分析结果列于表 6-17、表 6-18。

表 6-16　测量系统重复性和再现性分析数据表（均值和极差法）

零件号和名称：弹片		量具名称：千分尺					日期：2012-5-4			
被测特性：厚度		量具编号：					测量人：A、B、C			
规格要求：0.6~1.0mm		量具规格：					分析人：			

测量人/测量次数		零件									平均值
		1	2	3	4	5	6	7	8	9	10	
1 A	1	0.65	1.00	0.85	0.85	0.55	1.00	0.95	0.85	1.00	0.60	0.830
2	2	0.60	1.00	0.80	0.95	0.45	1.00	0.95	0.80	1.00	0.70	0.825
3	3											
4	均值	0.625	1.000	0.825	0.900	0.500	1.000	0.950	0.825	1.000	0.650	$\overline{X}_a = 0.8275$
5	极差	0.05	0.00	0.05	0.10	0.10	0.00	0.00	0.05	0.00	0.10	$\overline{R}_a = 0.045$
6 B	1	0.55	1.05	0.80	0.80	0.40	1.00	0.95	0.75	1.00	0.55	0.785
7	2	0.55	0.95	0.75	0.75	0.40	1.05	0.90	0.70	0.95	0.50	0.750
8	3											
9	均值	0.550	1.000	0.775	0.775	0.400	1.025	0.925	0.725	0.975	0.525	$\overline{X}_b = 0.7675$
10	极差	0.00	0.10	0.05	0.05	0.00	0.05	0.05	0.05	0.05	0.05	$\overline{R}_b = 0.045$
11 C	1	0.50	1.05	0.80	0.80	0.45	1.00	0.95	0.80	1.05	0.85	0.825
12	2	0.55	1.00	0.80	0.80	0.50	1.05	0.95	0.80	1.05	0.80	0.830
13	3											
14	均值	0.525	1.025	0.800	0.800	0.475	1.025	0.950	0.800	1.050	0.825	$\overline{X}_c = 0.8275$
15	极差	0.05	0.05	0.00	0.00	0.05	0.05	0.00	0.00	0.00	0.05	$\overline{R}_c = 0.030$
16	零件平均值 ($\overline{X}_P$)	0.576	1.008	0.800	0.825	0.458	1.017	0.942	0.783	1.008	0.667	$\overline{\overline{X}} = 0.8075$ $R_P = 0.559$
17	([$\overline{R}_a = 0.045$] + [$\overline{R}_b = 0.045$] + [$\overline{R}_c = 0.030$])/[测量人数量=3] = 0.04											$\overline{\overline{R}} = 0.04$
18	[MAX ($\overline{X}_a$, $\overline{X}_b$, $\overline{X}_c$) = 0.8275] - [MIN ($\overline{X}_a$, $\overline{X}_b$, $\overline{X}_c$) = 0.7675] = $\overline{X}_{DIFF}$											$\overline{X}_{DIFF} = 0.06$
19	[$\overline{\overline{R}} = 0.04$] × [$D_4 = 3.267$] = UCL_R											$UCL_R = 0.13$
20	[$\overline{\overline{R}} = 0.04$] × [$D_3 = 0.000$] = LCL_R											$LCL_R = 0.00$
21	[$\overline{\overline{X}} = 0.8075$] + [$A_2 = 1.88$] × [$\overline{\overline{R}} = 0.04$] = $UCL_{\overline{X}}$											$UCL_{\overline{X}} = 0.8827$
22	[$\overline{\overline{X}} = 0.8075$] - [$A_2 = 1.88$] × [$\overline{\overline{R}} = 0.04$] = $LCL_{\overline{X}}$											$LCL_{\overline{X}} = 0.7323$

测量次数	2	3
D_4	3.267	2.574
D_3	0.000	0.000
A_2	1.880	1.023

注：圈出极差大于控制限 UCL_R 的数据。让原来的评价者对这些超限零件重新进行测量，或剔除这些数据。利用剔除后的其余数据（或重新测量的数据）重新计算 $\overline{\overline{R}}$ 及上控制限 UCL_R。应对造成失控状态的特殊因素进行纠正，并保证不再发生。

表 6-17　测量系统重复性和再现性分析报告（均值和极差法）

零件号和名称：弹片	量具名称：千分尺	日期：2012-5-4
被测特性：厚度	量具编号：	测量人：A、B、C
规格要求：0.6~1.0mm	量具规格：	分析人：

来自数据表的信息：$\bar{R}=0.04$，$\bar{X}_{DIFF}=0.06$，$R_P=0.559$

$\bar{X}-R$ 图：（见表6-18）

测量单元分析			% 总变差（TV）
重复性—设备变差（EV） $EV=\bar{R}\times k_1$ $=0.04\times 0.8862$ $=0.035$	试验次数	k_1	$\%EV=[EV/TV]\times 100\%$ $=[0.035/0.182]\times 100\%$ $=19.2\%$
	2	0.8862	
	3	0.5908	
再现性—评价人变差（AV） $AV=\sqrt{(\bar{X}_{DIFF}\times k_2)^2-(EV^2/nr)}$ $=\sqrt{(0.06\times 0.5231)^2-(0.035^2/10\times 2)}$ $=0.031$ $n=$ 零件数量 $r=$ 试验次数	测量人数量	k_2	$\%AV=[AV/TV]\times 100\%$ $=[0.031/0.182]\times 100\%$ $=17.0\%$
	2	0.7071	
	3	0.5231	
重复性和再现性（GRR） $GRR=\sqrt{EV^2+AV^2}$ $=\sqrt{0.035^2+0.031^2}$ $=0.047$	零件数	k_3	$\%GRR=[GRR/TV]\times 100\%$ $=[0.047/0.182]\times 100\%$ $=25.8\%$
	2	0.7071	
	3	0.5231	
	4	0.4467	
零件变差（PV） $PV=R_P\times k_3$ $=0.559\times 0.3146$ $=0.176$	5	0.4030	$\%PV=[PV/TV]\times 100\%$ $=[0.176/0.182]\times 100\%$ $=96.7\%$
	6	0.3742	
	7	0.3534	
总变差（TV） $TV=\sqrt{(GRR)^2+(PV)^2}$ $=\sqrt{0.047^2+0.176^2}$ $=0.182$	8	0.3375	$ndc=1.41[PV/GRR]$ $=1.41[0.176/0.047]$ $=5$（取整数，忽略小数）
	9	0.3249	
	10	0.3146	

重复性和再现性分析结论：
1）$\bar{X}$ 图上有 23 个点子落在控制限之外，占总点数的 77%（>50%），R 图上所有极差都受控
2）%GRR=25.8%，在 10%~30% 之间，可以接受
3）ndc=5，刚好满足要求
综上所述，本测量系统的重复性和再现性可以被接受

表 6-18 测量系统重复性和再现性分析报告（均值和极差法）（附页）

零件号和名称：弹片	量具名称：千分尺	日期：2012-5-4
被测特性：厚度	量具编号：	测量人：A、B、C
规格要求：0.6~1.0mm	量具规格：	分析人：
来自数据表的信息：$\bar{R}=0.04$，$\bar{X}_{DIFF}=0.06$，$R_P=0.559$		

$\bar{X}-R$ 图（图 6-34）：

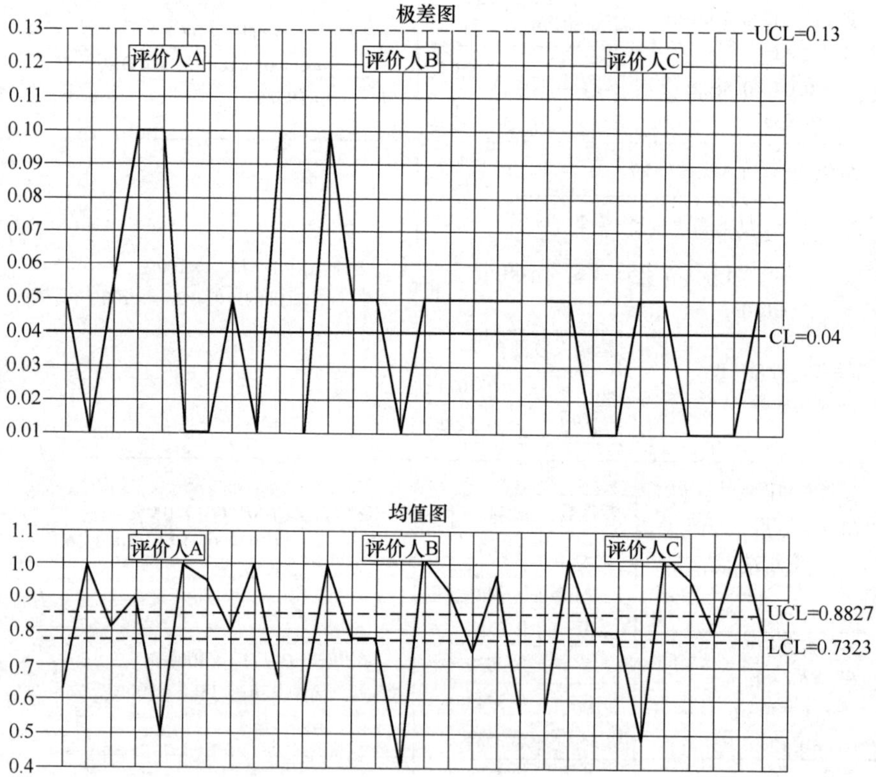

图 6-34 $\bar{X}-R$ 图

6.10 计量型测量系统分析——方差分析法

在 6.9 节里，我们讲了计量型测量系统分析——均值和极差法。这一方法是不考虑测量者与零件之间的交互作用的，并且是用各种极差评估各种方差，精度上略显不足。

第 6 章 MSA 测量系统分析

方差分析法弥补了均值和极差法的不足。方差分析法是用各种平方和评估各种方差，精度比较高，并且方差分析法有能力考虑测量者与零件之间的交互作用。

方差分析法计算复杂，要借助专门的软件，如 Minitab。当然，方差分析法也可使用 Microsoft Office Excel 进行，不过比较繁琐。

下列的讲解中不过多论述计算的原理，只希望将计算的脉络理清。

6.10.1 数据收集

选定 k 个测量者（一般取 $k=3$）和 n 个零件（一般取 $n=10$），每位测量者对每个零件测量 m 次（$m=2$ 或 3），这样，可得 nkm 个数据，见表 6-19。

这种要求每个测量者测量所有零件的测量方式，叫作交叉测量（见图 6-35）。相应的方差分析法叫作交叉方差分析法。

用方差分析的规范语言讲，就是一个因子（测量者）的所有水平（所有的测量者）可以与其他因子（零件）的任何水平（每个零件）相结合。

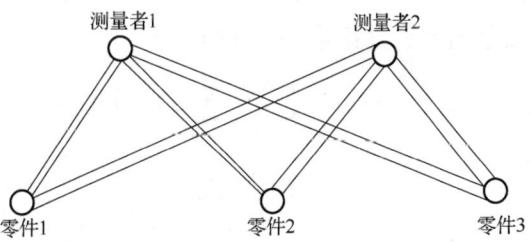

图 6-35 交叉测量，图中平行线表示重复 2 次

用三维数组记录测量结果。X_{ijl} 表示第 i 个零件被第 j 位测量者进行第 l 次测量的结果。

表 6-19 测量数据表

测量人/测量次数		零　件			
		1	2	…	n
1	1	X_{111}	X_{211}	…	X_{n11}
	…	…	…	…	…
	m	X_{11m}	X_{21m}	…	X_{n1m}
2	1	X_{121}	X_{221}	…	X_{n21}
	…	…	…	…	…
	m	X_{12m}	X_{22m}	…	X_{n2m}
…	…	…	…	…	…
k	1	X_{1k1}	X_{2k1}	…	X_{nk1}
	…	…	…	…	…
	m	X_{1km}	X_{2km}	…	X_{nkm}

6.10.2 平方和的分解与方差分析

为讨论方便起见，引入记号

nkm 个数据的平均值 $\overline{X}_{...} = \dfrac{1}{nkm}\sum\limits_{i=1}^{n}\sum\limits_{j=1}^{k}\sum\limits_{l=1}^{m} X_{ijl}$

第 j 位测量者对第 i 个零件重复测量 m 次的均值 $\overline{X}_{ij.} = \dfrac{1}{m}\sum\limits_{l=1}^{m} X_{ijl}$

第 i 个零件被测 km 次的平均值 $\overline{X}_{i..} = \dfrac{1}{km}\sum\limits_{j=1}^{k}\sum\limits_{l=1}^{m} X_{ijl}$

第 j 位测量者共测 nm 次的平均值 $\overline{X}_{.j.} = \dfrac{1}{nm}\sum\limits_{i=1}^{n}\sum\limits_{l=1}^{m} X_{ijl}$

设总偏差平方和为 SS_T，则有

$$SS_T = \sum_{i=1}^{n}\sum_{j=1}^{k}\sum_{l=1}^{m}(X_{ijl} - \overline{X}_{...})^2$$

$$= \sum_{i=1}^{n}\sum_{j=1}^{k}\sum_{l=1}^{m}(X_{ijl} - \overline{X}_{ij.})^2 + km\sum_{i=1}^{n}(\overline{X}_{i..} - \overline{X}_{...})^2 + nm\sum_{j=1}^{k}(\overline{X}_{.j.} - \overline{X}_{...})^2$$

$$+ m\sum_{i=1}^{n}\sum_{j=1}^{k}(\overline{X}_{ij.} - \overline{X}_{i..} - \overline{X}_{.j.} + \overline{X}_{...})^2$$

$$= SS_e + SS_p + SS_o + SS_{op}$$

其中

误差平方和　　$SS_e = \sum\limits_{i=1}^{n}\sum\limits_{j=1}^{k}\sum\limits_{l=1}^{m}(X_{ijl} - \overline{X}_{ij.})^2$

零件平方和　　$SS_p = km\sum\limits_{i=1}^{n}(\overline{X}_{i..} - \overline{X}_{...})^2$

测量者平方和　　$SS_o = nm\sum\limits_{j=1}^{k}(\overline{X}_{.j.} - \overline{X}_{...})^2$

测量者和零件交互作用平方和　　$SS_{op} = m\sum\limits_{i=1}^{n}\sum\limits_{j=1}^{k}(\overline{X}_{ij.} - \overline{X}_{i..} - \overline{X}_{.j.} + \overline{X}_{...})^2$

SS_T、SS_e、SS_p、SS_o、SS_{op} 的自由度依次分别为

$$f_T = nkm - 1$$
$$f_e = nk(m-1)$$
$$f_p = n - 1$$
$$f_o = k - 1$$
$$f_{op} = (n-1)(k-1)$$

自由度之间的关系为

$$f_T = f_e + f_p + f_o + f_{op}$$

这样有

$$误差的均方值 MS_e = \frac{SS_e}{f_e} = \frac{SS_e}{nk(m-1)}$$

$$零件的均方值 MS_p = \frac{SS_p}{f_p} = \frac{SS_p}{n-1}$$

$$测量者的均方值 MS_o = \frac{SS_o}{f_o} = \frac{SS_o}{k-1}$$

$$测量者和零件交互作用均方值 MS_{op} = \frac{SS_{op}}{f_{op}} = \frac{SS_{op}}{(n-1)(k-1)}$$

为了确定零件、测量者之间的相互作用是否显著,需计算统计量 F_{op} 如下

$$F_{op} = \frac{MS_{op}}{MS_e}$$

如果 $F_{op} \geqslant F_\alpha[(n-1)(k-1), nk(m-1)]$,那么,在显著性水平 α 下(α 取 0.25 或按客户要求而定)可以判定零件与测量者之间存在相互作用。临界值 $F_\alpha[(n-1)(k-1), nk(m-1)]$ 可以在 F 分布表中查到(也可用 Microsoft Office Excel 计算,选择"公式→其他函数→统计→FINV")。

说明:在 MINITAB 等统计软件中,是利用 p 值进行交互作用显著性判断。所谓 p 值,指的是在"原假设 H_0:不存在交互作用,备选假设 H_1:存在交互作用"的情况下,用现有数据计算出的"不存在交互作用的概率"。如果 $p \leqslant \alpha$(通常采用显著性水平 $\alpha = 0.25$,这是为了减少错误地做出没有交互作用的结论的风险,所以选择了一个较高的显著性水平),则"不存在交互作用"的假设是不成立的,说明交互作用显著;反之 $p > \alpha$,则认为不存在交互作用。

表 6-20 列出了对上述分析进行的总结。

表 6-20 方差分析计算表

变 差 源	平方和 SS	自由度 f	均方值 MS	F
零件	SS_p	$n-1$	MS_p	—
测量者	SS_o	$k-1$	MS_o	—
零件×测量者	SS_{op}	$(n-1)(k-1)$	MS_{op}	$\frac{MS_{op}}{MS_e}$
量具(误差)	SS_e	$nk(m-1)$	MS_e	—
总变差	SS_T	$nkm-1$	—	—

6.10.3 测量系统分析——方差分析法

为了得出测量系统的重复性和再现性 GRR 的估计,首先要得出如下 4 个方差的估计:

- σ_p^2——零件的方差；
- σ_o^2——测量者的方差；
- σ_{op}^2——测量者和零件交互作用引起的方差；
- σ_e^2——量具（重复测量）的方差。

为了照顾习惯写法，上述符号与6.9节有些差异。

以上4个方差的估计见表6-21。

表6-21 测量系统分析——方差分析法（有交互作用）

名 称	方差的估计	变差的估计
量具	$\sigma_e^2 = MS_e$	$EV = \sigma_e$
测量者	$\sigma_o^2 = (MS_o - MS_{op})/nm$	$AV = \sigma_o$
零件	$\sigma_p^2 = (MS_p - MS_{op})/km$	$PV = \sigma_p$
零件×测量者	$\sigma_{op}^2 = (MS_{op} - MS_e)/m$	$IV = \sigma_{op}$
GRR	$GRR^2 = \sigma_e^2 + \sigma_o^2 + \sigma_{op}^2$	$GRR = \sqrt{\sigma_e^2 + \sigma_o^2 + \sigma_{op}^2}$
研究变差（总变差） $TV = \sqrt{GRR^2 + PV^2}$		
$\%GRR = \dfrac{GRR}{TV} \times 100\%$		
$\%EV = EV/TV \times 100\%$		
$\%AV = AV/TV \times 100\%$		
$\%PV = PV/TV \times 100\%$		
分级数 $ndc = \sqrt{2}\dfrac{PV}{GRR} = 1.41\dfrac{PV}{GRR}$		

根据表6-21得出的$\%GRR$、ndc以及$\overline{X} - R$图，即可判断测量系统的重复性和再现性是否可以被接受。判断准则同6.9节中一致。

6.10.4 交互作用不存在时的方差分析

在零件与测量者之间的交互作用不明显时（此时$F_{op} < F_\alpha[(n-1)(k-1), nk(m-1)]$），零件与测量者相互作用的标准差$\sigma_{op} = 0$。在这种情况下，零件的平方和$SS_p$、测量者的平方和$SS_o$、总平方和$SS_T$的计算公式不变，而误差的平方和$SS_e$需按照下式计算

$$SS_e = SS_T - SS_o - SS_p$$

此时，误差的均方值MS_e为

$$MS_e = \frac{SS_e}{f_e} = \frac{SS_e}{nkm - n - k + 1}$$

第6章 MSA 测量系统分析

于是得到无交互作用时的测量系统分析计算方法（见表6-22）。

表6-22 测量系统分析——方差分析法（无交互作用）

名　　称	方差的估计	变差的估计
量具	$\sigma_e^2 = MS_e$	$EV = \sigma_e$
测量者	$\sigma_o^2 = (MS_o - MS_e)/nm$	$AV = \sigma_o$
零件	$\sigma_p^2 = (MS_p - MS_e)/km$	$PV = \sigma_p$
GRR	$GRR^2 = \sigma_e^2 + \sigma_o^2$	$GRR = \sqrt{\sigma_e^2 + \sigma_o^2}$
研究变差(总变差) $TV = \sqrt{GRR^2 + PV^2}$		
$\%GRR = \dfrac{GRR}{TV} \times 100\%$		
$\%EV = EV/TV \times 100\%$		
$\%AV = AV/TV \times 100\%$		
$\%PV = PV/TV \times 100\%$		
分级数 $ndc = \sqrt{2}\dfrac{PV}{GRR} = 1.41\dfrac{PV}{GRR}$		

案例6-5：测量系统分析（交叉方差分析法）

A公司的PCB板厚度的规格要求是1.6±0.14，是用千分尺进行测量的。试对该测量系统进行分析。

解答：使用MINITAB进行测量系统分析。步骤如下：

1）抽取10块PCB板样品，由3个人测试其厚度，每人每个零件测试3次，测试结果列于表6-23（注意：数据的排列方式最好与MINITAB要求的方式一致）。

表6-23 PCB板厚度测量数据（交叉方差分析法）

零　　件	测量次数	操　作　者		
		测量人1	测量人2	测量人3
1#	1	1.577	1.579	1.578
	2	1.578	1.579	1.577
	3	1.581	1.578	1.582
2#	1	1.580	1.580	1.586
	2	1.581	1.581	1.588
	3	1.580	1.582	1.589
3#	1	1.579	1.579	1.579
	2	1.578	1.578	1.578
	3	1.578	1.578	1.580

(续)

零件	测量次数	操作者		
		测量人1	测量人2	测量人3
4#	1	1.588	1.588	1.589
	2	1.589	1.588	1.588
	3	1.588	1.587	1.586
5#	1	1.580	1.579	1.580
	2	1.579	1.578	1.585
	3	1.578	1.578	1.581
6#	1	1.579	1.579	1.579
	2	1.578	1.577	1.579
	3	1.580	1.578	1.576
7#	1	1.578	1.580	1.590
	2	1.580	1.582	1.591
	3	1.579	1.582	1.590
8#	1	1.618	1.618	1.619
	2	1.618	1.617	1.615
	3	1.616	1.615	1.618
9#	1	1.569	1.568	1.566
	2	1.569	1.568	1.565
	3	1.566	1.566	1.566
10#	1	1.576	1.578	1.576
	2	1.578	1.577	1.578
	3	1.578	1.578	1.576

2）将 C1 列设为"PCB 板"，C2 列设为"测量人"，C3 列设为"厚度值（测量值）"，输入相关数据，见图 6-36。记住，MINITAB 有其特定的数据输入格式，千万别搞错。

3）选择"统计→质量工具→量具研究→量具 *R&R* 研究（交叉）"进入图 6-37 的对话界面。指定"部件号"为"PCB 板"，"操作员"为"测量人"，"测量数据"为"厚度值"，分析方法为"方差分析"。

4）选择图 6-37 中的"量具信息"，进入图 6-38。输入相关量具名称、研究日期、量具公差等信息。

5）选择图 6-37 中的"选项"，进入图 6-39。输入公差等信息。

6）选择图 6-37 中的"确定"进行运行，可以得到测量系统的分析结果和分析图，见图 6-40、图 6-41。

第6章　MSA 测量系统分析

C1 PCB板	C2 测量人	C3 厚度值		C1 PCB板	C2 测量人	C3 厚度值		C1 PCB板	C2 测量人	C3 厚度值
1	1	1.577		1	2	1.579		1	3	1.578
1	1	1.578		1	2	1.579		1	3	1.577
1	1	1.581		1	2	1.578		1	3	1.582
2	1	1.580		2	2	1.580		2	3	1.586
2	1	1.581		2	2	1.581		2	3	1.588
2	1	1.580		2	2	1.582		2	3	1.589
3	1	1.579		3	2	1.579		3	3	1.579
3	1	1.578		3	2	1.578		3	3	1.578
3	1	1.578		3	2	1.578		3	3	1.580
4	1	1.588		4	2	1.588		4	3	1.589
4	1	1.589		4	2	1.588		4	3	1.588
4	1	1.588		4	2	1.587		4	3	1.586
5	1	1.580		5	2	1.579		5	3	1.580
5	1	1.579		5	2	1.578		5	3	1.585
5	1	1.578		5	2	1.578		5	3	1.581
6	1	1.579		6	2	1.579		6	3	1.579
6	1	1.578		6	2	1.577		6	3	1.579
6	1	1.580		6	2	1.578		6	3	1.576
7	1	1.578		7	2	1.580		7	3	1.590
7	1	1.580		7	2	1.582		7	3	1.591
7	1	1.579		7	2	1.582		7	3	1.590
8	1	1.618		8	2	1.618		8	3	1.619
8	1	1.618		8	2	1.617		8	3	1.615
8	1	1.616		8	2	1.615		8	3	1.618
9	1	1.569		9	2	1.568		9	3	1.566
9	1	1.569		9	2	1.568		9	3	1.565
9	1	1.566		9	2	1.566		9	3	1.566
10	1	1.576		10	2	1.578		10	3	1.576
10	1	1.578		10	2	1.577		10	3	1.578
10	1	1.578		10	2	1.578		10	3	1.576

说明：上述 C1、C2、C3 列是向下连续的，为了排版才将他们分开。

图 6-36　MINITAB 量具 R&R 分析数据输入格式（交叉方差分析）

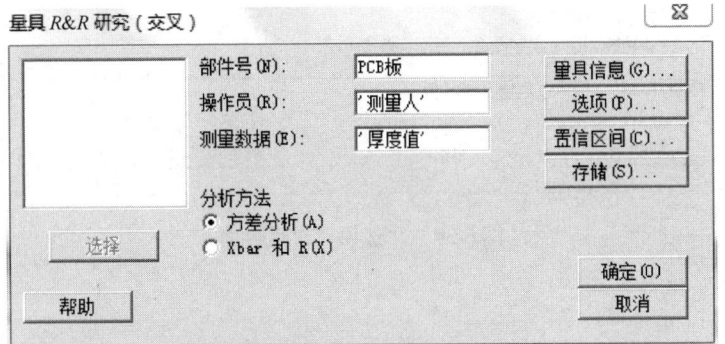

图 6-37　MINITAB R&R 分析（交叉方差分析法）对话界面

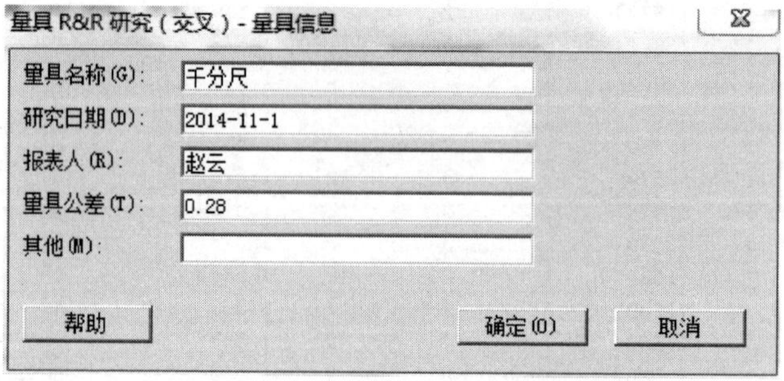

图 6-38 "量具信息"对话界面

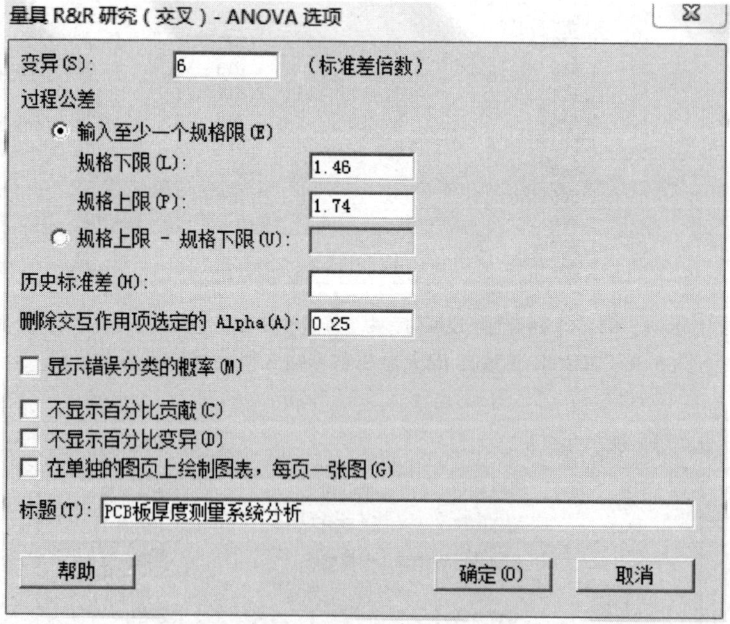

图 6-39 "选项"对话界面

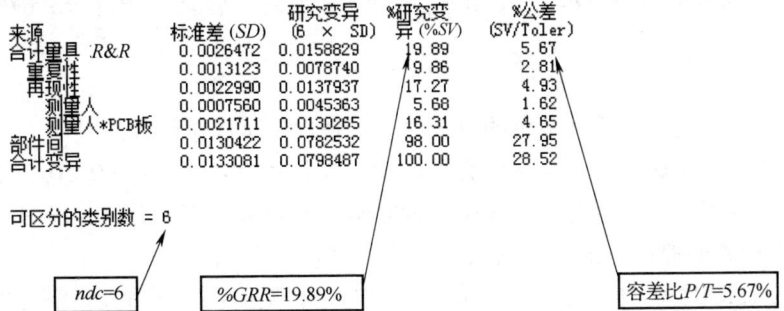

图 6-40　测量系统分析结果

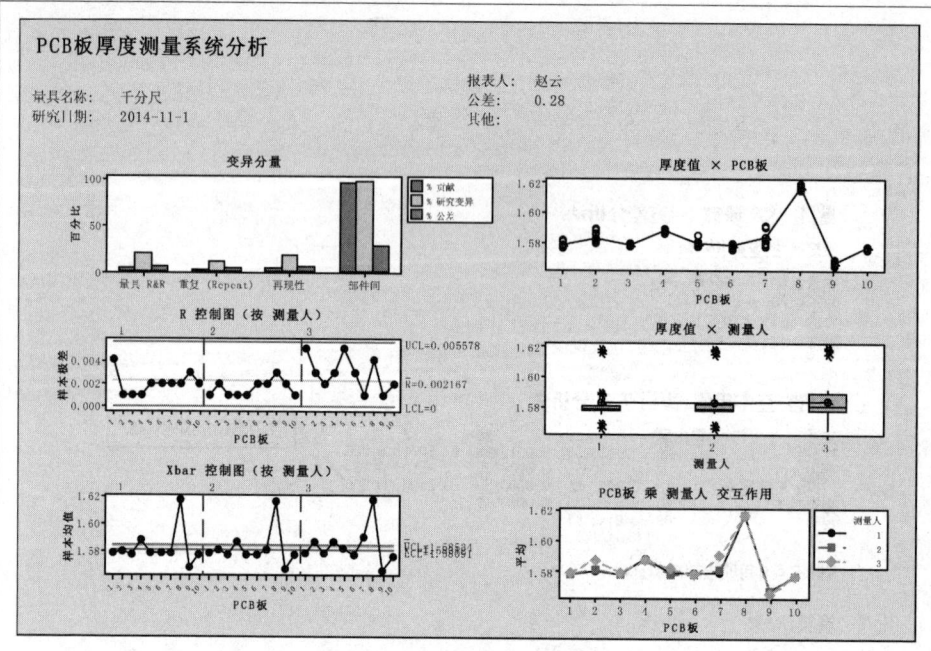

图 6-41　测量系统分析图

7) 判断测量系统可否接受。

① $\bar{x}$ 图上有 27 个点落在控制限之外，占 30 个总点数的 90%（>50%）；R 图上所有极差都受控。

② %GRR = 19.89%，在 10% ~ 30% 范围内，容差比 P/T = 5.67%，可以接受。

③ ndc = 6 > 5，满足要求。

综上所述，本测量系统的重复性和再现性是可以接受的。

但是，衡量测量人与零件交互作用是否显著的 p 值 = 0.000 < 0.25，说明测量人与零件之间存在交互作用（PCB 板 × 测量人交互作用图也表明了这一点）。应查明原因，消除测量人与零件之间的交互作用。

在 MINITAB 中，也可用均值-极差法进行测量系统分析。只需在对话界面里选择"$Xbar$ 和 R"即可。步骤如下：

选择"统计→质量工具→量具研究→量具 R&R 研究（交叉）"进入图 6-42 的对话界面。指定"部件号"为"PCB 板"，"操作员"为"测量人"，"测量数据"为"厚度值"，分析方法为"$Xbar$ 和 R"。其他步骤同交叉方差分析法。

用均值-极差法对本案例进行分析的结果见图 6-43。

第6章 MSA 测量系统分析

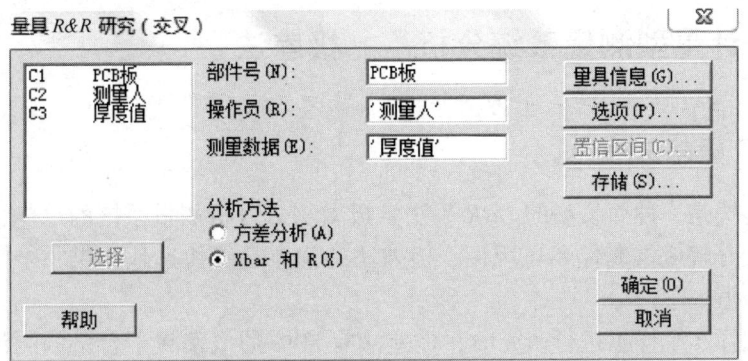

图 6-42 MINITAB *R&R* 分析（均值-极差法）对话界面

图 6-43 测量系统分析结果（均值-极差法）

均值—极差法所得的 %*GRR* = 9.99%，*ndc* = 14，好于交叉方差分析法所得的 %*GRR* = 19.89%，*ndc* = 6，是因为均值—极差法没有考虑测量人与零件之间的交互作用。

考虑了测量人与零件之间交互作用的交叉方差分析法，比均值-极差法更精确。

6.11 计量型测量系统分析——极差法

6.11.1 极差法简介

极差法是一种简易型的 GRR 手法。极差法只分析测量系统的总体情形，不将变异性分解成重复性和再现性。极差法的优点是能快速地提供一个测量变异性的近似值。

当选择 5 个样本进行研究时，极差法有 80% 的概率将不合格的测量系统识别出来；当选择 10 个样本进行研究时，概率是 90%。

如果之前已做过几次 GRR 分析，其结果都非常理想，那么在新产品开发时又使用的是同一测量仪器，或每年想确认一下其 GRR 的状况时，则可以采用此简易型的 GRR 手法。

6.11.2 极差法应用程序

1）选择 A、B 两位操作者和 5 个样品。

2）每个操作者随机测量每个零件各一次，测量结果记录在表 6-24 中。

3）计算出每个样品的极差 R_i（即操作者 A 获得的测量结果与操作者 B 获得的测量结果的绝对差值）。

$$R_i = |A - B|$$

式中　A——操作者 A 的测量结果；

　　　B——操作者 B 的测量结果。

4）计算出平均极差 $\bar{R}$。

$$\bar{R} = \sum R_i / 5$$

5）计算测量变差 GRR。

$$GRR = \sigma_M = \bar{R}/d_2^*$$

式中，d_2^* 在表 6-7 中给出，它取决于操作人数（m）和零件数量（g）。此处 $d_2^* = d_2^*(2, 5) = 1.19$。

6）计算测量变差 GRR 占过程标准差 $\sigma_{process}$ 的百分率 %GRR。

$$\%GRR = \frac{GRR}{\sigma_{process}} \times 100\%$$

注：式中过程标准差可用 1/6 公差（$\frac{USL - LSL}{6}$）替换。这里的过程是指使用本测量系统的生产过程。

7）测量系统评价。

%$GRR < 10\%$时，测量系统可接受。

表 6-24 测量系统分析报告（典型极差法）

操作者 A：刘某		操作者 B：项某	分析人：张某	日期：2012-5-6
零件编号及名称：弹片		被测特性：宽度	规格要求：0.40~1.00	
量具名称：游标卡尺		量具编号：L088	量具规格：0~125	
零件	操作者 A		操作者 B	极差 $R_i = |A-B|$
1	0.85		0.80	0.05
2	0.75		0.70	0.05
3	1.00		0.95	0.05
4	0.45		0.55	0.10
5	0.50		0.60	0.10
平均极差 $\bar{R} = \sum R_i/5 = 0.35/5 = 0.07$				
测量变差 $GRR = \bar{R}/d_2^* = 0.07/1.19 = 0.0588$				
过程标准差（或 1/6 公差） $\sigma_{process} = 0.0777$（从以前的研究中取得）				
测量变差 GRR 占过程标准差的百分率 $\%GRR = \dfrac{GRR}{\sigma_{process}} \times 100\% = \dfrac{0.0588}{0.0777} \times 100\% = 75.68\%$				
测量系统分析结论： %$GRR = 75.5\% > 10\%$，故测量系统不能接受，需要改进				

6.12 计数型测量系统分析——小样法

6.12.1 计数型计量器具简介

计数型量具就是把各个零件与某些指定限值比较，如果满足限值则接受该零件，否则拒收。使用计数型量具，所获得的质量数据为合格品数、不合格品数，不能取得具体的质量特性数值。

最常见的计数型量具有塞规、卡规、通止规等界限量规。

6.12.2 小样法分析程序

1）确定两位操作者 A、B，并选择 20 个零件。注意：在选取 20 个零件时，可有意识地选择一些稍微低于或高于规范限值的零件。

2）每位操作者随机地将每个零件测量两次，将结果记录在表 6-25 中。表中用符号"NG"表示不合格品,"G"表示合格品。

表 6-25 计数型测量系统分析表(小样法)

操作者 A:		操作者 B:	分析人:	日期:
零件编号及名称:		被测特性:	规格要求:	
量具名称:		量具编号:	量具规格:	
操作者		操作者 A		操作者 B	
测量次数 零件		1	2	1	2
1		G	G	G	G
2		NG	NG	NG	NG
3		G	G	G	G
4		G	G	G	G
5		G	G	G	G
6		G	G	G	G
7		G	G	G	G
8		G	G	G	G
9		G	G	G	G
10		G	G	G	G
11		G	G	G	G
12		G	G	G	G
13		G	G	G	G
14		G	G	G	G
15		G	G	G	G
16		G	G	G	G
17		G	G	G	G
18		G	G	G	G
19		NG	NG	NG	NG
20		G	G	G	G
分析结论		■测量系统可接受		□测量系统不可接受	□其他:

3)对量具进行分析评价。如果每个零件的测量结果(每个零件测 4 次)一致,则接受该测量系统,否则应改进或重新评价该测量系统。如果不能改进该测量系统,则拒收并应找到一个可接受的替代的测量系统。

6.13 计数型测量系统分析——假设试验分析法（Kappa）

计数型测量系统（又称属性值数据的测量系统）的分析是为了确定不同班次、不同生产线的检查人员是否能正确地区分合格品和不合格品，分析出测量结果与标准值的符合程度，以及他们自身和相互之间重复检查的一致程度。

假设试验分析—交叉表法是一种常用的计数型测量系统分析方法。

交叉表法可以在基准值（分析用样品称为基准，用计量型测量系统对样品进行测量，测量值称为基准值）已知的情况下进行，也可以在基准值未知的情况下进行。

在基准值未知的情况下进行，可以评价测量人之间的一致性，但不能评价测量系统区分好与不好的能力。在基准值已知的情况下，即可评价测量人之间的一致性，又能评价测量人员与基准值的一致性以及测量的有效性、漏判率和误判率，从而判断出测量人区分合格和不合格零件的能力。

6.13.1 未知基准值的一致性分析

1) 随机选取 $g=50$ 个（一般选取 $g=30 \sim 50$ 个样本）能够覆盖过程范围的零件，对这些零件进行编号。零件的编号不要让测量人知道，但分析人应该知道。

2) 由 3 名测量人以随机盲测的方式测量所有零件各 $m=3$ 次，每人测量次数为 $n=g \times m=50 \times 3=150$ 次。"接受"记为"1"，"拒绝"记为"0"，将 3 人所测 $150 \times 3 = 450$ 个数据记录于表 6-26 中。

表 6-26 计数型测量系统分析数据表

零件	测量人 A			测量人 B			测量人 C			基准	基准值	代码
	A-1	A-2	A-3	B-1	B-2	B-3	C-1	C-2	C-3			
1	1	1	1	1	1	1	1	1	1	1	0.476901	+
2	1	1	1	1	1	1	1	1	1	1	0.509015	+
3	0	0	0	0	0	0	0	0	0	0	0.576459	−
4	0	0	0	0	0	0	0	0	0	0	0.566152	−
5	0	0	0	0	0	0	0	0	0	0	0.570360	−
6	1	1	0	1	1	0	1	0	0	1	0.544951	×
7	1	1	1	1	1	1	0	1	1	0	0.465454	×
8	1	1	1	1	1	1	1	1	1	1	0.502295	+
9	0	0	0	0	0	0	0	0	0	0	0.437817	−

(续)

零件	测量人 A			测量人 B			测量人 C			基准	基准值	代码
	A-1	A-2	A-3	B-1	B-2	B-3	C-1	C-2	C-3			
10	1	1	1	1	1	1	1	1	1	1	0.515573	+
11	1	1	1	1	1	1	1	1	1	1	0.488905	+
12	0	0	0	0	0	0	0	1	0	0	0.559918	×
13	1	1	1	1	1	1	1	1	1	1	0.542704	+
14	1	1	0	1	1	1	1	0	0	1	0.454518	×
15	1	1	1	1	1	1	1	1	1	1	0.517377	+
16	1	1	1	1	1	1	1	1	1	1	0.531939	+
17	1	1	1	1	1	1	1	1	1	1	0.519694	+
18	1	1	1	1	1	1	1	1	1	1	0.484167	+
19	1	1	1	1	1	1	1	1	1	1	0.520496	+
20	1	1	1	1	1	1	1	1	1	1	0.477236	+
21	1	1	0	1	0	1	0	1	0	1	0.452310	×
22	0	0	1	0	1	0	1	1	0	0	0.545604	×
23	1	1	1	1	1	1	1	1	1	1	0.529065	+
24	1	1	1	1	1	1	1	1	1	1	0.514192	+
25	0	0	0	0	0	0	0	0	0	0	0.599581	−
26	0	1	0	0	0	0	0	1	0	1	0.547204	×
27	1	1	1	1	1	1	1	1	1	1	0.502436	+
28	1	1	1	1	1	1	1	1	1	1	0.521642	+
29	1	1	1	1	1	1	1	1	1	1	0.523754	+
30	0	0	0	0	0	0	0	0	0	0	0.561457	×
31	1	1	1	1	1	1	1	1	1	1	0.503091	+
32	1	1	1	1	1	1	1	1	1	1	0.505850	+
33	1	1	1	1	1	1	1	1	1	1	0.487613	+
34	0	0	1	0	0	1	0	1	1	0	0.449696	×
35	1	1	1	1	1	1	1	1	1	1	0.498698	+
36	1	1	0	1	1	1	1	0	1	1	0.543077	×
37	0	0	0	0	0	0	0	0	0	0	0.409238	−
38	1	1	1	1	1	1	1	1	1	1	0.488184	+
39	0	0	0	0	0	0	0	0	0	0	0.427687	−
40	1	1	1	1	1	1	1	1	1	1	0.501132	+

(续)

零件	测量人 A			测量人 B			测量人 C			基准	基 准 值	代码
	A-1	A-2	A-3	B-1	B-2	B-3	C-1	C-2	C-3			
41	1	1	1	1	1	1	1	1	1	1	0.513779	+
42	0	0	0	0	0	0	0	0	0	0	0.566575	−
43	1	0	1	1	1	1	1	1	0	1	0.462410	×
44	1	1	1	1	1	1	1	1	1	1	0.470832	+
45	0	0	0	0	0	0	0	0	0	0	0.412453	−
46	1	1	1	1	1	1	1	1	1	1	0.493441	+
47	1	1	1	1	1	1	1	1	1	1	0.486379	+
48	0	0	0	0	0	0	0	0	0	0	0.587893	−
49	1	1	1	1	1	1	1	1	1	1	0.483803	+
50	0	0	0	0	0	0	0	0	0	0	0.446697	−

注：+表示测量人一致接受；−表示测量人一致拒绝；×表示测量人测量结果不一致。

测量时应按这样的规则进行：先让 A 测量人以随机顺序对 50 个零件进行第 1 轮测量，然后让 B 测量人、C 测量人以随机顺序进行第 1 轮测量，再让 A 测量人进行第 2 轮测量，以此类推完成测量工作。

3）根据表 6-26 中的 0 和 1 数据的结果将评价人 A 和 B、B 和 C、A 和 C 利用交叉表方法进行统计（见表 6-27），A×B 栏中"0×0"代表 A、B 两人均判拒绝的次数，统计有 44 个；"0×1"代表 A 判拒绝而 B 判接受的次数，统计有 6 个；"1×0"代表 A 判接受而 B 判拒绝的次数，统计有 3 个；"1×1"代表 AB 两人同时判为接受的次数，统计有 97 个，将统计结果依次填入表 6-27 中。其余各栏用同样方法进行统计。

表 6-27 数据统计汇总表

	A×B	B×C	A×C
0×0	44	42	43
0×1	6	5	7
1×0	3	9	8
1×1	97	94	92

4）对表 6-27 中的数据进行整理加工，设 n_{ij} 为被 A 评为 i 而被 B 评为 j 的次数，据此可构建如下 A 和 B 的 2×2 交叉表，见表 6-28。

表 6-28 评价人 A 与 B 的交叉表（详细计算用）

			B		行和 n_{i+}	p_{i+}
			0	1		
A	0	数量 （期望的数量）	$n_{00}=44$ $(n'_{00}=15.7)$	$n_{01}=6$ $(n'_{01}=34.3)$	$n_{0+}=50$ $(n'_{0+}=50.0)$	$p_{0+}=50/150=0.3333$
	1	数量 （期望的数量）	$n_{10}=3$ $(n'_{10}=31.3)$	$n_{11}=97$ $(n'_{11}=68.7)$	$n_{1+}=100$ $(n'_{1+}=100.0)$	$p_{1+}=100/150=0.6667$
列和 n_{+i}		数量 （期望的数量）	$n_{+0}=47$ $(n'_{+0}=47.0)$	$n_{+1}=103$ $(n'_{+1}=103.0)$	$n=150$ $(n'=150.0)$	
p_{+i}			$p_{+0}=\dfrac{47}{150}=0.3133$	$p_{+1}=\dfrac{103}{150}=0.6867$		$p=1$

现在讲一讲如何计算表 6-28 中的"期望的数量"。

很多人搞不明白"期望的数量"是如何计算出来的。有的人虽然照葫芦画瓢计算出来了，也搞不明白"期望的数量"的意义。现在详细讲一下"期望的数量"的计算过程。

在讲解之前，先普及一下概率知识。假设路人甲平常抛 1 元硬币菊花朝上的概率是 $p_{0+}=60\%$，路人乙平常抛 1 元硬币菊花朝上的概率是 $p_{+0}=40\%$，现在让甲、乙 2 人一前一后抛硬币，那么根据概率理论，2 人碰巧都出现菊花的偶然概率 $p'_{00}=p_{0+}\times p_{+0}=60\%\times40\%=24\%$。

回到表 6-28 中，我们知道评价人 A 在 150 次的测量中，有 $n_{0+}=50$ 次拒收，拒收概率（比率）为 $p_{0+}=50/150=0.3333$；评价人 B 有 $n_{+0}=47$ 次拒收，拒收概率（比率）为 $p_{+0}=\dfrac{47}{150}=0.3133$。

我们以评价人 A 的拒收概率 $p_{0+}=0.3333$、评价人 B 的拒收概率 $p_{+0}=0.3133$ 作为背景条件，在这一背景条件下，让 A、B 2 人一前一后随机地检测同一产品，那么 2 人都碰巧偶然拒收的概率为 $p'_{00}=p_{0+}\times p_{+0}=0.33\times0.31=0.1044$。在此偶然概率下，让 2 人对 50 个零件各检测 3 次，那么 2 人都碰巧偶然拒收的次数 $n'_{00}=p'_{00}\times150=0.1044\times150=15.7$，这就是表 6-28 中第 0 行第 0 列中的"期望的数量" n'_{00}。同理，A 拒收、B 接收的偶然概率 $p'_{01}=p_{0+}\times p_{+1}=0.3333\times0.6867=0.2289$，由此得 $n'_{01}=p'_{01}\times150=0.2289\times150=34.3$。以此类推，$p'_{ij}=p_{i+}\times p_{+j}$，得出表 6-28 中所有的"期望的数量"，显然有：$n_{i+}=n'_{i+}$，$n_{+i}=n'_{+i}$。

我们把 2 人都偶然拒收的概率 p'_{00} 叫作偶然一致性拒收概率，2 人都偶然接收的概率 p'_{11} 叫作偶然一致性接收概率。

5）表 6-28 中的主对角线数量之和 $n_{00}+n_{11}=44+97=141$，表示评价人 A 与 B 对零件评价一致的测量次数（一致拒收的次数 + 一致接收的次数），将此计算结果除以总测量次数 $n=150$ 所得的比率称为实际一致性概率（比率），也就

是主对角线上测量次数之和占总测量次数的比例,记为 P_0,计算公式为

$$P_0 = \frac{n_{00} + n_{11}}{n} = \frac{141}{150} = 0.94$$

P_0 愈大,A 与 B 的一致性程度愈高,显然有 $0 \leq P_0 \leq 1$,当 $P_0 = 1$ 时,A 与 B 的评价完全一致,达到最高程度。

用 P_0 来度量 A 与 B 的评价一致性存在不足之处,因为这其中有部分一致性是偶然碰巧赶上的。我们称这种偶然碰巧赶上的一致性概率(比率)为偶然一致性概率(比率),记为 P_e。

我们更关心系统的固有一致性概率 P_c。固有一致性概率 P_c 等于实际一致性概率(比率)P_0 减去偶然一致性概率 P_e,即 $P_c = P_0 - P_e$。

我举一个生活中的例子说明这一问题:某老兄今年考试,10 门课程全部通过(实际通过率 100%),而他一直以来 10 门课最多通过 8 门(固有通过率 80%)。经过调查发现,原来他在考试前一天捡到了难考的两门课的试卷,这样一来两门难考的课就通过了(偶然通过率 20%)。在考察这位老兄的考试能力——固有通过率时,就要从实际通过率中减去偶然通过率。

偶然一致性概率 P_e 包括偶然一致性拒收概率 p'_{00} 和偶然一致性接收概率 p'_{11}。p'_{00}、p'_{11} 的计算在上述 4) 中已讲清楚。P_e 的计算公式为:$P_e = p'_{00} + p'_{11} = p_{0+} \times p_{+0} + p_{1+} \times p_{+1} = 0.33 \times 0.31 + 0.67 \times 0.69 = 0.56$。

实际上,P_e 就是主对角线上"期望的数量"之和占总测量次数的比例,即

$$P_e = \frac{n'_{00} + n'_{11}}{n} = \frac{15.7 + 68.7}{150} = 0.56$$

于是,我们计算出本案例中的固有一致性概率 $P_c = P_0 - P_e = 0.94 - 0.56 = 0.38$。

6)$P_c = P_0 - P_e$,P_c 越大越好,那么大到什么程度才好呢?这就要引入一个衡量系数 Kappa。Kappa 是衡量两个事务间一致程度的指标,等于固有一致性概率 P_c 除以最好状态下的固有一致性概率 $P_{c\max}$。所谓最好状态下的固有一致性概率 $P_{c\max}$,就是实际一致性概率 $P_0 = 1$(即两个评价人 100% 一致,这是测量系统最好的状态)时的固有一致性概率,这样就有

$$P_{c\max} = P_0 - P_e = 1 - P_e$$

于是

$$\text{Kappa} = \frac{P_c}{P_{c\max}} = \frac{P_0 - P_e}{1 - P_e}$$

本例中的 A 与 B 二位评价人的 Kappa 系数为

$$\text{Kappa} = \frac{P_0 - P_e}{1 - P_e} = \frac{0.94 - 0.56}{1 - 0.56} = 0.86$$

类似地对评价人 B 与 C,A 与 C 的属性数据进行整理加工分别获得各自二维列表(表 6-29、表 6-30),然后,再利用各表上的数据计算出评价人之间的 Kappa

系数（表6-31）。

7）在计算评价人之间的Kappa值后，就可以分析评价人一致性的好坏了。Kappa通用的评价准则是：

① Kappa值大于0.75，则表示好的一致性（最大的Kappa值=1）。

② Kappa值小于0.4，则表示一致性不好。

Kappa不考虑评价人之间的不一致的程度，只考虑他们之间是不是一致。

从表6-31得知，评价人之间的Kappa值都大于0.75，说明评价人之间有着良好的一致性。但要评价该测量系统区分零件好与坏的真实能力，还需将3个评价人与基准值进行比较，以确定评价人与基准值的一致性，以及测量系统的有效性，详见6.13.2节。

表6-29 评价人B与C的交叉表

			C		行 和
			0	1	
B	0	数量 （期望的数量）	42 (16.0)	5 (31.0)	47 (47.0)
	1	数量 （期望的数量）	9 (35.0)	94 (68.0)	103 (103.0)
列和		数量 （期望的数量）	51 (51.0)	99 (99.0)	150 (150.0)

表6-30 评价人A与C的交叉表

			C		行 和
			0	1	
A	0	数量 （期望的数量）	43 (17.0)	7 (33.0)	50 (50.0)
	1	数量 （期望的数量）	8 (34.0)	92 (66.0)	100 (100.0)
列和		数量 （期望的数量）	51 (51.0)	99 (99.0)	150 (150.0)

表6-31 评价人A、B、C之间的Kappa系数

Kappa	A	B	C
A	—	0.86	0.78
B	0.86	—	0.79
C	0.78	0.79	—

6.13.2 已知基准值的一致性分析

1）分析人用合格的计量型测量系统测量 $g=50$ 个样本零件（基准），并用

测量结果确定基准合格与否，合格记为"1"，不合格记为"0"，将结果填入前面表6-26的"基准"栏中。

2）利用表6-32对评价人与基准的数据进行统计。统计方法见本章6.13.1节3）。

表6-32　数据统计汇总表

	A×基准	B×基准	C×基准
0×0	45	45	42
0×1	5	2	9
1×0	3	3	6
1×1	97	100	93

3）建立评价人与基准的交叉表（见表6-33～表6-35），并计算评价人与基准之间的Kappa系数（见表6-36）（计算方法见本章6.13.1节）。

表6-33　评价人A与基准的交叉表

			基准		行　和
			0	1	
A	0	数量 （期望的数量）	45 (16.0)	5 (34.0)	50 (50.0)
	1	数量 （期望的数量）	3 (32.0)	97 (68.0)	100 (100.0)
列和		数量 （期望的数量）	48 (48.0)	102 (102.0)	150 (150.0)

表6-34　评价人B与基准的交叉表

			基准		行　和
			0	1	
B	0	数量 （期望的数量）	45 (15.0)	2 (32.0)	47 (47.0)
	1	数量 （期望的数量）	3 (33.0)	100 (70.0)	103 (103.0)
列和		数量 （期望的数量）	48 (48.0)	102 (102.0)	150 (150.0)

表6-35　评价人C与基准的交叉表

			基准		行　和
			0	1	
C	0	数量 （期望的数量）	42 (16.3)	9 (34.7)	51 (51.0)
	1	数量 （期望的数量）	6 (31.7)	93 (67.3)	99 (99.0)
列和		数量 （期望的数量）	48 (48.0)	102 (102.0)	150 (150.0)

表 6-36　评价人与基准之间的 Kappa 系数

	A 与基准	B 与基准	C 与基准
Kappa	0.88	0.92	0.77

4) 从表 6-36 得知，评价人与基准之间的 Kappa 值都大于 0.75，说明评价人与基准之间有着良好的一致性。

5) 计算一致性、有效性及其置信区间。

① 一致性的计算。

$$一致性 = \frac{所有判定结果一致的零件数量}{零件总数}$$

一致性有 4 种：

a) 操作者自我的一致性（类似计量型测量系统的重复性分析）；

b) 操作者之间的一致性（类似计量型测量系统的再现性分析）；

c) 每个操作者与标准的一致性（类似计量型测量系统的偏倚分析）；

d) 所有操作者与标准的一致性（整体的一致性）。

其中，a)、b) 反映了重复性、再现性这类精密度方面的特性；c)、d) 反映了偏倚这类准确度方面的特性。

每个操作者与标准的一致性称为评价人测量的有效性；所有操作者与标准的一致性称为测量系统的有效性。见下面的叙述。

② 计算评价人测量的有效性、测量系统的有效性。有效性分为评价人测量的有效性和测量系统的有效性。若评价人对同一被测零件的所有判定结果一致，且与基准一致，则称之为有效，评价人测量的有效性是指有效零件数目与被测零件数目之比。若所有评价人对同一被测零件的所有判定结果一致，且与基准一致，则称之为系统有效，测量系统有效性是指系统有效零件数目与被测零件数目之比，即

$$\frac{评价人测量}{有效性} = \frac{(评价人对同一被测零件的所有判定结果与基准一致的)零件数}{测量分析的零件总数}$$

$$\frac{测量系统}{有效性} = \frac{(所有评价人对同一被测零件的所有判定结果与基准一致的)零件数}{测量分析的零件总数}$$

通过研究表 6-26 记录的数据，我们知道基准显示合格的零件有 34 件，不合格的有 16 件，其中 39 件是 A、B、C 三个评价人 3 次测量都判定与基准一致的；评价人 A 有 8 个零件的判定结果与基准不一致，其中 5 次将合格零件判定为不合格，3 次将不合格零件判定为合格；评价人 B 有 5 个零件的判定结果与基准不一致，其中 2 次将合格零件判定为不合格，3 次将不合格零件判定为合格；评价人 C 则有 10 个零件的判定结果与基准不一致，其中 9 次将合格零件判定为不合格，6 次将不合格零件判定为合格（注意：判定结果与基准不一致的零件数不一

定等于将合格零件判定为不合格以及将不合格零件判定为合格的总次数,因为每个评价人分别对 50 个零件各测试了 3 次,在判定结果不一致的零件中,有 1 次的结果不一致的,也有 2 次的结果不一致的)。

根据以上的数据分析,我们可以计算出评价人测量的有效性、测量系统的有效性:

a. 评价人 A 测量的有效性 $= \dfrac{50-8}{50} = 84\%$。

b. 评价人 B 测量的有效性 $= \dfrac{50-5}{50} = 90\%$。

c. 评价人 C 测量的有效性 $= \dfrac{50-10}{50} = 80\%$。

d. 测量系统的有效性 $= \dfrac{39}{50} = 78\%$。

我们应该首先关注每个评价人自身的一致性及其与基准的符合程度,这反映每个评价人的个人技能水平。接下来关注所有评价人之间的一致性及其与基准的符合性,这反映整个测量系统的有效性和能力。

③ 计算一致性/有效性的置信区间。实际上,根据随机抽样检测结果计算出的一致性/有效性是存在置信区间的。所谓一致性/有效性的置信区间,用通俗的话讲,就是说真正的一致性/有效性应该是在一个范围之内(置信区间内)。今天的一致性/有效性是一个值,明天的一致性/有效性可能是另一个值,但它们都不会超出这个范围。

一般按 95% 的置信度来计算一致性/有效性的置信区间。这样计算出的置信区间,用通俗的话讲,95% 是靠得住的。置信区间上限 UCI 的计算公式为

$$\text{UCI} = \text{Betainv}(1 - \alpha/2,\ y + 1,\ x - y)$$

置信区间下限 LCI 的计算公式为

$$\text{LCI} = 1 - \text{Betainv}(1 - \alpha/2,\ x - y + 1,\ y)$$

其中:

a. x 为零件总数,y 为判断结果一致的零件数量(与基准对比时,判断结果需与基准一致)。

b. 在置信度为 95% 时,显著性水平 $\alpha = 0.05$,因此 $1 - \alpha/2 = 0.975$。

c. Betainv 为逆 β 累积分布函数,Microsoft Office Excel 中有 Betainv 函数的计算,将变量值输入到相关栏目中,很方便就能得出结果。

d. 当 $y = x$ 时,取 UCI = 1;当 $y = 0$ 时,取 LCI = 0。

本案例中一致性/有效性置信区间见表 6-37。

6)计算评价人的误判率与漏判率。

① 误判率的计算。误判就是指把合格的判为不合格。误判率又称弃真概率,所

引发的风险称为第Ⅰ类风险。弃真对生产者不利,所以第Ⅰ类风险又称生产者风险。

$$误判率 = \frac{将合格品判为不合格的次数}{合格机会总数}$$

合格机会总数就是对合格零件测量的总次数,例如对 20 个合格零件各测量 5 次,则合格机会总数 = 20×5 = 100 次。如果测量过程中有 7 次将合格零件判为不合格,则误判率 = 7/100 = 7%。

② 漏判率的计算。漏判就是指把不合格的判为合格。漏判率又称取伪概率,所引发的风险称为第Ⅱ类风险。取伪对顾客不利,所以第Ⅱ类风险又称顾客风险。

$$漏判率 = \frac{将不合格品判为合格的次数}{不合格机会总数}$$

不合格机会总数就是对不合格零件测量的总次数,例如对 10 个不合格零件各测量 5 次,则不合格机会总数 = 10×5 = 50 次。如果测量过程中有 3 次将不合格零件判为合格,则漏判率 = 3/50 = 6%。

表 6-37 计数型测量系统有效性分析报告

	评价者自我的一致性			评价者自我一致且与基准一致		
评价人	A	B	C	A	B	C
零件总数	50	50	50	50	50	50
一致性零件数量	42	45	40	42	45	40
一致漏判的零件数量				0	0	0
一致误判的零件数量				0	0	0
既判接收又判拒收的零件数量				8	5	10
95% UCI	93%	97%	90%	93%	97%	90%
一致性/有效性计算结果	84%	90%	80%	84%	90%	80%
95% LCI	71%	78%	66%	71%	78%	66%
	三位评价人皆一致			三位评价人皆一致且与标准一致		
零件总数		50			50	
一致性零件数量		39			39	
95% UCI		89%			89%	
一致性/有效性计算结果		78%			78%	
95% LCI		64%			64%	

通过对前面表6-26记录的数据进行分析,可以知道基准显示合格的零件有34件,不合格的有16件。整个测量中,每个评价人的不合格机会总数 = 不合格零件数 ×3 = 16 ×3 = 48;合格机会总数 = 合格零件数 ×3 = 34 ×3 = 102;评价人A将不合格漏判为合格的次数为3,将合格误判为不合格的次数为5;评价人B将不合格漏判为合格的次数为3,将合格误判为不合格的次数为2;评价人C将不合格漏判为合格的次数为6,将合格误判为不合格的次数为9。于是可得如下结果:

评价人A的漏判率 = 3/48 = 6.3%,误判率 = 5/102 = 4.9%。
评价人B的漏判率 = 3/48 = 6.3%,误判率 = 2/102 = 2.0%。
评价人C的漏判率 = 6/48 = 12.5%,误判率 = 9/102 = 8.8%。

将3名评价人的有效性、漏判率、误判率进行汇总,得到3名评价人员能力汇总表(见表6-38)。

表6-38 评价人员能力汇总表

	有 效 性	漏 判 率	误 判 率
A	84%	6.3%	4.9%
B	90%	6.3%	2.0%
C	80%	12.5%	8.8%
系统的有效性	78%	—	—

7)在计算了有效性、误判率、漏判率之后,对测量系统的能力进行评价。
① 有效性、漏判率、误判率的评判标准见表6-39。

表6-39 有效性、漏判率、误判率的评判标准

	有 效 性	漏 判 率	误 判 率
可接受	≥90%	≤2%	≤5%
可接受—可能需要改进	80% ~ 90%	2% ~ 5%	5% ~ 10%
不可接受	<80%	>5%	>10%

② 将表6-38与表6-39进行对比,可以得出结论:评价人A、B、C的能力是不能接受的。

前面通过Kappa值的计算,已得知评价人之间、评价人与基准之间有着良好的一致性,但在进一步计算有效性、漏判率、误判率之后,发现了问题:A、B、C评价人的漏判率比较严重,C评价人的误判率也较高。应寻找原因,采取措施,然后再重新进行测量系统分析,直到达到要求。

本案例中,可能只是人员缺乏判断产品对与错的经验而已,系统本身问题不大(从Kappa值可以看出来),如果顾客同意,可以使用该系统,但需加强人员培训。

6.14 计数型测量系统分析——信号探测法

1) 随机选取 $g=50$ 个能够覆盖过程范围的零件（本案例中，零件的规格上限 USL = 0.545，规格下限 LSL = 0.450），对这些零件进行编号。零件的编号不要让测量人知道，但分析人应该知道。

2) 用高一级的计量型的测量系统逐一测量各零件的基准值，将测量结果记录在表 6-26 "基准值"栏目中。基准值不能让评价人知道。

3) 由 3 名评价人以随机盲测的方式测量所有零件各 $m=3$ 次，每人测量次数为 $n=g\times m=50\times 3=150$ 次。"接受"记为"1"，"拒绝"记为"0"，将 3 人所测 $150\times 3=450$ 个数据记录于前面表 6-26 中。

4) 如果一个零件被所有评价人都判"接受"，则在表 6-26 的"代码"栏目中记一个"＋"符号，表示评价人一致接受；如果一个零件被所有评价人都判"拒绝"，则在表 6-26 的"代码"栏目中记一个"—"符号，表示评价人一致拒绝；如果一个零件被所有评价人一时判接受，一时判拒绝，则在表 6-26 的"代码"栏目中记一个"×"符号，表示评价人测量结果不一致。

符号"＋"表示被测产品落在Ⅲ区（图 6-44），Ⅲ区中的产品都是合格品，且几乎总被测量系统分类为合格；符号"—"表示被测产品落在Ⅰ区，Ⅰ区中的产品都是不合格品，并且几乎总被测量系统分类为不合格；符号"×"表示被测产品落在Ⅱ区。在Ⅱ区中，由于测量系统的偏倚、重复性和再现性的影响，测量系统把位于Ⅱ区中的产品进行错误分类的可能性比较大。Ⅱ区的宽度等于重复性和再现性 ($6\sigma_M$)。

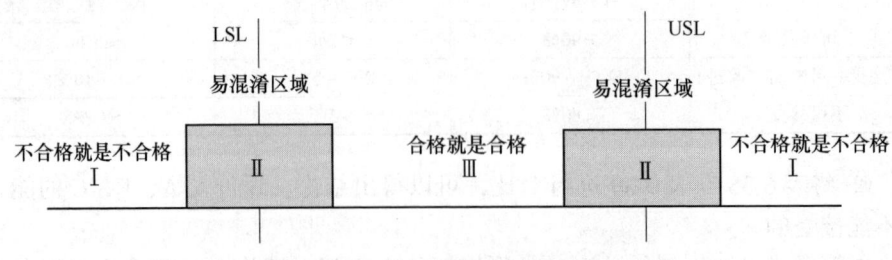

图 6-44 基准值分区图

5) 将 50 个被测零件按照基准值从大到小的顺序进行排列，同时给出每个零件所处区域的代码（见表 6-40）。

6) 找出Ⅱ区域的临界点，计算Ⅱ区域的平均宽度。

① 计算规格下限 LSL 处的Ⅱ区域宽度。设 $X_{Ta,LSL}$ 是规格下限 LSL 处位于Ⅰ区（代码为"－"）、并且最靠近Ⅱ区（代码为"×"）的零件的基准值，$X_{Tb,LSL}$

第 6 章 MSA 测量系统分析

是规格下限 LSL 处位于Ⅲ区（代码为"+"）、并且最靠近Ⅱ区（代码为"×"）的零件的基准值。这样在规格下限 LSL 处Ⅱ区的宽度近似为

$$d_{\mathrm{LSL}} = |X_{\mathrm{Ta,LSL}} - X_{\mathrm{Tb,LSL}}| = |0.446697 - 0.470832| = 0.024135$$

表 6-40　按照基准值从大到小的顺序对被测零件进行排序的结果（含区域代码）

基 准 值	代　码	区　域	基 准 值	代　码	区　域
0.599581	—	Ⅰ区域	0.503091	+	Ⅲ区域
0.587893	—		0.502436	+	
0.576459	—		0.502295	+	
0.570360	—		0.501132	+	
0.566575	—		0.498698	+	
0.566152	—		0.493441	+	
0.561457	×	Ⅱ区域	0.488905	+	
0.559918	×		0.488184	+	
0.547204	×		0.487613	+	
0.545604	×		0.486379	+	
0.544951	×		0.484167	+	
0.543077	×		0.483803	+	
0.542704	+	Ⅲ区域	0.477236	+	
0.531939	+		0.476901	+	
0.529065	+		0.470832	+	
0.523754	+		0.465454	×	Ⅱ区域
0.521642	+		0.462410	×	
0.520496	+		0.454518	×	
0.519694	+		0.452310	×	
0.517377	+		0.449696	×	
0.515573	+		0.446697	×	
0.514192	+		0.437817	—	Ⅰ区域
0.513779	+		0.427687	—	
0.509015	+		0.412453	—	
0.505850	+		0.409238	—	

② 计算规格上限 USL 处的Ⅱ区域宽度。设 $X_{\mathrm{Ta,USL}}$ 是规格上限 USL 处位于Ⅰ区（代码为"−"）、并且最靠近Ⅱ区（代码为"×"）的零件的基准值，$X_{\mathrm{Tb,USL}}$ 是规格上限 USL 处位于Ⅲ区（代码为"+"）、并且最靠近Ⅱ区（代码为"×"）的零件的基准值。这样在规格上限 USL 处Ⅱ区的宽度近似为

$$d_{\text{USL}} = |X_{\text{Ta, USL}} - X_{\text{Tb, USL}}| = |0.566152 - 0.542704| = 0.023448$$

③ 计算 II 区域的平均宽度 d。

$$d = \frac{d_{\text{LSL}} + d_{\text{USL}}}{2} = \frac{0.024135 + 0.023448}{2} = 0.0237915$$

7）计算测量系统的重复性和再现性 σ_M。

$$GRR = \sigma_M = \frac{d}{6} = \frac{0.0237915}{6} = 0.003965$$

8）计算 %GRR，确定重复性和再现性是否可以被接受。

$$\%GRR = \frac{GRR}{TV} \times 100\% = \frac{\sigma_M}{TV} \times 100\%$$

这里，TV 按以下方式计算：

① 当过程能力（绩效）$Ppk > 1$ 时，TV 用所监控过程的标准差 σ_{process} 表示，即 $TV = \sigma_{\text{process}}$。

② 当过程能力（绩效）$Ppk \leq 1$ 时，TV 用规格范围（公差）的 1/6 表示，即

$$TV = \frac{\text{USL} - \text{LSL}}{6}$$

这个规则表示需将测量系统与过程或公差两个要素中最具约束性的一个进行对比。

本案例中，在进行初始过程研究时，已得知 $Ppk = 0.5$，过程变差的影响要比公差大，因此要利用公差计算 %GRR。这是很容易理解的：当一个测量系统被证明能识别小的影响因素时，一定也能识别大的影响因素，于是有

$$\%GRR = \frac{\sigma_M}{TV} \times 100\% = \frac{\sigma_M}{(\text{USL} - \text{LSL})/6} \times 100\% = \frac{0.003965}{(0.545 - 0.450)/6} = 25.0\%$$

%GRR = 25.0% < 30%，如果顾客同意，测量系统勉强可以接受。

6.15 破坏性试验的测量系统分析

6.15.1 何为破坏性测量

前面讲的普通测量系统可以对每个零件的特性进行可重复的测量，零件的特性不会因测量而发生改变。例如，使用千分尺测量一种轮轴的外径，这种轮轴的外径不会因测量而发生改变，可以对每个轮轴进行重复测量。但是在实践中并不是所有的测量系统都具有这样的特性。破坏性测量系统（例如用于金属材料强度测量的试验机、零件焊接强度试验机、油品黏度测量仪、硬度测量仪等），对每个零件测量一次，其特性便发生了变化，不能对每个零件进行重复

测量。

普通的测量系统分析中,能够对零件进行重复测量,它包含着两个基本的假设:

1)稳定性假设:被测对象的真值(属性)在任意两个时刻均相同,而不随时间发生改变或呈现某种趋势,即满足稳定性要求。

2)稳健性假设:被测对象的真值(属性)在测量前后没有发生改变,即被测对象相对于测量而言是稳健的。

这两个条件中,只要有一个条件不能够满足,就构成破坏性测量。

6.15.2 破坏性试验的测量系统分析方法——嵌套方差分析法

在破坏性测量的环境下,为了能够进行量具的 R&R 研究,必须进行某种假设。这种假设通常认为:在同一批次中,测量的每个零件的质量特性是相同的,即批次的同质性。在这种假设中,把同一批次的零件当作同一个零件对待,这样就可用观测到的批次内的波动估计量具的重复性。

在批次的同质性假设下,实施破坏性量具 R&R 的研究中,同一批次中零件的规模是一个重要的因素。当同一批次的零件规模足够大,每个操作者从每个批次中至少可以获得 2 个零件时,可以参照 6.10 节所讲的非破坏性测量系统的分析方法(交叉方差分析法),这是因为每个操作者可以测量每个批次中的多个零件。当批次与操作者存在交互作用时,同样可以估计批次与操作者之间的交互作用。所不同的是用对同一批次中不同零件的测量替代对同一零件的重复测量,用批次样本效应替代零件效应。

当同一批次的零件数量较小,每一批次的零件只能供一个操作者测量时,处理这种情况的适当方法就是采用嵌套测量模式(见图 6-45)。

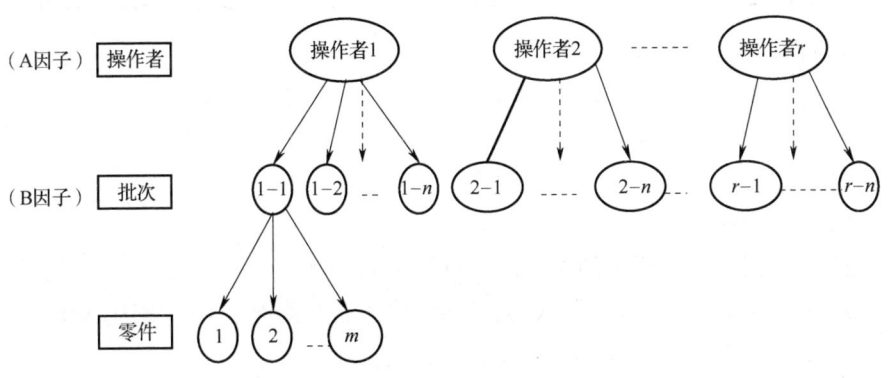

图 6-45 嵌套测量模式

从图 6-45 中可以看出,不同的批次嵌套在不同的操作者之下,这就是嵌套模式的来历。

用方差分析的规范语言来讲，就是 B 因子（批次）的不同水平（不同批次）分别嵌套在 A 因子（操作者）的不同水平（不同的操作者）之下。

1. 嵌套测量数据记录模式

在破坏性测量情况下，选取 $r \times n$ 个批次（r 是操作者人数，n 是每个操作者测量的批次），从每个批次选取 m 个零件，这 m 个零件具有同质性。

在保证一批次零件仅供一个操作者测量的前提下，每个操作者测量 n 个批次，每个批次 m 个零件。这样，每个操作者测量了 $n \times m$ 个零件。所有操作者共测量了 $r \times n \times m$ 个零件，得到 $r \times n \times m$ 个数据。

用表 6-41 所规定的嵌套测量方差分析数据记录模式记录测量结果。X_{ijk} 表示第 i 个操作者对第 i-j 批中的第 k 个零件的测量结果。

表 6-41 嵌套测量方差分析数据记录表

操作者	操作者之下的批次	零件			
		1	2	…	m
1	1-1	X_{111}	X_{112}	…	X_{11m}
	…	…	…	…	…
	1-n	X_{1n1}	X_{1n2}	…	X_{1nm}
2	2-1	X_{211}	X_{212}	…	X_{21m}
	…	…	…	…	…
	2-n	X_{2n1}	X_{2n2}	…	X_{2nm}
…	…	…	…	…	…
r	r-1	X_{r11}	X_{r12}	…	X_{r1m}
	…	…	…	…	…
	r-n	X_{rn1}	X_{rn2}	…	X_{rnm}

2. 嵌套测量方差分析

在嵌套测量场合，测量值可表述为：

$$X_{ijk} = \mu + o_i + p_{j(i)} + \varepsilon_{ijk}$$

其中：

1）μ 为总平均。

2）o_i 为第 i 个操作者的误差，o_i 服从 $N(0, \sigma_o^2)$。

3）$p_{j(i)}$ 为第 i-j 批零件嵌入第 i 个操作者下引起的误差，$p_{j(i)}$ 服从 $N(0, \sigma_p^2)$。

4）ε_{ijk}：随机误差，ε_{ijk} 服从 $N(0, \sigma_e^2)$。

5）o_i、$p_{j(i)}$、ε_{ijk} 相互独立。

6）$i = 1, 2, …, r$，r 为操作者人数，一般为 2、3 人；$j = 1, 2, …, n$，n 为第 i 个操作者测量的批次的数量，一般取 $n = 5 \sim 10$；$k = 1, 2, …, m$，m 为

第 i 个操作者测量的第 $i-j$ 批的零件的数量，一般取 $m=2$ 或 3。

为讨论方便起见，引入记号：

1) $\overline{X}_{...}$，rnm 个数据的平均值，$\overline{X}_{...} = \dfrac{1}{rnm}\sum\limits_{i=1}^{r}\sum\limits_{j=1}^{n}\sum\limits_{k=1}^{m}X_{ijk}$。

2) $\overline{X}_{ij.}$，表示第 i 个操作者对第 $i-j$ 批 m 个零件测量的平均值，$\overline{X}_{ij.} = \dfrac{1}{m}\sum\limits_{k=1}^{m}X_{ijk}$。

3) $\overline{X}_{i..}$，表示第 i 个操作者对 nm 个零件测量的平均值，$\overline{X}_{i..} = \dfrac{1}{nm}\sum\limits_{j=1}^{n}\sum\limits_{k=1}^{m}X_{ijk}$。

设总偏差平方和为 SS_T，则有

$$SS_T = \sum_{i=1}^{r}\sum_{j=1}^{n}\sum_{k=1}^{m}(X_{ijk} - \overline{X}_{...})^2$$

$$= nm\sum_{i=1}^{r}(\overline{X}_{i..} - \overline{X}_{...})^2 + m\sum_{i=1}^{r}\sum_{j=1}^{n}(\overline{X}_{ij.} - \overline{X}_{i..})^2 + \sum_{i=1}^{r}\sum_{j=1}^{n}\sum_{k=1}^{m}(X_{ijk} - \overline{X}_{ij.})^2$$

$$= SS_o + SS_{p(o)} + SS_e$$

其中：

1) SS_o 为操作者误差平方和，$SS_o = nm\sum\limits_{i=1}^{r}(\overline{X}_{i..} - \overline{X}_{...})^2$；

2) $SS_{p(o)}$ 为嵌套在操作者下的零件误差平方和，$SS_{p(o)} = m\sum\limits_{i=1}^{r}\sum\limits_{j=1}^{n}(\overline{X}_{ij.} - \overline{X}_{i..})^2$；

3) SS_e 为随机误差平方和，$SS_e = \sum\limits_{i=1}^{r}\sum\limits_{j=1}^{n}\sum\limits_{k=1}^{m}(X_{ijk} - \overline{X}_{ij.})^2$。

SS_T、SS_o、$SS_{p(o)}$、SS_e 的自由度依次分别为：

1) $f_T = rnm - 1$；
2) $f_o = r - 1$；
3) $f_{p(o)} = r(n-1)$；
4) $f_e = rn(m-1)$。

自由度之间有这样的关系：$f_T = f_o + f_{p(o)} + f_e$。

这样有：

1) 测量者误差的均方值 $MS_o = \dfrac{SS_o}{f_o} = \dfrac{SS_o}{r-1}$；

2) 嵌套在操作者下的零件误差的均方值 $MS_{p(o)} = \dfrac{SS_{p(o)}}{f_{p(o)}} = \dfrac{SS_{p(o)}}{r(n-1)}$；

3) 随机误差的均方值 $MS_e = \dfrac{SS_e}{f_e} = \dfrac{SS_e}{rn(m-1)}$。

为了确定批次对测量结果有无显著影响，可计算统计量 $F_{p(o)}$。$F_{p(o)}$ 的计算如下：

$$F_{p(o)} = \frac{MS_{p(o)}}{MS_e}$$

如果 $F_{p(o)} \geq F_\alpha(f_{p(o)}, f_e)$，那么，在显著性水平 α 下（α 一般取 0.05）可以判定批次对测量结果有显著影响。临界值 $F_\alpha(f_{p(o)}, f_e)$ 可以在 F 分布表中查到，也可用 Microsoft Office Excel 计算（选择"公式→其他函数→统计→FINV"）。

一般来说，在选取批次时，应避免批次间差异太小，以确保批次对测量结果有显著影响，否则测量系统不能检测出批次间的变差。

在批次对测量结果有显著影响的情况下，可考察操作者对测量结果有无显著影响。此时可计算统计量 F_o。F_o 的计算如下：

$$F_o = \frac{MS_o}{MS_{p(o)}}$$

如果 $F_o \geq F_\alpha(f_o, f_{p(o)})$，那么，在显著性水平 α 下（α 一般取 0.05）可以判定操作者对测量结果有显著影响。临界值 $F_\alpha(f_o, f_{p(o)})$ 可以在 F 分布表中查到，也可用 Microsoft Office Excel 计算（选择"公式→其他函数→统计→FINV"）。

一般而言，应避免操作者对测量结果有显著影响，这一点是必需的。

说明：在 MINITAB 等统计软件中，是利用 p 值对各因子的显著性进行判断。所谓 p 值，指的是在"原假设 H_0：没有显著影响，备选假设 H_1：有显著影响"的情况下，用现有数据计算出的"没有显著影响的概率"。如果 $p \leq \alpha$（一般取显著性水平 $\alpha = 0.05$），说明"没有显著影响的假设"是小概率事件，也就是说"没有显著影响的假设"是不成立的，应该是有显著影响；反之 $p > \alpha$，则认为没有显著影响。

在嵌套测量中，验证批次、操作者对测量结果有无显著影响并不十分重要。重要的是推导出主要变差源的方差估计值。

上述分析结果可以归纳为表 6-42 嵌套方差分析表。

表 6-42 嵌套方差分析表

变差源	平方和 SS	自由度 f	均方值 MS	F 值
操作者	SS_o	$r-1$	MS_o	$F_o = \dfrac{MS_o}{MS_{p(o)}}$
批次零件（操作者）	$SS_{p(o)}$	$r(n-1)$	$MS_{p(o)}$	$F_{p(o)} = \dfrac{MS_{p(o)}}{MS_e}$
随机误差	SS_e	$rn(m-1)$	MS_e	——
总变差	SS_T	$rnm-1$	——	——

3. 破坏性试验测量系统分析——嵌套方差分析法

为了得出测量系统可否接受的结论，需进一步推导出主要变差源的方差估计值，进而计算出%GRR、ndc。

各变差源的方差估计值以及%GRR、ndc 的计算见表 6-43。

表 6-43 破坏性试验测量系统分析——嵌套方差分析法

名称	方差的估计	变差的估计
随机误差	$\sigma_e^2 = MS_e$	$EV = \sigma_e$
操作者	$\sigma_o^2 = (MS_o - MS_{p(o)})/nm$	$AV = \sigma_o$
零件	$\sigma_p^2 = (MS_{p(o)} - MS_e)/m$	$PV = \sigma_p$
GRR	$GRR^2 = \sigma_e^2 + \sigma_o^2$	$GRR = \sqrt{\sigma_e^2 + \sigma_o^2}$
研究变差(总变差)	$TV = \sqrt{GRR^2 + PV^2}$	
%GRR	$\%GRR = \dfrac{GRR}{TV} \times 100\%$	
容差比 P/T	$P/T = \dfrac{6 \times GRR}{(USL - LSL)} \times 100\%$	
%EV	$\%EV = EV/TV \times 100\%$	
%AV	$\%AV = AV/TV \times 100\%$	
%PV	$\%PV = PV/TV \times 100\%$	
分级数 ndc	$ndc = \sqrt{2}\dfrac{PV}{GRR} = 1.41\dfrac{PV}{GRR}$	

根据表 6-43 得出的%GRR、ndc 以及 $\bar{X} - R$ 图，即可判断破坏性试验的测量系统是否可以被接受。判断准则同 6.9 节一样。

案例 6-6：破坏性试验测量系统分析

A 公司需要对采购回来的 B 齿轮进行硬度检测，考虑到硬度测量无法重复进行，故从 10 个批次中各抽取 3 个 B 齿轮作为样本（m=3）。安排 2 名测量员（r=2）每人对 5 批（n=5）B 齿轮测取硬度值，每批 3 个样本（m=3）。测量结果见表 6-44。试分析该测量系统。

表 6-44 硬度测量数据（嵌套方差分析法）

操作者	总批次	操作者之下的批次	样本 1	样本 2	样本 3
1	1	1-1	240	241	242
	2	1-2	234	235	235
	3	1-3	237	238	237
	4	1-4	225	226	225
	5	1-5	245	243	244

(续)

操作者	总批次	操作者之下的批次	样本		
			1	2	3
2	6	2-1	228	230	230
	7	2-2	240	241	240
	8	2-3	243	242	241
	9	2-4	240	240	240
	10	2-5	235	233	234

解答：使用MINITAB进行测量系统分析，步骤如下：

1）在MINITAB中，将C1列设为"批次"，C2列设为"操作者"，C3列设为"硬度值"，输入相关数据，见图6-46。记住，MINITAB有其特定的数据输入格式，千万别搞错。

C1 批次	C2 操作者	C3 硬度值
1	1	240
1	1	241
1	1	242
2	1	234
2	1	235
2	1	235
3	1	237
3	1	238
3	1	237
4	1	225
4	1	226
4	1	225
5	1	245
5	1	243
5	1	244

C1 批次	C2 操作者	C3 硬度值
6	2	228
6	2	230
6	2	230
7	2	240
7	2	241
7	2	240
8	2	243
8	2	242
8	2	241
9	2	240
9	2	240
9	2	240
10	2	235
10	2	233
10	2	234

说明：上述C1、C2、C3列是连续的，为了排版才将他们分开。

图6-46　MINITAB嵌套 $R\&R$ 分析数据输入格式

2）选择"统计→质量工具→量具研究→量具 $R\&R$ 研究（嵌套）"进入图6-47的对话界面。指定"部件号或批号"为"批次"，"操作员"为"操作者"，"测量数据"为"硬度值"。

3）选择图6-47中的"量具信息"，进入图6-48。输入相关量具名称、研究日期、量具公差等信息。

4）选择图6-47中的"选项"，进入图6-49。输入公差等信息。

5）选择图6-47中的"确定"进行运行，可以得到破坏性试验测量系统的分析结果和分析图，见图6-50、图6-51。

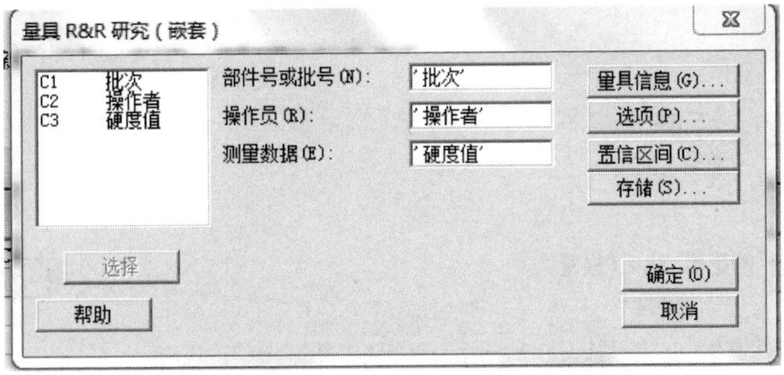

第 6 章 MSA 测量系统分析

图 6-47 MINITAB 嵌套 R&R 分析对话界面

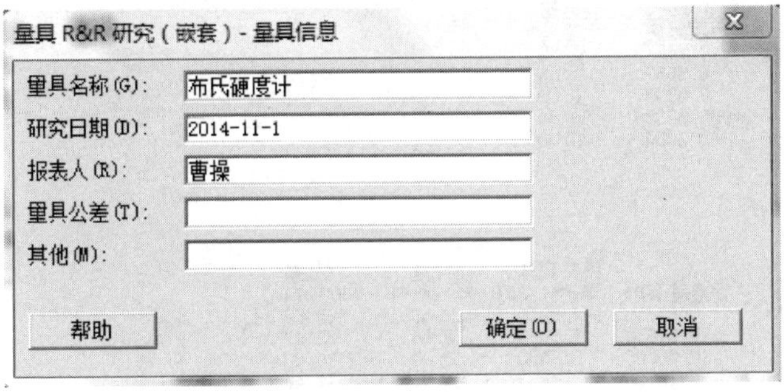

图 6-48 "量具信息"对话界面

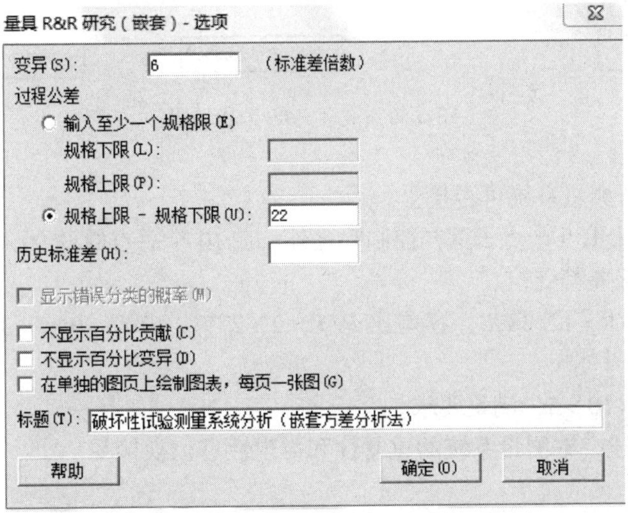

图 6-49 "选项"对话界面

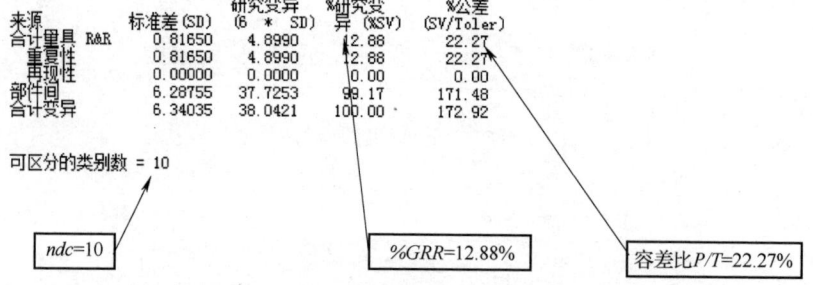

图 6-50 嵌套 R&R 分析结果

6）判断测量系统可否接受。

① $\bar{x}$ 图上有 9 个点子落在控制限之外，占 10 个总点数的 90%（>50%）；R 图上所有极差都受控。

② %GRR = 12.88%，容差比 P/T = 22.27%，都在 10% ~ 30% 范围内，可以接受。

③ ndc = 10 > 5，满足要求。

综上所述，本测量系统的重复性和再现性可以被接受。

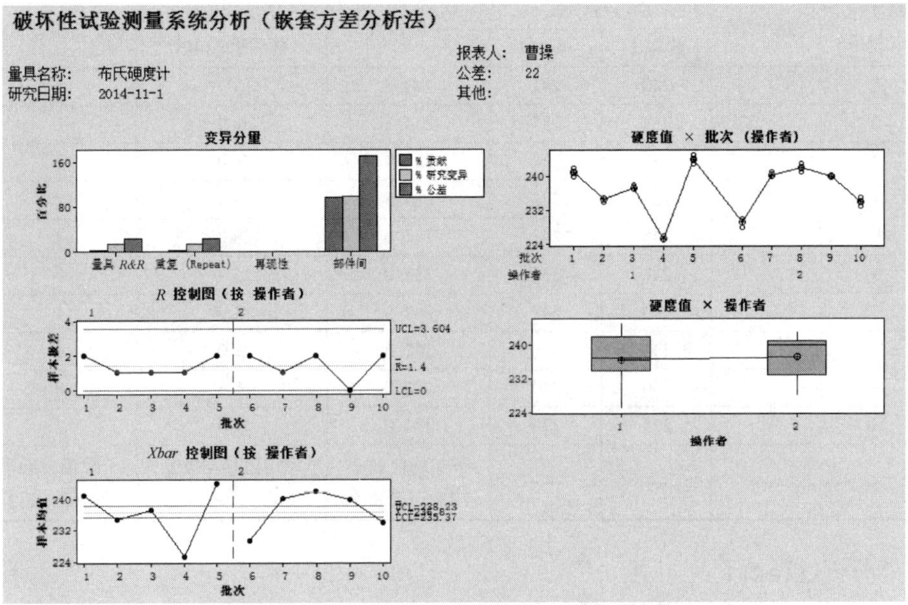

图 6-51　嵌套 R&R 分析图

6.15.3　破坏性试验的测量系统分析方法——三相控制图法

I-MR-R 三相控制图是指由子组均值制作的单值-移动极差控制图（I-MR 图），加上由子组极差制作的极差控制图（R 图）。

这三张图，子组极差控制图（R 图）能够用来跟踪子组内的波动；子组均值的单值-移动极差控制图（I-MR 图）联合起来可以跟踪生产过程的一致性以及子组间的波动。

可以利用 I-MR-R 三相控制图这个特点进行破坏性测量系统分析。下面用一个案例来说明。

C 公司要对拉伸试验机进行 MSA 分析。考虑到拉伸试验无法重复进行，故从 10 个批次中各抽取 2 根短轴（这 2 根短轴由同一根圆钢的中间部位车削而成），由 1 名实验员对这些样本进行抗拉强度测试，测试结果见表 6-45。试用这些数据进行拉伸试验机的 MSA 分析。

需要指明的是，这种 MSA 分析方法是将同一批次中的多个样本当作同一个样本来测量，所以为了保证这种分析方法的效果，应尽可能让同一批次样本的差别减少到可以忽略不计。

表 6-45 拉伸试验机试验数据

批次号(子组号)	测量时间	测量值 样本1	测量值 样本2	子组均值	子组均值的移动极差 MR	子组极差 R
1		240	241	240.5	—	1
2		234	235	234.5	6.0	1
3		237	238	237.5	3.0	1
4		225	226	225.5	12.0	1
5		245	243	244.0	18.5	2
6		228	230	229.0	15.0	2
7		240	241	240.5	11.5	1
8		243	242	242.5	2.0	1
9		240	240	240.0	2.5	0
10		235	233	234.0	6.0	2
—	—			子组均值的平均：$\bar{x}=236.8$	子组均值移动极差的平均：$\overline{MR}=8.5$	子组极差的平均：$\bar{R}=1.2$

分析过程如下：

1) 做 $I\text{-}MR\text{-}R$ 三相控制图。

① 计算子组均值的单值控制图（I 图）的控制限。

这里为了照顾单值-移动极差控制图的习惯写法，将子组均值记为 x_1, x_2, $\cdots$, x_{10}。这样 I 图的控制限为

$$UCL = \bar{x} + 2.660\,\overline{MR} = 259.41$$
$$CL = \bar{x} = 236.8$$
$$LCL = \bar{x} - 2.660\,\overline{MR} = 214.19$$

② 计算子组均值的移动极差控制图（MR 图）的控制限。

$$UCL = 3.267\,\overline{MR} = 27.77$$
$$CL = \overline{MR} = 8.5$$
$$LCL = 0$$

③ 计算子组极差控制图（R 图）的控制限。

$$UCL = D_4 \bar{R} = 3.92$$
$$CL = \bar{R} = 1.2$$
$$LCL = D_3 \bar{R} = 0$$

式中，由子组容量 $n=2$，查第 4 章表 4-3 控制图系数表得：$D_4=3.267$，$D_3=0$。

图 6-52 给出了 $I\text{-}MR\text{-}R$ 三相控制图。

2) 对 R 图进行分析并计算测量系统标准差 σ_m。

从图 6-52 中可以看出，子组极差都在控制限内，没有失控现象，表明测量

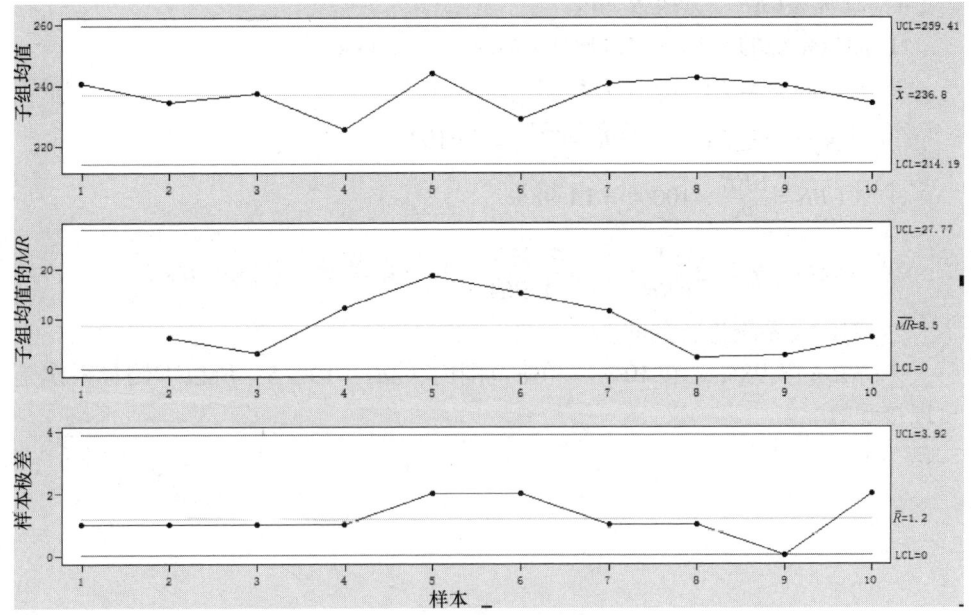

图 6-52　I-MR-R 三相控制图

过程的一致性好。

对于每个子组而言，是同一个人在相同的条件下对同一批次的"同一样本"进行拉伸实验，所以可以认为子组的极差只由测量误差引起，子组的极差反映了测量系统的波动。可用下式估计测量系统的重复性和再现性标准差 σ_m：

$$\sigma_m = \frac{\overline{R}}{d_2} = \frac{1.2}{1.128} = 1.064$$

其中，d_2 是一个常数，可通过子组容量 n（本案例 $n=2$）查控制图系数表得到。控制图系数表见第 4 章表 4-3。

本案例的 MSA 分析方法是将子组内的所有零件看做成一个零件，子组的极差反映的是测量的变差，所以不能用子组极差来估计零件间的变差。

3）对 I-MR 图进行分析并计算零件间变差的标准差 σ_p。

I-MR 图可以用来跟踪零件生产过程的一致性以及子组间的变差（对于本案例而言，是零件间的变差）。从图 6-52 中看，I-MR 图是受控的。

可用移动极差的均值 $\overline{MR}$ 估计零件间变差的标准差 σ_p，公式如下：

$$\sigma_p = \frac{\overline{MR}}{d_2} = \frac{8.5}{1.128} = 7.5355$$

式中，d_2 是一个常数，可通过子组容量 n（移动极差控制图的子组容量 $n=2$）查控制图系数表得到。控制图系数表见第 4 章表 4-3。

4）计算 %GRR、分级数 ndc。

① 测量系统的重复性和再现性 $GRR = \sigma_m = 1.064$。

② 零件间变差 $PV = \sigma_p = 7.5355$。

③ 过程总变差 $TV = \sqrt{GRR^2 + PV^2} = 7.6102$。

④ %$GRR = \dfrac{GRR}{TV} \times 100\% = 13.98\%$。

⑤ 分级数 $ndc = \sqrt{2}\dfrac{PV}{GRR} = \sqrt{2} \times \dfrac{7.5355}{1.064} = 10$（取整数，忽略小数）。

5）对测量系统进行判断。

%$GRR = 13.98\%$，在 $10\% \sim 30\%$ 范围内，$ndc = 10 > 5$，所以本测量系统是可以接受的。

参 考 文 献

[1] 张智勇. ISO/TS 16949 五大工具最新版一本通 [M]. 北京：机械工业出版社, 2013.
[2] 克莱斯勒、福特、通用汽车公司. FMEA. 4 版. 2008.
[3] 克莱斯勒、福特、通用汽车公司. SPC. 2 版. 2005.
[4] 克莱斯勒、福特、通用汽车公司. MSA. 4 版. 2010.
[5] 克莱斯勒、福特、通用汽车公司. APQP. 2 版. 2008.
[6] 克莱斯勒、福特、通用汽车公司. PPAP. 4 版. 2006.
[7] 孙静. 最新国家标准 GB/T4091《常规控制图》理解与实施 [M]. 北京：中国标准出版社, 2002.
[8] 唐晓芬. 六西格玛核心教程：黑带读本 [M]. 北京：中国标准出版社, 2006.
[9] 黄健宇. 论 FMEA 的分析与应用 [J]. 机械工业标准化与质量, 2007 (4).
[10] 杜杰. ISO/TS16949 标准中控制计划的制定 [J]. 哈尔滨轴承, 2007 (9).
[11] 王霄锋. QS9000 参考手册学习与理解——测量系统分析 [M]. 北京：清华大学出版社, 2004.
[12] 宋巍. 柴油机设计阶段可靠性关键技术研究 [D]. 成都：电子科技大学, 2008.
[13] 朱正德. 机械加工设备能力的评定指标——机器能力指数 [J]. 航空精密制造技术, 2003 (6).
[14] 王毓芳, 郝凤. 过程控制与统计技术 [M]. 北京：中国计量出版社, 2001.
[15] 王霄锋. QS9000 参考手册学习与理解——统计过程控制 [M]. 北京：清华大学出版社, 2004.
[16] 张婕, 李旭立. 硬度测量系统分析初探 [J]. 汽车实用技术, 2013 (12).
[17] 马义中, 岳刚. 破坏性测量系统波动源的分析 [J]. 数理统计与管理, 2007 (11).
[18] 康锐, 石荣德. FMECA 技术及其应用 [M]. 北京：国防工业出版社, 2006.
[19] 徐桂红, 等. DFMEA 在发动机设计中的应用 [J]. 车用发动机, 2006 (6).
[20] 谢小虎, 等. FMEA 在汽车发动机悬置设计中的应用 [J]. 汽车科技, 2005 (11).
[21] 刘晓论, 柴邦衡. 检验和测量控制 [M]. 北京：机械工业出版社, 2000.
[22] 马林, 何桢. 六西格玛管理 [M]. 北京：中国人民大学出版社, 2004.
[23] 奚立峰, 等. FMEA 在过程管理中的应用 [J]. 工业工程与管理, 2002 (1).
[24] 卿寿松. 质量改进实施指南 [M]. 北京：中国计量出版社, 1998.
[25] 尚国慧. 测量系统分析（MSA）在制造行业中的应用 [D]. 上海：上海交通大学, 2009.
[26] 张公绪. 质量工程师手册 [M]. 北京：企业管理出版社, 1994.
[27] 中国机械工业质量管理协会. 机械工业质量管理教材 [M]. 北京：中国科学技术出版社, 1998.

机械工业出版社旗下微店

相关图书推荐

IATF 16949质量管理体系 五大工具最新版一本通（含1CD）
书号：978-7-111-55967-2
作者：张智勇 编著
定价：75.00元

◀ 扫描二维码 进入微店购买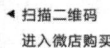

IATF 16949:2016 内审员实战通用教程
书号：978-7-111-58872-6
作者：张智勇 编著
定价：98.00元

◀ 扫描二维码 进入微店购买

IATF 16949：2016 文件编写实战通用教程
书号：978-7-111-59263-1
作者：张智勇 编著
定价：85.00元

◀ 扫描二维码 进入微店购买

ISO9001：2015 内审员实战通用教程
书号：978-7-111-54502-6
作者：张智勇 编著
定价：55.00元

◀ 扫描二维码 进入微店购买

ISO 9001：2015 文件编写实战通用教程
书号：978-7-111-54646-7
作者：张智勇 编著
定价：55.00元

◀ 扫描二维码 进入微店购买

加入我们·成为科技客

欢迎读者扫描下方二维码加入我们！

◀ 科技客书架
扫描进入
科技类图书
自营微店

　　机械工业出版社机械分社秉承着"百年基业科技为本，专业出版品质是金"的理念，结合自身产品特点，在自媒体方面快速构建出与读者之间的信息通路。

　　我社将始终以高端、优质的内容，努力满足读者对知识和文化的多样化需求。同时，我们还将继续摸索和尝试开发出更多的产品增值服务形式，为读者提供高品质的阅读体验。

专业图书交流，出版社投稿编辑邮箱：787752689@qq.com